高校经典教材同步辅导丛书

# 西方经济学(微观部分·第七版)同步辅导及习题全解

主编 陈琳

中国水利水电出版社
www.waterpub.com.cn

·北京·

## 内 容 提 要

本书是与中国人民大学出版社出版的、高鸿业主编的《西方经济学（微观部分）》（第七版）一书配套的同步辅导和习题全解辅导书。

本书共有 11 章，分别介绍了引论，需求、供给和均衡价格，消费者选择，生产函数，成本，完全竞争市场，不完全竞争市场，生产要素价格的决定，一般均衡论和福利经济学，博弈论初步，市场失灵和微观经济政策。本书按教材内容安排全书结构，各章均包括知识脉络图、复习提示、重点难点常识理解、考研真题与难题详解、教材习题参考答案五部分内容。全书按教材内容，针对各章节习题给出详细解答，思路清晰，逻辑性强，循序渐进地帮助读者分析并解决问题，内容详尽，简明易懂。

本书可作为高等院校经济类专业学生的专业课程辅导教材，也可作为考研学生的复习用书及教师的教学参考书。

由于编者水平有限，书中难免存在疏漏甚至错误之处，恳请广大读者和专家批评指正。如有疑问，请联系我们（微信：JZCS15652485156 或 QQ：753364288）。

### 图书在版编目（CIP）数据

西方经济学（微观部分·第七版）同步辅导及习题全解 / 陈琳主编. -- 北京：中国水利水电出版社，2018.8（2021.8重印）
(高校经典教材同步辅导丛书)
ISBN 978-7-5170-6731-3

Ⅰ. ①西… Ⅱ. ①陈… Ⅲ. ①西方经济学－高等学校－自学参考资料②微观经济学－高等学校－自学参考资料
Ⅳ. ①F091.3②F016

中国版本图书馆CIP数据核字(2018)第185599号

策划编辑：杨庆川　责任编辑：张玉玲　加工编辑：张天娇　封面设计：李 佳

| 书　名 | 高校经典教材同步辅导丛书<br>西方经济学（微观部分·第七版）同步辅导及习题全解<br>XIFANG JINGJIXUE（WEIGUAN BUFEN·DI-QI BAN）TONGBU FUDAO JI XITI QUANJIE |
|---|---|
| 作　者 | 主编 陈琳 |
| 出版发行 | 中国水利水电出版社<br>（北京市海淀区玉渊潭南路1号D座　100038）<br>网址：www.waterpub.com.cn<br>E-mail：mchannel@263.net（万水）<br>　　　　sales@waterpub.com.cn<br>电话：（010）68367658（营销中心）、82562819（万水） |
| 经　售 | 全国各地新华书店和相关出版物销售网点 |
| 排　版 | 北京万水电子信息有限公司 |
| 印　刷 | 三河市祥宏印务有限公司 |
| 规　格 | 170mm×240mm　16开本　16印张　423千字 |
| 版　次 | 2018年8月第1版　2021年8月第5次印刷 |
| 定　价 | 32.80元 |

凡购买我社图书，如有缺页、倒页、脱页的，本社营销中心负责调换
**版权所有·侵权必究**

# 前 言

高鸿业主编的《西方经济学(微观部分)》(第七版)以体系完整、结构严谨、层次清晰、深入浅出的特点成为这门课程的经典教材,被全国许多院校采用。

为了帮助读者更好地学习这门课程,掌握更多的知识,我们根据多年的教学经验编写了这本与此教材配套的《西方经济学(微观部分·第七版)同步辅导及习题全解》。本书旨在使广大读者理解基本概念,掌握基本知识,学会基本解题方法与解题技巧,进而提高应试能力。

本书作为一种辅助性的教材,具有较强的针对性、启发性、指导性和补充性。考虑到《西方经济学(微观部分)》(第七版)这门课程的特点,我们在内容上作了以下安排:

(1) 知识脉络图。每章的知识网络图系统全面地涵盖了本章的知识点,使学生能一目了然地浏览本章内容的框架结构。

(2) 复习提示。简单扼要地说明本章的学习目标,明确学习任务。

(3) 重点难点常识理解。每章前面均对本章的重点、难点进行了整理。综合众多参考资料,归纳了本章几乎所有的考点,便于读者学习与复习。

(4) 考研真题与难题详解。精选历年研究生入学考试中具有代表性的试题进行了详细地解答,以开拓广大同学的解题思路,使其能更好地掌握该课程的基本内容和解题方法。

(5) 教材习题全解参考答案。教材中课后习题丰富、层次多样,许多基础性问题从多个角度帮助学生理解基本概念和基本理论,促其掌握基本解题方法。针对教材的课后习题给出了详细的解答。

由于时间较仓促,编者水平有限,书中难免有疏漏之处,敬请各位同行和读者给予批评、指正。

编者<br>2018 年 6 月

# 目录
contents

**第一章 引论**
- 知识脉络图 ········································· 1
- 复习提示 ··········································· 1
- 重点难点常识理解 ···································· 1
- 考研真题与难题详解 ·································· 4
- 典型案例分析 ······································· 10
- 知识拓展 ·········································· 11

**第二章 需求、供给和均衡价格**
- 知识脉络图 ········································ 12
- 复习提示 ·········································· 13
- 重点难点常识理解 ··································· 13
- 考研真题与难题详解 ································· 16
- 典型案例分析 ······································ 22
- 教材习题参考答案 ·································· 25
- 知识拓展 ·········································· 37

**第三章 消费者选择**
- 知识脉络图 ········································ 38
- 重点难点常识理解 ··································· 39
- 考研真题与难题详解 ································· 41
- 典型案例分析 ······································ 49
- 教材习题参考答案 ·································· 51
- 知识拓展 ·········································· 61

## 第四章 生产函数
- 知识脉络图 …… 62
- 复习提示 …… 63
- 重点难点常识理解 …… 63
- 考研真题与难题详解 …… 66
- 典型案例分析 …… 73
- 教材习题参考答案 …… 73
- 知识拓展 …… 82

## 第五章 成本
- 知识脉络图 …… 83
- 复习提示 …… 84
- 重点难点常识理解 …… 84
- 考研真题与难题详解 …… 87
- 典型案例分析 …… 95
- 教材习题参考答案 …… 95
- 知识拓展 …… 106

## 第六章 完全竞争市场
- 知识脉络图 …… 107
- 复习提示 …… 107
- 重点难点常识理解 …… 108
- 考研真题与难题详解 …… 110
- 教材习题参考答案 …… 118
- 知识拓展 …… 129

## 第七章 不完全竞争市场
- 知识脉络图 …… 130
- 复习提示 …… 131
- 重点难点常识理解 …… 131
- 考研真题与难题详解 …… 133
- 典型案例分析 …… 145
- 教材习题参考答案 …… 150
- 知识拓展 …… 159

## 第八章 生产要素价格的决定
- 知识脉络图 …… 160

复习提示 ································································· 161
　　重点难点常识理解 ························································· 161
　　考研真题与难题详解 ······················································· 167
　　典型案例分析 ····························································· 177
　　教材习题参考答案 ························································· 181
　　知识拓展 ································································· 187

## 第九章　一般均衡论和福利经济学
　　知识脉络图 ······························································· 188
　　复习提示 ································································· 188
　　重点难点常识理解 ························································· 188
　　考研真题与难题详解 ······················································· 192
　　典型案例分析 ····························································· 201
　　教材习题参考答案 ························································· 202
　　知识拓展 ································································· 209

## 第十章　博弈论初步
　　知识脉络图 ······························································· 210
　　复习提示 ································································· 210
　　重点难点常识理解 ························································· 211
　　考研真题与难题详解 ······················································· 212
　　典型案例分析 ····························································· 215
　　教材习题参考答案 ························································· 215

## 第十一章　市场失灵和微观经济政策
　　知识脉络图 ······························································· 224
　　复习提示 ································································· 225
　　重点难点常识理解 ························································· 225
　　考研真题与难题详解 ······················································· 228
　　典型案例分析 ····························································· 239
　　教材习题参考答案 ························································· 240
　　知识拓展 ································································· 247

# 第一章 引论

> **知识脉络图**

引论 ⎰ 西方经济学 ⎰ 起因：人类欲望无穷，而资源有限
　　 ⎨　　　　　　 ⎨ 发展过程
　　 ⎱　　　　　　 ⎱ 企图解决的两个问题
　　　 对待西方经济学的态度：由双重性质和国情决定
　　　 学习西方经济学的目的

> **复习提示**

**概念**：经济学、资源稀缺、机会成本、微观经济学、宏观经济学、均衡分析、经济模型、经济人、内生变量、外生变量。
**理解**：西方经济学及其研究对象。
**掌握**：西方经济学的演变。

> **重点难点常识理解**

## 1. 西方经济学及其研究对象

　　经济学是研究如何对稀缺资源进行有效配置，以便最大限度地满足人类需要的一门社会科学，按照考察的对象和分析着眼点的不同，西方经济学分为宏观经济学和微观经济学两大部分。微观经济学以单个经济单位（居民、厂商）作为研究对象，研究单个厂商的经济行为，以及决定相应的经济变量的单项数值。它需要解决两个方面的问题：一是消费者对各种产品的需求和生产者对各种产品的供给怎样决定着每种产品的产销量和价格；二是消费者作为生产要素的供给者与生产要素的需求者怎样决定着生产要素的使用量和价格。宏观经济学以整个国民活动作为考察的对象，研究社会整体经济问题以及相应的经济变量如何决定及其相互关系。它需要解决三个问题：一是已经配置的各个生产部门和企业的经济资源总量的使用情况是如何决定一国的总产量和就业量；

二是商品市场和货币市场的总供求是如何决定一国的国民收入水平和一般物价水平;三是国民收入水平和一般物价水平的变动与经济增长和经济周期的关系。

### 2. 现代西方经济学的发展阶段

资产阶级经济学经历重商主义(15世纪末期)、古典经济学(产生于17世纪中期,代表人物是威廉·配第、亚当·斯密、李嘉图)、庸俗经济学(产生于19世纪30年代,代表人物是萨伊、马尔萨斯)和庸俗经济学后(产生于19世纪70年代)四个阶段。

现代西方经济学主要介绍19世纪末以来的经济理论,其发展经历了以下几个重要阶段:新古典经济学(19世纪末,以马歇尔、瓦尔拉斯为代表)、凯恩斯经济学(产生于20世纪30年代)、凯恩斯主义(产生于20世纪50年代,代表人物是希克斯、汉森、萨缪尔森、托宾、索洛等)、新古典宏观经济学(产生于20世纪60年代,由弗里德曼为首的货币主义,以卢卡斯、萨金特为代表的理性预期学派等)、新凯恩斯主义(产生于20世纪80年代)。

### 3. 微观经济学的两个基本假设

(1)资源稀缺性假设。资源或生产要素的投入是从事经济活动的条件,资源稀缺就是资源有限。资源稀缺性就是相对于人的欲望来说,满足人的欲望的条件是有限的。正是因为资源稀缺,经济决策和活动才需要算计、比较、权衡和选择,才产生了经济问题,没有稀缺就没有经济学。

(2)"经济人"人格假设。"经济人"又称理性人,是把个人或组织抽象为追求自身利益最大化的主体。经济主体的决策和行为总是从维护和增进自身利益出发,进行投入与产出、得与失的比较、权衡或盘算,企图以最小的代价取得最大的利益。理性行为也就是最大化行为,消费者追求效用最大化,厂商追求利润最大化,要素所有者追求收入最大化,都是"经济人"人格假设的具体表现。"经济人"人格假设是经济学理论演绎最重要的逻辑前提。

此外,经济学还有其他重要假设,如信息完全、技术不变、市场竞争性、市场出清、货币中性或非中性等。

### 4. 看不见的手

"看不见的手"原理是对自由市场机制的一种形象化的说法,具体是指在正常情况下,市场会以其内在的机制维持其健康的运行。"看不见的手"是古典经济学家亚当·斯密的一句名言,指完全竞争的市场内价格机制的作用。早期的经济学家强调经济的自发性和自由放任,反对政府干预经济,认为资源的有效配置完全可以依靠市场来实现,自发组织经济活动的市场操纵者,不是政府和资本家,而是一只"看不见的手"。亚当·斯密在《国富论》中指出:"市场上的每个厂商都力图用他的资本,生产最大的产量;每个消费者都力图用他的收入,达到最大的满足。"他可能并不企图增进公共利益,也不知道他增进的公共利益是多少,他所追求的仅仅是他个人的利益和安乐。他这样做时,有一只看不见的手引导他去促进一种目标,尽管这种目标绝不是他所直接追求的。他在追逐自身利益的同时,也经常促进了社会的利益,而且效果要比他真正想促进社会利益时所得到的还大。"我们之所以有饭吃,不是因为卖肉者、酿酒者或面包商仁慈,而是因为他们要考虑自身的利益。"也就是说,通过市场间接实现的公共利益比通过计划和政府干预直接去谋求社会利益的效果更好。商品经济是一种交换经济,个人利益的实现程度完全取决于交换的实现程度。交换的实现意味着被社会承认,社会的承认是取得利润的前提。因此,生产者在追求自身利润最大化时,首先需要考虑社会的需要，满足公共的利益是不需要有人督促的。但事实上，这一原理由于其假定过于严格而很难实现。

### 5. 均衡分析

均衡是在西方经济学中被广泛运用的一个重要的概念。均衡的最一般的意义是指经济事物中有关的变量在一定条件下相互作用所达到的一种相对静止的状态。经济事物之所以能够处于这样一种静止的状态，是由于在这样的状态中，有关该经济事物的各方面的力量能够相互制约和相互抵消，也是由于在这样的状态中，有关该经济事物的各方面的愿望都能得到满足。正因为如此，西方经济学家进一步地认为，经济学的研究往往在于寻找一定条件下经济事物变化最终趋于静止之点的均衡状态。

在微观经济分析中，市场均衡可以分为局部均衡和一般均衡。局部均衡是就单个市场或部分市场的供求与价格之间的关系和均衡状态进行分析。一般均衡是就一个经济社会中的所有市场的供求与价格之间的关系和均衡状态进行分析。一般均衡假定各种商品的供求和价格都是相互影响的，一个市场的均衡只有在所有其他市场都达到均衡的情况下才能实现。

### 6. 规范分析

规范分析是西方经济学分析经济问题的一种方法。规范分析以一定的价值判断作为出发点，提出行为的标准，并研究如何才能符合这些标准。它力求说明"应该是什么"的问题，或者说它回答这样的问题："为什么要做出这种选择，而不做出另一种选择？"价值判断对规范分析是非常必要的。例如，甲引起丙，乙引起丁。丙与丁相比，丙是"好的"，丁是"不好的"，所以甲与乙相比，甲是"好的"，乙是"不好的"。换言之，规范分析涉及甲、乙、丙、丁的是非善恶之分。不同于实证分析的是，规范分析是伦理的判断，它并不是先去检验经济运行过程，而是先去检验假定本身，并通过对假定的检验从而对经济运行过程作出判断。例如，假定以百分之五的年增长率作为目标，规范分析就要讨论这一假定本身是否正确，百分之五的年增长率能否成为目标等。它认为只有从伦理的角度弄清楚这个问题之后，才能对经济运行过程作出判断。

西方制度经济学中的分析，基本上属于规范分析。而宏观经济学与微观经济学中所进行的分析，基本上属于实证分析，但这些实证分析都是建立在一定的规范前提之上的。如果事先不搞清这些规范前提，甚至接受那些被实证分析的严密性所掩盖的错误规范，那么，不论在实证分析上如何煞费苦心，都不能得出正确的结论。

### 7. 机会成本与生产可能性边界

社会在现有技术水平上充分有效地利用一切资源所能生产的各种物品，按不同比例组合的最大可能产量是生产可能性边界。可见生产可能性曲线由技术水平和可用资源量决定。若社会生产 $x$ 和 $y$ 两种产品，再假定资源有限且各种要素已充分利用，则要增加 $x$ 的生产，势必减少 $y$ 的生产。将一定资源用于生产 $x$ 所放弃的 $y$ 的数量是 $x$ 的机会成本。资源有限及要素间的不完全替代性使机会成本呈递增趋势，这决定生产可能性曲线凹向原点。生产可能性边界表示社会生产在现有条件下的最佳状态。失业、低效率、资源浪费等使生产处于生产可能性边界以内。

### 8. 微观经济学与宏观经济学

前者研究单个经济主体（居民户、厂商）的经济行为，采用个量分析方法，是通过研究市场经济条件下单个经济主体的经济行为及其相互关系来说明价格机制如何解决经济资源配置问题的一系列有内在联系的理论;后者研究整个国民经济的运行,采用总量分析方法,是以国民收入决定为核心来说明资源如何才能充分利用的一系列有内在联系的理论。

### 9. 实证经济学和规范经济学

前者在解释经济运行时从客观事实本身出发,力求说明和回答经济现象"是什么"和"为什么",并借以预测人们经济行为的后果,而不对事物作好坏善恶的评价;相反,规范经济学以一定价值判断为出发点,提出行为标准,作出"应当"与"不应当"的评价,阐述怎样才能达到这样的标准。

### 10. 正确对待西方经济学

(1)西方经济学企图解决的两个问题为:①在意识形态上,宣传资本主义制度的合理性,从而加强对该制度永恒存在的信念;②作为资本主义制度的上层建筑,西方经济学也必须为改善和拯救这一制度提供政策建议。

(2)应持有的态度:①西方经济学具有资本主义意识形态属性,总体上倾向于对它加以鉴别批评,识别西方经济学家各种理论和说法的阶级利益图景;②对西方经济学中关于现代市场经济运行的经验,总结及反映社会化大生产规律和先进经营管理的方法,应当加以借鉴和吸收。

## 考研真题与难题详解

# 一、概念题

#### 1. 均衡(中山大学 2002 年研)

**答案**:均衡是在西方经济学中被广泛运用的一个重要的概念。均衡的最一般的意义是指经济事物中有关的变量在一定条件的相互作用下所达到的一种相对静止的状态。经济事物之所以能够处于这样一种静止状态,是由于在这样的状态中,有关该经济事物的各方面的力量能够相互制约和相互抵消,也是由于在这样的状态中,有关该经济事物的各方面的愿望都能得到满足。正因为如此,西方经济学家进一步地认为,经济学的研究往往在于寻找在一定条件下经济事物变化最终趋于静止之点的均衡状态。

在微观经济分析中,市场均衡可以分为局部均衡和一般均衡。局部均衡是就单个市场或部分市场的供求与价格之间的关系和均衡状态进行分析。一般均衡是就一个经济社会中的所有市场的供求与价格之间的关系和均衡状态进行分析。一般均衡假定各种商品的供求和价格都是相互影响的,一个市场的均衡只有在所有其他市场都达到均衡的情况下才能实现。

#### 2. 动态分析、静态分析和比较静态分析(人大 2002 年研;北师大 2006 年研)

**答案**:(1)动态分析是指考虑时间因素对所有均衡状态向新的均衡状态变动过程的分析。动态分析又被称为过程分析,其中包括分析有关的经济变量在一定时间内的变化、经济变量在变动过程中的相互联系和相互制约的关系以及它们在每一时点上变动的速率等。蛛网模型是一个典型的动态分析方法应用的例子。按照英国经济学家希克斯的观点,动态分析方法又可以分成稳态分析和非稳态分析两种。稳态分析承认经济变量随着时间的推移而变化,但同时假设变动的比率或幅度

第一章 引论

为不随时间的推移而变动的常数。稳态分析与静态分析之间只存在量的差异。非稳态分析则强调动态分析与静态分析之间的质的差异，这种分析方法认为，由于时间的不可逆性，过去和未来是不相同的。过去的事情是确定的，而未来则具有不确定性。过去做的事情现在无法更改，要改也只能通过今后的步骤加以改变；而现在做的事情，对将来的影响无法确知。依靠过去的经验推断未来，结果常常是靠不住的。所以，为了对不确定的未来进行研究，就需要在动态分析中采用一批专门用来分析不确定性的概念。例如，企业之所以保持一定数量的存货，就是为了预防市场上可能出现的无法预料的变化对企业造成不利的影响。

(2)静态分析就是分析经济现象的均衡状态以及有关经济变量处于均衡状态所必须具备的条件，但并不论及达到均衡状态的过程，即完全不考虑时间因素，是一种状态分析。以均衡价格决定模型为例，该模型包括需求函数和供给函数的方程，以及均衡的条件：供给量与需求量相等。当需求函数和供给函数中的外生变量即参数被赋予确定的数值以后，便可通过求解方程组求出相应的均衡价格和均衡产量的数值。这相当于由既定的需求曲线和供给曲线的交点所表示的数值。这种根据既定的外生变量值来求得内生变量值的分析方法，就是静态分析。

(3)比较静态分析就是分析已知条件变化后经济现象均衡状态的相应变化，以及有关经济变量达到新的均衡状态时的相应变化。显然，比较静态分析只是对个别经济现象一次变动的前后以及两个或两个以上的均衡位置进行比较分析，而舍弃掉对变动过程本身的分析。简言之，"比较"静态分析，就是对经济现象一次变动后均衡位置及经济变量变动的前后状态进行比较。

**3. 市场均衡(浙江大学 2001 年研)**

**答案：** 均衡一般指经济事物中有关的变量在一定条件的相互作用下所能达到的一种相对静止的状态。市场均衡就是指生产者愿意提供的商品量恰好等于消费者愿意且能够购买的商品量。供给与需求的交叉点就是市场的均衡点，它表示供给与需求两种力量在市场的特定时间内处于均等的状态。均衡价格就是需求价格与供给价格相一致时的价格。

市场均衡可以分为局部均衡和一般均衡，局部均衡是指单个市场或部分市场的供给和需求相等的一种状态。局部均衡理论的代表人物是马歇尔。一般均衡是指一个经济社会所有市场的供给和需求相等的一种状态。一般均衡理论的代表人物是瓦尔拉斯。西方经济学家认为在市场均衡下供给和需求相等，市场处于出清的状态，也意味着资本主义经济可以稳定、和谐地发展。

## 二、简答题

**1. 微观经济对于宏观经济的影响表现在哪些方面？**

**答案：** 微观经济对宏观经济的影响表现如下：

(1)当社会上较多的企业根据自己的价格预期、利息率预期或对市场供求状况的预期，改变目标存货水平和实际存货水平，改变进货量，或者社会上有较多的企业由于生产技术方面的原因而改革，宏观经济会受影响。

(2)当社会上有较多的个人根据自己的价格预期、利率预期或对市场供求状况的预期，改变自己的消费品购买量，或者社会上有较多的人，由于个人消费和偏好有较大的改变，从而改变自己的现金持有额时，宏观经济会受影响。

**2. 为什么稀缺性是产生经济问题的根源？**

**答案：** (1)稀缺性是指人们的欲望总是超过了能用于满足欲望的资源的状态。这里的稀缺不是指这种资源是不可再生的或可以消耗尽的,也不是指这种资源的绝对量是稀少的,而是指在给定的时间内,与人类的需要相比,其供给量总是不足的。

(2)稀缺性是客观存在的。人类之所以有经济行为,之所以要从事生产、分配、交换、消费的经济活动,是由于人类的欲望和由此引起的对物品和劳务的需要是无限多样且永不停止的。可是用来满足这些无限需要的手段,即用来提供这些物品和劳务的生产资源是稀缺的。

由于稀缺性是任何社会和任何时期人们都会面临的一个基本事实,它反映了欲望的无限性和资源的有限性的矛盾,正是这种矛盾引起了人类的各种各样的经济活动,并产生大量的经济问题。

(3)由稀缺性产生的经济问题主要有以下几个方面:第一,生产什么。面对稀缺的经济资源,人们需要权衡各种需要的轻重缓急,确定生产什么物品,生产多少,何时生产,以满足比较强烈的需要;第二,如何生产。由于各种生产要素一般都有多种用途,各种生产要素之间也大多存在一定的技术替代关系,所以同一种产品的生产往往可以采用多种方法,经济社会必须在各种可供资源组合中,选择哪一种组合是成本最低、效率最高的生产方法;第三,为谁生产。因为存在稀缺性,没有人能获得他想要的一切,每个社会都必须建立某种机制来为其成员分配产品。

上面三个问题被称为资源配置问题,正是为了解决这些问题,才产生了经济学。

**3. 根据有关经济学原理,简析我国森林减少、珍稀动物灭绝的原因及解决的措施。(北师大 2004 年研)**

**答案:** 经济学是研究经济稀缺性的一门学科。稀缺性是指社会拥有的资源是有限的,因此不能生产人们希望拥有的所有物品和劳务。由于资源的稀缺性,社会资源的管理就变得尤为重要。

从经济学的角度看,我国森林减少、珍稀动物灭绝的原因在于这些资源的稀缺造成对这些资源的需求远远大于供给,这种需求和供给的缺口反映在价格上就是这些资源的价格奇高、利润奇高,从而导致对这些资源的开发使用也很高,最终导致森林资源和珍稀动物资源的减少。在一定的时期内,森林资源、珍稀动物资源的总量是不变的,表现在总供给曲线上就是垂直的总供给曲线,因此这些资源的价格就完全取决于对资源的需求。随着我国经济水平的提高,尤其是很多重要的自然观念没有形成,暴富起来的人们对稀缺资源的需求也在增加。尽管从物品的有用性方面看,这些资源都很容易找到替代品,但由于社会环境的影响,所谓的珍稀资源给一部分人带来更大的心理上的效用,所以财富的增加导致对这些稀有资源需求的增加。需求的增加必然导致其价格上涨,在这些资源成本不变的情况下,价格上涨带来利润的上涨。稀缺资源往往带来暴利,这就导致很多人通过各种非法手段获取资源,这是导致我国森林减少、珍稀动物灭绝的根本原因。

解决我国森林减少、珍稀动物灭绝的根本途径,从经济学上讲,就是提高砍伐森林、捕捉珍稀动物的机会成本。分析森林减少、珍稀动物灭绝的原因可以发现,一般砍伐森林、捕捉珍稀动物都和这些资源所在地的居民有密切的关系,而这些资源所在地的居民一般都比较贫穷,所以他们的边际成本很低。政府应该通过各种途径,使这些居民加入到保护当地稀缺资源的事业中来,并给予他们一些补助,同时加大对砍伐森林、捕捉珍稀动物的惩罚程度,从而加大他们的机会成本。当他们砍伐森林、捕捉珍稀动物的成本大于其收益时,砍伐森林、捕捉珍稀动物的行为也就会减少了。

**4. 试概述微观经济学的理论体系,并说明微观经济学研究的中心问题。(华中科技大学 2005 年研)**

**答案:** (1)微观经济学的理论体系。微观经济学是经济学的一个重要组成部分。它以市场经济中的单个消费者(又称居民户、家庭)和生产者(又称厂商、企业)为研究对象,通过分析他们的消费决策或生产决策,来说明消费品和生产要素的价格的决定及其变动,进而说明稀缺性的资源如何得到最有效的配置。微观经济学的理论目的是论证亚当·斯密"看不见的手"原理,这只"看不见的手"就是价格机制。因此,微观经济学又被称为价格理论。

# 第一章 引论

微观经济学的基本假设为：其一，经济行为个体是进行自由的、分散化决策的理性经济人，即消费者追求自身效用的最大化，生产者追求自身利润的最大化；其二，完全竞争和完全信息。

微观经济学从这两个基本假定出发，对上述问题的解决就构成了它的主要内容，具体包括：①供求规律；②消费者行为理论，它构成消费品价格决定的需求方面；③生产者行为理论或厂商理论，它构成消费品价格决定的供给方面；④生产要素的价格决定理论或分配理论；⑤一般均衡理论；⑥福利经济学；⑦市场失灵和微观经济政策。微观经济学对单个经济单位的考察，是在三个逐步深入的层次上进行的，而这三个层次都与价格因素有关。

第一个层次是分析单个消费者和单个生产者的经济行为。它分析单个消费者如何进行最优的消费决策以获得最大的效用；单个生产者如何进行最优的生产决策以获得最大的利润。这里面都涉及了价格问题，对消费者来说，其消费必须考虑到自己的预算约束问题，预算约束问题使消费者不得不考虑自己所要消费的产品的价格水平是否可以接受。对生产者来说，他的生产决策也必须考虑到产品当前的价格问题，高价格会使其增加投资，增加产量；低价格会使其减少投资，减少产量。

第二个层次是分析单个市场的价格决定问题。这个单个市场的价格决定，是作为单个市场中所有的消费者和所有的生产者的最优经济行为的共同作用的结果而出现的。应该说在第二个层次中，价格是核心。

第三个层次是分析所有单个市场的价格同时决定。这种决定是作为所有单个市场相互作用的结果而出现的。单个市场的核心是价格，那么多个市场的核心将仍然为价格。产品市场和生产要素市场的循环流动可以通过图1-1描述。

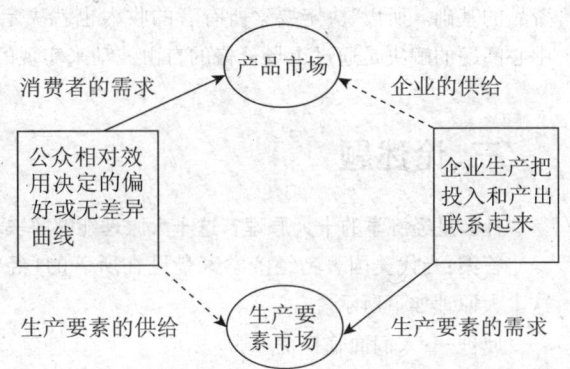

图1-1　产品市场和生产要素市场的循环流动图

图1-1实际上是微观经济学的一个鸟瞰图。从图1-1可以看出，产品市场均衡与生产要素市场的均衡是微观经济学中一个市场均衡的核心。而这个市场均衡与否的杠杆就是价格，通过价格可以使一个市场的供给与需求达到平衡。一个市场的供给与需求是通过供给曲线和需求曲线决定的，这就必然涉及消费者行为和生产者行为问题。需求曲线就是消费者行为的一种体现，在这条曲线上表示了在一定的价格水平下，消费者所愿意且能够消费的产品数量，这个产品的数量就是保证其效用最大的数量。对于供给曲线而言，这条曲线表示了在一定的价格水平下，生产者所愿意并且能够供给的产品数量，这个产量就是保证其利润达到最大的产量。因此，价格在消费者与生产者的决策中是至关重要的。

通过图1-1还可以看出，生产要素市场的供给与需求所决定的价格决定了消费者的要素供给和生产者的要素需求，而产品市场的供给与需求所决定的价格决定了生产者的产品的供给和消费者的产品需求。正是价格最终使整个微观经济学得以形成一个完整的体系，使微观体系得以顺利流转。

(2) 微观经济学研究的中心问题。微观经济学研究的中心问题是如何利用市场机制来实现资源的最优配置。所谓资源配置，是指把现有资源用于生产可供人们消费的物品或劳务的过程。由于资源在任何经济社会中都是稀缺的，因而资源最优配置的机制必须决定资源用于何种物品的生产以及如何实现有效率的生产。另外，在资源的所有权既定的条件下，一定的资源将是获得产品的唯一途径。所以,资源配置问题就是决定经济社会生产什么和生产多少、如何生产以及为谁生产的问题,从而构成了微观经济学研究的中心问题。

1)"生产什么和生产多少"要解决的问题是,如何选择既定的资源来生产哪些产品,并最大限度地满足人们的需要。在市场经济下,生产什么和生产多少取决于消费者的"货币选票",也就是说取决于消费者的需求。在其他条件不变的情况下,一种商品的价格越高,分配到用于生产该商品的资源就越多,市场上该商品的供给量就越大。

2)"如何生产"取决于厂商的行为。一般情况下,一种产品的生产可采用多种方法,但这些方法有效率高低之分。由于资源是稀缺的,所以采用效率高的方法具有特别重要的意义。在利润最大化目标的驱使下,理性的厂商将选择要素的最优组合,以实现产量既定时成本最小或成本既定时产量最大。

3)"为谁生产"在相当程度上是一个收入分配问题。厂商使用要素所有者的要素必须支付一定的费用,这些费用构成了要素所有者的收入。而这些收入又成为作为消费者的要素所有者获得消费品的基础。所以,决定要素所有者的收入也就决定了社会产品的归属。以上经济社会中面临的中心问题的解决是通过市场价格的自由波动来实现的。

## 三、论述题

**什么是经济学的十大原理?这十大原理能够解决现实经济中的哪些问题?(武大 2004 年研)**

答案:当代美国著名经济学家曼昆在所著的《经济学原理》第 1 章归纳了经济学的十大原理。这十大原理如下所示。

原理一:人们面临权衡取舍。

当人们组成社会时,他们面临各种不同的权衡取舍。典型的是在"大炮与黄油"之间的选择。在现代社会里,同样重要的是清洁的环境和高收入水平之间的权衡取舍。

认识到人们面临权衡取舍本身并没有告诉我们,人们将会或应该作出什么决策。然而,认识到生活中的权衡取舍是重要的,因为人们只有了解了他们面临的选择,才能作出良好的决策。

原理二:某种东西的成本是为了得到它所放弃的东西。

一种东西的机会成本(Opportunity Cost)是为了得到这种东西所放弃的东西。当作出任何一项决策(如是否上大学)时,决策者应该认识到伴随着每一种可能的行动而来的机会成本。实际上,决策者通常是知道这一点的。那些到了上大学的年龄的运动员如果退学转而从事职业运动就能赚几百万美元,他们深深认识到,他们上大学的机会成本极高。他们往往如此决定:不值得花费这种成本来获得上大学的利益。

原理三:理性人考虑边际量。

经济学家用边际变量(Marginal Change)这个术语来描述对现有行动计划的微小增量调整,即围绕所做的事的边缘的调整。

个人和企业通过考虑边际量将会作出更好的决策,而且只有一种行动的边际利益大于边际成本,一个理性决策者才会采取这项行动。

原理四:人们会对激励作出反应。

由于人们通过比较成本与利益作出决策,所以,当成本或利益变动时,人们的行为也会改变。这就是说,人们会对激励作出反应。

# 第一章 引论

然而,政策有时也会有事先并不明显的影响。在分析任何一种政策时,我们不仅应该考虑直接影响,而且还应该考虑通过激励发生的间接影响。如果政策改变了激励,那就会使人们改变自己的行为。

**原理五:贸易能使每个人的状况更好。**

两国之间的贸易可以使两个国家的状况都变得更好。从某种意义上说,经济中每个家庭都与所有其他家庭竞争。尽管有这种竞争,但把你的家庭与所有其他家庭隔绝开来并不会使大家过得更好。通过与其他人交易,人们可以按较低的成本获得各种各样的物品与劳务。

**原理六:市场通常是组织经济活动的一种好方法。**

现在大部分曾经是中央计划经济的国家已经放弃了这种制度,并努力发展市场经济。在一个市场经济(Market Economy)中,中央计划者的决策被千百万企业和家庭的决策所取代。这些企业和家庭在市场上相互交易,价格和个人利益引导着他们的决策。

**原理七:政府有时可以改善市场结果。**

为什么我们需要政府呢?一种回答是,"看不见的手"需要政策来保护它。只有产权得到保障,市场才能运行;还有另一种回答是,政府干预经济的原因有两类:促进效率和促进平等。

尽管"看不见的手"通常会使市场有效地配置资源,但情况并不总是这样。经济学家用市场失灵(Market Failure)这个术语来指市场本身不能有效配置资源的情况。

政府有时可以改善市场结果并不意味着它总能这样。学习经济学的目的之一就是帮助判断什么时候一项政府政策适用于促进效率与公正。

**原理八:一国的生活水平取决于它生产物品与劳务的能力。**

世界各国生活水平的差别是惊人的。随着时间推移,生活水平的变化也很大。用什么来解释各国和不同时期中生活水平的巨大差别呢?答案是几乎所有生活水平的变动都可以归因于各国生产率(Productivity)的差别。

生产率与生活水平之间的关系对公共政策也有深远的含义。在考虑任何一项政策如何影响生活水平时,关键问题是这项政策如何影响我们生产物品与劳务的能力。

**原理九:当政府发行了过多货币时,物价上升。**

什么引起了通货膨胀?在大多数严重或持续的通货膨胀情况下,罪魁祸首总是相同的——货币量的增长。当一个政府创造了大量本国货币时,货币的价值下降了。

1921年1月,德国一份日报的价格为0.3马克。不到两年的时间,1922年11月,一份同样的报纸价格为7000万马克。经济中所有其他价格都以类似的程度上升。这个事件是历史上最惊人的通货膨胀的例子,通货膨胀是经济中物价总水平的上升。

虽然美国从未经历过接近于德国20世纪20年代的情况,但通货膨胀也曾成为一个经济问题。例如,20世纪70年代期间,物价总水平翻了一番还多,杰拉德·福特总统称通货膨胀是"公众的头号敌人"。与此相比,在20世纪90年代,通货膨胀率是每年3%左右,按这个比率,物价20多年才翻一番。由于高通货膨胀给社会带来了各种代价,所以世界各国都把保持低通货膨胀作为经济政策的一个目标。

**原理十:社会面临通货膨胀与失业之间的短期权衡取舍。**

当政府增加经济中的货币量时,一个结果是通货膨胀,另一个结果是至少在短期内降低失业水平。通货膨胀与失业之间短期权衡取舍的曲线被称为菲利普斯曲线(Phillips Curve),这个名称是为了纪念第一个研究这种关系的经济学家而命名的。

菲利普斯曲线在经济学中仍然是一个有争议的问题,但大多数经济学家现在接受了这样一种思想:通货膨胀与失业之间存在短期交替关系。根据普遍的解释,这种交替关系的产生是由于某些价格调整缓慢。例如,假定政府减少了经济中的货币量,在长期中这种政策变动的唯一后果是物价总水平将下降。但并不是所有的价格都将立即作出调整,在所有企业都印发新目录,所有工会都作出工资让步,以及所有餐馆都印了新菜单之前需要几年时间。这就是说,可以认为价格在短期中是黏性的。

由于价格是黏性的,各种政府政策都具有不同于长期效应的短期效应。例如,当政府减少货币量时,它就减少了人们支出的数量。较低的支出与居高不下的价格结合在一起就减少了企业销售的物品与劳务量。销售量减少又导致企业解雇工人。因此,在对价格的变动作出完全的调整之前,货币量减少就暂时增加了失业。

通货膨胀与失业之间的交替关系只是暂时的,但可以持续数年之久。因此,菲利普斯曲线对理解经济中的许多发展是至关重要的。特别是决策者在运用各种政策工具时可以利用这种交替关系。短期中决策者可以通过改变政府支出量、税收量和发行的货币量来影响经济所经历的通货膨胀与失业的结合。这些货币与财政政策工具具有如此大的潜在力量,所以,决策者应该如何运用这些工具来控制经济,一直是一个有争议的问题。

## 典型案例分析

### 水资源的稀缺性

作为自然资源之一的水资源,其第一大经济特性就是稀缺性。

经济学认为稀缺性是指相对于消费需求来说可供数量有限的意思。从理论上来说,它可以分成两类:经济稀缺性和物质稀缺性。假如水资源的绝对数量并不少,可以满足人类相当长时期的需要,但由于获取水资源需要投入生产成本,而且在投入某一定数量生产成本的条件下可以获取的水资源是有限的、供不应求的,这种情况下的稀缺性就称为经济稀缺性。假如水资源的绝对数量短缺,不足以满足人类相当长时期的需要,这种情况下的稀缺性就称为物质稀缺性。

经济稀缺性和物质稀缺性是可以相互转化的。缺水区自身的水资源的绝对数量都不足以满足人们的需要,因而当地的水资源具有严格意义上的物质稀缺性。但是,如果将跨流域调水、海水淡化、节水、循环使用等增加缺水区水资源使用量的方法考虑在内,水资源似乎又只具有经济稀缺性,只是所需要的生产成本相当高而已。丰水区由于水资源污染浪费严重,加之缺乏资金治理,使可供水量满足不了用水需求,也变成了水资源经济稀缺性的区域。

当今世界,水资源既有物质稀缺性,可供水量不足;又有经济稀缺性,缺乏大量的开发资金。正是水资源供求矛盾日益突出,人们才逐渐重视到水资源的稀缺性问题。

案例分析要点:

稀缺性(Scarcity)在经济学中特指相对于人类欲望的无限性而言,经济物品或生产这些物品所需要的资源等的相对有限性。稀缺资源则不能无限制地被人使用,例如,一个苹果被一个人吃掉了,那么另外一个人就吃不到了。可以说传统经济学理论的大厦就是围绕稀缺资源的概念建立起来的。传统经济学理论认为,一种商品或服务的价值与它的稀缺性直接相关。这里要注意的是,经济学上所说的稀缺性是指相对的稀缺性,这也就是说,稀缺性强调的不是资源的绝对数量的多少,

# 第一章 引论

而是相对于人类欲望的无限性来说,再多的物品和资源也是不足的。

经济学中的经济物品是指一切可以通过交换取得,但又不能充分满足个人欲望的商品或服务。空气是人需要的,但它的供应无限,因而也不必通过交换取得。淡水也是人需要的,对于守在大江大湖边上的人,淡水不具有稀缺性。但在大多数场合下,自来水要通过付费才能得到。可见稀缺性因时因地而不同。但只要有一个市场存在,一件商品稀缺到什么程度就不再是一个主观评价的结果,它会由市场上的价格来精确地作出回答。稀缺性强烈或者是因为供应有限,或者是因为需求太多,越是稀缺的东西越具有更高的交换价值。所以稀缺性又相当于交换价值。人们希望得到健康、友爱等,这些东西也是稀缺的,但却不能通过交换去买到,所以不属于经济学所研究的稀缺性。经济学是研究一个国家或社会如何克服稀缺性的学问。

(徐风. 水资源的经济特性分析. 中国水利. 1995.5.12)

## 知识拓展

本章阐述了经济学的研究对象即稀缺资源的配置和利用,提出了经济学研究要解决的三个基本问题,即生产什么、如何生产和为谁生产,比较分析了在当今社会计划经济制度和市场经济制度下这两种资源配置方式的特点及其原理,并分析论述了微观经济学与宏观经济学的研究对象、内容和假设条件。对于打算深入研究西方经济学的同学,不仅要从知识层面上了解西方经济学的基本问题、发展演变和解决的问题等,更重要的是认真体会学习西方经济学的方法,深刻体会西方经济学的自身特点,将微观经济学和宏观经济学进行对比,尝试理解性掌握。

# 第二章 需求、供给和均衡价格

## 知识脉络图

西方经济学的特点 $\begin{cases} 研究对象 \\ 两个基本假设条件 \end{cases}$

需求曲线 $\begin{cases} 定义及函数的表达式：Q_d = f(P) \\ 影响需求的因素 \\ 需求规律 \\ 需求与需求量的区别 \end{cases}$

供给曲线 $\begin{cases} 定义及函数的表达式：Q_s = g(P) \\ 影响供给的因素 \\ 供给规律 \\ 供给与供给量的区别 \end{cases}$

需求、供给和均衡价格 $\begin{cases} 均衡含义 \\ 均衡价格的决定及变动 \\ 均衡价格理论的应用 \end{cases}$

需求弹性和供给弹性 $\begin{cases} 需求价格弹性的定义 \\ 需求弹性系数的计算公式 \begin{cases} 两点之间弹性 \\ 平均弹性 \\ 点弹性 \end{cases} \\ 需求弹性的种类 \begin{cases} 完全无弹性：|E|=0 \\ 相当缺乏弹性：|E|<1 \\ 单位弹性：|E|=1 \\ 相当富有弹性：|E|>1 \\ 完全有弹性：|E|\to\infty \end{cases} \end{cases}$

# 第二章　需求、供给和均衡价格

$$
\text{需求弹性和供给弹性}\begin{cases}
\text{需求收入弹性}\begin{cases}\text{正常商品}:E_M>0\begin{cases}E_M>1\text{则为奢侈品}\\0<E_M<1\text{则为必需品}\end{cases}\\\text{劣质品}:E_M<0(\text{如吉芬商品})\end{cases}\\
\text{需求的交叉弹性}\begin{cases}\text{替代品}:E_{xy}>0\\\text{互补品}:E_{xy}<0\\\text{独立品}:E_{xy}=0\end{cases}\\
\text{供给与供给法则}\\
\text{供给价格弹性}\begin{cases}\text{含义}\\\text{公式}\\\text{分类}\end{cases}\begin{cases}\text{弧弹性}\\\text{点弹性}\end{cases}
\end{cases}
$$

$$
\text{均衡 }Q_d=Q_s\text{ 蛛网理论}\begin{cases}\text{收敛型}\\\text{发散型}\\\text{封闭型}\end{cases}
$$

> **复习提示**
>
> **概念**:需求、需求函数、供给、供给函数、均衡价格、弹性、弧弹性、点弹性、需求弹性、替代品、互补品、支持价格、限制价格。
> **理解**:经济模型、静态分析、比较静态分析和动态分析、蛛网模型、影响需求和供给弹性的因素。
> **掌握**:需求函数、需求曲线、需求弹性、供给函数、供给曲线、供给弹性、恩格尔定律。
> **计算**:利用弹性公式计算弧弹性、交叉弹性和点弹性的数值。
> **图解**:应用蛛网模型分析现实中的经济现象。

## 重点难点常识理解

### 1. 需求与需求函数

需求指消费者在一定价格下愿意并能够购买的商品数量。影响需求的因素有很多种,若只分析需求量与商品价格的关系,则需求函数为 $Q_d=f(P)$。一般来说,需求量与价格成反向变动,这就是需求法则。若需求量与价格间存在线性函数关系,则该函数可以写成 $Q_d=a-bP$。表现需求函数的图形是需求曲线。在影响需求的其他因素(如消费者收入、其他商品价格等)发生变动时,需求曲线会移动。

**要点解析**:(1)商品需求量的主要影响因素有以下几个方面:该商品的价格、消费者的收入水平、相关商品的价格、消费者的偏好、消费者对该商品价格的预期以及消费者的人数。

(2)理解需求的几个关键:一定时期,对既定商品,有支付能力,与价格相对应。经济学中所讲的需求是指价格和需求量之间的对应关系。在既定条件下,对应于每一种可能的价格水平,都会有一个需求量与之相对应;价格发生变化,需求量也会随之变化。价格与需求量之间一一对应的关系可以用需求函数来表示。

### 2. 供给与供给函数

供给指生产者在一定价格下愿意并能够出售的商品数量。影响商品供给的因素也有很多种,若只分析其中供给量与商品价格的关系,则供给函数 $Q_s = g(P)$。一般来说,供给量与价格成正向变动,这就是供给法则。若供给量与价格间存在线性函数关系,则该函数要写成 $Q_s = -c + dP$。表现供给函数的图形是供给曲线。在影响供给的其他因素(如成本、生产技术、自然条件等)发生变动时,供给曲线会移动。

**要点解析**:商品供给量的主要影响因素有以下几个方面:该商品的价格、生产成本、生产的技术水平、相关商品的价格和生产者对未来的预期以及生产者的人数等。

### 3. 市场均衡价格和产量的决定和变动

使供给与需求相等的价格为均衡价格,供求相等时的产量为均衡产量。均衡时 $Q_s = Q_d$,即 $-c + dP = a - bP$,故均衡价格为 $P = \dfrac{a+c}{b+d}$。供给和需求发生变动时,即供给曲线和需求曲线移动时,均衡价格和均衡产量会发生相应的变动。

若人为地维持高于均衡价格的价格,则生产过剩;若人为地将价格限制在均衡价格以下,则生产短缺。

**要点解析**:在微观经济分析中,市场均衡可以分为局部均衡和一般均衡。局部均衡是指单个市场或部分市场的供求与价格之间的关系和均衡状态;一般均衡是指一个经济社会中所有市场的供求与价格之间的关系和均衡状态。

### 4. 需求弹性和供给弹性

需求弹性是指需求对影响需求的因素的变动的反应程度。需求弹性一般可以分为需求的价格弹性、需求的收入弹性和需求的交叉弹性。需求的价格弹性系数为:

$$E_d = \frac{\Delta Q_d}{\Delta P} \cdot \frac{P}{Q_d} \quad \cdots\cdots 弧弹性$$

或

$$E_d = \frac{dQ}{dP} \cdot \frac{P}{Q} \quad \cdots\cdots 点弹性$$

式中,$\dfrac{dQ}{dP}$ 是需求曲线上与 $P$ 和 $Q$ 相对应的点的切线的斜率的倒数,故不可以把弹性与需求曲线斜率相混淆。

影响需求价格弹性的因素甚多。需求价格弹性与销售总收益密切相关：富有弹性的商品的销售收益与价格成反向变动，缺乏弹性商品的销售收益与价格成正向变动，单位弹性的商品的销售收益与价格变动无关。

需求的收入弹性系数为：

$$E_M = \frac{\Delta Q(M_1 + M_2)}{\Delta M(Q_1 + Q_2)} \quad \cdots\cdots 弧弹性$$

或

$$E_M = \frac{dQ}{dM} \cdot \frac{M}{Q} \quad \cdots\cdots 点弹性$$

各类商品的收入弹性不相同。正常商品的 $E_M > 0$（其中，奢侈品 $E_M > 1$，必需品的收入弹性为 $0 < E_M < 1$），劣质商品的 $E_M < 0$。

需求的交叉弹性系数为：

$$E_{xy} = \frac{\Delta Q_x}{\Delta P_y} \cdot \frac{P_{y1} + P_{y2}}{Q_{x1} + Q_{x2}} \quad \cdots\cdots 弧弹性$$

或

$$E_{xy} = \frac{dQ_x}{dP_y} \cdot \frac{P_y}{Q_x} \quad \cdots\cdots 点弹性$$

依据 $E_{xy}$ 的大小，可将商品间的关系分为三类：一是 x 和 y 为相互替代的商品，$E_{xy} > 0$；二是 x 和 y 为相互补充的商品，$E_{xy} < 0$；三是 x 和 y 为相互独立的商品，$E_{xy} = 0$。

同需求有弹性一样，供给也有弹性。前述的需求价格弹性分析，同样适用于供给价格弹性，但与需求价格弹性相反，供给价格弹性一般为正值。

研究需求弹性和供给弹性时，还要区分短期弹性和长期弹性。

> **要点解析**：需求的变化与需求量的变化之间的区别：需求的变化是曲线的移动，而需求量的变化是点在曲线上的移动。
>
> 供给的变化与供给量的变化之间的区别：供给的变化是曲线的移动，而供给量的变化是点在曲线上的移动。
>
> 供求定理研究的问题是在供求平衡时的均衡价格，微观经济学的核心是价格分析，任何商品的价格都是由供给和需求共同决定的，在分析问题时往往先求出反需求函数和反供给函数。在坐标轴中，$y$ 轴往往表示价格，$x$ 轴往往表示产量。
>
> 需求的价格弧弹性和点弹性所要说明的是同一个问题。其区别主要表现为：需求的价格弧弹性表示价格变动量较大时，需求曲线上两点之间的弹性；需求的价格点弹性表示价格变动量无穷小时，需求曲线上某一点的弹性。

### 5. 恩格尔定律

恩格尔定律是 19 世纪德国统计学家恩格尔根据统计资料对消费结构的变化得出的一个规律。具体而言，恩格尔定律是指在一个家庭或一个国家中，食物支出在收入中所占的比例随着收入的增加而减少。在需求的收入弹性的基础上，如果具体地研究消费者用于购买食物的支出量对于消费者收入量变动的反映程度，就可以得到食物支出的收入弹性。用弹性来定义恩格尔定律：对于一个家庭或一个国家来说,富裕程度越高,则食物支出的收入弹性就越小;反之,则越大。

恩格尔定律是根据经验数据提出的,它是在假定其他一切变量都是常数的前提下才适用的。因此,在考察食物支出在收入中所占比例的变动问题时,还应当考虑到城市化程度、食品加工、饮食业和食物本身结构变化等因素都会影响家庭的食物支出情况。只有达到相当高的平均食物消费水平时,收入的进一步增加才不会对食物支出产生重要的影响。

### 6. 蛛网模型

蛛网模型是指西方经济学中分析生产周期较长商品的产量和价格波动情况的模型。其基本前提是本期消费量受本期价格影响,本期供给量既受上期价格的影响,又影响下期价格的形成。蛛网模型分析了商品的产量和价格波动的三种情况。第一种情况是当相对于数量轴该商品供给曲线斜率的绝对值大于需求曲线斜率的绝对值时,市场由于受到外力干扰偏离原有的均衡状态以后,实际价格和实际产量会围绕均衡水平上下波动,但波动的幅度越来越小,最后会恢复到原来的均衡点。这是经济持续稳定发展的理想模式,称为收敛型蛛网。第二种情况是当相对于数量轴该商品供给曲线斜率的绝对值小于需求曲线斜率的绝对值时,市场由于受到外力干扰偏离原有的均衡状态以后,实际价格和实际产量上下波动幅度越来越大,偏离均衡点越来越远,称为发散型蛛网,在这种情况下经济发展极不稳定。第三种情况是当相对于数量轴该商品供给曲线斜率的绝对值等于需求曲线的绝对值时,市场由于受到外力干扰偏离原有的均衡状态以后,实际价格和实际产量始终按同一幅度围绕均衡水平上下波动,既不进一步偏离均衡点,也不逐步地趋向均衡点,称为封闭型蛛网,在这种情况下经济发展成周期性波动。

## 考研真题与难题详解

### 一、概念题

**1. 弹性、收入弹性、交叉弹性(武大 2000 年研)**

**答案:**(1)在经济学中,弹性被用来表明两个经济变量变化的关系。当两个经济变量之间存在函数关系时,作为自变量的经济变量的变化,必然引起作为因变量的经济变量的变化。弹性表示作为因变量的经济量的相对变化对作为自变量的经济变量的相对变化的反应程度或灵敏程度,它等于因变量的相对变化对自变量的相对变化的比值,即弹性系数 = $\dfrac{因变量的变动比例}{自变量的变动比例}$。

设两个经济变量之间的函数关系为 $Y=f(X)$,则具体的弹性公式为 $E = \dfrac{\frac{\Delta Y}{Y}}{\frac{\Delta X}{X}} = \dfrac{\Delta Y}{\Delta X} \cdot \dfrac{X}{Y}$。式中,$E$ 为弹性系数;$\Delta X$、$\Delta Y$ 分别为变量 $X$、$Y$ 的变动量。

弹性概念在西方经济学中广泛应用,经济理论中有多种多样的弹性概念,如需求价格弹性、需求收入弹性、供给价格弹性等。由于弹性是两个量的相对变化之比,因此,弹性是一个具体的数值,它与自变量和因变量的度量单位无关。

(2)收入弹性一般指需求的收入弹性,表示在一定时期内消费者对某种商品的需求量的变动对

# 第二章 需求、供给和均衡价格

于消费者收入量变动的反映程度,它是商品需求量的变动率和消费者收入量的变动率的比值。

(3)交叉弹性指需求或供给的交叉价格弹性,表示在一定时期内一种商品的需求量或供给量的变动对于它的相关商品价格变动的反映程度。它是该商品的需求量或供给量的变动率和它的相关商品价格的变动率的比值。

**2. 经济人**(中央财大 2005 年研复试;中南大学 2005 年研;南京财经大学 2015 年研)

**答案:**经济人,又称理性人,是西方经济学在进行经济分析时的一个基本假设,是经济生活中一般人的抽象。其本性被假设为是利己的,总是力图以最小的经济代价去追逐和获取自身最大的经济利润。这样人们作出经济决策的出发点就是私人利益,在追求私人利益的过程中,每个人都寻求个人利润最大化。

**3. 吉芬商品**(武大 2000 年、2002 年、2003 年研;人大 2003 年研;复旦大学 1998 年、2000 年研;中山大学 2005 年研;西安交大 2007 年研)

**答案:**吉芬商品是指需求与价格之间呈反常变化的一类商品,由英国统计学家罗伯特·吉芬(Robert Giffen)发现而得名。这种商品的价格与需求量的变动违反了需求规律,即价格越低购买得越少,价格提高反而购买得更多,商品需求量与其价格成正比关系。1854 年当爱尔兰发生大饥荒而使马铃薯的价格大幅度上涨之时,对马铃薯的需求量却反而增加了。之所以会发生这种现象,原因在于价格变化所引起的替代效应远远低于其收入效应。说得通俗一些,也就是因为当时人们太穷了,平时人们所能消费的肉类不太多,如今马铃薯涨价了,相对来说他们更穷了,穷到买不起原来消费肉类的数量,结果只好增加对马铃薯的购买来补救。因此,吉芬商品的价格上升时,需求量增加;价格下降时,需求量减少。因此,它的需求曲线的斜率为正。这种违反常规的现象,一般称为吉芬效应(Giffen Effect)或吉芬悖论(Giffen Paradox)。吉芬商品是低档商品的一种,但并不是所有的低档商品都可以被称作吉芬商品。

**4. 需求价格弹性**(厦门大学 2008 年研;社科院研究生院 2010 年研;财政部财科所 2012 年研;浙江大学 2014 年研;东北大学 2016 年研)

**答案:**需求价格弹性表示在一定时期内一种商品的需求量变动对于该商品价格变动的反映程度。或者说,它表示在一定时期内当一种商品的价格变化百分之一时,所引起的该商品的需求量变化的百分比。其公式为:

$$需求价格弹性系数 = -需求量变动率/价格变动率$$

**5. "谷贱伤农"**,粮食丰收反而会带来农民收入的下降,请分析背后的经济学原因,并说明政府在农业领域可以发挥哪些作用。(清华大学 2005 年研)

**答案:**"谷贱伤农"指风调雨顺时,农民粮食增收,粮价却下降,卖粮收入反而比往年少的现象。

(1)"谷贱伤农"的经济学原因分析:商品的需求价格弹性表示在一定时期内一种商品的需求量变动对于该商品的价格变动的反映程度。对于缺乏弹性的商品,降低价格会使厂商的销售收入减少,相反地,提高价格会使厂商的销售收入增加,即商品的价格与销售收入呈同方向的变动。其原因在于对于缺乏弹性的商品,厂商降价所引起的需求量的增加率小于价格的下降率。这意味着需求量的增加所带来的销售收入的增加量并不能全部抵消价格下降所造成的销售收入的减少量。所以,降价最终会使销售收入减少。

造成"谷贱伤农"这种现象的根本原因在于,农产品往往是缺乏需求弹性的商品。以图 2-1 来具体说明,图 2-1 中的农产品的需求曲线 $D$ 是缺乏弹性的。农产品的丰收使供给曲线由 $S$ 的位置向

右平移至 $S'$ 的位置,在缺乏弹性的需求曲线的作用下,农产品的均衡价格大幅度地由 $P_1$ 下降为 $P_2$。由于农产品均衡价格的下降幅度大于农产品的均衡数量的增加幅度,最后致使农民总收入量减少。总收入的减少量相当于图2-1中矩形 $OP_1E_1Q_1$ 和 $OP_2E_2Q_2$ 的面积之差。

(2)政府在农业领域可以发挥的作用:由于农产品是缺乏弹性的商品,农产品的丰收反而会降低农民的收入,这会降低农民生产的积极性,因此政府需要采取措施保证农民的收入,具体来说,可以采取以下两个措施。

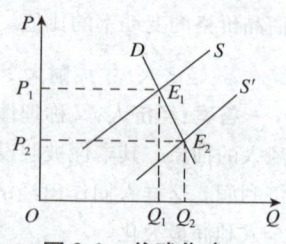

图 2-1 谷贱伤农

第一,政府保护价收购。即在农业丰收时,为了避免价格大幅度下降,政府设定农产品收购保护价,这就保证了农民可以以较高的价格出售农产品,从而使得农产品丰收时农民也可以获得更高的收入,保证了农民农业生产的积极性。

第二,对农业生产进行补贴。政府可以采取直接补贴的形式,对进行农业生产的农民进行财政补贴,这种补贴实质上降低了农业生产的成本。农民不会因为农产品丰收反而减少收入,这保证了农民未来农业生产的积极性。

**6. 恩格尔定律（中南财大 2009 年研；中央财大 2010 年研；东北财大 2014 年研；山东大学 2015 年研）**

答案:恩格尔定律是在一个家庭或一个国家中,食物支出在收入中所占的比例随着收入的增加而减少。反映这一定律的系数被称为恩格尔系数,公式表示为：

恩格尔系数 = 消费者用于购买食物的支出/消费者的可支配收入

用弹性概念来表述恩格尔定律:对于一个家庭或一个国家来说,富裕程度越高,则食物支出的收入弹性就越小;反之,则越大。

**7. 某地房地产市场十分兴旺,房价以逐月 2% 的速度上涨。原因是外来人口不断增加,当地居民也开始寻求拥有第二套住房,而建造新房的成本逐渐上涨,可供建房的土地也日益减少。某房地产开发商开发了 191 套新住房,打算以 155 万的价格出售,而在该价格下登记的欲购房者有 1000 人。该开发商采用抽奖的方式从中抽取 191 人出售住房。请回答：**

(1)新房市场的均衡市场价和数量会如何变化?

(2)旧房市场会受到怎样的影响?

(3)如果该开发商采用市场定价,和原先的定价方式相比,在效率和收入分配方面的效果有何差别?（清华大学 2005 年研）

答案:(1)新房市场的均衡价格为 $P = 155$ 万,均衡数量为 $Q = 191$ 套。

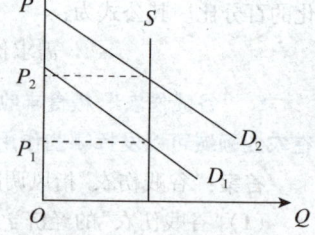

(2)旧房市场因供给量不变,而需求量增加（新房市场上的未中奖者将转向旧房市场）,价格将上涨,如图 2-2 所示,由 $P_1$ 上升到 $P_2$。

图 2-2 需求与供应的影响

(3)若采用市场定价和原先的定价方式相比,市场价格报价可能超过 155 万,收入分配更多地向房地产开发商转移,同时一部分消费者剩余损失掉,生产者剩余增加。

**8. 蛛网模型（中南财大 2010 年研；中南大学 2010 年研；兰州大学 2015 年研）**

答案:蛛网模型是运用弹性原理解释某些生产周期较长的商品在失去均衡时发生的不同波动情况的一种动态分析理论。蛛网模型证明,按照古典经济学静态下完全竞争的假设,均衡一旦被打破,经济系统并不一定自动恢复均衡。

与均衡价格决定模型不同的是,蛛网模型是一个动态模型。假定商品的本期产量 $Q_t^s$ 决定于前一期的价格 $P_{t-1}$,即供给函数为 $Q_t^s = f(P_{t-1})$,并根据需求弹性、供给弹性的不同分为"收敛型蛛网""发散型蛛网"和"封闭型蛛网"三种类型。

## 二、简答题

**1. 针对春节火车票一票难求的现象,请你用供求理论分析其中的原理,并据此提出解决的办法。(西南财大 2013 年研)**

答案:(1)一票难求现象的经济学解释:春节是中国传统团圆的节日,大量外出务工人员都会选择回家过年,而铁路交通是返乡的主要交通选择,因此春节火车票的市场需求曲线向右平行移动的幅度很大。然而,修建新的铁路在短期内是不容易完成的,因此,供给曲线是垂直的。在春节期间会加开一些列车来缓解供需矛盾,但是通过这种措施新增的火车票供给是非常有限的,因此,供给曲线向右移动的幅度是非常小的,从而使得需求远超于供给,出现一票难求。如图 2-3 所示,在春节期间,火车票的需求曲线由左向右移动,由供给曲线可以发现,增加座位数会导致价格上涨。然而由于春节期间,相对于汽车票和飞机票,火车票的价格一般比较稳定不会上涨,此时形成巨大的超额需求,因而会出现一票难求的现象。

(2)一票难求现象的解决办法:①从供给方面,增加火车座位供给,如多修铁路、多加临时车、增加车厢的长度等,同时适当地调整汽车和飞机的票价,引导部分乘客选用汽车或飞机等出行方式,改善铁路运输的集中拥挤现象。②从需求方面,减少地域的不平衡发展,使得更多的外出务工人员能够在家乡附近工作,从而减少春节期间对火车的需求。另外,改善外出务工人员在外地过节的环境,适当予以补贴,使更多的人选择在工作地过年或错开回家的时间,同样可以减少和缓解对火车票的需求。

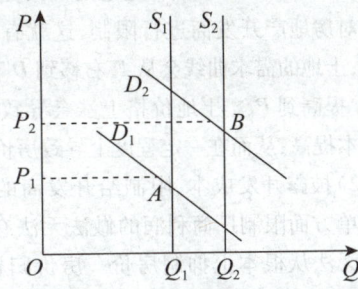

图 2-3 一票难求现象的供求分析

**2. 需求曲线斜率与需求价格弹性的关系。(中央财大 2005 年研复试;华南理工大学 2012 年研)**

答案:需求价格弹性是指需求量相对价格变化作出的反映程度,即商品价格变化百分之一所引起的该商品需求量变化的百分比。需求曲线的斜率是指价格和需求量的实际变化量之比。需求曲线斜率与需求价格弹性有以下关系。

(1)需求价格弹性反映了需求曲线的陡峭或平缓程度。

(2)当需求曲线所涉及的单位相同且按同一比例绘制需求曲线时,通过某一点的需求曲线越平坦,需求价格弹性就越大;通过某一点的需求曲线越陡峭,需求价格弹性就越小。

(3)当需求曲线为线性需求曲线时,线性需求曲线上的所有点都具有相同的斜率。但是,在该线性需求曲线中点的上方,需求富有弹性;在该线性需求曲线中点的下方,需求缺乏弹性;在该线性需求曲线的中点,需求具有单位弹性。

**3. 弹性如何有助于解释为什么禁毒可以减少毒品的供给,但可能增加与毒品相关的犯罪?**

**答案:** 禁毒可以减少毒品的供给,但是毒品供给的减少将导致毒品价格的上涨。毒品的需求缺乏价格弹性,因此毒品价格的上涨会导致吸毒者的总支出增加。吸毒者为了获得更多的收入用于满足毒瘾,他们会从事更多的犯罪行为。

## 三、计算题

**1. 今年我国住宅价格随市场需求增加而不断上涨,在进入房地产开发市场不存在任何准入限制,而且所有建筑用地都通过招标拍卖获取的条件下,通过某种手段控制房地产开发商的利益(如披露开发成本、限制给开发商的贷款、征收高额税赋等),是否能有效限制房价上涨?请简要说明你的理由,如果不能,你认为最有效的手段是什么?(北师大 2007 年研)**

**答案:**(1)在进入房地产开发市场不存在任何准入限制,而且所有建筑用地都通过拍卖的方式获得的情况下,通过某种手段控制房地产开发商的利润,在短期内仍然无法有效抑制房价上涨。

1)房地产市场不存在准入限制导致土地需求和价格上涨,从而增加开发成本。因为短期内土地的供给总量是固定的,因而如图2-4所示,土地的供给曲线是一条垂线。如果不对房地产开发商进行限制,这就有可能增加对土地的需求,土地的需求曲线会从 $D$ 右移到 $D'$,从而使土地的价格从 $P_0$ 提高到 $P_1$。土地价格上涨会导致房地产开发商的开发成本提高,从而在一定程度上导致房价的提高。

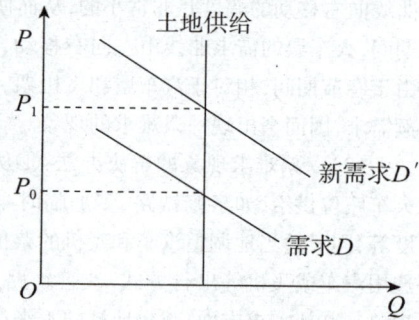

图2-4 房地产市场不存在准入限制导致土地需求和价格上涨

2)披露开发成本、限制给开发商的贷款、征收高额税赋等单方面限制厂商利润的做法无法有效增加住宅供给,从而无法从根本上抑制房价。房价归根到底是由房地产市场的供给和需求决定的,在需求不断增加但是供给无法迅速增加的情况下,房价是无法迅速回落的。

国家通过披露房地产开发成本,可以加强国家规划、国土、房地产管理部门之间的公开透明化运作,同时可以有效制止房地产开发企业哄抬房价、偷税漏税、违规强制拆迁等行为,中介服务机构也不能任意抬高或压低被拆迁房屋评估价格或行贿等,这样会有效促进土地的有效利用,提高房产供应质量,可以在一定程度上限制房价的上涨,防止开发商牟取暴利,但是仍然无法有效地大幅度增加住宅的供给。

国家通过限制向开发商贷款则可以改善房地产供应结构,如通过规定对项目资本金(所有者权益)比例达不到一定比例或未取得土地使用权证书、建设用地规划许可证、建设工程规划许可证和施工许可证的项目,商业银行不得发放任何形式的贷款;对经国土资源部门、建设主管部门查实具有囤积土地、囤积房源行为的房地产开发企业,商业银行不得对其发放贷款,这样可以避免大量投机性房地产开发商进入市场哄抬房价。但是限制贷款有可能减少住宅的供给,从而达不到抑制房价过快上涨的目的。

对房产开发商征收高额税赋可能会增加房产开发商的成本,房产开发商可能会将税赋向购买者转移,从而会提高房产的价格。

(2)为了防止房价上涨过快,根本措施是有效地调节房地产的供给和需求,抑制房地产投机性

# 第二章　需求、供给和均衡价格

需求过快增长,建立政府主导的廉租房和小户型房的供给,转移或缓解住房需求,同时有效增加住宅开发的数量和质量。

1)目前我国房价上涨过快是由于投机性住房需求过快增长所引起的,因此,政府应该利用税收、贷款利率等手段来限制第二套住房需求,抑制投机性住房需求的过快增长。

2)为了确保广大居民的住宅需求,政府可以建立廉租房制度,加快廉租房建设,提高廉租房供给来转移一部分低收入者的住宅需求。

3)政府可以对小户型住宅开发给予一定的优惠,对居民廉价房开发给予税收等方面的优惠,增加这方面的土地供给,从而降低开发成本,有效增加住房的供给,从而可以有效解决房价增长过快的问题。

**2.** 设现阶段我国居民对新汽车需求的价格弹性是 $e_d = -1.2$,需求的收入弹性是 $e_m = 3.0$,计算:

(1)在其他条件不变的情况下,价格提高3%对需求的影响。

(2)在其他条件不变的情况下,收入提高2%对需求的影响。

(3)假设价格提高8%,收入增加10%,2002年新汽车的销售量为800万辆。利用有关弹性系数估算2003年新汽车的销售量。(华中科大2003年研;武汉大学2009年研)

**答案:** (1)根据需求弹性价格公式可知:

$$e_d = \frac{\Delta Q}{\Delta P} \cdot \frac{P}{Q}$$

得 $\frac{\Delta Q}{Q} = \frac{\Delta P}{P} \cdot e_d = -3.6\%$

(2)根据收入弹性公式可知:

$$e_m = \frac{\Delta Q}{\Delta M} \cdot \frac{M}{Q}$$

得 $\frac{\Delta Q}{Q} = e_m \cdot \frac{\Delta M}{M} = 6\%$

(3) $\Delta Q = (-1.2 \times 8\% + 3 \times 10\%) \times 800 = 163.2$

$800 + 163.2 = 963.2$

故2003年新汽车的销售量为963.2万辆。

**3.** 假设某商品的市场需求函数为 $Q = a - bP(a > 0, b > 0)$。

(1)求市场价格为 $P_0$ 时的需求价格弹性。

(2)当 $a = 3$、$b = 1.5$ 时,需求价格弹性为1.5,求市场价格和需求量。

(3)求出价格上升能够带来市场销售额增加的市场价格范围。(辽宁大学2012年研)

**答案:** (1)根据需求价格弹性公式得:

$$e_d = -\frac{dQ}{dP} \cdot \frac{P}{Q} \text{且} \frac{dQ}{dP} = -b$$

故 $e_d = b \cdot \frac{P_0}{a - bP_0}$

(2) $e_d = 1.5 \times \frac{P}{3 - 1.5P} = 1.5$

解得 $P = 1.2$

由 $Q = 3 - 1.5P$，可得 $Q = 1.2$。

(3) 当需求价格弹性小于 1 时，价格上升可使销售收入上升，即有：

$$e_d = \frac{bP}{a - bP} < 1$$

因此，当 $P < \frac{a}{2b}$ 时，价格上升能带来销售额的增加。

## 典型案例分析

### 需求定理：是先有蛋还是先有鸡

当然，有一个问题还不能说清：究竟是先产生需求再产生供给，还是先产生供给才产生需求？这有点像问"是先有蛋还是先有鸡"。我想可能有时候是需求带动供给，很多的新产品就是在人们强烈的需求下产生的；也有时候是供给诱导需求，如新潮的时装，常常是提供出来之后才左右了人们的视线，引发了人们的需求。但在某一种商品的价格决定中，供给与需求就像一把剪刀的两个刀片，不分彼此，共同决定一种商品的价格；同时价格又像一只无形的手，在市场经济中自发地调节需求、调节供给，调节的最后结果使市场达到了均衡——社会资源配置合理。

总之，许多的东西在经济学家眼里都成了产品，都可以从供给和需求的角度来进行分析。需求是提供产品的动力，供给是满足需求的前提。例如要兴办教育，是因为存在大量的对"教育"产品有需求的人，而有了"教育"产品的供给，才能满足"教育"产品的需求。如果想上学的都能上学，教育资源得到充分利用，也就达到了教育市场的供求平衡。

### 价格政策的利与弊

支持价格也称为最低价格，是指政府对某些商品规定的价格下限，防止价格过低，以示对该商品生产的支持。长期以来发达国家对农产品实行这种价格，使他们的农业非常发达。以美国为例，2002 年 5 月 13 日上午，布什总统在白宫正式批准了当月上旬美国国会参众两院的新的农业政策。根据新法案，美国政府将在今后 6 年内为农业和畜牧业提供 517 亿美元的补贴，每年的补贴幅度在 64 亿美元。我国现在对农业实行的"保护价敞开收购"实际上也是一种支持价格。

支持价格的作用，以农业为例，从长期看支持了农业的发展，调动了农民种田的积极性。农产品的供给大于需求，对过剩的农产品政府只有大量收购，使政府背上了沉重的债务负担。靠保护成长起来的事物是缺乏生命力的，加入 WTO 后我们还有几年的减缓期，如果仍用这种支持价格，就不能从根本上改变我国农业的落后状况。另外，政府解决过剩农产品的方法之一就是扩大出口，这就引起国家与国家之间为争夺世界农产品市场而进行贸易战。

限制价格也称为最高价格，是指政府对某些商品规定最高上限，防止价格过高，控制通货膨胀。我国在计划经济时期，很多生活必需品都实行限制价格，小到柴米油盐，大到住房都有补贴。限制价格有利于社会平等，但从长期看，价格低不利于抑制需求，也不利于刺激供给，使本来就短缺的商品更加短缺。为了弥补供给不足的部分，政府往往会采取配给制。例如，我国住房长期以来实行配给制和低房租，这种政策固然使低收入者可以有房住，但的确使房屋更加短缺，几十年住房问题解决不了，改革开放以来，随着逐步地放开公产房的房租和住房分配政策的不断改变，商品房的价格由市场调节，调动了开发商建房的积极性，解决了多少年来住房需求的短缺问题。

# 第二章 需求、供给和均衡价格

限制价格是一项不符合经济规律的失败的制度安排,经济学家不主张利用限制价格,因此,最终要被设计者放弃也是不可避免的。事实证明,改革开放以来,我国取消大量的限制价格政策,无论是商品市场还是要素市场,均由过去的卖方市场转变到今天的买方市场,商品由过去的短缺转变到今天的过剩。

### 政府对鸡蛋的补贴弊端

资料表明,1995年天津市鸡蛋生产量减少5000万公斤,这除了有生产成本上升的冲击之外,与补贴制度的缺陷是不无关系的。一方面,价格补贴的存在使鸡蛋的实际收购价达到3.5~3.8元/斤的水平,当生产者手中不受管制的鸡蛋由非国营门市部征购时,生产者心目中已有了一个很高的心理价位,更希望通过此举弥补由于受到价格管制而遭受的损失(即使政府对生产者由于低价出售而遭到的损失进行了补贴,而且补贴额很高,但名义收购价很低,使生产者形成吃亏的错觉),于是市场价被拉动到很高的水平;另一方面,较低的价格刺激了需求,从而进一步加剧了供求双方的矛盾。解决这种矛盾的方法,在不受价格管制的情况下,就表现为价格的上涨。调查资料显示,当定点门市部被迫以3.3元/斤的价格出售鸡蛋时,农贸市场的鸡蛋价格却一度达到了3.9~4.1元/斤的水平。

从以上的分析中可以看出,价格管制反而使鸡蛋的市场价格上涨和不稳定,这是一项不符合经济规律的失败的制度安排,最终被设计者放弃也是不可避免的。事实证明,像鸡蛋、大白菜这类生产周期较短、替代性较强的产品的价格水平和供求关系,最好由市场来调节:在短期内,鸡蛋价格的上升,一方面正好刺激了其替代品(如肉类等)消费量的上升,调整了消费结构;另一方面,吸引了外部(地)市场供给量,很快就能增加本地供给,同时刺激资源向生产领域流动,养鸡的人就会增加,从而在稍长的下一生产周期使本地鸡蛋供给上升,价格又会再度回落下来。由此看来,至少在某些产品领域里,即使从维持物价稳定、保证人民生活安定的目的出发,选择市场调节也是最理想的制度安排。

### 需求的交叉弹性:企业决策的重要依据

所谓交叉弹性是指一种商品价格的变动对另一种商品价格需求量的影响程度,或者彼商品需求量的变动对此商品价格变动的反映程度。公式表示为 $E_{xy}=(\Delta Q_x/Q_x)/(\Delta P_y/P_y)$,需求交叉价格弹性系数取决于两种商品之间的相互关系。商品之间的相互关系可以分为三种:

(1)替代关系。两种商品,消费者无论购买哪一个,给消费者带来的效用是相同的。例如,消费者吃了大米就少吃面粉;穿了大维西装就穿不了杉杉西装;看康佳电视就不看长虹电视等。

(2)互补关系。两种商品同时满足消费者的一个需求。例如,照相机和胶卷、录音机和磁带、电脑的主机和显示器等。

(3)不相关。两种商品没有直接的关系。例如,面包和电视、电视和服装等。

下面让我们思考一个问题,为什么这几年汽车的需求量急剧上升?根据前面学习的理论可知,原因之一是价格下降;原因之二是消费者收入的增加;原因之三是生产汽车的厂家增加,他们生产的各种品牌的汽车是互相替代的关系;原因之四是汽油、轮胎等配件以及维修服务的增加和完善,它们与汽车之间是互补关系。

懂得需求的交叉弹性对企业决策和个人投资有很大的帮助。例如,你看人家经营一种商品十分赚钱,你也做起同样的生意来,这就是经营别人产品的替代品,这样势必加剧了市场竞争。恐怕竞争中被淘汰的就是你。其实经营畅销产品的互补产品不失为一种很好的思路，有的中小企业，靠着与汽车配套的思路，生产车用地毯、车灯、反光镜配件，结果取得了良好的经营业绩。珠海中富集团一开始是十几个农民建立的一家小企业，最初为可口可乐提供饮料吸管，后来生产塑料瓶和瓶盖。可口可乐在哪里建厂，中富就在哪里建配套厂。靠这种积极合作的策略，中富如今已发展成为年销量超过10亿元人民币的大公司。

懂得需求的交叉弹性为企业制定合理的价格有很大帮助。例如，两家生产替代品的公司，大维西服和杉杉西服都是国内的知名品牌，对消费者来说大维西服与杉杉西服提供的效用是相同的，它们是互相替代的产品。众所周知，为了提高市场占有率，它们都不惜投入大量的金钱作广告，进行非价格的竞争。但如果只注意非价格竞争而忽视价格竞争，也会失去市场。例如，大维西服坚持高价格政策，杉杉西服采取"薄利多销"的低价格政策，西服属于富有弹性的商品，因此消费者就会由于杉杉西服价格下降增加对杉杉西服的购买，大维西服就会失去一部分市场份额。因此，大维西服应根据交叉弹性的特点正确判断自己的市场定位，制定合适的市场价格，预防不利于自己生存和发展的情况发生。

如果互补产品为一家生产，如彩色喷墨打印机和墨盒，又如何定价呢？彩色喷墨打印机是基本品，墨盒是配套品，基本品应定价低，配套品应定价高，事实也就是这样，彩色喷墨打印机一台售价仅为400~500元人民币，低价很诱人，但买下后才发现更换一个墨盒的价格是200元人民币，一种色彩的油墨用完，不换墨盒就不能保证画面质量，而换四个墨盒的价格比一台彩色喷墨打印机还贵。根据交叉弹性的定价原理，面对基本品——打印机，定价过高，消费者处于主动位置，需求弹性较大，只有定低价才能吸引消费者购买，一旦基本品买下，配套品的选择余地就小了，消费者往往处于缺乏替代品的被动地位，此时定高价能够获取较高利润，如果反过来基本品定价高，结果导致需求者寥寥无几，那么配套品定价再低也已失去意义。

总之，企业在制定产品价格时，应考虑到替代品与互补品之间的相互影响。否则，价格变动可能会对销路和利润产生不良后果。

### 供给弹性：企业决策的另一重要依据

既然有需求弹性，就同样有供给弹性，最典型的是供给的价格弹性，即价格变动的比率引起供给量变动的比率。用公式表示为 $E_s = \dfrac{P}{Q} \cdot \dfrac{\Delta Q}{\Delta P}$。在供求规律里我们讲到，家电市场长期供小于求，厂商的利润可观，因此有越来越多的厂家投身于家电产品的生产，供求平衡随之改变，由原来的供小于求逐步转变为供大于求。在这个过程中，说明需求增加、价格上升后，供给的变动是与时间长短相关的。我们可以用价格弹性的概念来分析。从公式可以看到，某商品价格上升10%，供给量增加20%，则供给弹性为2。如果无论价格如何，供给量都不变，则供给弹性为0，即供给无弹性，如某些已故画家的作品就是这样。如果价格既定，供给无限，则供给弹性为无限大，即供给有无限弹性，如用自然山间清泉作矿泉水就是这样。正常情况下，价格变动百分比大于供给量变动的百分比为供给缺乏弹性，价格变动百分比小于供给量变动的百分比为供给富有弹性。

我们分析家电的生产情况，20世纪80年代需求增加时，家电价格很高，生产厂家利润丰厚，但家电厂受生产规模的限制，产量难以很快增加。正因为如此，很多企业纷纷生产家电，所以出现了90年代后期家电市场供大于求的局面，但已形成一定规模的家电生产也难以大幅度地减少。所以像家电、汽车等行业要确定一个适度的规模，规模小会失去赚钱的机会，规模大又会形成过剩的生产能力，这是由于这些生产缺乏供给弹性。有的专家提醒汽车业不要重蹈家电业的覆辙。

# 第二章 需求、供给和均衡价格

一般来说,像生产周期短、劳动密集型、技术简单、不容易保管的商品供给弹性较大;相反,供给弹性较小。

**蛛网理论应用:农民减少损失的依据**

为了说明蛛网理论,我们举一例说明。在苹果价格比较高的时候,人们纷纷"上马"种植苹果树。过了若干年后,苹果的数量越来越多,造成苹果供过于求,苹果的价格必须大幅度下降,这个时候种植苹果的农民会纷纷将苹果树砍掉,造成种植苹果纷纷"下马"的现象。这种"上马"与"下马"的现象在现实的生活中确实存在,对我国经济建设造成重大损失。所以单纯地凭借市场调节,虽然从长远来说可以达到供给与需求的平衡状态,但是这个过渡过程时间很长,并会造成重大的经济损失。由于价格的波动使得价格偏离合理的状态,价格不合理又给投机分子造成了发不义之财的机会,所以应采取政府干预手段来减少价格的波动。

另外,由于粮食市场也存在着"蛛网效应",市场一旦受到冲击将无法自动调节。因此,粮食市场不能完全开放。直到今天,很多经济学者(包括部分粮食专家)都认为,由于粮食市场存在着"蛛网效应",粮食市场中的任何一个外部冲击都会被逐级放大而发散,市场无法自动调整至均衡状态,于是,它将对人们的生活、生产带来不利影响。因此政府必须对粮食市场进行干预。但政府干预不能完全达到预期效果,故期货市场应运而生,较完善的期货市场可以预估未来的价格,平抑现货市场价格,农民可以根据期货市场的价格引导种植并合理地套利,避免在粮食生产领域中收益与损失的大起大落。

## 教材习题参考答案

## 一、简答题

**1. 下列事件对 $x$ 商品的需求有何影响?**
(1) $x$ 商品的生产厂商投入大量资金做广告宣传。
(2) 生产 $x$ 商品的工人的工资增加了。
(3) $y$ 商品是 $x$ 商品的替代品,$y$ 商品的价格下降了。
(4) 消费者的收入增加了。

**答案:** (1) 对 $x$ 商品的需求会增加。因为生产厂商的广告宣传会增加消费者对 $x$ 商品的了解和偏好,从而使得消费者在任何给定的价格水平都会增加对 $x$ 商品的需求量。

(2) 对 $x$ 商品的需求保持不变。因为通常假设一种商品的生产工人工资增加对该商品需求的影响很小甚至可以忽略不计,那么 $x$ 商品的生产工人工资增加就只会影响 $x$ 商品的生产成本及其供给曲线,而对 $x$ 商品的需求曲线没有影响。

(3) 对 $x$ 商品的需求会降低。因为当 $y$ 商品的价格下降时,消费者会减少对 $x$ 商品的购买而增加对 $y$ 商品的购买。换言之,当 $y$ 商品的价格下降时,在任何给定的 $x$ 商品的价格水平,消费者对 $x$ 商品的需求都会减少。

(4) 不确定。如果 $x$ 商品是正常商品,消费者收入增加会增加对 $x$ 商品的需求;如果 $x$ 商品是低档商品,消费者收入增加会降低对 $x$ 商品的需求。

**2.** 下列事件对棉花供给有何影响?

(1)气候恶劣导致棉花歉收。

(2)种植棉花所需的化肥的价格上升。

(3)政府对种植棉花的农户实施优惠政策。

(4)棉花价格上升。

**答案:** (1)棉花的供给会减少。因为恶劣气候导致的棉花歉收会使得棉花的供给数量减少。

(2)棉花的供给会减少。因为化肥价格上升使得棉花的生产成本上升、利润下降,在任一价格水平下,农户会缩小棉花种植面积,导致供给数量下降。

(3)棉花的供给会增加。因为政府对种植棉花的农户实施优惠政策将激励农户的生产积极性,在任一给定的价格水平下,农户会扩大棉花种植面积,导致棉花供给数量增加。

(4)棉花的供给会增加。因为棉花的供给曲线不变,棉花的价格-供给数量组合点沿着给定的供给曲线向上移动,它表示随着棉花价格的上升,农户对棉花的供给数量增加了。

**3.** 已知某一时期内某商品的需求函数为 $Q^d = 50 - 5P$,供给函数为 $Q^s = -10 + 5P$。

(1)求均衡价格 $P_e$ 和均衡数量 $Q_e$,并作出几何图形。

(2)假定供给函数不变,由于消费者收入水平提高,使需求函数变为 $Q^d = 60 - 5P$。求出相应的均衡价格 $P_e$ 和均衡数量 $Q_e$,并作出几何图形。

(3)假定需求函数不变,由于生产技术水平提高,使供给函数变为 $Q^s = -5 + 5P$。求出相应的均衡价格 $P_e$ 和均衡数量 $Q_e$,并作出几何图形。

(4)利用(1)、(2)和(3),说明静态分析和比较静态分析的联系和区别。

(5)利用(1)、(2)和(3),说明需求变动和供给变动对均衡价格与均衡数量的影响。

**答案:** (1)已知在均衡价格水平上供给等于需求,将需求函数 $Q^d = 50 - 5P$ 和供给函数 $Q^s = -10 + 5P$ 代入 $Q^d = Q^s$,有 $50 - 5P = -10 + 5P$,得 $P_e = 6$。

把 $P_e = 6$ 代入需求函数 $Q^d = 50 - 5P$,得 $Q_e = 50 - 5 \times 6 = 20$,所以均衡价格和均衡数量分别为 $P_e = 6$、$Q_e = 20$,如图 2-5 所示。

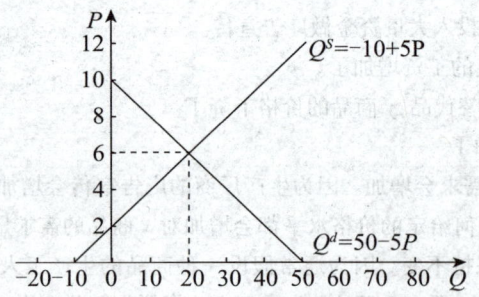

图 2-5 均衡价格和均衡数量

(2)消费者收入变化,则需求变化,从而需求曲线向右移动,形成新的均衡。将由于消费者收入水平提高而产生的需求函数 $Q^d = 60 - 5P$ 和原供给函数 $Q^s = -10 + 5P$,代入均衡条件 $Q^d = Q^s$,有 $60 - 5P = -10 + 5P$,得 $P_e = 7$。

把 $P_e = 7$ 代入 $Q^d = 60 - 5P$,得 $Q_e = 60 - 5 \times 7 = 25$,或者将均衡价格 $P_e = 7$ 代入 $Q^s = -10 + 5P$,得 $Q_e = -10 + 5 \times 7 = 25$。

所以,均衡价格和均衡数量分别为 $P_e = 7$、$Q_e = 25$,如图 2-6 所示。

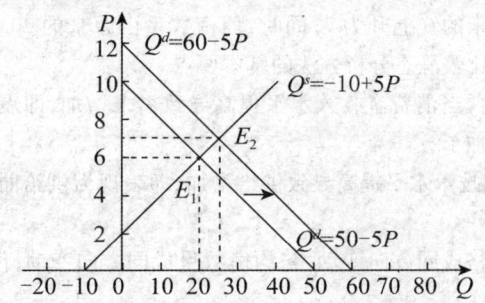

图 2-6　需求曲线移动后的均衡

(3)生产技术水平变动,从而供给曲线向右移动,形成新的均衡将原需求函数 $Q^d = 50 - 5P$ 和由于技术水平提高而产生的供给函数 $Q^s = -5 + 5P$,代入均衡条件 $Q^d = Q^s$,有 $50 - 5P = -5 + 5P$,得 $P_e = 5.5$。

把 $P_e = 5.5$ 代入 $Q^d = 50 - 5P$,得 $Q_e = 50 - 5 \times 5.5 = 22.5$。

或者以均衡价格 $P_e = 5.5$ 代入 $Q^s = -5 + 5P$,得 $Q_e = -5 + 5 \times 5.5 = 22.5$。

所以,均衡价格和均衡数量分别为 $P_e = 5.5$、$Q_e = 22.5$,如图 2-7 所示。

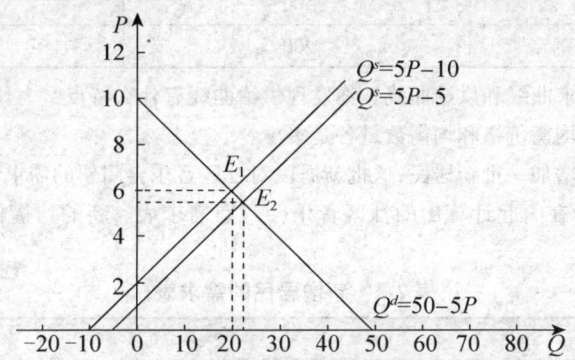

图 2-7　供给曲线移动后的均衡

(4)静态分析是考察在既定条件下某一经济事物在经济变量的相互作用下所实现的均衡状态及其特征。以(1)为例,在图 2-5 中,均衡点 $E$ 就是一个体现了静态分析特征的点。它是在给定的供求力量的相互作用下所达到的一个均衡点。在此,给定的供求力量分别用给定的供给函数 $Q^s = -10 + 5P$ 和需求函数 $Q^d = 50 - 5P$ 表示,均衡点 $E$ 具有的特征是:均衡价格 $P_e = 6$ 且当 $P_e = 6$ 时,有 $Q^d = Q^s = Q_e = 20$;同时,均衡数量 $Q_e = 20$ 且当 $Q_e = 20$ 时,有 $P^d = P^s = P_e = 6$。

依此类推,以上所描述的关于静态分析的基本要点,在(2)及图 2-6 和(3)及图 2-7 中的每一个单独的均衡点 $E_i(i = 1, 2)$ 都得到了体现。

比较静态分析是考察当原有的条件发生变化时,原有的均衡状态会发生什么变化,并分析比较新旧均衡状态。以(2)为例加以说明。在图 2-6 中,由均衡点 $E_1$ 变动到均衡点 $E_2$,就是一种比较静态分析。它表示当需求增加即需求函数发生变化时对均衡点的影响。比较新、旧两个均衡点 $E_1$ 和 $E_2$ 可以很清楚地看到:由于需求增加导致需求曲线右移,最后使得均衡价格由 6 上升为 7,同时,均衡数量由 20 增加为 25。也可以这样理解比较静态分析:在供给函数保持不变的前提下,由于需求函数中的外生变量发生变化,即其中一个参数值由 50 增加为 60,从而使得内生变量的数值发生变化,其结果为均衡价格由原来的 6 上升为 7,同时,均衡数量由原来的 20 增加为 25。类似地,利用(3)及其图 2-7 也可以说明比较静态分析方法的基本要点。

(5)比较(1)和(2)可得,当消费者收入水平提高导致需求增加,即表现为需求曲线右移时,均衡价格提高了,均衡数量增加了。

比较(1)和(3)可得,当技术水平提高导致供给增加,即表现为供给曲线右移时,均衡价格下降了,均衡数量增加了。

一般地,需求与均衡价格成同方向变动,与均衡数量成同方向变动;供给与均衡价格成反方向变动,与均衡数量成同方向变动。

**4. 假定某社区的音乐会门票价格是由市场力量决定的,其需求与供给情况如表 2-1 所示。**

表 2-1　需求与供给情况表

| 价格(元) | 需求量(张) | 供给量(张) |
|---|---|---|
| 20 | 1400 | 800 |
| 40 | 1100 | 800 |
| 60 | 800 | 800 |
| 80 | 500 | 800 |
| 100 | 200 | 800 |

(1)画出相应的需求曲线和供给曲线。你发现供给曲线有什么特点?为什么?

(2)音乐会门票的均衡价格和均衡数量各是多少?

(3)该社区明年将增加一批新居民,这批新居民对社区音乐会门票的需求情况如表 2-2 所示。绘制将新老居民合在一起计算出的社区音乐会门票需求表。新的均衡价格和均衡数量各是多少?

表 2-2　新增居民的需求表

| 价格(元) | 需求量(张) |
|---|---|
| 20 | 840 |
| 40 | 660 |
| 60 | 480 |
| 80 | 300 |
| 100 | 120 |

(4)为了更好地满足新老居民对文化生活的需求,社区决定扩建音乐厅,由此将音乐会门票的供给增加到 1280 张。届时,音乐会门票的均衡价格和均衡数量又将各是多少?

**答案:**(1)需求曲线和供给曲线如图 2-8 所示。

## 第二章 需求、供给和均衡价格

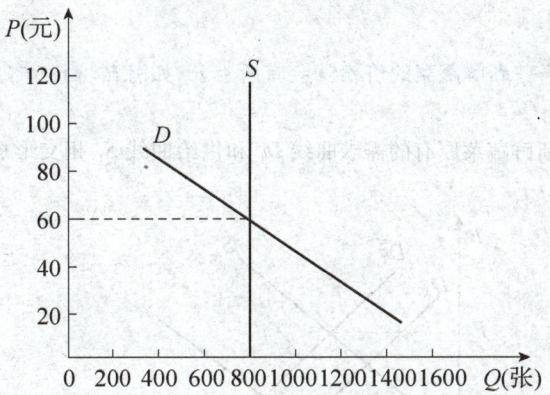

图 2-8 需求曲线和供给曲线

从图中可以看到,需求曲线斜率为负,呈现需求曲线的一般特征,表示随着音乐会门票价格的提高,居民欣赏音乐会的需求下降。而供给曲线却是一条垂直线,其呈现出供给曲线的一种特殊形状,其原因主要是音乐厅的座位是固定的 800 个,也就是说,无论票价是多少,音乐厅可以提供的座位总是 800 个。

(2)从图 2-8 中可以看到,均衡价格是每张 60 元,均衡数量为 800 张。

(3)新老居民合计需求表如表 2-3 所示。

表 2-3 新老居民合计需求表

| 价格(元) | 需求量(张) | 供给量(张) |
| --- | --- | --- |
| 20 | 2240 | 800 |
| 40 | 1760 | 800 |
| 60 | 1280 | 800 |
| 80 | 800 | 800 |
| 100 | 320 | 800 |

均衡价格为每张 80 元,均衡数量为 800 张。

(4)新老居民合计需求与供给表如表 2-4 所示。

表 2-4 新老居民合计需求与供给表

| 价格(元) | 需求量(张) | 供给量(张) |
| --- | --- | --- |
| 20 | 2240 | 1280 |
| 40 | 1760 | 1280 |
| 60 | 1280 | 1280 |
| 80 | 800 | 1280 |
| 100 | 320 | 1280 |

均衡价格为每张 60 元,均衡数量为 1280 张。

**5. 每逢春节来临,一些新鲜蔬菜的价格就会有所上升,如蒜苗、西红柿、黄瓜、豆角等。试利用供求曲线图说明其原因。**

答案:在图2-9中,新鲜蔬菜原有的需求曲线 $D_1$ 和供给曲线 $S_1$ 相交形成的均衡价格和均衡数量分别为 $P_1$ 和 $Q_1$。

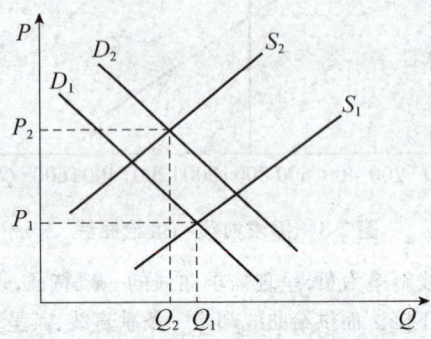

图2-9　原有的需求曲线和供给曲线

蔬菜价格上涨的供求分析:

每逢春节来临,从需求的角度来讲,人们对新鲜蔬菜的需求数量有所增加,尤其是一些比较高档的新鲜蔬菜,这种需求数量的增加发生在新鲜蔬菜的任何价格水平。在图2-9中,这种新鲜蔬菜需求的增加表现为需求曲线由原来的 $D_1$ 右移到 $D_2$。

从供给角度讲,春节时处于冬季,冬季的新鲜蔬菜基本产自于种植大棚。相对于蔬菜的大田种植,蔬菜的大棚生产有两个基本特征:一是生产成本高;二是产量非常有限。这两个因素均导致新鲜蔬菜的供给数量大幅度减少。类似地,这种供给数量的减少也发生在新鲜蔬菜的任何价格水平。在图2-9中,这种新鲜蔬菜供给的减少表现为新鲜蔬菜的供给曲线以较大幅度由原来的 $S_1$ 左移到 $S_2$。

综合以上供求两个方面的分析,很显然在春节期间,在新鲜蔬菜的需求有所增加和供给大幅减少的双重作用下,新鲜蔬菜的市场价格上升了。在图2-9中表现为新鲜蔬菜的均衡价格由原来的 $P_1$ 上升到春节期间的 $P_2$,而均衡数量由原来的 $Q_1$ 减少为春节期间的 $Q_2$。

**6. 图2-10中有三条线性的需求曲线 $AB$、$AC$ 和 $AD$。**

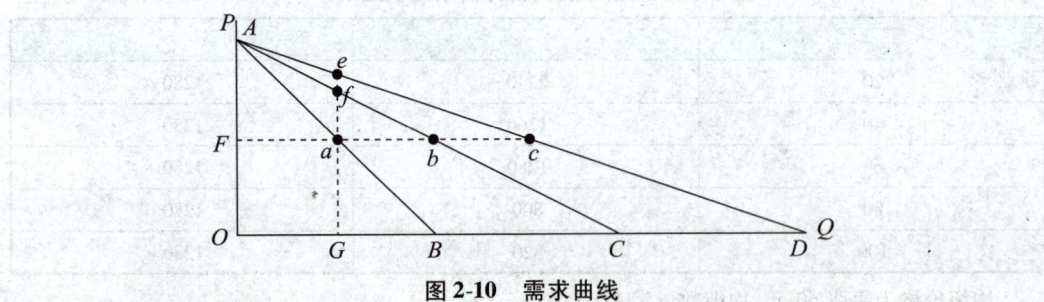

图2-10　需求曲线

(1) 比较 $a$、$b$、$c$ 三点需求的价格点弹性的大小。

(2) 比较 $a$、$e$、$f$ 三点需求的价格点弹性的大小。

答案:(1) $e_c = e_a$。

## 第二章 需求、供给和均衡价格

(2) $e_e = e_f = e_a$。

**7. 利用图 2-11 比较需求的价格点弹性的大小。**

(1) 在图 2-11(a)中,两条线性需求曲线 $D_1$ 和 $D_2$ 相交于 $a$ 点。试问:在交点 $a$,这两条线性需求曲线的需求的价格点弹性相等吗?

(2) 在图 2-11(b)中,两条曲线型需求曲线 $D_1$ 和 $D_2$ 相交于 $a$ 点。试问:在交点 $a$,这两条曲线型需求曲线的需求的价格点弹性相等吗?

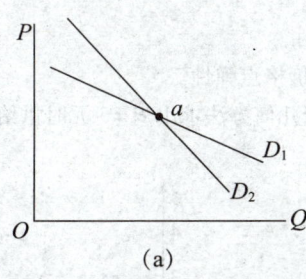 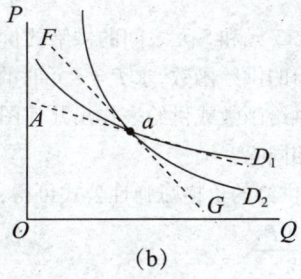

图 2-11 需求的价格点弹性大小的比较

**答案:**(1) 不相等,$D_1$ 曲线的点弹性更大。

(2) 不相等,$D_1$ 曲线的点弹性更大。

## 二、计算题

**1. 假定表 2-5 是需求函数 $Q^d = 500 - 100P$ 在一定价格范围内的需求表。**

表 2-5 某商品的需求表

| 价格(元) | 1 | 2 | 3 | 4 | 5 |
|---|---|---|---|---|---|
| 需求量 | 400 | 300 | 200 | 100 | 0 |

(1) 求出价格 2 元和 4 元之间的需求的价格弧弹性。

(2) 根据给出的需求函数,求 P = 2 元时的需求的价格点弹性。

(3) 根据该需求函数或需求表作出几何图形,利用几何方法求出 P = 2 元时的需求的价格点弹性。它与(2)的结果相同吗?

**答案:**(1) 由需求的价格弧弹性中点公式 $e_d = -\dfrac{\Delta Q}{\Delta P} \cdot \dfrac{\frac{P_1 + P_2}{2}}{\frac{Q_1 + Q_2}{2}}$,有 $e_d = \dfrac{200}{2} \cdot \dfrac{\frac{2+4}{2}}{\frac{300+100}{2}} = 1.5$。

(2) 已知当 $P = 2$ 时,$Q^d = 500 - 100 \times 2 = 300$,所以可得:

$$e_d = -\frac{dQ}{dP} \cdot \frac{P}{Q} = -(-100) \cdot \frac{2}{300} = \frac{2}{3}$$

(3) 根据图 2-12 所示,在 $a$ 点即 $P = 2$ 时的需求的价格点弹性为 $e_d = \dfrac{GB}{OG} = \dfrac{200}{300} = \dfrac{2}{3}$,或者 $e_d = \dfrac{FO}{AF} = \dfrac{2}{3}$。

可知几何方法求出的 $P = 2$ 时的需求的价格点弹性系数和(2)

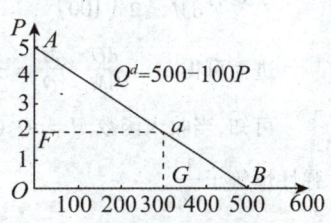

图 2-12 需求曲线

中根据定义公式求出的结果是相同的,都是 $e_d = \dfrac{2}{3}$。

**2.** 假定表 2-6 是供给函数 $Q^s = -2 + 2P$ 在一定价格范围内的供给表。

表 2-6  某商品的供给表

| 价格(元) | 2 | 3 | 4 | 5 | 6 |
|---|---|---|---|---|---|
| 供给量 | 2 | 4 | 6 | 8 | 10 |

(1)求出价格 3 元和 5 元之间的供给的价格弧弹性。
(2)根据给出的供给函数,求 $P=3$ 元时的供给的价格点弹性。
(3)根据该供给函数或供给表作出几何图形,利用几何方法求出 $P=3$ 元时供给的价格点弹性。它与(2)的结果相同吗?

**答案:**(1)由供给的价格弧弹性公式可得:

$$e_s = \frac{\Delta Q}{\Delta P} \cdot \frac{\dfrac{P_1 + P_2}{2}}{\dfrac{Q_1 + Q_2}{2}},$$

$$e_s = \frac{4}{2} \times \frac{\dfrac{3+5}{2}}{\dfrac{4+8}{2}} = \frac{4}{3}。$$

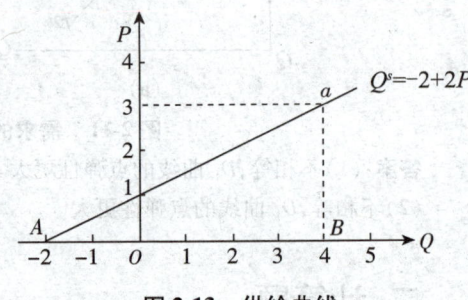

图 2-13  供给曲线

(2)当 $P=3$ 时,$Q^s = -2 + 2 \times 3 = 4$,所以有:

$$e_s = \frac{dQ}{dP} \cdot \frac{P}{Q} = 2 \times \frac{3}{4} = 1.5。$$

(3)根据图 2-13 所示,在 $a$ 点即 $P=3$ 时的供给的价格点弹性为:

$$e_s = \frac{AB}{OB} = \frac{6}{4} = 1.5。$$

可见,利用几何方法求出的 $P=3$ 时的供给的价格点弹性系数和(2)中根据定义公式求出的结果是相同的,都是 $e_s = 1.5$。

**3.** 假定某消费者关于某种商品的需求数量 $Q$ 与收入 $M$ 之间的函数关系为 $M = 100Q^2$。
求:当收入 $M = 6400$ 时的需求的收入点弹性。

**答案:** 由已知条件 $M = 100Q^2$,可得 $Q = \sqrt{\dfrac{M}{100}}$,

于是有 $\dfrac{dQ}{dM} = \dfrac{1}{2}\left(\dfrac{M}{100}\right)^{-\frac{1}{2}} \cdot \dfrac{1}{100}$。

进而可得 $e_m = \dfrac{dQ}{dM} \cdot \dfrac{M}{Q} = \dfrac{1}{2}\left(\dfrac{M}{100}\right)^{-\frac{1}{2}} \cdot \dfrac{1}{100} \cdot 100 \cdot \left(\sqrt{\dfrac{M}{100}}\right)^2 \Big/ \sqrt{\dfrac{M}{100}} = \dfrac{1}{2}$。

可知,当收入函数 $M = aQ^2$(其中 $a>0$ 为常数)时,则无论收入 $M$ 为多少,相应的需求的收入点弹性恒等于 $\dfrac{1}{2}$。

**4.** 假定需求函数为 $Q = MP^{-N}$,其中 $M$ 表示收入,$P$ 表示商品价格,$N(N>0)$ 为常数。
求:需求的价格点弹性和需求的收入点弹性。

## 第二章 需求、供给和均衡价格

**答案:** 已知 $Q = MP^{-N}$, 可得:

$$e_d = -\frac{dQ}{dP} \cdot \frac{P}{Q} = -M \cdot (-N) \cdot P^{-N-1} \cdot \frac{P}{MP^{-N}} = N,$$

$$e_m = \frac{dQ}{dM} \cdot \frac{M}{Q} = P^{-N} \cdot \frac{M}{MP^{-N}} = 1。$$

由此可见,一般地,对于幂指数需求函数 $Q(P) = MP^{-N}$ 而言,其需求的价格点弹性总等于幂指数的绝对值 $N$。而对于线性需求函数 $Q(M) = MP^{-N}$ 而言,其需求的收入点弹性总是等于 1。

**5.** 假定某商品市场上有 100 个消费者,其中 60 个消费者购买该市场 $\frac{1}{3}$ 的商品,而且每个消费者的需求的价格弹性均为 3;另外 40 个消费者购买该市场 $\frac{2}{3}$ 的商品,而且每个消费者的需求的价格弹性均为 6。

求:按 100 个消费者合计的需求的价格弹性系数是多少?

**答案:** 令 100 个消费者购买的商品总量为 $Q$,市场价格为 $P$,而且每个消费者的需求的价格弹性都是 3,于是,单个消费者 $i$ 的需求的价格弹性可以写为 $e_{di} = -\frac{dQ_i}{dP} \cdot \frac{P}{Q_i} = 3$,

即 $\frac{dQ_i}{dP} = -3 \cdot \frac{Q_i}{P}$  $(i = 1, 2, \cdots, 60)$ (1)

且 $\sum_{i=1}^{60} Q_i = \frac{Q}{3}$。 (2)

该市场 $\frac{2}{3}$ 的商品被另外 40 个消费者购买,而且每个消费者的需求的价格弹性都是 6,于是,单个消费者 $j$ 的需求的价格弹性可以写为:

$$e_{dj} = -\frac{dQ_j}{dP} \cdot \frac{P}{Q_j} = 6,$$

即 $\frac{dQ_j}{dP} = -6 \cdot \frac{Q_j}{P}$  $(j = 1, 2, \cdots, 40)$, (3)

且 $\sum_{j=1}^{40} Q_j = \frac{2Q}{3}$。 (4)

该市场上 100 个消费者合计的需求的价格弹性可以写为:

$$e_d = -\frac{dQ}{dP} \cdot \frac{P}{Q} = -\frac{d(\sum_{i=1}^{60} Q_i + \sum_{j=1}^{40} Q_j)}{dP} \cdot \frac{P}{Q} = -\left(\sum_{i=1}^{60} \frac{dQ_i}{dP} + \sum_{j=1}^{40} \frac{dQ_j}{dP}\right) \cdot \frac{P}{Q}。$$

将(1)、(3)代入上式,得:

$$e_d = -\left[\sum_{i=1}^{60} \left(-3 \cdot \frac{Q_i}{P}\right) + \sum_{j=1}^{40} \left(-6 \cdot \frac{Q_j}{P}\right)\right] \cdot \frac{P}{Q}$$

$$= -\left[-\frac{3}{P} \sum_{i=1}^{60} Q_i + \frac{-6}{P} \sum_{j=1}^{40} Q_j\right] \cdot \frac{P}{Q}。$$

再将(2)、(4)代入上式,得:

$$e_d = -\left(-\frac{3}{P} \cdot \frac{Q}{3} - \frac{6}{P} \cdot \frac{2Q}{3}\right) \cdot \frac{P}{Q} = -\frac{Q}{P}(-1 - 4) \cdot \frac{P}{Q} = 5。$$

所以,按 100 个消费者合计的需求的价格弹性系数是 5。

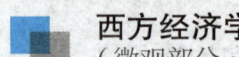

**6.** 假定某消费者的需求的价格弹性 $e_d = 1.3$,需求的收入弹性 $e_m = 2.2$。
求(1)在其他条件不变的情况下,商品价格下降2%对需求数量的影响。
(2)在其他条件不变的情况下,消费者收入提高5%对需求数量的影响。

**答案:**(1)由于 $e_d = -\dfrac{\dfrac{\Delta Q}{Q}}{\dfrac{\Delta P}{P}}$,可得 $\dfrac{\Delta Q}{Q} = -e_d \cdot \dfrac{\Delta P}{P} = -(1.3) \times (-2\%) = 2.6\%$,

即商品价格下降2%使得需求数量增加2.6%。

(2)由于 $e_m = \dfrac{\dfrac{\Delta Q}{Q}}{\dfrac{\Delta M}{M}}$,可得 $\dfrac{\Delta Q}{Q} = e_m \cdot \dfrac{\Delta M}{M} = 2.2 \times (5\%) = 11\%$,

即消费者收入提高5%使得需求数量增加11%。

**7.** 假定在某市场上 A、B 两厂商是生产同种有差异的产品的竞争者;该市场对 A 厂商的需求曲线为 $P_A = 200 - Q_A$,对 B 厂商的需求曲线为 $P_B = 300 - 0.5Q_B$;两厂商目前的销售量分别为 $Q_A = 50$、$Q_B = 100$。求:
(1)目前 A、B 两厂商的需求的价格弹性 $e_{dA}$ 和 $e_{dB}$ 各是多少?
(2)如果 B 厂商降价使得 B 厂商的需求量增加为 $Q'_B = 160$,同时使竞争对手 A 厂商的需求量减少为 $Q'_A = 40$。那么,A 厂商的需求的交叉价格弹性 $e_{AB}$ 是多少?
(3)如果 B 厂商追求销售收入最大化,那么,你认为 B 厂商的降价是一个正确的行为选择吗?
**答案:**(1)关于 A 厂商:
由于 $P_A = 200 - Q_A = 200 - 50 = 150$,
需求函数:$Q_A = 200 - P_A$,

于是,A 厂商的需求的价格弹性为:$e_{dA} = -\dfrac{dQ_A}{dP_A} \cdot \dfrac{P_A}{Q_A} = -(-1) \cdot \dfrac{150}{50} = 3$。

关于 B 厂商:由于 $P_B = 300 - 0.5Q_B = 300 - 0.5 \times 100 = 250$,而且 B 厂商的需求函数可以写成 $Q_B = 600 - 2P_B$。

于是,B 厂商的需求的价格弹性为:$e_{dB} = -\dfrac{dQ_B}{dP_B} \cdot \dfrac{P_B}{Q_B} = -(-2) \cdot \dfrac{250}{100} = 5$。

(2)令 B 厂商降价前后的价格分别为 $P_B$ 和 $P'_B$,而且 A 厂商相应的需求量分别为 $Q_A$ 和 $Q'_A$,根据题意有 $P_B = 300 - 0.5 \times 100 = 250$。
$P'_B = 300 - 0.5Q'_B = 300 - 0.5 \times 160 = 220$,$Q_A = 50$,$Q'_A = 40$。
因此,A 厂商的需求的交叉价格弹性为:

$e_{AB} = \dfrac{\Delta Q_A}{\Delta P_B} \cdot \dfrac{P_B}{Q_A} = \dfrac{10}{30} \cdot \dfrac{250}{50} = \dfrac{5}{3}$。

(3)对于富有弹性的商品而言,厂商的价格和销售收入成反方向的变化。由(1)可知,B 厂商在 $P_B = 250$ 时的需求的价格弹性为 $e_{dB} = 5$,也就是说,对 B 厂商的需求是富有弹性的。我们知道对于富有弹性的商品而言,厂商的价格和销售收入成反方向的变化,所以,B 厂商将商品价格由 $P_B = 250$ 下降为 $P'_B = 220$ 将会增加其销售收入。

降价前,当 $P_B = 250$ 且 $Q_B = 100$ 时,B 厂商的销售收入为 $TR_B = P_B \cdot Q_B = 250 \times 100 = 25000$。
降价后,当 $P'_B = 220$ 且 $Q'_B = 160$ 时,B 厂商的销售收入为 $TR'_B = P'_B \cdot Q'_B = 220 \times 160 = 35200$。

## 第二章 需求、供给和均衡价格

显然，$TR_B < TR'_B$，即 B 厂商降价增加了它的销售收入，所以，对于 B 厂商的销售收入最大化的目标而言，它的降价行为是正确的。

**8.** 假定某商品的需求的价格弹性为 1.6，现售价格为 $P = 4$。

求：该商品的价格下降多少，才能使得销售量增加 10%？

**答案：** 由需求的价格弹性为 1.6 可知，$e_d = -\dfrac{\Delta Q/Q}{\Delta P/P} = 1.6$，其中 $\Delta Q = 0.1Q$、$P = 4$，代入可得 $\Delta P = -0.25$。

**9.** 假定小李的两个消费场景如下：

(1) 当话剧门票价格为 120 元时，小李打算买两张话剧门票。但事实上话剧门票价格上涨为 180 元，于是小李决定放弃看话剧。求小李关于话剧门票需求的价格弹性。

(2) 小李在某公司上班，公司附近只有一家可供用餐的快餐店。当每份套餐的价格为 8 元时，小李每天中午都在该快餐店用餐；当每份套餐的价格上涨为 12 元时，他仍然每天中午都在该快餐店用餐。求小李关于快餐需求的价格弹性。

(3) 对小李的两个消费场景而言，为什么(1)和(2)结果相差甚远？

**答案：**（1）由需求价格弹性可知：

$$e_d = -\dfrac{\Delta Q}{\Delta P} \cdot \dfrac{P}{Q}$$

$\Delta Q = 2, \Delta P = -60, P = 120, Q = 2$

代入公式可得 $e_d = -\dfrac{2}{-60} \cdot \dfrac{120}{2} = 2$。

（2）由需求价格弹性公式可知：

$$e_d = -\dfrac{\Delta Q}{\Delta P} \cdot \dfrac{P}{Q}$$

$\Delta Q = 0$，故 $e_d = 0$。

（3）分析(1)、(2)可知，(2)中价格弹性为 0，因为快餐店用餐对小李来说是生活必需品，而话剧门票对小李来说可有可无，故(2)中的需求完全无弹性。

## 三、论述题

**1.** 利用图阐述需求的价格弹性的大小与厂商的销售收入之间的关系，并举例加以说明。

**答案：** 厂商的销售收入等于商品的价格与销售量的乘积，即 $TR = P \cdot Q$。若令厂商的销售量等于需求量，则厂商的销售收入又可以改写为 $TR = P \cdot Q_d$。由此可以分析在不同的需求的价格弹性的条件下，价格变化对需求量变化的影响，进而探讨相应的销售收入的变化，如图 2-14 所示。

第一种情况在图 (a) 中有一条平坦的需求曲线，它表示该商品的需求是富有弹性的，即 $e_d > 1$。需求曲线上的 $A$、$B$ 两点显示，较小的价格下降比例导致了较大的需求量的增加比例。降价前的销售收入 $TR_1 = P_1 \cdot Q_1$（相当于矩形 $OP_1AQ_1$ 的面积），而降价后的销售收入 $TR_2 = P_2 \cdot Q_2$（相当于矩形 $OP_2BQ_2$ 的面积），而且 $TR_1 < TR_2$。也就是说，对于富有弹性的商品而言，厂商的销售收入与商品价格成反方向变动的关系。

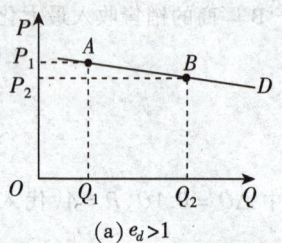
(a) $e_d > 1$

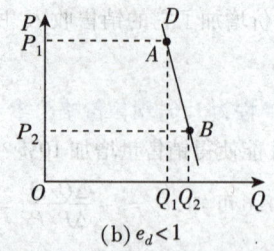
(b) $e_d < 1$

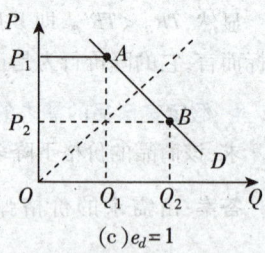
(c) $e_d = 1$

图 2-14 需求的价格弹性与销售收入

第二种情况在图(b)中有一条陡峭的需求曲线,它表示该商品的需求是缺乏弹性的,即 $e_d < 1$。需求曲线上的 $A$、$B$ 两点显示,较大的价格下降比例却导致一个较小的需求量的增加比例。降价前的销售收入 $TR_1 = P_1Q_1$(相当于矩形 $OP_1AQ_1$ 的面积)大于降价后的销售收入 $TR_2 = P_2Q_2$(相当于矩形 $OP_2BQ_2$ 的面积),即 $TR_1 > TR_2$。也就是说,对于缺乏弹性的商品而言,厂商的销售收入与商品价格成同方向变动的关系。

第三种情况在图(c)中的需求曲线上,$A$、$B$ 两点之间的需求的价格弹性 $e_d = 1$(按需求的价格弹性中点公式计算)。由图 2-14 可见,降价前后的销售收入没有发生变化,即 $TR_1 = TR_2$,它们分别相当于两块面积相等的矩形(即矩形 $OP_1AQ_1$ 和 $OP_2BQ_2$ 面积相等)。也就是说,对于单位弹性的商品而言,价格变化对厂商的销售收入无影响。

举例时可将 $P_1$、$P_2$、$Q_1$、$Q_2$ 换成相应的数字,并计算出矩形面积比较即可。

**2. 利用图 2-15(即教材中第 19 页的图 2-1)简要说明微观经济学的理论体系框架。**

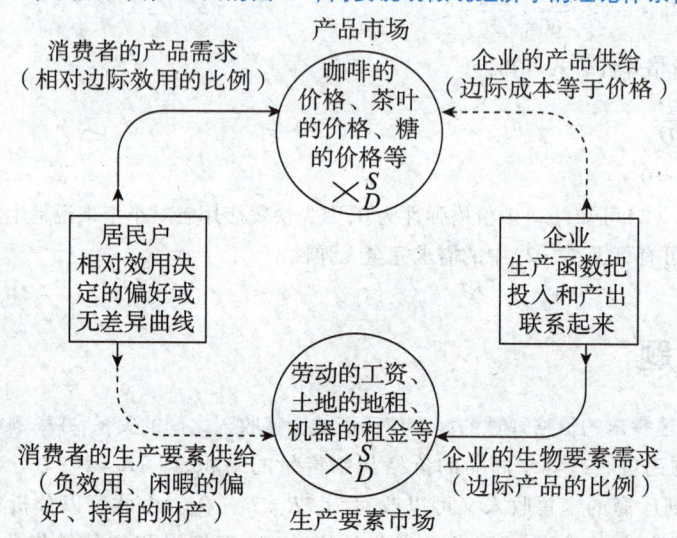

图 2-15 产品市场和生产要素市场的循环流动图

答案:关于微观经济学的理论体系框架。

微观经济学通过对个体经济单位的经济行为的研究,说明现代西方经济社会市场机制的运行和作用,以及改善这种运行的途径。或者也可以简单地说,微观经济学是通过对个体经济单位的研究来说明市场机制的资源配置作用。市场机制亦可称为价格机制,其基本的要素是需求、供给和均衡价格。

# 第二章 需求、供给和均衡价格

以需求、供给和均衡价格为出发点，微观经济学通过效用论研究消费者追求效用最大化的行为，并由此推导出消费者的需求曲线，进而得到市场的需求曲线。生产论、成本论和市场论主要研究生产者追求利润最大化的行为，并由此推导出生产者的供给曲线，进而得到市场的供给曲线。运用市场的需求曲线和供给曲线，就可以决定市场的均衡价格，并进一步理解在所有的个体经济单位追求各自经济利益的过程中，一个经济社会如何在市场价格机制的作用下实现经济资源的配置。其中，从经济资源配置的效果讲，完全竞争市场最优，垄断市场最差，而垄断竞争市场比较接近完全竞争市场，寡头市场比较接近垄断市场。至此，微观经济学便完成了对图 2-15 中上半部分所涉及的关于产品市场的内容的研究。为了完整地研究价格机制对资源配置的作用，市场论又将考察的范围从产品市场扩展至生产要素市场。生产要素的需求方面的理论，从生产者追求利润最大化的行为出发，推导生产要素的需求曲线；生产要素的供给方面的理论，从消费者追求效用最大化的角度出发，推导生产要素的供给曲线。据此，进一步说明生产要素市场均衡价格的决定及其资源配置的效率问题。这样，微观经济学便完成了对图 2-15 中下半部分所涉及的关于生产要素市场的内容的研究。

在以上讨论了单个商品市场和单个生产要素市场的均衡价格决定及其作用之后，一般均衡理论讨论了一个经济社会中所有的单个市场的均衡价格决定问题，其结论是：在完全竞争经济中，存在着一组价格 $(P_1, P_2, \cdots, P_n)$，使得经济中所有的 $n$ 个市场同时实现供求相等的均衡状态。这样，微观经济学便完成了对其核心思想即"看不见的手"原理的证明。

在上面实证研究的基础上，微观经济学又进入了规范研究部分，即福利经济学。福利经济学的一个主要命题是：完全竞争的一般均衡就是帕累托最优状态。也就是说，在帕累托最优的经济效率的意义上，进一步肯定了完全竞争市场经济的配置资源的作用。

在讨论了市场机制的作用以后，微观经济学又讨论了市场失灵的问题。市场失灵产生的主要原因包括垄断、外部经济、公共物品和不完全信息。为了克服市场失灵导致的资源配置的无效率，经济学家又探讨和提出了相应的微观经济政策。

## 知识拓展

微观经济学以理性人假设为前提，从个人追求效用最大化为出发点，以需求法则为基础，演绎出消费者的产品需求曲线和要素所有者的要素供给曲线；从厂商追求利润最大化为出发点，以边际报酬递减法则为基础，演绎出厂商的产品供给曲线和要素需求曲线。把需求曲线和供给曲线结合在一起，说明单个产品市场和单个要素市场的均衡价格决定和市场机制运行原理。再把经济主体行为与市场环境结合起来，分析市场竞争性与经济效率的关系，说明价格机制的自发调节是如何实现资源的最优配置。

# 第三章 消费者选择

## 知识脉络图

- 效用论基本概述
  - 效用的概念
  - 基数效用理论
  - 序数效用理论

- 无差异曲线
  - 关于偏好的假定
  - 无差异曲线的特点
  - 商品的边际替代率：$MRS_{12} = -\dfrac{\Delta x_2}{\Delta x_1}$
  - 无差异曲线的特殊状况
  - 效用函数：$u(x_1, x_2) = ax_1 + bx_2$

- 预算线
  - 含义：等式为 $p_1 x_1 + p_2 x_2 = I$
  - 预算线的变化（4种情况）

- 消费者均衡
  - 目标：研究单个消费者如何将有限的货币收入分配在各种商品的购买中以获得最大的效用
  - 均衡条件
    - 消费一种商品时
    - 消费两种或两种以上商品时

- 价格变化和收入变化对消费者均衡的影响
  - 价格变化：价格消费曲线
  - 消费者需求曲线
  - 收入变化：收入-消费曲线
  - 恩格尔曲线

- 替代效应和收入效应
  - 含义
  - 各种商品替代效应与收入效应
    - 正常物品
    - 低档物品
    - 吉芬物品

- 市场需求曲线
  - 含义：个人需求曲线的累加
  - 公式：$Q^d = \sum\limits_{i=1}^{n} f_i(P) = F(p)$

- 不确定性和风险

## 重点难点常识理解

### 1. 效用和效用论

效用指商品满足人的欲望的能力评价,是消费者从商品消费中所获得的满足程度,是消费者对商品主观上的偏好和评价。一种商品对消费者是否具有效用,取决于消费者是否有消费这种商品的欲望,以及这种商品是否具有满足消费者欲望的能力。效用是消费者对商品的主观评价,因此,同一商品会因人、因时、因地之不同而有不同的效用。对效用或对这种"满足程度"的度量,西方经济学家先后提出了基数效用和序数效用的概念,并在此基础上形成了分析消费者行为的两种方法,即基数效用论者的边际效用分析方法和序数效用论者的无差异曲线的分析方法。

在 19 世纪和 20 世纪初期,西方经济学家普遍使用基数效用的概念。基数效用论者认为,效用如同长度、重量等概念一样,可以具体衡量并加总求和,具体的效用量之间的比较是有意义的。表示效用大小的计量单位被称为效用单位。到了 20 世纪 30 年代,序数效用的概念为大多数西方经济学家所使用。序数效用论者认为,效用是一个有点类似于香、臭、美、丑那样的概念,效用的大小是无法具体衡量的,效用之间的比较只能通过顺序或等级来表示,消费者要回答的是偏好哪一种消费,即哪一种消费的效用是第一,哪一种消费的效用是第二;同时,就分析消费者行为来说,以序数来度量效用的假定比以基数来度量效用的假定所受到的限制要少,它可以减少一些被认为是值得怀疑的心理假设。在现代微观经济学里,通常使用的是序数效用的概念,但在某些研究方面,如对风险情况下的消费者行为的分析等,还继续使用基数效用的概念。

### 2. 无差异曲线

无差异曲线指用来表示消费者偏好相同的两种商品的不同数量的各种组合的一簇曲线。或者说,它是表示能给消费者带来同等效用水平或满足程度的两种商品的不同数量的各种组合。与无差异曲线相对应的效用函数为 $U = f(X_1, X_2)$。其中,$X_1$、$X_2$ 分别为商品 1 和商品 2 的消费数量;$U$ 是常数,表示某个效用水平。由于无差异曲线表示的是序数效用,所以,这里的 $U$ 只需表示某一个效用水平,而不在乎其具体数值的大小,有的西方经济学者称这种效用水平为效用指数。无差异曲线可以表示为图 3-1。

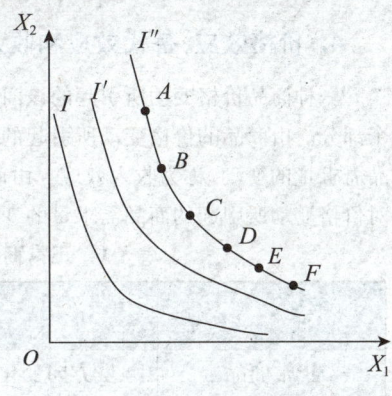

图 3-1 无差异曲线

无差异曲线具有这样的特点:①由于通常假定效用函数的连续性,于是,在同一坐标平面上的任何两条无差异曲线之间,存在着无数条无差异曲线。或者说,可以有无数条无差异曲线覆盖整个坐标平面图。离原点越近的无差异曲线所代表的效用水平越低,离原点越远的无差异曲线所代表的效用水平越高。②在同一坐标平面上的任意两条无差异曲线不会相交。③无差异曲线总是凸向原点的,这一特点是由商品的边际替代率递减规律所决定的。

### 3. 商品的边际替代率

在维持效用水平不变的前提下,消费者增加一单位某种商品的消费数量时所需要放弃的另一种商品的消费数量,称为商品的边际替代率。

商品 1 对商品 2 的边际替代率的定义公式为:

$$MRS_{12} = -\frac{\Delta X_2}{\Delta X_1}$$

当商品数量的变化趋于无穷小时,则商品的边际替代率公式为:

$$MRS_{12} = \lim_{\Delta X_1 \to 0} -\frac{\Delta X_2}{\Delta X_1} = -\frac{dX_2}{dX_1}$$

边际替代率是无差异曲线斜率的绝对值,而且边际替代率等于两种商品的边际效用之比,即:

$$MRS_{12} = \frac{MU_1}{MU_2}$$

边际替代率递减规律:在维持效用水平不变的前提下,随着一种商品消费数量的连续增加,消费者为得到每一单位的这种商品所需要放弃的另一种商品的消费数量是递减的。

**要点解析**:当商品数量的变化趋于无穷小时,商品的变化量由微分表示,即某一点的微分。无差异曲线上某一点的边际替代率就是无差异曲线在该点的斜率的绝对值。

**要点解析**:(1)无差异曲线一般是凸向原点的。由于无差异曲线上某一点的两个商品的边际替代率就是无差异曲线在该点的斜率的绝对值,故边际替代率递减规律决定了无差异曲线的斜率的绝对值是递减的,即无差异曲线凸向原点。
(2)完全替代商品相应的无差异曲线是一条斜率不变的直线。
(3)完全互补商品相对应的无差异曲线为直角形状的曲线。

### 4. 价格效应:替代效应和收入效应

一种商品价格变动所引起的该商品需求量变动的总效应可以被分解为替代效应和收入效应两个部分。由商品的价格变动所引起的实际收入水平变动,进而又由实际收入水平变动所引起的商品需求量的变动,称为收入效应。由商品的价格变动引起的商品相对价格的变动,进而由商品的相对价格变动所引起的商品需求量的变动,称为替代效应。各种商品的价格效应如表3-1所示。

表3-1  正常商品、非吉芬低档商品、吉芬商品价格效应

| 商品类别 | 替代效应与价格的关系 | 收入效应与价格的关系 | 总效应与价格的关系 | 需求曲线的形状 |
| --- | --- | --- | --- | --- |
| 正常商品 | 反方向变化 | 反方向变化 | 反方向变化 | 向右下方倾斜 |
| 非吉芬低档商品 | 反方向变化 | 同方向变化 | 反方向变化 | 向右下方倾斜 |
| 吉芬商品 | 反方向变化 | 同方向变化 | 同方向变化 | 向右上方倾斜 |

吉芬商品的收入效应大于替代效应;非吉芬低档商品的替代效应大于收入效应。

### 5. 消费者均衡

消费者均衡指消费者的效用达到最大并维持不变的一种状态。它是研究单个消费者如何把有限的货币收入分配在各种商品的购买中以获得最大的效用。也可以说,它是研究单个消费者在既定收入下实现效用最大化的均衡条件。这里的均衡指消费者实现最大效用时既不想再增加,也不想再减少任何商品的购买数量这样一种相对静止的状态。在基数效用论者那里,消费者实现效用最大化的均衡条件是:如果消费者的货币收入水平是固定不变的,市场上各种商品的价格是已知的,那么,消费者应该使自己所购买的各种商品的边际效用与价格之比相等。或者说,消费者应使

自己花费在各种商品购买上的最后一元钱所带来的边际效用相等,即 $MU/P=\lambda$,其中 $\lambda$ 为货币的边际效用。序数效用论者把无差异曲线和预算线结合在一起说明消费者的均衡。任何一个理性的消费者在用一定的收入购买商品时,其目的是从中获得尽可能大的消费满足。消费者偏好决定了消费者的无差异曲线,一个消费者关于任何两种商品的无差异曲线组可以覆盖整个坐标平面;消费者的收入和商品的价格决定了消费者的预算线,在收入既定和商品价格已知的条件下,一个消费者关于两种商品的预算线只能有一条。那么,当一个消费者面临一条既定的预算线和无数条无差异曲线时,只有既定的预算线和其中一条无差异曲线的相切点,才是消费者获得最大效用水平或满足程度的均衡点,此时满足 $MRS_{12}=P_1/P_2$。

### 6. 不确定性和风险

不确定性是指经济行为者在事先不能准确地知道自己的某种决策的结果,或者说,只要经济行为者的一种决策的可能结果不止一种,就会产生不确定性。

在消费者知道自己某种行为决策的各种可能的结果时,如果消费者还知道各种可能的结果发生的概率,则称这种不确定的情况为风险。

## 考研真题与难题详解

### 一、概念题

**1. 吉芬商品**(中央财大 2008 年、2009 年研;北理工 2012 年研;对外经贸大学 2013 年研)

**答案:**吉芬物品是一种特殊的低档物品。作为低档物品,吉芬物品的替代效应与价格成反方向的变动,收入效应则与价格成同方向的变动。吉芬物品的特殊性就在于:它的收入效应的作用很大,以至于超过了替代效应的作用,从而使得总效应与价格成同方向的变动。这也就是吉芬物品的需求曲线呈现出向右上方倾斜的特殊形状的原因。

**2. 补偿预算线**(华中科大 2006 年研;西安交大 2009 年研;西南大学 2012 年研)

**答案:**补偿预算线是用来表示当商品的价格发生变化引起消费者的实际收入水平发生变化时,用假设的货币收入的增减来维持消费者的实际收入水平不变的一种分析工具。

具体来说,在商品价格下降引起消费者的实际收入水平提高时,假设可以取走消费者的一部分货币收入,以使消费者的实际收入下降到只能维持原有的无差异曲线的效用水平(即原有的实际收入水平)这一情况。相反,在商品价格上升引起消费者实际收入水平下降时,假设可以对消费者的损失给予一定的货币收入补偿,以使消费者的实际收入维持原有的水平,则补偿预算线在此时可以用来表示消费者的货币收入提高到得以维持原有的无差异曲线的效用水平(即原有的实际收入水平)这一情况。

**3. 消费者剩余**(上海交大 2003 年研;中山大学 2003 年研;浙江大学 2002 年、2003 年研;武大 2002 年研;武汉理工 2002 年研)

**答案:**消费者剩余指消费者愿意支付的价格与其所支付的价格之间的差额。由于各种物品的边际效用会递减,消费者对购买不同数量的同一类商品,往往愿意支付不同的价格,但市场上的商品一般只有一个价格,便产生了消费剩余。例如,在消费者持续购买某种商品时,根据边际效用递减规律，对于消费者来说，前面购买的单位商品要比最后购买的单位具有更多的效用。因此，消费者愿对前面购买的单位付出较多的价格，而一般商品的价格是固定的，那么在前面每一个的单位商品中消费者就可能因为所付的价格低于所愿意支付的价格而得到剩余。

还可以用图3-2更具体地衡量消费者剩余。

在图3-2中，$DD_0$为需求曲线。当消费者以单位价格$OP_0$购买$OQ_0$单位的物品时，他实际支付的总额为$OQ_0MP_0$。但是$OQ_0$单位的物品提供给他的效用为$OQ_0MD$，即他愿意支付的最大支出为$OQ_0MD$。而两者之间的差额，即$P_0MD$就是消费者剩余。它随着价格的下降而增加。

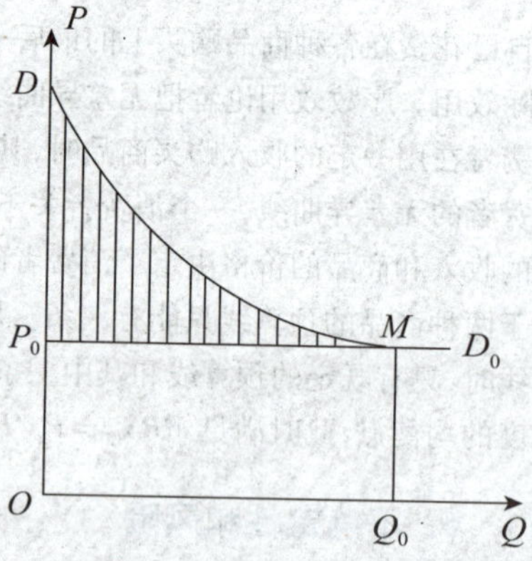

图 3-2 消费者剩余

可见，消费者剩余并不意味着实际收入的增加。消费者得到的好处并不是从卖者那里搜刮到的。从这一角度来说，消费者剩余仅是消费者心理上所感觉到的一种满足，它对社会的、经济的多方面决策都是有用的概念。

**4. 消费者均衡**(东北财大 2007 年、2012 年研;对外经贸大学 2014 年研;南京财经大学 2015 年研)

答案：消费者均衡是指消费者的效用达到最大并维持不变的一种状态，其研究单个消费者如何把有限的货币收入分配在各种商品的购买中以获得最大的效用。也可以说，它是研究单个消费者在既定收入下实现效用最大化的均衡条件。这里的均衡指消费者实现最大效用时既不想再增加、也不想再减少任何商品购买数量的这么一种相对静止的状态。

基数效用论者认为均衡条件为$MU/P = \lambda$，其中$\lambda$为货币的边际效用。

序数效用论者认为均衡条件为$MRS_{12} = P_1/P_2$。

**5. 无差异曲线**(北邮 2008 年研;浙江大学 2009 年研;广东外语外贸大学 2015 年研)

答案：无差异曲线是序数效用论的一种分析方法，是用来表示消费者偏好相同的两种商品所有的数量组合。无差异曲线如图3-3所示。

图3-3中，横轴和纵轴分别表示商品1的数量$X_1$和商品2的数量$X_2$。图3-3中的曲线表示商品1和商品2的不同组合给消费者带来的效用水平是相同的。与无差异曲线相对应的效用函数为$U = f(X_1, X_2) = U_0$，其中$X_1$、$X_2$分别为商品1和商品2的消费数量；$U_0$是常数，表示某个效用水平。

无差异曲线具有以下三个基本特征：第一，有无数条无差异曲线；第二，在同一坐标平面图上的任何两条无差异曲线不会相交；第三，无差异曲线是凸向原点的，即无差异曲线的斜率的绝对值是递减的。

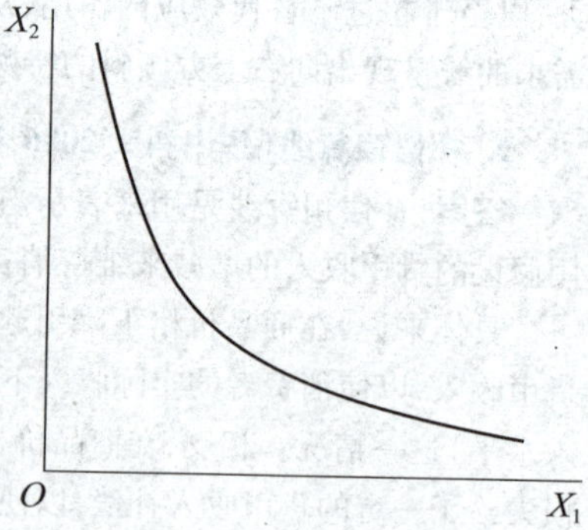

图 3-3 无差异曲线

**6. 消费者剩余**(财政部财科所 2008 年研;中央财大 2010 年、2013 年研;华东理工大学 2015 年研)

答案：消费者剩余是指消费者在购买一定数量的某种商品时愿意支付的最高总价格和实际支付的总价格之间的差额。由于消费者消费不同数量的同种商品所获得的边际效用是不同的，所以，他们对不同数量的同种商品所愿意支付的价格也是不同的。但是，消费者在市场上所面临的同种商品的价格往往却是相同的，这样消费者为一定数量的某种商品所愿意支付的价格和他实际支付的价格之间就会有一定的差额,这一差额就构成了消费者剩余。消费者剩余可以用图3-4来表示。

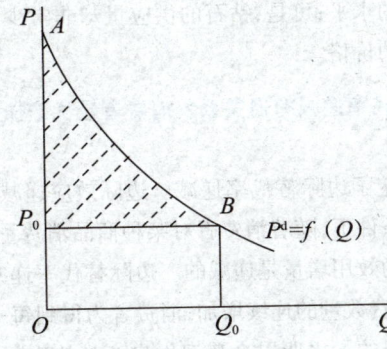

图3-4 消费者剩余

**7. 边际效用**(北航2004年研;社科院2002年研;武大2002年研;复旦大学1998年、1999年研)

**答案**:边际效用是消费者在一定时间内每增加一单位商品的消费所得到的效用量的增量。假定消费者对一种商品的消费数量为$Q$,则总效用函数为$TU=f(Q)$。相应地,边际效用函数为$MU=\frac{\Delta TU(Q)}{\Delta Q}$。当商品的增加量趋于无穷小即$\Delta Q \to 0$时,有$MU = \lim_{\Delta Q \to 0} \frac{\Delta TU(Q)}{\Delta Q} = \frac{\mathrm{d}TU(Q)}{\mathrm{d}Q}$。

假定消费者消费了三份食品,那么总效用就是第一份、第二份、第三份食品分别带给他们的效用的总和;而边际效用则指消费每一份食品所得到的效用的增量。当消费者开始连续消费食品时,第一份食品带给他的效用是很大的。然后,随着他对食品数量的消费增加,虽然总效用是不断增加的,但每一份食品给他带来的效用增量即边际效用却是递减的。当他完全吃饱时,总效用达到最大值,而边际效用则为零。这时如果他还继续吃,边际效用降为负值,总效用开始下降。总效用曲线和边际效用曲线的关系可以表述为:边际效用曲线是向右下方倾斜的,它反映了边际效用递减规律,相应地,总效用曲线是先上升后下降的。当边际效用为正值时,总效用曲线呈上升趋势;当边际效用递减为零时,总效用曲线达到最高点;当边际效用继续递减为负值时,总效用曲线呈下降趋势。从数学意义上讲,如果效用曲线是连续的,则每一消费量上的边际效用值就是总效用曲线上相应的点切线的斜率。

## 二、简答题

**1. 为什么对人的生命不可或缺的水的价格要比没有多少实际用处的钻石的价格低?**(北理工2006年研;中南财大2010年研;厦门大学2010年研)

**答案**:约翰·劳认为水之所以用途大、价值小,是因为世界上水的数量远远超过对它的需求,而用途小的钻石之所以价值大,是因为世界上钻石的数量太少,不能满足人们对它的需求,即物以稀为贵。

边际学派用"边际效用"来说明价值悖论。按照边际学派的观点,价格取决于商品的边际效用,而不是总效用。由于水源充足,边际效用很少,所以价格也就很便宜。同理,由于钻石稀缺,边际效用很大,其价格也就相对昂贵。

马歇尔用供求均衡来解释"价值悖论"。他认为，人们对水所愿支付的价格，由于水的供应量极其充足而仅能保持在一个较低的水平；可是，钻石的供应量却非常少，而需要的人又多，所以，想得到它的人就必须付出超出众人的价格。

**2. 边际效用递减和边际替代率递减有何关系？消费者最优选择的等边际条件和切点条件有何关系？（上海大学 2009 年研）**

答案：(1)边际效应递减决定了边际替代率递减。边际效应递减规律是指在一定时间内，在其他商品的消费数量保持不变的条件下，随着消费者对某种商品消费量的增加，消费者从该商品连续增加的每一消费单位中所得到的效用增量是递减的。边际替代率递减规律是指在维持效用水平不变的前提下，随着一种商品的消费数量的连续增加，消费者为得到每一单位的这种商品所需要放弃的另一种商品的消费数量是递减的。之所以会普遍发生商品的边际替代率递减的现象，其原因在于：随着一种商品的消费数量的逐步增加，消费者从该商品连续增加的每一消费单位中所得到的效用递减即边际效用是递减的，从而消费者想要获得更多的这种商品的愿望就会递减。由此可知，边际效用递减决定了边际替代率递减。

（2）由于在保持效用水平不变的前提下，消费者增加一种商品的数量所带来的效用增加量和相应减少的另一种商品数量所带来的效用减少量必定是相等的，即有$|MU_1 \cdot \Delta X_1| = |MU_2 \cdot \Delta X_2|$。该式可以写为$MU_1/MU_2 = -\Delta X_2/\Delta X_1 = MRS_{12}$，即消费者的最优选择的等边际条件和切点的斜率相等。

**3. 试解释水和金刚钻的价值悖论。（中国政法大学 2003 年研；北京理工大学 2006 年研）**

答案：(1)水和金刚钻的价值悖论指水对人们很有用，必不可少，但水却很便宜；金刚钻对人们的用途很有限却很昂贵。

（2）这一悖论可以从需求和供给两方面来共同说明，因为价格是由需求和供给共同决定的。①从需求看，价格取决于商品的边际效用，而不是总效用。对于水，水源充足，其消费量虽大，边际效用却很小，价格也就很便宜；同理，由于金刚钻的边际效用很大，其价格也就相应的昂贵。②从供给看，由于水源充足，生产人类用水的成本很低，因而其价格也低；金刚钻很稀缺，生产金刚钻的成本也很大，因而金刚钻很昂贵。

**4. 设：消费者所消费的两种商品组合集$U^0(Q_i^0, Q_j^0)$和$U^1(Q_i^1, Q_j^1)$分别代表两个不同的效用总量$U^0$和$U^1(U^0 \neq U^1)$。求证：这两种组合集所绘出的无差异曲线$U^0$和$U^1$在平面$(i,j)$上不相交。（厦门大学 2005 年研；清华大学 2006 年研）**

答案：证明：如图3-5所示，假设这两种组合集所绘出的无差异曲线$U^0$和$U^1$在平面$(i,j)$上相交，相交点为$a$点。

根据无差异曲线的定义，由无差异曲线$U^0$可知$a$、$b$两点的效用水平是相等的，由无差异曲线$U^1$可知$a$、$c$两点的效用水平是相等的。于是，根据偏好可传递性的假定，必定有$b$和$c$这两点的效用水平是相等的。但是观察和比较$b$和$c$这两点的商品组合可以发现，$c$组合中的每一种商品的数量都多于$b$组合，于是，根据偏好的非饱和性假设，必定有$c$点的效用水平大于$b$点的效用水平。

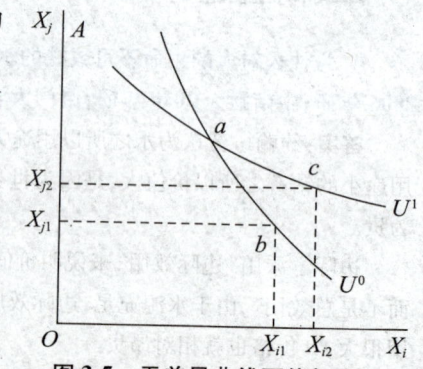

图3-5 无差异曲线不能相交

这样一来,矛盾产生了:该消费者在认为 $b$ 点和 $c$ 点无差异的同时,又认为 $c$ 点要优于 $b$ 点,这就违背了偏好的完备性假定。由此证明:对于任何一个消费者来说,同一坐标平面内两条无差异曲线是不可能相交的。所以,这两种组合集所绘出的无差异曲线 $U^0$ 和 $U^1$ 在平面 $(i,j)$ 上不相交。

**5. 证明消费者最优决策的对偶性。**

**答案:**(1)既定预算约束下的效用最大化问题。

max. $U(x,y)$

s.t. $P_x \cdot x + P_y \cdot y = m$

构造拉格朗日函数:

$L = U(x,y) + \lambda(m - P_x \cdot x - P_y \cdot y)$

一阶条件为:

$$\begin{cases} \dfrac{\partial L}{\partial x} = MU_x - \lambda P_x = 0 \\ \dfrac{\partial L}{\partial y} = MU_y - \lambda P_y = 0 \\ m - P_x \cdot x - P_y \cdot y = 0 \end{cases}$$

得 $\dfrac{MU_x}{MU_y} = MRS_{xy} = \dfrac{P_x}{P_y}$

即 $\dfrac{MU_x}{P_x} = \dfrac{MU_y}{P_y} = \lambda$

(2)既定效用水平下的支出最小化问题。

min. $P_x \cdot x + P_y \cdot y$

s.t. $U(x,y) = U_0$

构造拉格朗日函数:

$L = P_x \cdot x + P_y \cdot y + \lambda [U_0 - U(x,y)]$

一阶条件为:

$$\begin{cases} \dfrac{\partial L}{\partial x} = P_x - \lambda MU_x = 0 \\ \dfrac{\partial L}{\partial y} = P_y - \lambda MU_y = 0 \\ \dfrac{\partial L}{\partial \lambda} = U_0 - U(x,y) = 0 \end{cases}$$

得 $\dfrac{MU_x}{MU_y} = MRS_{xy} = \dfrac{P_x}{P_y}$

即 $\dfrac{MU_x}{P_x} = \dfrac{MU_y}{P_y}$

可以看出,支出最小化问题产生的需求函数与直接的效用最大化问题得出的需求函数相同。

## 三、计算题

**1.** 王先生对财富 $w$ 的效用函数为 $\ln w$,他目前有 **1 万元**,他的地里可以种植某种作物,旁边有条小河,有 **10%** 的概率可能发生灾害,发生灾害了就会颗粒无收,如果没有发生灾害就会得到两倍的毛收益,问:

(1)王先生会投资多少?

(2)有提供竞争性保险的保险公司,保费是多少?(上海财大 2010 年研)

**答案:** (1)设王先生投资 $x$ 元。

如果发生灾害,效用为 $\ln(10000-x)$;

如果没有发生灾害,效用为 $\ln(10000+x)$;

故总效用为: $TU = 0.1\ln(10000-x) + 0.9\ln(10000+x)$

求 $TU$ 最大,先求一阶导:

$$-0.1 \times \frac{1}{10000-x} + 0.9 \times \frac{1}{10000+x} = 0$$

得 $x = 8000$

故要使 $TU$ 最大,应投资 8000 元。

(2)设保费为 $y$ 元。

当发生灾害时,王先生损失 8000 元,保险公司的收益为 $(y-8000)$ 元。

当没有发生灾害时,保险公司收益 $y$ 元。

故期望收益为 $0.1 \times (y-8000) + 0.9y$,因为保险市场是完全竞争的,故期望收益为 0,故 $y = 800$。

因此保费为 800 元。

**2.** 市场上黄瓜价格为 $P_X = 3$ 元,西红柿价格为 $P_Y = 4$ 元,张三的收入为 **50** 元,其效用函数为 $U(X,Y) = (X^2+Y^2)$ 的平方根。

(1)根据上述条件计算张三的最大效用。

(2)做出张三的无差异曲线和预算线的图,分析张三的最优消费组合,与(1)对比,说明其有何区别并说明理由。(人大 2010 年研)

**答案:** (1) $MU_X = \frac{X}{\sqrt{X^2+Y^2}}$, $MU_Y = \frac{Y}{\sqrt{X^2+Y^2}}$

$MRS_{XY} = \frac{MU_X}{MU_Y} = \frac{X}{Y}$

故 $MRS_{XY}$ 是随着 $X$ 的增加而增加,不满足一般条件,故此时效用最大化的点只能在端点处取得。

预算约束方程为 $3X + 4Y = 50$,端点分别为 $\left(0, \frac{25}{2}\right)$、$\left(\frac{50}{3}, 0\right)$,效用分别为 $\frac{25}{2}$、$\frac{50}{3}$,故张三的最大效用为 $\frac{50}{3}$。

(2)张三的无差异曲线和预算线如图 3-6 所示,由图3-6

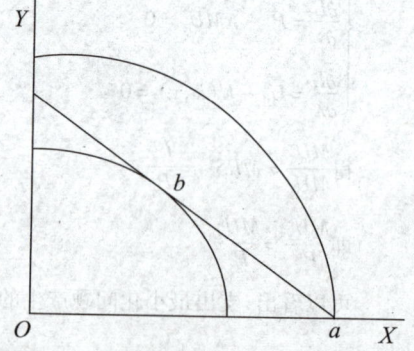

图 3-6 张三的无差异曲线和预算线

可以看出，无差异曲线是以原点为中心的圆弧，而预算线是一条直线，无差异曲线与预算线相切于 $b$ 点，而另一条无差异曲线与预算线相交于 $a$ 点，分析可知，效用最大化的点为 $a$ 点，最优组合为 $\left(\dfrac{50}{3}, 0\right)$，与(1)中结果一致。

**3.** 设张三仅消费 $x$ 和 $y$ 两种商品，他的效用函数为 $U = L^{0.57} x^{0.06} y^{0.09}$，其中 $L$ 是张三每周的闲暇小时数。试求他最大化其效用函数时：

(1) 他将选择每周工作多少小时？

(2) 他将把收入的多大比例用于购买 $x$？

(3) 他消费 $x$ 的需求价格弹性。

(4) 如果他的收入下降 30%，$y$ 的价格下降 50%，他将过得更好还是更坏？（上海交通大学 2007 年研）

**答案：**(1) 假设张三的工资率为 $\omega$，商品 $x$ 和 $y$ 的价格分别为 $P_x$ 和 $P_y$，每周的总收入为 $(24 \times 7 - L)\omega = 168\omega - L\omega$。

因此，张三的效用最大化问题为：$\max L^{0.57} x^{0.06} y^{0.09}$

s.t. $P_x \cdot x + P_y \cdot y = \omega(168 - L) \Leftrightarrow P_x \cdot x + P_y \cdot y + \omega \cdot L = 168\omega$

利用拉格朗日乘数法可以解得：

$$L = \dfrac{0.57 \times 168\omega}{0.57 + 0.06 + 0.09} \cdot \dfrac{1}{\omega} = 133$$

$$x = \dfrac{0.06 \times 168\omega}{0.57 + 0.06 + 0.09} \cdot \dfrac{1}{P_x} = \dfrac{14\omega}{P_x}$$

$$y = \dfrac{0.09 \times 168\omega}{0.57 + 0.06 + 0.09} \cdot \dfrac{1}{P_y} = \dfrac{21\omega}{P_y}$$

因此，张三每周工作的时间为 $168 - L = 168 - 133 = 35$（小时）。

(2) 张三每周的总收入为 $(168 - L)\omega = 35\omega$，

所以，张三用于 $x$ 商品的支出比例为 $\dfrac{P_x \cdot x}{35\omega} = 0.4$。

(3) 消费 $x$ 的需求价格弹性为：

$$E = -\dfrac{\partial x}{\partial P_x} \cdot \dfrac{P_x}{x} = 1$$

(4) 原先消费者的效用为：

$$U = 133^{0.57} \left(\dfrac{14\omega}{P_x}\right)^{0.06} \left(\dfrac{21\omega}{P_y}\right)^{0.09} = 133^{0.57} \times 14^{0.06} \times 21^{0.09} \omega^{0.15} P_x^{-0.06} P_y^{-0.09}$$

由(1)可知，收入和商品 $y$ 价格的变化不会改变张三工作与休闲的时间。收入下降 30% 主要表现为工资率减少 30%。

因此，当收入下降 30%、$y$ 的价格下降 50% 时，张三的效用为：

$$U' = 133^{0.57} \times 14^{0.06} \times 21^{0.09} (0.7\omega)^{0.15} P_x^{-0.06} (0.5 P_y)^{-0.09}$$

因为 $0.7^{0.15} 0.5^{-0.09} > 1$，所以 $U' > U$，因而张三将过得更好。

**4.** 设有一居民的效用函数为 $U(x, y) = x^{\frac{1}{4}} y^{\frac{3}{4}}$，其中 $x$ 为食品消费量，$y$ 为其他商品的消费量，该居民的收入为 5000 元，$x$ 与 $y$ 的价格均为 10 元，请计算：

(1) 该居民的最优消费组合。

(2)若政府提供该居民2000元的食品兑换券,此兑换券只能用于食品消费,则该居民的消费组合有何变化?(厦门大学2003年研)

答案:(1)由题可知:

$$\frac{MU_x}{P_x} = \frac{MU_y}{P_y}$$

即 $\dfrac{\frac{1}{4}x^{-\frac{3}{4}}y^{\frac{3}{4}}}{10} = \dfrac{\frac{3}{4}x^{\frac{1}{4}}y^{-\frac{1}{4}}}{10}$,

解得 $y = 3x$。

又 $10x + 10y = 5000$,故 $x = 125, y = 375$。

(2)如图3-7所示,当政府提供该居民2000元的食品兑换券后,消费者的预算线变成一条折线,此时该居民的最优消费组合为其折点,即 $x = 200, y = 500$。

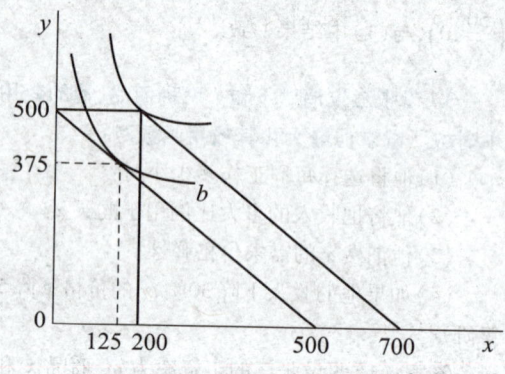

图3-7 政府提供食品兑换券对居民消费组合的影响

## 四、论述题

在中国北方许多大城市,由于水资源不足造成居民用水紧张。请根据边际效用递减规律设计一种方案供政府来缓解或消除这个问题,并回答与你的方案有关的下列问题:

(1)对消费者剩余有何影响?
(2)对生产资源的配置有何有利的影响?
(3)对城市居民的收入分配有何影响?有何补救的办法?(北交大2005年研)

答案:边际效用递减规律是指随着人们在一定时间内对某一商品(或服务)消费数量的增加,从消费该商品(或服务)的单位增量中所获得的满足程度的增加量呈递减趋势。消费者剩余是指对于一件商品,消费者所愿意做出的最大支付与他的实际支付之间的差额。由于水资源是准公共物品,是由政府部门提供的,政府制定的水资源的价格很低,这样造成消费者用水获得的消费者剩余很多。在中国北方许多大城市,由于水资源不足造成居民用水紧张,在这种情况下,不能实现水资源的最优分配,即最想用水的居民并不一定能够获得足够的用水,所以帕累托经济效率不能实现。应该对水资源价格的征费标准和范围进行调整改革,实行水资源分部定价,具体来讲:

(1)扩大水资源费征收范围,除农业灌溉暂不征外,其他取用水均纳入征费范围。

(2)一定幅度提高征费标准,以体现水资源的稀缺性。

(3)按照取水许可权限实行分级征收和管理,体现取水审批与取用水监督管理工作的统一。对不同的需求量级别实行不同的价格,即实行分部定价(二级价格歧视)。对需求量处于较大级别的用户制定较低的价格,对需求量处于较小级别的用户制定较高的价格。

(4)确定税务代收方式,地税部门依照水利部门出具的缴费通知单征收水资源费。

(5)规范水资源费征收与使用管理,实行收、管分离、票、款分离,水资源费在收缴过程中直接缴入国库,征收金额全部用于水资源开发利用和管理保护。

(6)改革部分项目的征费计量方式,对煤炭、石油开采行业,按煤和石油开采量计征水资源费。

水资源费征收改革对加快节水型社会建设、保障经济社会可持续发展具有重要意义。水是生命之源,是人类社会赖以生存和发展的重要基础性自然资源和战略性经济资源。我国水资源严重短缺,水已成为当前和今后一个时期制约经济社会发展的重要因素。进一步加强水资源统一管理,促进水资源合理开发、有效利用和节约保护,是我国全面建设小康社会的重大战略选择。首先,水资源费征收改革是实现水资源优化配置、促进经济社会可持续发展的迫切要求。其次,水资源费征收改革是促进节约用水、建设节水型社会的有力举措。最后,水资源费征收改革是贯彻新《中华人民共和国水法》,推进可持续发展水利的重要内容。

(1) 对消费者剩余的影响。消费者剩余会减少,理由如下:

由于各种物品的边际效用会递减,消费者对购买不同数量的同一类商品往往愿意支付不同的价格,但市场上的商品一般只有一个价格,便产生了消费者剩余。例如,在消费者持续购买某种商品时,根据边际效用递减规律,对于消费者来说,前面购买的单位商品要比最后购买的单位具有更多的效用。因此,消费者愿意对前面购买的单位付出较多的价格,而一般商品的价格是固定的,那么在前面每一单位中消费者就可能因为所付的价格低于所愿意支付的价格而得到剩余。

进行水资源价格改革后,消费者用水支付的价格提高了,这样愿意支付的价格和实际支付的价格之间的差额缩小,进而消费者剩余减少。假定原来的价格为 $P_0$,调整后的价格为 $P_1$,则消费者剩余由原来的图形 $EAB$ 的面积缩减至图形 $ECD$ 的面积,如图 3-8 所示。

(2) 对生产资源配置的有利影响。进行价格的有效调整后,水资源便不是准公共物品,从而具有了竞争性和排他性。在分部定价情况下,消费者支付的价格取决于他的需求量,需求量越大,支付的价格越低。这一方面是边际效用递减规律的体现,又使得水资源流向需求欲望最大的用户,即提高了水资源的配置效率,有利于实现帕累托最优配置。

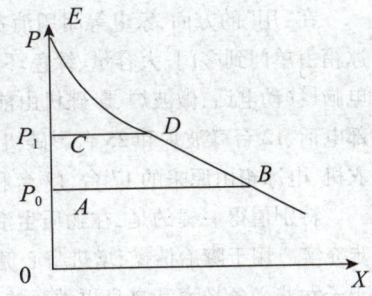

图 3-8　消费者剩余的变化

(3) 对城市居民收入分配的影响。由于对水的需求量越小的用户支付的价格越高,从而这部分居民的实际收入会减少。相比较而言,需求量大的用户支付的价格较低,这部分居民的实际收入减少的幅度要小。从整体上看,水资源的平均价格比原来要高,所以居民的平均实际收入水平是下降了,下降的部分转移到政府的手中。

补救的办法:由于分部定价的实行,政府提供水资源的收入提高。所以,政府应该给对水资源需求量较小的用户提供一部分转移支付,即给他们一定的用水补贴,以补偿这种不公平现象。

### 典型案例分析

#### "恩格尔系数"降到 50% 以下标志着什么?

"吃了吗?"这是过去相当一段时期中国人见面后再熟悉不过的口头语。那用意几乎相当于国际流行的"你好吗"。

渐渐地,"吃了吗"这种口头语我们听得越来越少了,因为"吃"对于中国人越来越不像过去那样重要了。换句话说,"吃"在中国人生活中所占的比重越来越小了。这个现象在经济学上叫作恩格尔系数降低。

何谓恩格尔系数?恩格尔是 19 世纪德国统计学家在研究人们的消费结构变化时发现的一条规律,即一个家庭收入越少,这个家庭用来购买食物的支出所占的比例就越大,反过来也是一样。而这个家庭用以购买食物的支出与这个家庭的总收入之比,就叫恩格尔系数。由此可以得出结论,对一个国家而言,这个国家越穷,其恩格尔系数就越高;反之,这个国家越富,其恩格尔系数越低。这就是世界经济学界公认的恩格尔定律。

经济学上的名词不一定也没必要每个人都懂,但生活的变化和感受却是实实在在的。

权威部门的资料表明,"九五"以来我国居民的消费结构发生了显著变化,以恩格尔系数衡量,城镇居民的恩格尔系数由 1995 年的 49.9% 下降到 1999 年的 41.9%,农村居民则由 58.6% 下降到 52.6%。到 2005 年底,我国城乡居民的恩格尔系数降到 50% 以下,这是一个了不起的成就。

恩格尔系数降到 50% 以下说明了什么?它说明,我国人民以吃饱为标志的温饱型生活正在向以享受和发展为标志的小康型生活转变。它说明,我国城乡广大居民的生活质量正稳步提高!

仅就"吃"而言,城镇居民吃好、吃精、注重营养、追求方便的倾向更加明显,商场、超市的青菜、速冻食品和绿色食品日益受到青睐,牛奶等已经成了许多家庭餐桌上不可缺少的食物,在外就餐的机会也越来越多。五年来农村居民食品消费中主食消费下降,动物性食品消费增加的倾向也十分明显。

除了吃外,居民生活质量的提高还表现在居住条件的改善上。"九五"的前四年,我国城市居民人均居住面积由 8.1 平方米增加到 9.8 平方米,住房用气率由 68.4% 提高到了 84%,自来水的普及率由 93% 提高到了 96.8%。农村人均居住面积则由 21 平方米增加到 24.4 平方米。

在"用"的方面,家电等耐用消费品的热点长盛不衰。彩电由平面直角到纯平、超平、高清晰度;冰箱由单门到多门、大容量、绿色环保;家用空调、家庭影院、中高档家具等成为新的消费热点;家用电脑、移动电话、微波炉、影碟机由前几年的几乎空白迅速增长到 1999 年的每百户拥有 6 台电脑、7 部电话、12 台微波炉和 25 台影碟机。农村百户家庭拥有的大型家具由 695 件增至 761 件,彩电、洗衣机、电冰箱由原来的 17 台、17 台和 5 台快速增长到 38 台、24 台和 11 台。

特别值得一提的是,在物质生活进一步改善和提高的同时,城乡人民的精神生活也得到了进一步充实。用于陶冶情操、增进身心健康的文化艺术、健身保健、医疗卫生等方面的支出稳步增长,用于子女非义务教育和自身再教育的支出大幅度提高。去年以来,国家增加公休假日后,旅游市场更是一片火爆。统计表明,1999 年城乡居民衣食住用以外的消费支出占消费总支出的比重为 29.2% 和 21.6%,分别比 1995 年提高 8.3 个和 6.2 个百分点。

恩格尔系数的降低表明消费结构的变化,消费结构的变化表明生活质量的提高,而在生活质量提高的背后是什么呢?无疑是经济的发展和人民收入水平的提高。

"九五"前四年,我国国内生产总值(GDP)年均增长 8.3%,继 1995 年实现 GDP 总量比 1980 年翻两番目标后,1997 年又实现了人均 GDP 翻两番的目标。按银行汇率折算,2000 年底人均 GDP 将超过 800 美元,这是我国实现第二步战略目标,是人民生活总体上达到小康的重要标志。

国民经济的较快增长,保证了城乡居民收支的稳定增加。1999 年,城镇居民人均可支配收入达到 5854 元,比 1995 年增加 1571 元;农村人均纯收入为 2210 元,增加 632 元;1996~1999 年间,城乡居民收入年均实际增幅分别达到 5.6% 和 5.4%,超过"九五"计划预期目标。

在收入不断增长的同时,居民的消费水平明显提高。1999 年我国城镇居民消费水平达到 6651 元,比 1995 年增加 1777 元;农村居民消费水平 1973 元,增加 539 元;"九五"的前四年,城乡居民实际消费水平年均提高了 6.1% 和 5.7%。

在收支稳定增长的同时,居民个人资产也迅猛增加。一是表现在房产上。到 1999 年底,城镇居民家庭住房自有率已经超过 70%;农村竣工住宅投资由 1995 年的 1350 亿元增至 1999 年的 2000 亿元以上。二是表现在储蓄上。城乡居民储蓄存款年末余额由 1995 年的 29662 亿元扩大到 1999 年

## 第三章 消费者选择

的 59622 亿元,增加了一倍多。与此同时,居民的外汇存款、股票、债券、手持现金等其他金融资产也在大幅度增加。

发展经济从根本上讲是为了改善人民的生活,逐步提高人民生活水平。与此同时,党和政府还出台了一系列政策措施,为保证人民生活水平的提高创造直接条件。在城市,大幅提高行政事业单位职工工资,大力推进再就业工程和养老、失业、医疗保险制度改革;在农村,调整农村经济结构,减轻农民负担,增加农民收入,特别是大幅度提高扶贫开发投入,到 2000 年底可基本实现"八七"扶贫攻坚目标,解决农村贫困人口的温饱问题。

"九五"即将过去,"十五"又在规划当中。随着"九五"的结束和"十五"的开始,新的世纪降临了。从温饱到小康,是一个历史性的跨越;从小康到富裕,更加美满的生活已经展现在我们的面前。新的世纪,我们站在一个新的起点上。

案例分析要点:

1857 年,世界著名的德国统计学家恩格尔阐明了一个定律:随着家庭和个人收入的增加,收入中用于食品方面的支出比例将逐渐减小,这一定律被称为恩格尔定律,反映这一定律的系数被称为恩格尔系数。其公式表示为:

$$恩格尔系数(\%) = 食品支出总额 / 家庭或个人消费支出总额 \times 100\%$$

恩格尔定律主要表述的是食品支出占消费支出的比例随收入变化而变化的一定趋势,揭示了居民收入和食品支出之间的相关关系,用食品支出占消费总支出的比例来说明经济发展、收入增加对生活消费的影响程度。众所周知,吃是人类生存的第一需要,在收入水平较低时,其在消费支出中必然占有重要地位。随着收入的增加,在食物需求基本满足的情况下,消费的重心才会开始向穿、用等其他方面转移。因此,一个国家或家庭生活越贫困,恩格尔系数就越大;反之,生活越富裕,恩格尔系数就越小。

国际上常常用恩格尔系数来衡量一个国家和地区的人民生活水平的状况。根据联合国粮农组织提出的标准,恩格尔系数在 59% 以上为贫困,50% ~ 59% 为温饱,40% ~ 50% 为小康,30% ~ 40% 为富裕,低于 30% 为最富裕。在我国运用这一标准进行国际和城乡对比时,要考虑到那些不可比因素,如消费品价格比价不同、居民生活习惯的差异,以及由社会经济制度不同所产生的特殊因素。对于这些横截面比较中的不可比问题,在分析和比较时应进行相应的剔除。另外,在观察历史情况的变化时要注意,恩格尔系数反映的是一种长期的趋势,而不是逐年下降的绝对倾向。它是在熨平短期的波动中求得长期的趋势。

## 教材习题参考答案

## 一、简答题

**1.** 已知一件衬衫的价格为 80 元,一份快餐的价格为 20 元,在某消费者关于这两种商品的效用最大化的均衡点上,一份快餐对衬衫的边际替代率 MRS 是多少?

**答:** 由两商品的边际替代率 MRS 的定义公式可知,可以将一份快餐对衬衫的边际替代率写成 $MRS_{XY} = -\dfrac{\Delta Y}{\Delta X}$。

其中，$X$表示快餐的份数；$Y$表示衬衫的件数；$MRS_{XY}$表示在维持效用水平不变的前提下，消费者增加一份快餐消费时所需要放弃的衬衫的消费数量。

在该消费者实现关于这两种商品的效用最大化时，在均衡点上有$MRS_{XY}=\dfrac{P_X}{P_Y}$，即有$MRS_{XY}=\dfrac{20}{80}=0.25$。

它表明在效用最大化的均衡点上，该消费者关于一份快餐对衬衫的边际替代率$MRS$为0.25。

**2.** 假设某消费者的均衡如图3-9所示。其中，横轴$OX_1$和纵轴$OX_2$分别表示商品1和商品2的数量，线段$AB$为消费者的预算线，曲线$U$为消费者的无差异曲线，$E$点为效用最大化的均衡点。已知商品1的价格$P_1=2$元。

(1) 求消费者的收入。
(2) 求商品2的价格$P_2$。
(3) 写出预算线方程。
(4) 求预算线的斜率。
(5) 求$E$点的$MRS_{12}$的值。

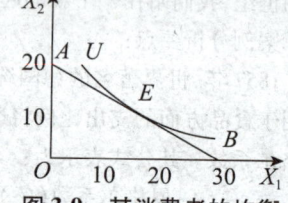

图3-9 某消费者的均衡

**答案：**(1) 图3-9中的横截距表示消费者的收入全部购买商品1时可购买30单位，又已知$P_1=2$元，则消费者的收入$M=2\times30=60$元。

(2) 图3-9中的纵截距表示消费者的收入全部购买商品2时可购买20单位，由(1)已知收入$M=60$元，所以商品2的价格$P_2=\dfrac{M}{20}=\dfrac{60}{20}=3$元。

(3) 已知预算线方程的一般形式为$P_1x_1+P_2x_2=M$。所以，由(1)、(2)可将预算线方程具体写为$2x_1+3x_2=60$。

(4) 将(3)中的预算线方程进一步整理为$x_2=-\dfrac{2}{3}x_1+20$。很清楚，预算线的斜率为$-\dfrac{2}{3}$。

(5) 在消费者效用最大化的均衡点$E$上有$MRS_{12}=\dfrac{P_1}{P_2}$，即无差异曲线的斜率的绝对值$MRS$等于预算线的斜率的绝对值$\dfrac{P_1}{P_2}$。

因此，$MRS_{12}=\dfrac{P_1}{P_2}=\dfrac{2}{3}$。

**3.** 对消费者实行补助有两种方法：一种是发给消费者一定数量的实物补贴，另一种是发给消费者一笔现金补助，这笔现金的金额等于按实物补助折算的货币量。试用无差异曲线分析法，说明哪一种补助方法能给消费者带来更大的效用。

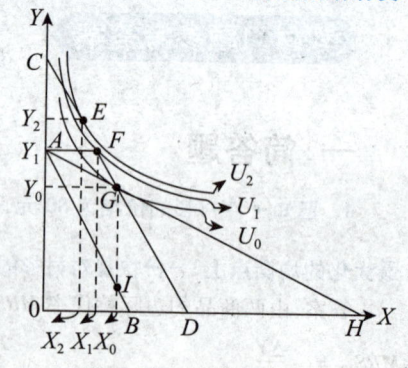

**答案：**由图3-10的无差异曲线可知，现金补助使得消费者的效用更大，原因如下：

当政府补贴的产品数量未超过消费者在某一收入水平上愿意购买的数量时，两者作用一致，不存在效率损失，即无差异曲线与预算线切点在$FD$段；当政府补贴的产品数量超过消费者在某一收入水平上愿意购买的数量时，多余的实物对消费者来说就是效率损失，如果是现金，则消费者可用于

图3-10 无差异曲线

别的消费以达到更大的效用。

**4. 假设某商品市场上只有 A、B 两个消费者,他们的需求函数分别为 $Q_A^d = 20 - 4P$ 和 $Q_B^d = 30 - 5P$。**
(1)列出这两个消费者的需求表和市场需求表。
(2)根据(1)画出这两个消费者的需求曲线和市场需求曲线。

**答案:** (1)由消费者 A 的需求函数 $Q_A^d = 20 - 4P$,可编制消费者 A 的需求表;由消费者 B 的需求函数 $Q_B^d = 30 - 5P$,可编制消费者 B 的需求表。至于市场需求表的编制,可以先将消费者 A 和 B 的需求函数加总来求得市场需求函数,即市场需求函数 $Q^d = Q_A^d + Q_B^d = (20 - 4P) + (30 - 5P) = 50 - 9P$,然后运用所得到的市场需求函数 $Q^d = 50 - 9P$ 来编制市场需求表。这两种方法所得到的市场需求表是相同的。按以上方法编制的三张需求表如图 3-11 所示。

| P | $Q_A^d$ |
|---|---|
| 0 | 20 |
| 1 | 16 |
| 2 | 12 |
| 3 | 8 |
| 4 | 4 |
| 5 | 0 |

| P | $Q_B^d$ |
|---|---|
| 0 | 30 |
| 1 | 25 |
| 2 | 20 |
| 3 | 15 |
| 4 | 10 |
| 5 | 5 |
| 6 | 0 |

| P | $Q^d = Q_A^d + Q_B^d$ |
|---|---|
| 0 | 50 |
| 1 | 41 |
| 2 | 32 |
| 3 | 23 |
| 4 | 14 |
| 5 | 5 |
| 6 | 0 |

(a)消费者 A 的需求表　　　(b)消费者 B 的需求表　　　(c)市场的需求表

图 3-11　需求表

(2)由图 3-11 中的三张需求表,所画出的消费者 A 和 B 各自的需求曲线以及市场的需求曲线如图 3-12 所示。

在此需要特别指出的是,市场需求曲线有一个折点,该点发生在价格 $P = 5$ 和需求量 $Q^d = 5$ 的坐标点位置。关于市场需求曲线的这一特征,可以从两个角度来解释:一个角度是从图形来理解,市场需求曲线是市场上单个消费者需求曲线的水平加总,即在 $P \leq 5$ 时,市场需求曲线由两个消费者需求曲线水平加总得到;而当 $P > 5$ 时,只有消费者 B 的需求曲线发生作用,所以,它的需求曲线就是市场需求曲线。另一个角度是从需求函数看,在 $P \leq 5$ 时,市场需求函数 $Q^d = Q_A^d + Q_B^d = 50 - 9P$ 成立;而当 $P > 5$ 时,只有消费者 B 的需求函数才构成市场需求函数,即 $Q^d = Q_B^d = 30 - 5P$。

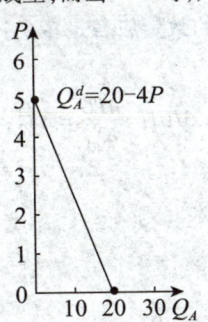
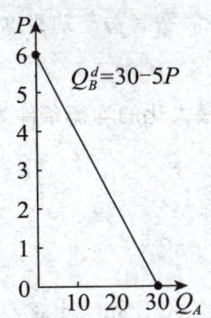
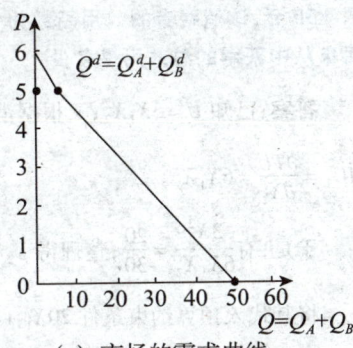

(a) 消费者A的需求曲线　　　(b) 消费者B的需求曲线　　　(c) 市场的需求曲线

图 3-12　消费者及市场的需求曲线

**5. 某消费者是一个风险回避者，他面临是否参与一场赌博的选择：如果他参与这场赌博，他将以 5% 的概率获得 10000 元，以 95% 的概率获得 10 元；如果他不参与这场赌博，他将拥有 509.5 元。那么，他会参与这场赌博吗？为什么？**

**答案**：由题意可知，$pW_1 + (1-p)W_2 = 0.05 \times 10000 + 0.95 \times 10 = 509.5$ 元，此消费者是一个风险回避者，其满足赌博期望值的效用大于赌博的期望效用，因此他不会参与赌博。

## 二、计算题

**1. 已知某消费者关于 $X$、$Y$ 两商品的效用函数为 $U = \sqrt{xy}$，其中 $x$、$y$ 分别为对商品 $X$、$Y$ 的消费量。**

（1）求该效用函数关于 $X$、$Y$ 两商品的边际替代率表达式。
（2）在总效用水平为 6 的无差异曲线上，若 $x = 3$，求相应的边际替代率。
（3）在总效用水平为 6 的无差异曲线上，若 $x = 4$，求相应的边际替代率。
（4）该无差异曲线的边际替代率是递减的吗？

**答案**：（1）由边际替代率表达公式可知：

$$MRS_{xy} = \frac{MU_x}{MU_y} = \frac{\frac{1}{2}x^{-\frac{1}{2}}y^{\frac{1}{2}}}{\frac{1}{2}x^{\frac{1}{2}}y^{-\frac{1}{2}}} = \frac{y}{x}$$

（2）当总效应 $u = 6$，$x = 3$ 时，$y = 12$。

此时边际替代率 $MRS_{xy} = 4$。

（3）当总效应 $u = 6$，$x = 4$ 时，$y = 9$。

此时边际替代率 $MRS_{xy} = \dfrac{9}{4}$。

（4）边际替代率是递减的。根据（2）和（3）的结果即可判断得出边际替代率递减。

**2. 已知某消费者每年用于商品 1 和商品 2 的收入为 540 元，两商品的价格分别为 $P_1 = 20$ 元和 $P_2 = 30$ 元，该消费者的效用函数为 $U = 3X_1X_2^2$，该消费者每年购买这两种商品的数量应各是多少？每年从中获得的总效用是多少？**

**答案**：已知 $U = 3X_1X_2^2$，又根据消费者的效用最大化的均衡条件为 $\dfrac{MU_1}{MU_2} = \dfrac{P_1}{P_2}$，$MU_1 = \dfrac{\partial TU}{\partial X_1} = 3X_2^2$，$MU_2 = \dfrac{\partial TU}{\partial X_2} = 6X_1X_2$。

于是，有 $\dfrac{3X_2^2}{6X_1X_2} = \dfrac{20}{30}$，整理得 $X_2 = \dfrac{4}{3}X_1$。

将其代入预算约束条件 $20X_1 + 30X_2 = 540$，得 $20X_1 + 30 \cdot \dfrac{4}{3}X_1 = 540$，解得 $X_1^* = 9$。

以 $X_1^* = 9$ 代入 $X_2 = \dfrac{4}{3}X_1$，得 $X_2^* = 12$。

因此，该消费者每年购买这两种商品的数量应该为 $\begin{cases} X_1^* = 9 \\ X_2^* = 12 \end{cases}$。

将以上最优的商品组合代入效用函数得：
$U^* = 3X_1^* (X_2^*)^2 = 3 \times 9 \times 12^2 = 3888$

它表明，该消费者的最优商品购买组合给他带来的最大效用水平为3888。

**3.** 假定某消费者的效用函数为 $U = x_1^{\frac{3}{8}} x_2^{\frac{5}{8}}$，两商品的价格分别为 $P_1$、$P_2$，消费者的收入为 $M$。求该消费者关于商品**1**和商品**2**的需求函数。

**答案：** 消费者效用最大化的均衡条件为 $\dfrac{MU_1}{MU_2} = \dfrac{P_1}{P_2}$。

其中，由已知的效用函数 $U = x_1^{\frac{3}{8}} x_2^{\frac{5}{8}}$，可得 $MU_1 = \dfrac{\partial TU}{\partial x_1} = \dfrac{3}{8} x_1^{-\frac{5}{8}} x_2^{\frac{5}{8}}$，$MU_2 = \dfrac{\partial TU}{\partial x_2} = \dfrac{5}{8} x_1^{\frac{3}{8}} x_2^{-\frac{3}{8}}$。

于是，有 $\dfrac{\frac{3}{8} x_1^{-\frac{5}{8}} x_2^{\frac{5}{8}}}{\frac{5}{8} x_1^{\frac{3}{8}} x_2^{-\frac{3}{8}}} = \dfrac{P_1}{P_2}$，整理得 $\dfrac{3 x_2}{5 x_1} = \dfrac{P_1}{P_2}$，即有 $x_2 = \dfrac{5 P_1 x_1}{3 P_2}$。

将其代入约束条件 $P_1 x_1 + P_2 x_2 = M$，有 $P_1 x_1 + P_2 \cdot \dfrac{5 x_1 P_1}{3 P_2} = M$，

解得 $x_1^* = \dfrac{3M}{8P_1}$，代入 $x_2 = \dfrac{5 P_1 x_1}{3 P_2}$，得 $x_2^* = \dfrac{5M}{8P_2}$。

所以，该消费者关于两商品的需求函数为 $\begin{cases} x_1^* = \dfrac{3M}{8P_1} \\ x_2^* = \dfrac{5M}{8P_2} \end{cases}$。

**4.** 假定某消费者的效用函数为 $U = q^{0.5} + 3M$，其中，$q$ 为某商品的消费量，$M$ 为收入。

求：(1) 该消费者的需求函数；(2) 该消费者关于该商品的反需求函数；(3) 当 $p = \dfrac{1}{12}$、$q = 4$ 时的消费者剩余。

**答案：** (1) 由题意可得，商品的边际效用为 $MU = \dfrac{\partial U}{\partial q} = 0.5 q^{-0.5}$，货币的边际效用为 $\lambda = \dfrac{\partial U}{\partial M} = 3$。

于是，根据消费者均衡条件 $\dfrac{MU}{p} = \lambda$，有 $\dfrac{0.5 q^{-0.5}}{p} = 3$，整理得需求函数为 $q = \dfrac{1}{36 p^2}$。

(2) 由需求函数 $q = \dfrac{1}{36 P^2}$，可得反需求函数为 $p = \dfrac{1}{6\sqrt{q}}$。

(3) 由反需求函数 $p = \dfrac{1}{6\sqrt{q}}$，可得消费者剩余为：

$CS = \int_0^q \left( \dfrac{1}{6\sqrt{q}} \right) dq - pq = \dfrac{1}{3} q^{\frac{1}{2}} \Big|_0^q - pq = \dfrac{1}{3} q^{\frac{1}{2}} - pq$

以 $p = \dfrac{1}{12}$，$q = 4$ 代入上式，则有消费者剩余为：

$CS = \dfrac{1}{3} \times 4^{\frac{1}{2}} - \dfrac{1}{12} \times 4 = \dfrac{1}{3}$

**5.** 设某消费者的效用函数为柯布—道格拉斯类型的，即 $U = x^\alpha y^\beta$，商品 $x$ 和商品 $y$ 的价格分别为 $P_x$ 和 $P_y$，消费者收入为 $M$，$\alpha$ 和 $\beta$ 为常数且 $\alpha + \beta = 1$。

(1)求该消费者关于商品 $x$ 和商品 $y$ 的需求函数。

(2)证明:当商品 $x$ 和 $y$ 的价格及消费者的收入均以相同的比例变化时,消费者对两商品的需求关系维持不变。

(3)证明:该消费者效用函数中的参数 $\alpha$ 和 $\beta$ 分别为商品 $x$ 和商品 $y$ 的消费支出占消费者收入的份额。

**答案:**(1)由已知的效用函数 $U = x^\alpha y^\beta$,可得:

$$MU_x = \frac{\partial U}{\partial x} = \alpha x^{\alpha-1} y^\beta, MU_y = \frac{\partial U}{\partial y} = \beta x^\alpha y^{\beta-1}。$$

由消费者效用最大化的均衡 $\frac{MU_x}{MU_y} = \frac{P_x}{P_y}$,有 $\frac{\alpha x^{\alpha-1} y^\beta}{\beta x^\alpha y^{\beta-1}} = \frac{P_x}{P_y}$,则 $y = \frac{\beta P_x}{\alpha P_y} \cdot x$。

代入约束条件 $P_x x + P_y y = M$,有 $P_x x + P_y \cdot \frac{\beta P_x}{\alpha P_y} \cdot x = M$,解得 $x = \frac{\alpha M}{P_x}, y = \frac{\beta M}{P_y}$。

所以,该消费者关于商品的需求函数为 $x = \frac{\alpha M}{P_x}, y = \frac{\beta M}{P_y}$。

(2)证明:设商品 $x$ 和 $y$ 的价格及消费者的收入同时变为原来的 $k$ 倍,则消费者对两商品的需求函数分别为 $x' = \frac{\alpha(kM)}{kP_x} = \frac{\alpha M}{P_x} = x, y' = \frac{\beta(kM)}{kP_y} = \frac{\beta M}{P_y} = y$。

所以,消费者对两商品的需求维持不变。

(3)证明:消费者对商品 $x$ 的消费支出为 $Q_x \cdot P_x = \frac{\alpha M}{P_x} \cdot P_x = \alpha M$,所以商品 $x$ 的消费支出占消费者收入的份额为 $\frac{\alpha M}{M} = \alpha$。同理,可得商品 $y$ 的消费支出占消费者收入的份额为 $\beta$。

综上,消费者效用函数中的参数 $\alpha$ 和 $\beta$ 分别为商品 $x$ 和商品 $y$ 的消费支出占消费者收入的份额。

**小结:**本题需把握效用函数的相关计算、需求函数的求解及消费者效用最大的均衡条件。

**6. 假定肉肠和面包卷是完全互补品。人们通常以一根肉肠和一个面包卷为比率做一个热狗,并且已知一根肉肠的价格等于一个面包卷的价格。**

(1)求肉肠的需求的价格弹性。

(2)求面包卷对肉肠价格的需求的交叉弹性。

(3)如果肉肠的价格是面包卷的价格的两倍,那么,肉肠的需求的价格弹性和面包卷对肉肠价格的需求的交叉弹性各是多少?

**答案:**(1)令肉肠的需求为 $X$,面包卷的需求为 $Y$,相应的价格为 $P_X$、$P_Y$ 且有 $P_X = P_Y$。

该题目的效用最大化问题可以写为:

$Max\ U(X,Y) = \min\{X,Y\}$

$s.t.\ P_X \cdot X + P_Y \cdot Y = M$

解上述方程组有 $X = Y = M/(P_X + P_Y)$。

由此可得肉肠需求的价格弹性为:

$$E_{dX} = -\frac{\partial X}{\partial P_X} \cdot \frac{P_X}{X} = -\left[-\frac{M}{(P_X + P_Y)^2}\right] \cdot \frac{P_X}{\frac{M}{P_X + P_Y}} = \frac{P_X}{P_X + P_Y}$$

由于一根肉肠和一个面包卷的价格相等,所以进一步有 $E_{dX} = P_X/(P_X + P_Y) = 1/2$。

(2)面包卷对肉肠需求的交叉弹性为:

$$E_{YX} = \frac{\partial Y}{\partial P_X} \cdot \frac{P_X}{Y} = -\frac{M}{(P_X + P_Y)^2} \cdot \frac{P_X}{\dfrac{M}{P_X + P_Y}} = -\frac{P_X}{P_X + P_Y}$$

由于一根肉肠和一个面包卷的价格相等,所以进一步有 $E_{YX} = -P_X/(P_X + P_Y) = -1/2$。

(3)如果 $P_X = 2P_Y$,则根据上面(1)和(2)的结果,可得肉肠的需求价格弹性为:

$$E_{dX} = \frac{-\partial X}{\partial P_X} \cdot \frac{P_X}{X} = \frac{P_X}{P_X + P_Y} = \frac{2}{3}$$

面包卷对肉肠的需求的交叉弹性为:

$$E_{YX} = -\frac{\partial Y}{\partial P_X} \cdot \frac{P_X}{Y} = -\frac{P_X}{P_X + P_Y} = -\frac{2}{3}$$

**7.** 已知某消费者的效用函数为 $U = X_1 X_2$,两商品的价格分别为 $P_1 = 4$、$P_2 = 2$,消费者的收入是 $M = 80$。现在假定商品1的价格下降为 $P_1 = 2$。求:

(1)由商品1的价格 $P_1$ 下降导致的总效应,使得该消费者对商品1的购买量发生多少变化?

(2)由商品1的价格 $P_1$ 下降导致的替代效应,使得该消费者对商品1的购买量发生多少变化?

(3)由商品1的价格 $P_1$ 下降导致的收入效应,使得该消费者对商品1的购买量发生多少变化?

**答案:**(1)由 $MRS_{12} = \dfrac{MU_1}{MU_2} = \dfrac{P_1}{P_2}$ 可知,当 $P_1 = 4$、$P_2 = 2$ 时,$X_1 = 10$;当 $P_1 = 2$、$P_2 = 2$ 时,$X_1 = 20$。

则商品1的价格 $P_1$ 下降所导致的总效应,使得该消费者对商品1的购买量增加了10。

(2)要求替代效应的影响,首先要剔除价格下降所产生的收入效应的影响。剔除收入效应后,原来的产品组合与降价后的产品组合在同一条无差异曲线上。

当 $P_1 = 4$、$P_2 = 2$ 时,$U = X_1 X_2 = 10 \times 20 = 200$,联立 $2X_1 + 2X_2 = M_2$,$MRS_{12} = \dfrac{MU_1}{MU_2} = \dfrac{P_1}{P_2} = \dfrac{2}{2}$,可得 $X_1 = 10\sqrt{2}$、$M_2 = 40\sqrt{2}$。

则商品1的价格 $P_1$ 下降所导致的替代效应,使得该消费者对商品1的购买量增加了 $10\sqrt{2} - 10$。

(3)由上题中的替代效应,可得收入效应为 $20 - 10\sqrt{2}$。

**8.** 某消费者消费两种商品 $X$ 和 $Y$,假定无差异曲线在各点的斜率的绝对值均为 $\dfrac{y}{x}$,$x$、$y$ 为两商品的数量。

(1)说明每一种商品的需求数量均不取决于另一种商品的价格。

(2)证明:每一种商品的需求的价格弹性均等于1。

(3)证明:每一种商品的需求的收入弹性均等于1。

(4)每一种商品的恩格尔曲线的形状如何?

**答案:** 因为需求函数拟线性,故对任一种商品的需求数量并不取决于另一种商品的价格。

(1)根据题意可得,该消费者在效用最大化均衡点上有 $\dfrac{y}{x} = \dfrac{P_x}{P_y}$,

整理得 $y = \dfrac{P_x}{P_y} \cdot x$。

代入预算约束等式 $P_x \cdot x + P_y \cdot y = M$,有 $P_x \cdot x + P_y \cdot \dfrac{P_x}{P_y} \cdot x = M$,

解得 $x = \dfrac{M}{2P_x}, y = \dfrac{M}{2P_y}$。

由此可见，$X$ 商品的需求数量与 $Y$ 商品的价格 $P_y$ 无关，$Y$ 商品的需求数量与 $X$ 商品的价格 $P_x$ 无关。

(2) $X$ 商品和 $Y$ 商品的需求的价格弹性分别为：

$$e_{xd} = \frac{-\mathrm{d}x}{\mathrm{d}P_x} \cdot \frac{P_x}{x} = -\left(-\frac{M}{2P_x^2}\right) \cdot \frac{P_x}{M/(2P_x)} = 1$$

$$e_{yd} = \frac{-\mathrm{d}y}{\mathrm{d}P_y} \cdot \frac{P_y}{y} = -\left(-\frac{M}{2P_y^2}\right) \cdot \frac{P_y}{M/(2P_y)} = 1$$

(3) $X$ 商品和 $Y$ 商品的需求收入弹性分别为：

$$e_{xm} = \frac{\mathrm{d}x}{\mathrm{d}M} \cdot \frac{M}{x} = \frac{1}{2P_x} \cdot \frac{M}{M/(2P_x)} = 1$$

$$e_{ym} = \frac{\mathrm{d}y}{\mathrm{d}M} \cdot \frac{M}{y} = \frac{1}{2P_y} \cdot \frac{M}{M/(2P_y)} = 1$$

(4) 由 $X$ 商品的需求函数 $x = \dfrac{M}{2P_x}$，可得 $\dfrac{\mathrm{d}x}{\mathrm{d}M} = \dfrac{1}{2P_x}$，即 $X$ 商品的恩格尔曲线的斜率为 $\dfrac{1}{2P_x}$；由 $Y$ 商品的需求函数 $y = \dfrac{M}{2P_y}$，可得 $\dfrac{\mathrm{d}y}{\mathrm{d}M} = \dfrac{1}{2P_y}$，即 $Y$ 商品的恩格尔曲线的斜率为 $\dfrac{1}{2P_y}$，两商品的恩格尔曲线的斜率均为正的常数。而且当收入为零时，两商品的需求数量均为零。由此可见，$X$ 和 $Y$ 商品的恩格尔曲线均为一条从原点出发且斜率为正的直线，即每一种商品均有一条从原点出发的斜率为正的线性恩格尔曲线。

## 三、论述题

**1. 根据基数效用论者关于消费者均衡的条件：**

(1) 如果 $\dfrac{MU_1}{P_1} \neq \dfrac{MU_2}{P_2}$，消费者应该如何调整两种商品的消费数量？为什么？

(2) 如果 $\dfrac{MU_i}{P_i} \neq \lambda$，其中常数 $\lambda$ 表示不变的货币的边际效用，消费者应该如何对该种商品 $i$ 的消费数量进行调整？为什么？

**答案：** (1) 设两种商品分别为 $x_1$、$x_2$。若 $\dfrac{MU_1}{P_1} > \dfrac{MU_2}{P_2}$，则应当增加对 $x_1$ 的消费，并减少对 $x_2$ 的消费。由于对 $x_1$ 的消费增加，其边际效用 $MU_1$ 不断下降，与此同时，对 $x_2$ 的消费减少，其边际效用 $MU_2$ 不断上升。最终必有 $\dfrac{MU_1}{P_1} = \dfrac{MU_2}{P_2} = \lambda$，消费者均衡实现。类似的，若 $\dfrac{MU_1}{P_1} < \dfrac{MU_2}{P_2}$，则应当增加对 $x_2$ 的消费，并减少对 $x_1$ 的消费。

(2) 若 $\dfrac{MU_i}{P_i} \neq \lambda$，则分 $\dfrac{MU_i}{P_i} > \lambda$ 和 $\dfrac{MU_i}{P_i} < \lambda$ 两种情况讨论。若 $\dfrac{MU_i}{P_i} > \lambda$，则应当增加对 $x_i$ 的消费，由于对 $x_i$ 的消费增加，其边际效用 $MU_i$ 不断下降，最终有 $\dfrac{MU_i}{P_i} = \lambda$，实现消费者均衡。若 $\dfrac{MU_i}{P_i} < \lambda$，则应当减少对 $x_i$ 的消费，由于对 $x_2$ 的消费减少，其边际效用 $MU_i$ 不断提高，最终有 $\dfrac{MU_i}{P_i} = \lambda$，实现消费者

均衡。

**2. 基数效用论者是如何推导需求曲线的？**

答案：(1)基数效用论者提出的商品的边际效用递减规律指出，在其他条件不变的前提下，随着消费者对某商品消费数量的连续增加，该商品的边际效用是递减的，所以，消费者对每增加一单位商品所愿意支付的最高价格（即需求价格）也是递减的，即消费者对该商品的需求曲线是向右下方倾斜的。

(2)在只考虑一种商品的前提下，消费者实现效用最大化的均衡条件为 $\frac{MU}{P}=\lambda$。由此均衡条件出发，可以计算出需求价格，并推导与理解(1)中的消费者的向右下方倾斜的需求曲线。

**3. 用图说明序数效用论者对消费者均衡条件的分析，以及在此基础上对需求曲线的推导。**

答案：(1)本题涉及的两个基本分析工具是无差异曲线和预算线。无差异曲线是用来表示消费者偏好相同的两种商品的全部组合的，其斜率的绝对值可以用商品的边际替代率 $MRS$ 来表示。预算线表示在消费者收入和商品价格给定的条件下，消费者的全部收入所能购买到的两种商品的全部组合，其斜率为 $-\frac{P_1}{P_2}$。

(2)消费者效用最大化的均衡点发生在一条给定的预算线与无数条无差异曲线中的一条切线的切点上，于是，消费者效用最大化的均衡条件为 $MRS_{12}=\frac{P_1}{P_2}$ 或 $\frac{MU_1}{P_1}=\frac{MU_2}{P_2}$。

(3)在(2)的基础上进行比较静态分析，即令一种商品的价格发生变化，这便可以得到该商品的价格—消费曲线。价格—消费曲线是在其他条件不变的前提下，与某一商品的不同价格水平相联系的消费者效用最大化的均衡点的轨迹，如图3-13(a)所示。

(4)在(3)的基础上，将一种商品的不同价格水平和相应的最优消费量即需求量之间的一一对应关系描绘在同一坐标平面上，就可以得到需求曲线，如图3-13(b)所示。显然需求曲线一般斜率为负，表示商品的价格和需求量成反方向变化；而且，在需求曲线上与每一价格水平相对应的需求量都是可以在该价格水平给消费者带来最大效用的最优消费数量。

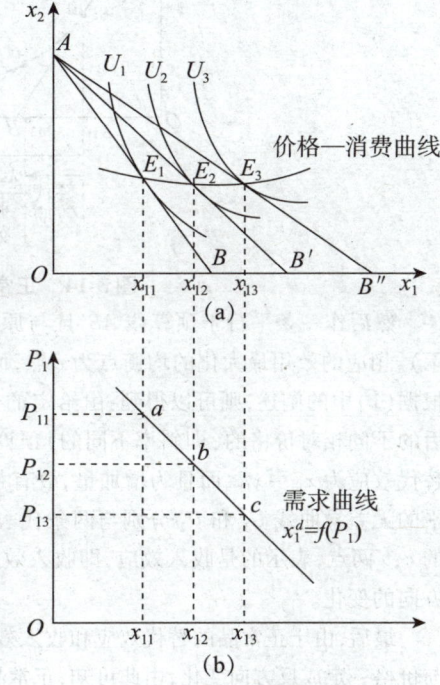

图3-13 需求曲线

**4. 分别用图分析正常品、劣等品和吉芬品的替代效应与收入效应，并进一步说明这三类商品的需求曲线的特征。**

答案：(1)当一种商品的价格发生变化时，所引起的该商品需求量的变化可以分解为两个部分，它们分别是替代效应和收入效应。替代效应是指仅考虑商品相对价格变化所导致的该商品需求量的变化，而不考虑实际收入水平（即效用水平）变化对需求量的影响。收入效应则相反，它仅考虑实际收入水平（即效用水平）变化导致的该商品需求量的变化，而不考虑相对价格变化对需求量的影响。

无论是分析正常品,还是低档品,甚至是吉芬品的替代效应和收入效应,都需要运用的一个重要分析工具就是补偿预算线。

(2)在图3-14中,以正常品的情况为例加以说明。图3-14中,初始的消费者效用最大化的均衡点为$a$点,相应的正常品(即商品1)的需求为$x_{11}$。价格$P_1$下降以后的效用最大化的均衡点为$b$点,相应的需求量为$x_{12}$,即$P_1$下降的总效应为$x_{12}-x_{11}$,而且为增加量,故有总效应与价格成反方向变化。

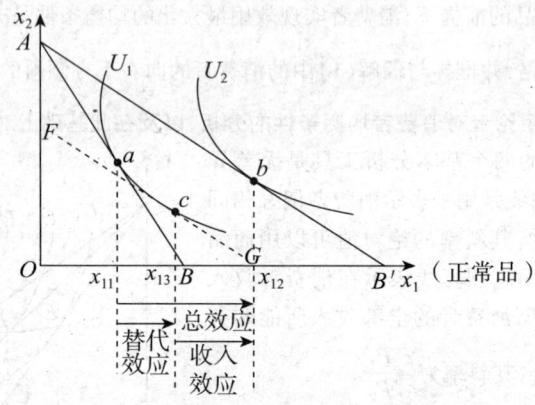

图3-14　正常品的替代效应和收入效应

然后作一条平行于预算线$AB'$且与原有的无差异曲线$U_1$相切的补偿预算线$FG$(以虚线表示),相应的效用最大化的均衡点为$c$点,而且注意,此时$b$点的位置一定处于$c$点的右边。于是,根据(1)中的阐述,则可以得到:由给定的代表原有效用水平的无差异曲线$U_1$与代表$P_1$变化前后的不同相对价格的(即斜率不同的)预算线$AB$、$FG$分别相切的$a$、$c$两点,表示的是替代效应,即替代效应为$x_{13}-x_{11}$,而且为增加量,故有替代效应与价格成反方向的变化;由代表不同的效用水平的无差异曲线$U_1$和$U_2$分别与两条代表相同相对价格的(即斜率相同的)预算线$FG$、$AB'$相切的$c$、$b$两点,表示的是收入效应,即收入效应为$x_{12}-x_{13}$,而且为增加量,故有收入效应与价格成反方向的变化。

最后,由于正常品的替代效应和收入效应都分别与价格成反方向变化,所以,正常品的总效应与价格一定成反方向变化,由此可知,正常品的需求曲线是向右下方倾斜的。

(3)关于劣等品和吉芬品。在此略去关于这两类商品的具体的图示分析。需要指出的要点是:这两类商品的替代效应都与价格成反方向变化,而收入效应都与价格成同方向变化,其中大多数劣等品的替代效应大于收入效应,而劣等品中的特殊商品吉芬品的收入效应大于替代效应。于是,大多数劣等品的总效应与价格成反方向的变化,相应的需求曲线向右下方倾斜,劣等品中少数的特殊商品即吉芬品的总效应与价格成同方向的变化,相应的需求曲线向右上方倾斜。

(4)基于(3)的分析,所以在读者自己利用与图3-14相类似的图形来分析劣等品和吉芬品的替代效应和收入效应时,在一般的劣等品的情况下,一定要使$b$点落在$a$、$c$两点之间;而在吉芬品的情况下,则一定要使$b$点落在$a$点的左边。唯有如此作图,才能符合(3)中理论分析的要求。

5. 我国一些城市生活和生产的用电激增,导致用电紧张,电力供给不足。请设计一种方案供政府缓解或消除这一现象,并回答以下问题:

(1)这种措施对消费者剩余有什么影响?

(2)这种措施对生产资源的配置会产生什么影响?

(3)这种措施对消费者收入会产生什么影响?政府又可以做些什么?

**答案**:(1)政府可以提高电价来缓解用电紧张。这一措施会减少消费者剩余。

(2)这一措施使得人们节约用电,将有限的电用在更重要的地方,提高用电效率,促进电的合理配置。长期中还会促使更多的生产资源转移到电力行业,增加电力供给,同时还可以扶植和鼓励新式发电。

(3)这一措施会降低居民实际收入水平。政府可以对居民进行补偿或转移性支付。

### 知识拓展

追求效用最大化是消费者的行为目标。分析消费者行为的理论分为基数效用论和序数效用论。其中,基数效用论者运用边际效用分析方法研究消费者行为;序数效用论者运用无差异曲线分析方法研究消费者行为。在当代西方经济学中,占主导地位的是序数效用论者的分析方法。在学习过程中,深刻理解序数效用论的分析方法和思路非常重要。

# 第四章 生产函数

**知识脉络图**

生产
- 厂商
  - 组织形式
  - 企业的本质
  - 企业的经营目标
- 生产函数的几个概念
  - 生产要素
  - 生产函数 $Q=f(L,k)$
  - 长期和短期
- 生产理论
  - 长期生产理论
  - 短期生产理论

短期生产函数
- 形式：$Q=f(L,\bar{k})$
- 总产量：$TP_L=f(L,\bar{k})$
- 平均产量：$AP_L=\dfrac{TP_L(L,\bar{k})}{L}$
- 边际产量：$MP_L=\dfrac{\Delta TP_L(L,\bar{k})}{\Delta L}=\dfrac{\mathrm{d}TP_L(L,\bar{k})}{\mathrm{d}L}$
- 生产要素报酬递减规律
  - 内容
  - 原因
  - 前提条件
- 生产的三个阶段

长期生产函数
- 形式
  - 多种可变要素：$Q=f(x_1,x_2,\cdots,x_n)$
  - 两种可变要素：$Q=f(L,k)$
- 等产量曲线的含义与性质
- 边际技术替代率及其递减法则
- 生产的形式
  - 固定替代比例：$Q=aL+bK$
  - 柯布-道格拉斯生产函数：$Q=AL^\alpha K^\beta$
  - 里昂惕夫生产函数：$Q=\min(\dfrac{L}{u},\dfrac{K}{v})$

# 第四章 生产函数

$$\text{规模报酬} \begin{cases} \text{含义} \\ Q = f(L,k) \begin{cases} \text{递增}: f(\lambda L, \lambda K) > \lambda Q \\ \text{不变}: f(\lambda L, \lambda K) = \lambda Q \\ \text{递减}: f(\lambda L, \lambda K) < \lambda Q \end{cases} \end{cases}$$

## 复习提示

**概念**：生产者、生产函数、生产要素、短期、长期、总产量、平均产量、边际产量、边际技术替代率、规模报酬。
**理解**：短期生产的三个阶段、边际技术替代率递减规律。
**掌握**：固定替代比例的生产函数，固定投入比例生产函数，边际技术替代率递减规律。
**计算**：边际报酬递减规律的相关计算。
**图解**：根据提供的生产函数画出生产函数的图形、等产量线、等成本线，能够根据某一生产函数画出该生产函数的 $TP$、$AP$、$MP$（尤其需要掌握柯布-道格拉斯生产函数及其性质）。

## 重点难点常识理解

### 1. 生产函数

生产函数是一定条件下生产要素投入量与产品的最大产出量之间的物质数量关系，可记为 $Q = f(L, K, \cdots, T)$。它表示厂商生产某产品的产量（$Q$）取决于劳动（$L$）、资本（$K$）等要素的投入量和技术水平（$T$）。在短期内，假定资本设备不变，只有一种要素可变，由上述生产函数可记为 $Q = f(L)$。例如，$Q = 27L + 12L^2 - L^3$ 表示该产品产量决定于劳动投入量。

平均产量是指单位生产要素生产的产量。例如，上述劳动的平均产量函数为：

$$APP_L = \frac{Q}{L} = \frac{27L + 12L^2 - L^3}{L} = 27 + 12L - L^2$$

边际产量是指每增加一单位要素所增加的产量。例如，上述劳动的边际产量函数为：

$$MPP_L = \frac{\mathrm{d}}{\mathrm{d}L}(27L + 12L^2 - L^3) = 27 + 24L - 3L^2$$

$MPP_L > 0$ 时，产量 $Q$ 递增；$MPP_L < 0$ 时，$Q$ 递减；$MPP_L = 0$ 时，$Q$ 极大。
$MPP_L > APP_L$ 时，$APP_L$ 递增；$MPP_L < APP_L$ 时，$APP_L$ 递减；$MPP_L = APP_L$ 时，$APP_L$ 极大。
边际产量递减规律即要素报酬递减规律。

分析可变要素的生产效率时，可将生产分为三个阶段：第一阶段是平均产量递增阶段；第二阶段是平均产量开始递减到边际产量为零的阶段；第三阶段是边际产量为负数的阶段。理智的生产者将会在第二阶段经营。

**要点解析**：任何生产函数的前提条件都是一定时期内生产技术水平不变，而且投入要素被充分利用。在经济学分析中，通常假设只使用劳动和资本这两种生产要素。

### 2. 边际报酬递减规律

边际报酬递减规律指在技术水平不变的条件下，在连续等量地把一种可变生产要素增加到一种或几种数量不变的生产要素上去的过程中，当这种可变生产要素的投入量小于某一特定值时，增加该要素投入所带来的边际产量是递增的；当这种可变要素的投入量连续增加并超过这个特定值时，增加该要素投入所带来的边际产量是递减的。在厂商的厂房、机器设备等资本投入不变的情况下，随着可变投入劳动的增加，劳动的边际产量一开始是递增的，但当劳动投入量增加到一定程度之后，其边际产量就会递减，直到出现负数。出现边际报酬递减规律的主要原因是，随着可变投入的不断增加，不变投入和可变投入的组合比例变得越来越不合理。当可变投入较少的时候，不变投入显得相对较多，此时增加可变投入可以使要素组合比例趋向合理从而提高产量的增量；而当可变投入与不变投入的组合达到最有效率的那一点以后，再增加可变投入，就使可变投入相对于不变投入来说显得太多，从而使产出的增加量递减。边际报酬递减规律是有条件的：①以技术不变为前提；②以其他生产要素固定不变、只有一种生产要素变动为前提；③在可变要素增加到一定程度之后才出现；④假定所有的可变投入要素是同质的，如所有劳动者在操作技术、劳动积极性等各个方面都没有差异。

> **要点解析**：生产要素边际报酬不变的前提条件：技术水平不变；其他要素投入数量保持不变；投入要表达到一定程度。生产要素边际报酬存在递增、不变、递减过程。
> 边际报酬递减规律说明边际产量递增阶段后必然会出现边际产量递减阶段。

### 3. 总产量、平均产量和边际产量之间的关系

从几何上看，边际产量是总产量曲线上任意一点切线的斜率，平均产量是总产量曲线上的点与原点连线的斜率。

边际产量与总产量的关系是：随着可变投入增加，当边际产量大于零时，总产量是增加的；当边际产量小于零时，总产量是减少的；当边际产量等于零时，总产量达到最大值。当边际产量递增时，总产量以越来越快的速度增加；当边际产量递减且大于零时，总产量以越来越慢的速度增加；当边际产量达到最大值时，总产量达到增幅由加快转减慢的拐点。

边际产量与平均产量的关系是：当边际产量大于平均产量时，平均产量是增加的；当边际产量小于平均产量时，平均产量是减少的；当边际产量等于平均产量时，平均产量达到极大值。从几何上看，当边际产量曲线在平均产量曲线上方时，平均产量曲线是上升的；当边际产量曲线与平均产量曲线相交时，平均产量曲线达到最高点；当边际产量曲线在平均产量曲线下方时，平均产量曲线是下降的。

> **要点解析**：平均产量 $AP$ 的几何意义是总产量 $TP$ 曲线上每一点与原点连线的斜率。

### 4. 等产量曲线和边际技术替代率

在长期中各种要素都可变，假定要素之间可替代，则在一定技术条件下可用各种要素的组合产出等量产品。这各种组合可用等产量曲线表示。较高的等产量曲线表示较大产出量。

为保持产量不变，增加一种要素投入量（如 $\Delta L$）可相应减少另一种要素量（如 $\Delta K$）。两者的比

率 $\frac{\Delta K}{\Delta L}$ 称为要素的边际技术替代率。劳动对资本的边际技术替代率表述为：

$$MRTS_{LK} = -\frac{\Delta K}{\Delta L} \text{ 或 } MRTS_{LK} = -\frac{dK}{dL}$$

等产量线上任一点所表示的 $L$ 对 $K$ 的边际技术替代率即该点在等产量曲线上切线的斜率的负值，它等于 $MPP_L$ 与 $MPP_K$ 的比率，即 $MRTS_{LK} = -\frac{dK}{dL} = \frac{MPP_L}{MPP_K}$。若已知生产函数为 $Q = f(L,K)$，则可求得 $MRTS_{LK}$ 函数。如果再知道 $L$ 与 $K$ 的组合，就可求得 $MRTS_{LK}$ 的个体数值。

边际技术替代率是递减的，因此等产量曲线凸向原点。等产量曲线的斜率即边际技术替代率，它若为常数，则产量曲线为一条斜直线，两要素可完全替代。若两要素不可替代，等产量曲线成为一条直角线。等产量曲线斜率为负值的区域属于生产经济区域。若等产量曲线斜率为正值，表明要素的边际产量为负值。连接等产量曲线上要素边际产量为 0 的点构成"脊线"。脊线区域内，$MPP_L$ 和 $MPP_K$ 都处于递减阶段又都大于零，其实就是属于上述生产的第二阶段。

### 5. 常见的生产函数

(1) 固定替代比例生产函数（也被称为线性生产函数）。固定替代比例的生产函数是指在每一产量水平上，任何两种要素之间的替代比例都是固定的，生产函数的通常形式为：

$$Q = aL + bK$$

其中，$Q$ 表示产量，$L$ 和 $K$ 分别表示劳动和资本的投入量，常数 $a$、$b > 0$。

(2) 固定投入比例生产函数（也被称为里昂惕夫生产函数）。固定投入比例生产函数是指在每一产量水平上，任何一对要素投入量之间的比例都是固定的，生产函数的通常形式为：

$$Q = \min\left(\frac{L}{u}, \frac{K}{v}\right)$$

其中，$Q$ 表示产量，$L$ 和 $K$ 分别表示劳动和资本的投入量，$u$ 和 $v$ 分别表示固定的劳动和资本的生产技术系数。

(3) 柯布-道格拉斯生产函数。

柯布-道格拉斯生产函数的一般形式为：

$$Q = AL^{\alpha}K^{\beta}$$

其中，$Q$ 表示产量，$L$ 和 $K$ 分别表示劳动和资本的投入量，$A$、$\alpha$ 和 $\beta$ 为三个参数，$0 < \alpha < 1$，$0 < \beta < 1$。

**要点解析**：(1) $\alpha$ 和 $\beta$ 的经济含义是：当 $\alpha + \beta = 1$ 时，$\alpha$ 表示劳动所得在总产量中所占的份额，$\beta$ 表示资本所得在总产量中所占的份额。
(2) 当 $\alpha + \beta > 1$ 时，规模报酬递增；当 $\alpha + \beta = 1$ 时，规模报酬不变；当 $\alpha + \beta < 1$ 时，规模报酬递减。

### 6. 规模报酬

规模报酬是指所有的投入要素以相同的比例变动时产量变动的比例，也就是厂商生产规模变动对产量的影响。

在生产规模变动过程中，若产量增加的比例大于各种投入要素增加的比例，称为规模报酬递增；若产量增加的比例等于各种投入要素增加的比例，称为规模报酬不变；若产量增加的比例小于各种投入要素增加的比例,称为规模报酬递减。

导致规模报酬递增的原因主要是扩大生产规模产生的分工与专业化、管理费用的节省和专业化设备的使用引起的生产效率提高。当生产达到一定规模以后,工厂规模达到最佳状态,规模报酬处于不变阶段。之后,生产规模过大引起的低效率开始发生作用,出现规模报酬递减。

> **要点解析**:企业的规模报酬分析属于长期生产理论问题,因为企业只有在长期内才可能变动全部生产要素,进而变动生产规模。
>
> 在长期生产过程中,企业的规模报酬的变化呈现如下规律:首先是规模报酬递增阶段,企业继续扩大生产规模,然后进入规模报酬不变阶段,若企业继续扩大生产规模,就会进入规模报酬递减阶段。

## 考研真题与难题详解

### 一、概念题

**1. 边际报酬递减规律**(厦门大学 2006 年、2010 年、2014 年研;中国青年政治学院 2009 年研;中央财大 2014 年研)

**答案**:在技术水平不变的条件下,在连续等量地把某一种可变生产要素增加到其他一种或几种数量不变的生产要素上去的过程中,当这种可变生产要素的投入量小于某一特定值时,增加该要素投入所带来的边际产量是递增的;当这种可变要素的投入量连续增加并超过这个特定值时,增加该要素投入所带来的边际产量是递减的。这就是边际报酬递减规律。

边际报酬递减规律强调的是:在任何一种产品的短期生产中,随着一种可变要素投入量的增加,边际产量最终必然会呈现出递减的特征。

**2. 规模报酬递增**(厦门大学 2009 年研)

**答案**:当投入要素数量增加一倍时,如果产出增加高于一倍,则存在规模报酬递增。产生规模报酬递增的主要原因是由于企业生产规模扩大所带来的生产效率的提高。它可以表现为:生产规模扩大以后,企业能够利用更先进的技术和机器设备等生产要素,而较小规模的企业可能无法利用这样的技术和生产要素。随着对较多的人力和机器的使用,企业内部的生产分工能够更合理和更专业。此外,人数较多的技术培训和具有一定规模的生产经营管理,也都可以节省成本。

**3. 边际替代率**(上海财经大学 2007 年研;西安交大 2007 年研)**与边际技术替代率**(中山大学 2009 年研;浙江大学 2009 年研;湖南大学 2012 年研;浙江工商大学 2016 年研)

(1)边际替代率是指在维持效用水平或满足程度不变的前提下,消费者增加 $l$ 单位的某种商品的消费时所需放弃的另一种商品的消费数量。用 $MRS$ 代表商品的边际替代率,$\Delta X_1$ 和 $\Delta X_2$ 分别是商品 1 和商品 2 的变化量,则商品 1 对商品 2 的边际替代率的公式为 $MRS_{12} = -\dfrac{\Delta X_2}{\Delta X_1}$ 或 $MRS_{12} = -\dfrac{dX_2}{dX_1}$。根据这个边际替代率的定义可以知道,无差异曲线上任意一点的商品的边际替代率等于无差异曲线上该点切线的斜率的绝对值。

(2)边际技术替代率是指在维持产量水平不变的条件下,增加一个单位的某种要素投入量时减少的另一种要素的投入数量。以 MRTS 表示边际技术替代率,$\Delta K$ 和 $\Delta L$ 分别表示资本投入的变化量和劳动投入的变化量,劳动 $L$ 对资本 $K$ 的边际技术替代率的公式为 $MRTS_{LK} = -\dfrac{\Delta K}{\Delta L}$ 或 $MRTS_{LK} = -\dfrac{\mathrm{d}K}{\mathrm{d}L}$。

**4. 规模报酬**(北师大 2001 年研;中央财大 2005 年研;湖南大学 2006 年研)

**答案**:规模报酬是指在其他条件不变的情况下,企业内部各种生产要素按相同比例变化时所带来的产量变化。规模报酬分析的是企业的生产规模变化与所引起的产量变化之间的关系。企业只有在长期内才可能变动全部生产要素,进而变动生产规模,因此,企业的规模报酬分析属于长期生产理论问题。

企业的规模报酬变化可以分为规模报酬递增、规模报酬不变和规模报酬递减三种情况。其中,产量增加的比例大于各种生产要素增加的比例,称为规模报酬递增;产量增加的比例等于各种生产要素增加的比例,称为规模报酬不变;产量增加的比例小于各种生产要素增加的比例,称为规模报酬递减。

## 二、简答题

**1. 假设你是一名雇主,假定其他要素投入短期无法增加,要招聘新的员工,目的是增加产量。对最后一名雇员,在平均产量和劳动的边际产量中,你更关心什么?如果你发现平均产量开始下降,你会雇佣更多的工人吗?这种情况的出现意味着你刚雇佣的工人的边际产量如何?(请用图说明)**(厦门大学 2014 年研)

**答案**:一个雇主在考虑雇用一名工人时,在劳动的平均产量和边际产量中,他更关心劳动的边际产量。

平均产量($AP_L$)和边际产量($MP_L$)的关系如图 4-1 所示。从图 4-1 中可以看出,就平均产量 $AP_L$ 和边际产量 $MP_L$ 来说,当 $MP_L > AP_L$ 时,曲线是上升的;当 $MP_L < AP_L$ 时,曲线是下降的;当 $MP_L = AP_L$ 时,曲线达到极大值。

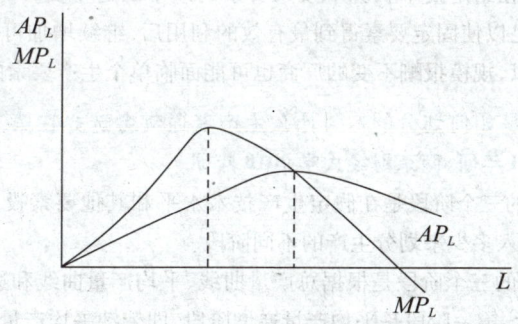

图 4-1 平均产量与边际产量的关系

一般来说,平均产量可以衡量劳动生产率,当雇主发现平均产量开始下降就不会再雇用更多的工人。企业在决定工人的雇用时,总是将工人的边际产量和工人的边际成本进行比较,边际产量大于边际成本时,企业会选择雇用工人。所以,雇主在雇用工人时更关注边际产量。

如果平均产量开始下降,则应该雇佣更多的工人。平均产量开始下降的点是边际产量等于平均产量的点,此时虽然平均产量开始下降,但是边际产量仍为正,即总产量是增加的,平均产量下降意味着最后雇佣的一名工人的边际产量小于之前雇佣的工人的平均产量,但其边际产量是大于零的。这时虽然继续雇佣工人使得平均产量继续下降,但总产量是增加的。只要增加工人带来的边际收益大于边际成本,企业就会继续雇佣工人。当总产量开始下降时,一个理性的生产者将会停止雇佣工人。

2. 规模报酬递增、不变、递减与可变比例生产函数的要素报酬递增、不变、递减有何区别,规模报酬递增的厂商会面临要素报酬递减吗?(复旦大学2002年研)

答:规模报酬的递增、不变和递减这三种情况与可变比例生产函数的报酬递增、不变和递减的区别如下:规模报酬问题论及的是厂商的规模本身发生变化(假定该厂的厂房、设备等固定要素和劳动、原材料等可变要素发生了同比例变化),相应的产量是不变、递增还是递减,或者说是厂商根据它的经营规模大小(产销量大小)设计不同的工厂规模;而可变比例生产函数所讨论的则是在该厂的规模已经固定下来,即厂房、设备等固定要素既定不变,可变要素的变化引起的产量(报酬)递增、不变及递减等三种情况。

规模报酬递增的厂商同样会面临要素报酬递减。规模报酬和可变要素报酬是两个不同的概念。规模报酬问题讨论的是一座工厂本身规模发生变化时产量的变化,而可变要素报酬问题论及的则是厂房规模已经固定下来,增加可变要素时相应的产量变化。事实上,当厂商经营规模较大,在给定技术状况下投入要素的效率提高,即规模报酬递增的同时,随着可变要素投入增加到足以使固定要素得到最有效的利用后,继续增加可变要素,总产量的增加将会同样出现递减现象。所以规模报酬递增的厂商可能也会同时面临要素报酬递减现象。

3. 单个生产要素的报酬递减与规模报酬不变并不矛盾,为什么?(西安交大2007年研;厦门大学2008年研;浙江大学2008年研)

答:单个生产要素的报酬递减与规模报酬不变并不矛盾。边际报酬递减是短期的概念,而规模报酬分析属于长期生产理论。规模报酬问题讨论的是工厂本身规模发生变化时产量的变化,而单个要素报酬问题涉及的则是企业规模已经固定下来,增加可变要素时相应的产量变化。事实上,当厂商经营规模较大时,在给定技术状况下投入要素的效率固定不变,即规模报酬不变的同时,随着可变要素投入增加到足以使固定要素得到最有效的利用后,继续增加可变要素,总产量的增加同样会出现递减现象。所以,规模报酬不变的厂商也可能面临单个生产要素的报酬递减现象。

4. 生产的三个阶段是如何划分的?为什么生产者通常会选择在第二阶段生产?(云南大学2008年研;东华大学2010年研;南京财经大学2010年研)

答:(1)短期生产的三个阶段是在假定生产技术水平和其他要素投入量不变,只有劳动投入可变的条件下,以劳动投入多少来划分生产的不同阶段。

具体而言,短期生产的三个阶段是根据总产量曲线、平均产量曲线和边际产量曲线之间的关系来划分的。如图4-2所示,第一阶段是平均产量递增阶段,即劳动平均产量始终是上升的,而且达到最大值。这一阶段是从原点到两曲线的交点,即劳动投入量由0到$L_3$的区间。第二阶段是平均产量的递减阶段,边际产量仍然大于0,所以总产量仍然是递增的,直到总产量达到最高点。这一阶段是从$AP_L$、$MP_L$两曲线的交点到曲线与横轴的交点,即劳动投入量由$L_3$到$L_4$的区间。第三阶段是边际产量为负,总产量也是递减的,这一阶段是$MP_L$曲线和横轴的交点以后的阶段,即劳动投入量$L_4$以后的区间。

## 第四章 生产函数

(2)首先,厂商肯定不会在第三阶段进行生产,因为这个阶段的边际产量为负值,生产不会带来任何的好处。其次,厂商也不会在第一阶段进行生产,因为平均产量在增加,投入的这种生产要素还没有发挥最大的作用,厂商没有获得预期的好处,继续扩大可变投入的使用量从而使产量扩大是有利可图的,至少使平均产量达到最高点时为止。因此厂商通常会在第二阶段进行生产,虽然平均产量和边际产量都下降,但是总产量还在不断增加,收入也增加,只是增加的速度逐渐减慢,直到停止增加为止。

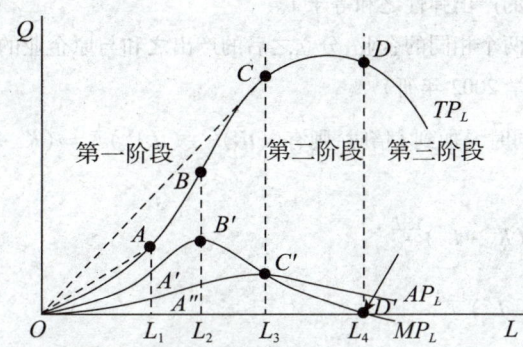

图 4-2 一种可变要素的生产函数的产量曲线

## 三、计算题

**1.** 考虑一般性的柯布-道格拉斯生产函数:$q = Ax_1^\alpha x_2^\beta (A>0, \alpha>0, \beta>0)$,其中,$q$ 为产量;$x_1$、$x_2$ 分别为两种要素投入。考虑比较静态的情形:当要素投入对价格 $\omega_1/\omega_2$ 变化而产量保持不变时,生产者会使用相对便宜的要素替代相对贵的要素。试解出该生产函数的要素替代弹性。(人大 2006 年研)

**答案:**(1)替代弹性用来衡量生产要素投入比例变动对于生产要素边际技术替代率变动的敏感性程度。替代弹性($\sigma$)表示如下:

$$\sigma = \frac{d\left(\frac{x_2}{x_1}\right)/\frac{x_2}{x_1}}{d\left(\frac{MP_{x_1}}{MP_{x_2}}\right)/\frac{MP_{x_1}}{MP_{x_2}}} = \frac{d\left(\frac{x_2}{x_1}\right)}{d\left(\frac{MP_{x_1}}{MP_{x_2}}\right)} \times \frac{\left(\frac{MP_{x_1}}{MP_{x_2}}\right)}{\frac{x_2}{x_1}}$$

(2)由柯布-道格拉斯生产函数的表达式可知:

$MP_{x_1} = \alpha A x_1^{\alpha-1} x_2^\beta, MP_{x_2} = \beta A x_1^\alpha x_2^{\beta-1}$

$\dfrac{MP_{x_1}}{MP_{x_2}} = \dfrac{\alpha A x_1^{\alpha-1} x_2^\beta}{\beta A x_1^\alpha x_2^{\beta-1}} = \dfrac{\alpha}{\beta} \cdot \dfrac{x_2}{x_1}$

$\sigma = \dfrac{d\left(\dfrac{x_2}{x_1}\right)}{d\left(\dfrac{\alpha}{\beta} \cdot \dfrac{x_2}{x_1}\right)} \times \dfrac{\dfrac{\alpha}{\beta} \cdot \dfrac{x_2}{x_1}}{\dfrac{x_2}{x_1}} = 1$

因此，柯布-道格拉斯生产函数的替代弹性恒为1。

**2. 给定 CES 生产函数 $Q = (K^P + L^P)^{1/P}$，$Q$ 为产出，$K$、$L$ 分别为资本和劳动的投入量。**

(1)证明该企业规模收益不变。

(2)资本和劳动的边际产量为多少？

(3)劳动对资本的边际技术替代率是多少？

(4)证明资本和劳动的产出弹性之和等于1。

(5)把这个企业分为两个相同的企业，分立之后的产出之和与原企业的产出有什么变化？详细写出演算过程。（北京大学 2002 年研）

**答案：**(1)当 $K$ 与 $L$ 同时增加到 $t$ 倍时，则有 $((tK)^P + (tL)^P)^{\frac{1}{P}} = t(K^P + L^P)^{\frac{1}{P}} = tQ$，故企业规模收益不变。

(2) $MP_K = \dfrac{\partial Q}{\partial K} = K^{P-1}(K^P + L^P)^{\frac{1-P}{P}}$

$MP_L = \dfrac{\partial Q}{\partial L} = L^{P-1}(K^P + L^P)^{\frac{1-P}{P}}$

(3) $MRTS_{LK} = \dfrac{MP_L}{MP_K} = \left(\dfrac{L}{K}\right)^{P-1}$

(4) $E_L = \dfrac{\Delta Q}{\Delta L} \cdot \dfrac{L}{Q} = MP_L \cdot \dfrac{L}{Q} = \dfrac{L^P}{K^P + L^P}$

$E_K = \dfrac{\Delta Q}{\Delta K} \cdot \dfrac{K}{Q} = MP_K \cdot \dfrac{K}{Q} = \dfrac{K^P}{K^P + L^P}$

故 $E_K + E_L = 1$。

(5)当把两个企业分成相同的企业时，则有：

$$q = \left[\left(\dfrac{K}{2}\right)^P + \left(\dfrac{L}{2}\right)^P\right]^{\frac{1}{P}} = \dfrac{1}{2}(K^P + L^P)^{\frac{1}{P}} = \dfrac{1}{2}Q$$

即 $Q = 2q$，故分立后的两个企业产出之和等于原企业的产出。

**3. 已知生产函数为 $Q = KL - 0.5L^2 - 0.32K^2$，其中，$Q$ 表示产量，$K$ 表示资本，$L$ 表示劳动。令式中 $K = 10$，求：**

(1)写出劳动的平均产量($APP_L$)函数和边际产量($MPP_L$)函数。

(2)分别计算当总产量、平均产量和边际产量达到极大值时厂商雇佣的劳动。

(3)求上述条件下厂商总产量、平均产量和边际产量的极大值。（复旦大学 1997 年研）

**答案：**(1)由 $K = 10$ 得 $Q = 10L - 0.5L^2 - 32$，所以劳动的平均产量函数为 $APP_L = \dfrac{Q}{L} = 10 - 0.5L - \dfrac{32}{L}$，边际产量函数为 $MPP_L = \dfrac{\partial Q}{\partial L} = 10 - L$。

(2)当总产量达到极大值时，边际产量 $MPP_L$ 为 0，即 $MPP_L = 10 - L = 0$，$L = 10$。

可见当总产量达到极大值时，厂商雇佣 10 个单位的劳动。

当平均产量达到极大值时，令 $\dfrac{dAPP_L}{dL} = -0.5 + \dfrac{32}{L^2} = 0$，得 $L = 8$。

可见当平均产量达到极大值时,厂商雇佣8个单位的劳动。

当边际产量达到最大值时,由 $MPP_L = 10 - L$,可知边际产量随着劳动的增加而减少。

又当 $Q = 10L - 0.5L^2 - 32 \geq 0$ 时,得出 $4 \leq L \leq 16$。所以应取 $L = 4$,即边际产量达到最大值时雇佣的劳动为4。

(3)当 $L = 10$ 时,$Q_{\max} = 10L - 0.5L^2 - 32 = 18$;

当 $L = 8$ 时,$APP_{L\max} = 10 - 0.5L - \dfrac{32}{L} = 2$;

当 $L = 4$ 时,$MPP_{L\max} = 10 - L = 6$。

## 四、论述题

**1. 请论证生产和成本理论的对称。(南开大学2007年研)**

**答案:** 生产理论和成本理论是厂商理论中同一个问题的两个方面。在技术水平和要素价格给定不变的前提下,成本函数与生产函数存在着对称关系,具体体现为:短期内产量曲线与成本曲线存在着对称关系。如果说短期产量曲线是由边际收益递减规律所决定的,那么短期成本曲线则是由短期产量曲线所决定的。下面以只有一种要素可以变动的影响为例。短期边际成本和平均成本与边际产量和平均产量曲线之间的关系分别有如下分析。

(1)边际产量和边际成本之间的关系:

$$TC(Q) = TVC(Q) + TFC$$
$$= w \cdot L(Q) + TFC$$

其中,$TFC$ 为常数。

由上式可得 $MC = \dfrac{\mathrm{d}TC}{\mathrm{d}Q} = \omega \dfrac{\mathrm{d}L}{\mathrm{d}Q}$,即 $MC = \omega \cdot \dfrac{1}{MP_L}$。

由此可得以下两点结论:

第一,边际成本 $MC$ 和边际产量 $MP_L$ 两者的变动方向是相反的。具体地讲,由于边际报酬递减规律的作用,可变要素的边际产量 $MP_L$ 先上升,达到一个最高点以后再下降,所以,边际成本 $MC$ 先下降,达到一个最低点以后再上升。$MP_L$ 曲线的上升段对应 $MC$ 曲线的下降段;$MP_L$ 曲线的下降段对应 $MC$ 曲线的上升段;$MP_L$ 曲线的最高点对应 $MC$ 曲线的最低点。

第二,由以上的边际产量和边际成本的对应关系可以推知,总产量和总成本之间也存在着对应关系。当总产量 $TP_L$ 曲线上凸时,总成本 $TC$ 曲线和总可变成本 $TVC$ 曲线是下凹的;当总产量 $TP_L$ 曲线下凹时,总成本 $TC$ 曲线和总可变成本 $TVC$ 曲线是上凸的;当总产量 $TP_L$ 曲线存在一个拐点时,总成本 $TC$ 曲线和总可变成本 $TVC$ 曲线也各存在一个拐点。

(2)平均产量和平均可变成本之间的关系:

$$AVC = \dfrac{TVC}{Q} = \omega \cdot \dfrac{L}{Q} = \omega \cdot \dfrac{1}{AP_L}。$$

由此可得以下两点结论:

第一,平均可变成本 $AVC$ 和平均产量 $AP_L$ 两者的变动方向是相反的。前者递增时,后者递减;前者递减时,后者递增;前者的最高点对应后者的最低点。第二,由于 $MC$ 曲线与 $AVC$ 曲线交于 $AVC$ 曲线的最低点,$MP_L$ 曲线与 $AP_L$ 曲线交于 $AP_L$ 曲线的最高点,所以,$MC$ 曲线和 $AVC$ 曲线的交点与

$MP_L$ 曲线和 $AP_L$ 曲线的交点是对应的。

(3) 总成本曲线随着产量的增加而递增。由于边际成本是先减后增的，而且反映了总成本增加的速度，因而总成本曲线在边际成本递减阶段，增长速度越来越慢；相反，总成本曲线在边际成本递增阶段，增长速度加快。

**2. 厂商如何生产才能实现最小成本？（北师大 2003 年研）**

**答案：**(1) 厂商在既定产量下实现最小成本的条件是：$MRTS_{LK} = \dfrac{w}{r}$，即生产要素的边际技术替代率正好等于它们的价格之比。

(2) 具体分析如图 4-3 所示。图 4-3 中有一条等产量曲线 $Q$ 和三条等成本线 $AB$、$A'B'$ 和 $A''B''$。唯一的等产量曲线 $Q$ 代表既定的产量。三条等成本线具有相同的斜率（即表示两要素的价格是既定的），但代表三个不同的成本量，其中，等成本线 $AB$ 代表的成本大于等成本线 $A'B'$，等成本线 $A'B'$ 代表的成本大于等成本线 $A''B''$。唯一的等产量曲线 $Q$ 与其中一条等成本线 $A'B'$ 相切于 $E$ 点，这就是生产的均衡点或最优要素组合点。它表示在既定的产量条件下，生产者应该选择 $E$ 点的要素组合（$OK_1, OL_1$）才能实现最小的成本。

这是因为，等成本线 $A''B''$ 虽然代表的成本较低，但它与既定的等产量曲线 $Q$ 既无交点又无切点，它无法实现等产量曲线 $Q$ 所代表的产量。等成本曲线 $AB$ 虽然与既定的等产量曲线 $Q$ 相交于 $a$、$b$ 两点，但它代表的成本过高，通过沿着等产量曲线 $Q$ 由 $a$ 点向 $E$ 点或由 $b$ 点向 $E$ 点的移动，都可以获得相同的产量而使成本下降。所以只有在切点 $E$ 才是在既定产量条件下实现最小成本的要素组合。

再进一步具体地分析等产量曲线 $Q$ 与等成本线 $AB$ 的两个交点 $a$ 点和 $b$ 点。

如果厂商开始时在 $a$ 点进行生产。由图 4-3 可见，$a$ 点等产量曲线的斜率的绝对值大于等成本线的斜率的绝对值，它表示在 $a$ 点上的两要素的边际技术替代率大于两要素的价格之比。例如，$MRTS_{LK} = -\dfrac{dK}{dL} = \dfrac{3}{1} > \dfrac{2}{1} = \dfrac{w}{r}$ 时，根据不等式的左边，在生产过程中，在维持产量水平不变的前提下，厂商可以用 1 单位的劳动去替代 3 单位的资本（因为 $MRTS_{LK} = \dfrac{dK}{dL} = \dfrac{3}{1}$）。而根据不等式的右边，在生产要素市场上，3 单位资本的购买成本却可以购买到 1.5 单位的劳动（因为 $\dfrac{w}{r} = \dfrac{2}{1}$）。于是，厂商因节省 0.5 单位劳动的购买成本而得利。

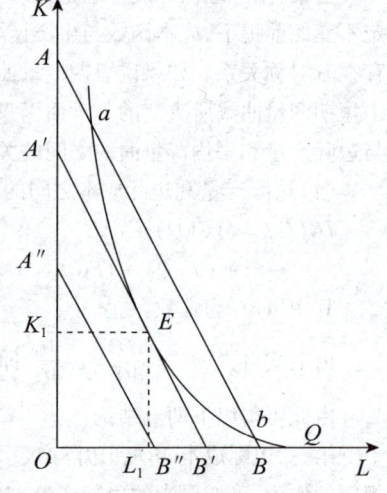

图 4-3 既定产量条件下成本最小的要素组合

对 $b$ 点的分析与之正好相反。

由此可见，只要 $MRTS_{LK} > \dfrac{w}{r}$，厂商就会不断地用劳动去替代资本，即在图 4-3 中沿着等产量曲线 $Q$ 由 $a$ 点不断向 $E$ 点靠近；只要 $MRTS_{LK} < \dfrac{w}{r}$，厂商就会不断地用资本去替代劳动，即在图 4-3 中沿着等产量曲线 $Q$ 由 $b$ 点不断向 $E$ 点靠近。在以上的调整中，厂商可以不断以更低的成本来生产

相同的产量,最后,厂商在 $MRTS_{LK} = \frac{w}{r}$ 时实现生产的均衡。在图 4-3 中,既定的等产量曲线 $Q$ 和等成本线 $A'B'$ 的切点 $E$ 便是生产的均衡点,在均衡点 $E$ 有 $MRTS_{LK} = \frac{w}{r}$。

它表示厂商应该选择最优的生产要素组合,使得两要素的边际技术替代率等于两要素的价格之比,从而实现既定产量条件下的最小成本。

### 典型案例分析

#### 马尔萨斯人口论与边际报酬递减规律

经济学家马尔萨斯(1766—1834 年)的人口论的一个主要依据便是报酬递减定律。他认为,随着人口的膨胀会需要越来越多的劳动耕种土地,地球上有限的土地将无法提供足够的食物,最终劳动的边际产出与平均产出下降,但又有更多的人需要食物,因而会产生大的饥荒。幸运的是,人类的历史并没有按马尔萨斯的预言发展(尽管他正确地指出了"劳动边际报酬递减")。

在 20 世纪,技术发展突飞猛进,改变了许多国家(包括发展中国家,如印度)的食物的生产方式,劳动的平均产出因而上升。这些进步包括高产抗病的良种、更高效的化肥、更先进的收割机械等。在第二次世界大战结束后,世界上总的食物生产的增幅总是或多或少地高于同期人口的增长。

粮食产量增长的源泉之一是农用土地的增加。例如,从 1961 年到 1975 年,非洲农业用地所占的百分比从 32% 上升至 33.3%,拉丁美洲则从 19.6% 上升至 22.4%,在远东地区,该百分比则从 21.9% 上升至 22.6%。但同时北美的农业用地则从 26.1% 降至 25.5%,西欧由 46.3% 降至 43.7%。显然,粮食产量的增加更大程度上是由于技术的改进,而不是农业用地的增加。

在一些地区,如非洲的撒哈拉,饥荒仍是个严重的问题。劳动生产率低下是原因之一。虽然其他一些国家存在着农业剩余,但由于食物从生产率高的地区向生产率低的地区再分配的困难和生产率低的地区收入也低的缘故,饥荒仍威胁着部分人群。

思考题:
(1)什么是边际报酬递减规律?其发生作用的条件如何?
(2)人类历史为什么没有按照马尔萨斯的预言发展?
(3)既然马尔萨斯的预言失败,你认为边际报酬递减规律还起作用吗?
(4)请你谈谈"中国人口太多,将来需要世界来养活中国"或"谁来养活中国"的观点。
(本案例选自平狄克和鲁宾费尔德的《微观经济学》(第八版),中国人民大学出版社,2013 年)

### 教材习题参考答案

## 一、简答题

**1. 如何准确区分生产的短期和长期这两个基本概念?**
**答案:**长期和短期概念的区分表面来看是时间的长短,实际上是由厂商在一定时期能否调整全部生产要素的数量来确定。如果不能调整则为短期,如果能调整全部生产要素的数量则为长期。同时短期要素有可变与不变之分,长期则没有这个区分。

**2. 下面是一张一种可变生产要素的短期生产函数的产量表(表4-1)。**

表4-1 可变生产要素的短期生产函数的产量表(完成前)

| 可变要素的数量 | 可变要素的总产量 | 可变要素的平均产量 | 可变要素的边际产量 |
|---|---|---|---|
| 1 |  | 2 |  |
| 2 |  |  | 10 |
| 3 | 24 |  |  |
| 4 |  | 12 |  |
| 5 | 60 |  |  |
| 6 |  |  | 6 |
| 7 | 70 |  |  |
| 8 |  |  | 0 |
| 9 | 63 |  |  |

(1)在表中填空。

(2)该生产函数是否表现出边际报酬递减?如果是,是从第几单位的可变要素投入量开始的?

**答案:**(1)利用短期生产的总产量($TP$)、平均产量($AP$)和边际产量($MP$)之间的关系,可以完成对表4-1的填空,其结果如表4-2所示。

表4-2 可变生产要素的短期生产函数的产量表(完成后)

| 可变要素的数量 | 可变要素的总产量 | 可变要素的平均产量 | 可变要素的边际产量 |
|---|---|---|---|
| 1 | 2 | 2 | 2 |
| 2 | 12 | 6 | 10 |
| 3 | 24 | 8 | 12 |
| 4 | 48 | 12 | 24 |
| 5 | 60 | 12 | 12 |
| 6 | 66 | 11 | 6 |
| 7 | 70 | 10 | 4 |
| 8 | 70 | $8\frac{3}{4}$ | 0 |
| 9 | 63 | 7 | −7 |

(2)所谓边际报酬递减是指短期生产中一种可变要素的边际产量在达到最高点以后开始逐步下降的这样一种普遍的生产现象。本题的生产函数表现出边际报酬递减的现象,具体地说,由表4-2可见,当可变要素的投入量由第4单位增加到第5单位时,该要素的边际产量由原来的24下降为12。

**3. 区分边际报酬递增、不变和递减的情况与规模报酬递增、不变和递减的情况。**

**答案:**边际报酬是指既定技术水平下,在其他要素投入不变的情况下,增加一单位某要素投入所带来的产量的增量。在技术水平不变的条件下,在连续等量地把某一种可变生产要素增加到其他一种或几种数量不变的生产要素上去的过程中,当这种可变生产要素的投入量小于某一特定值时,增加该要素投入所带来的边际产量是递增的;当这种可变要素的投入量连续增加并超过这个特定值时,增加该要素投入所带来的边际产量是递减的。边际报酬是每增加一单位产品成本带来的报酬,如购买原材料、给工人发工资等。规模报酬是指增加企业的生产规模带来的报酬,如修厂房、购设备等。规模报酬是从长期来看的,边际报酬递减是从短期来看的。规模报酬是指在其他条件不变的情况下,企业内部各种生产要素按相同比例变化时所带来的产量变化。企业的规模报酬变化可以分为规模报酬递增、规模报酬不变和规模报酬递减三种情况。产量增加的比例大于生产要素增加的比例,这种情形叫作规模报酬递增。

**4.** 假设生产函数 $Q = \min\{5L, 2K\}$。

(1) 做出 $Q = 50$ 时的等产量曲线。
(2) 推导该生产函数的边际技术替代率函数。
(3) 分析该生产函数的规模报酬情况。

**答案:**(1) 略。

(2) 由 $MRTS_{LK} = -\dfrac{dK}{dL}$ 可知,该生产函数的边际技术替代率函数如下:

$$MRTS_{LK} = \begin{cases} \infty & (L \leq \frac{2}{5}K) \\ 0 & (L > \frac{2}{5}K) \end{cases}$$

(3) 当生产要素 $L$、$K$ 同时增加 $n$ 倍时,$Q_2 = \min\{5nL, 2nK\} = n\min\{5L, 2K\} = nQ$,从而该生产函数的规模报酬不变。

**5.** 已知柯布-道格拉斯生产函数为 $Q = AL^\alpha K^\beta$。请讨论该生产函数的规模报酬情况。

**答案:** 由题意可知 $Q(n) = A(nL)^\alpha (nK)^\beta = n^{\alpha+\beta}AL^\alpha K^\beta$,若 $\alpha + \beta > 1$,则该生产函数的规模报酬递增;若 $\alpha + \beta = 1$,则该生产函数的规模报酬不变;若 $\alpha + \beta < 1$,则该生产函数的规模报酬递减。

**6.** 如果一个生产函数的规模报酬不变,那么,该生产函数的边际技术替代率是否一定是不变的? 为什么?

**答案:** 不是。因为规模报酬与边际技术替代率是两个不同的概念。规模报酬讲的是企业本身的规模发生变化时所带来的产量变化情况,而要素的边际技术替代率是研究在企业规模一定时,所投入的要素之间的相互替代关系。所以当生产函数的规模报酬不变时,该生产函数的边际技术替代率可能递减,也可能不变。

**7.** 如何区分固定投入比例的生产函数与具有规模报酬不变特征的生产函数?

**答案:** 固定投入比例的生产函数反映了这样一种生产技术,即在任何产量水平上,各种生产要素使用量之间的比例是固定不变的。在两种生产要素的情况下,固定投入比例生产函数的一般形式为 $Q = f(L,K) = \min\{aL, bK\}$,即有固定的投入比例,相应的等产量曲线是一条直角线。规模报酬不变的概念表示当全部要素使用量都按一定比例变化时,产量变化的比例等于全部要素使用量变化的比例。

对固定投入比例生产函数来说,当所有的要素使用量按相同的比例变化时,有 $f(\lambda L, \lambda K) = \min\{a(\lambda L), b(\lambda K)\} = \min\lambda(aL, bK) = \lambda f(L,K)$,所以固定投入比例生产函数具有规模报酬不变的性质。但是除了固定投入比例生产函数之外,其他形式的生产函数也呈现规模报酬不变的特征。例如线性生产函数、柯布-道格拉斯生产函数等,都具有规模报酬不变的性质。

总之,固定投入比例生产函数都具有规模报酬不变的性质,但规模报酬不变的生产函数可以是固定投入比例生产函数,也可以是其他形式的生产函数。

## 二、计算题

**1.** 已知生产函数 $Q = f(L,K) = 2KL - 0.5L^2 - 0.5K^2$,假定厂商目前处于短期生产且 $\overline{K} = 10$。

(1) 写出在短期生产中该厂商关于劳动的总产量 $TP_L$ 函数、关于劳动的平均产量 $AP_L$ 函数和关于劳动的边际产量 $MP_L$ 函数。

(2) 分别计算当劳动的总产量 $TP_L$、劳动的平均产量 $AP_L$ 和劳动的边际产量 $MP_L$ 各自达到最大值时的厂商的劳动投入量。

(3) 什么时候 $AP_L = MP_L$? 它的值又是多少?

**答案:** (1) 已知 $Q = 2KL - 0.5L^2 - 0.5K^2$ 且 $K=10$,可得短期生产函数为:

$Q = 20L - 0.5L^2 - 0.5 \times 10^2 = 20L - 0.5L^2 - 50$

于是,根据总产量、平均产量和边际产量的定义,可得函数:

$TP_L = 20L - 0.5L^2 - 50$,

$AP_L = \dfrac{TP_L}{L} = 20 - 0.5L - \dfrac{50}{L}$,

$MP_L = \dfrac{\mathrm{d}TP_L}{\mathrm{d}L} = 20 - L$。

(2) 令 $\dfrac{\mathrm{d}TP_L}{\mathrm{d}L} = 0$,即 $\dfrac{\mathrm{d}TP_L}{\mathrm{d}L} = 20 - L = 0$,

解得 $L = 20$,并且 $\dfrac{\mathrm{d}^2 TP_L}{\mathrm{d}L^2} = -1 < 0$。

所以,当劳动投入量 $L = 20$ 时,劳动的总产量 $TP_L$ 达到极大值。

令 $\dfrac{\mathrm{d}AP_L}{\mathrm{d}L} = 0$,即 $\dfrac{\mathrm{d}AP_L}{\mathrm{d}L} = -0.5 + 50L^{-2} = 0$,

解得 $L = 10$(负值舍去),并且 $\dfrac{\mathrm{d}^2 AP_L}{\mathrm{d}L^2} = -100L^{-3} < 0$。

所以,当劳动投入量 $L = 10$ 时,劳动的平均产量 $AP_L$ 达到极大值。

由劳动的边际产量函数 $MP_L = 20 - L$ 可知,边际产量曲线是一条斜率为负的直线。考虑到劳动投入量总是非负的,所以,当劳动投入量 $Q = 20L - 0.5L^2 - 50 \geq 0$ 时,得出 $20 - 10\sqrt{3} \leq L \leq 20 + 10\sqrt{3}$,所以应取 $L = 20 - 10\sqrt{3}$ 时,劳动的边际产量 $MP_L$ 达到极大值。

(3) 当劳动的平均产量 $AP_L$ 达到最大值时,一定有 $AP_L = MP_L$。由(2)已知,当 $L = 10$ 时,劳动的平均产量 $AP_L$ 达到最大值,即相应的最大值即为 $AP_L$ 的最大值 $= 20 - 0.5 \times 10 - \dfrac{50}{10} = 10$。

以 $L = 10$ 代入劳动的边际产量函数 $MP_L = 20 - L$,得 $MP_L = 20 - 10 = 10$。

很显然,当 $AP_L = MP_L = 10$ 时,$AP_L$ 一定达到其自身的极大值,此时劳动投入量为 $L = 10$。

## 第四章　生产函数

**2.** 已知生产函数 $Q = \min(2L, 3K)$。求：

(1) 当产量 $Q = 36$ 时，$L$ 与 $K$ 值分别是多少？

(2) 如果生产要素的价格分别为 $P_L = 2$、$P_K = 5$，则生产 480 单位产量时的最小成本是多少？

**答案**：(1) 由题意，$Q = \min(2L, 3K)$ 表示该函数是一个固定投入比例的生产函数，所以，厂商进行生产时总有 $Q = 2L = 3K$。当产量为 36 时，有 $L = 18$，$K = 12$。

(2) 由 $Q = 2L = 3K$ 且 $Q = 480$，可得 $L = 240$，$K = 160$。

又因为 $P_L = 2$、$P_K = 5$，所以有 $C = P_L \cdot L + P_K \cdot K = 2 \times 240 + 5 \times 160 = 1280$，即生产 480 单位产量的最小成本为 1280。

**3.** 假设某厂商的短期生产函数为 $Q = 35L + 8L^2 - L^3$。

求：(1) 该企业的平均产量函数和边际产量函数。

(2) 如果企业使用的生产要素的数量为 $L = 6$，是否处于短期生产的合理区间？为什么？

**答案**：(1) 由 $Q = 35L + 8L^2 - L^3$ 可得：

$AP = Q/L = 35 + 8L - L^2$，$MP = dQ/dL = 35 + 16L - 3L^2$。

(2) 当 $L = 6$ 时，$AP = 47$，$MP = 23$，由于 $MP < AP$，则处于短期生产的合理区间。

**4.** 已知生产函数 $Q = AL^{\frac{1}{3}}K^{\frac{2}{3}}$。

判断：(1) 在长期生产中，该生产函数的规模报酬属于哪一种类型？

(2) 在短期生产中，该生产函数是否受边际报酬递减规律的支配？

**答案**：(1) 因为 $Q = f(L, K) = AL^{\frac{1}{3}}K^{\frac{2}{3}}$，于是有：

$f(\lambda L, \lambda K) = A(\lambda L)^{\frac{1}{3}}(\lambda K)^{\frac{2}{3}} = A\lambda^{\frac{1}{3}+\frac{2}{3}}L^{\frac{1}{3}}K^{\frac{2}{3}} = \lambda AL^{\frac{1}{3}}K^{\frac{2}{3}} = \lambda \cdot f(L, K)$。

所以，生产函数 $Q = AL^{\frac{1}{3}}K^{\frac{2}{3}}$ 属于规模报酬不变的生产函数。

(2) 假定在短期生产中资本投入量不变，以 $\bar{K}$ 表示；而劳动投入量可变，以 $L$ 表示。

对于生产函数 $Q = AL^{\frac{1}{3}}\bar{K}^{\frac{2}{3}}$，有 $MP_L = \frac{1}{3}AL^{-\frac{2}{3}}\bar{K}^{\frac{2}{3}}$ 且 $\frac{dMP_L}{dL} = -\frac{2}{9}AL^{-\frac{5}{3}}\bar{K}^{\frac{2}{3}} < 0$。

这表明在短期资本投入量不变的前提下，随着一种可变要素劳动投入量的增加，劳动的边际产量 $MP_L$ 是递减的。

相似地，假定在短期生产中，劳动投入量不变，以 $\bar{L}$ 表示；而资本投入量可变，以 $K$ 表示。

对于生产函数 $Q = A\bar{L}^{\frac{1}{3}}K^{\frac{2}{3}}$，有 $MP_K = \frac{2}{3}A\bar{L}^{\frac{1}{3}}K^{-\frac{1}{3}}$，

而且 $\frac{dMP_K}{dK} = -\frac{2}{9}A\bar{L}^{\frac{1}{3}}K^{-\frac{4}{3}} < 0$。

这表明在短期劳动投入量不变的前提下，随着一种可变要素资本投入量的增加，资本的边际产量 $MP_K$ 是递减的。

以上的推导过程表明该生产函数在短期生产中受边际报酬递减规律的支配。

**5.** 令生产函数 $f(L, K) = \alpha_0 + \alpha_1 (LK)^{\frac{1}{2}} + \alpha_2 K + \alpha_3 L$，其中，$0 \leq \alpha_i \leq 1$（$i = 0, 1, 2, 3$）。

(1) 当满足什么条件时，该生产函数表现出规模报酬不变的特征。

(2) 证明：在规模报酬不变的情况下，相应的边际产量是递减的。

**答案**：(1) 规模报酬不变，则有 $\lambda f(L, K) = f(\lambda L, \lambda K)$，即有 $\alpha_0 + \alpha_1(\lambda L \cdot \lambda K)^{\frac{1}{2}} + \alpha_2 \lambda K + \alpha_3 \lambda K =$

$\lambda\alpha_0 + \lambda\alpha_1(LK)^{\frac{1}{2}} + \lambda\alpha_2 K + \lambda\alpha_3 L$。

故得出 $\alpha_0 = \lambda\alpha_0$ 对任意 $\lambda$ 成立,即 $\alpha_0 = 0$。故当满足 $\alpha_0 = 0$ 时,该生产函数表现出规模报酬不变。

(2)规模报酬不变时,生产函数为 $f(L,K) = \alpha_1(LK)^{\frac{1}{2}} + \alpha_2 K + \alpha_3 L$,

$$MP_L = \frac{\partial f}{\partial L} = \alpha_1(K)^{\frac{1}{2}} \cdot \frac{1}{2} \cdot L^{-\frac{1}{2}} + \alpha_3 = \frac{\alpha_1}{2}\left(\frac{K}{L}\right)^{\frac{1}{2}} + \alpha_3,$$

$$MP_K = \frac{\partial f}{\partial K} = \frac{\alpha_1}{2}\left(\frac{L}{K}\right)^{\frac{1}{2}} + \alpha_2,$$

又因为 $\frac{\partial MP_L}{\partial L} = \frac{\alpha_1}{2} \cdot \frac{1}{2} \cdot \left(\frac{L}{K}\right)^{\frac{1}{2}} \cdot \left(-\frac{K}{L^2}\right) = -\frac{\alpha_1}{4} \cdot \frac{K^{\frac{1}{2}}}{L^{\frac{3}{2}}}$,

同理,$\frac{\partial MP_K}{\partial K} = \frac{\alpha_1}{2} \cdot \frac{1}{2} \cdot \left(\frac{L}{K}\right)^{-\frac{1}{2}} \cdot \left(-\frac{L}{K^2}\right) = -\frac{\alpha_1}{4} \cdot \frac{L^{\frac{1}{2}}}{K^{\frac{3}{2}}}$。

由以上可知,相应的边际产量是递减的。

**6.** 假定某厂商的短期生产函数为 $Q = f(L, \overline{K})$,给定生产要素价格 $P_L$、$P_K$ 和产品 $P$ 且利润 $\pi > 0$。

证明:该厂商在短期生产的第一阶段不存在利润最大化的点。

答案:根据题意可知,$L$ 为可变要素,$\overline{K}$ 为不变要素,并可得利润等式:

$$\pi(L) = PQ(L) - (P_L L + P_K \overline{K}) \tag{1}$$

$$\frac{d\pi(L)}{dL} = P \cdot \frac{dQ(L)}{dL} - P_L \tag{2}$$

因为 $\pi > 0$,所以由式(1)得:

$PQ(L) - (P_L L + P_K \overline{K}) > 0$,即 $PQ(L) > (P_L L + P_K \overline{K})$。

上式两边同时除以 $L$、$P$,得:

$$\frac{Q(L)}{L} > \frac{P_L}{P} + \frac{P_K}{P} \cdot \frac{\overline{K}}{L},$$

即 $AP_L = \frac{Q(L)}{L} > \frac{P_L}{P} + \frac{P_K}{P} \cdot \frac{\overline{K}}{L}$。 $\tag{3}$

因为在短期生产的第一阶段有 $MP > AP$,所以 $MP_L = \frac{dQ(L)}{dL} > AP_L = \frac{Q(L)}{L}$。 $\tag{4}$

由式(3)和式(4)同时乘以 $P$,得 $P \cdot \frac{dQ(L)}{dL} > P_L$,即 $P \cdot \frac{dQ(L)}{dL} - P_L > 0$。

最后,由式(1)得 $\frac{d\pi_L}{dL} = P \cdot \frac{dQ(L)}{dL} - P_L > 0$。

故在第一阶段,厂商利润是随着 $L$ 增加而增加,不满足利润最大化条件,故不存在利润最大化的点。

**7.** 已知某厂商的固定投入比例的生产函数为 $Q = \min\{2L, 3K\}$。

(1)令 $P_L = 1$、$P_K = 3$,求厂商为了生产 120 单位产量所使用的 $K$、$L$ 值以及最小成本。如果要素价格变化为 $P_L = 4$、$P_K = 2$,厂商为了生产 120 单位产量所使用的 $K$、$L$ 值以及最小成本又是多少?请予以比较与说明。

(2)令 $P_L = 4$、$P_K = 3$,求 $C = 180$ 时的 $K$、$L$ 值以及最大产量。

答案:(1)由题意可知,当固定投入比例生产要素为最佳组合时,$Q = 2L = 3K$。

# 第四章 生产函数

$Q = 120$ 时，$L = 60$，$K = 40$。

当 $P_L = 1$、$P_K = 3$ 时，成本 $C = P_L \cdot L + P_K \cdot K = 180$；

当 $P_L = 4$、$P_K = 2$ 时，成本 $C = P_L \cdot L + P_K \cdot K = 320$。

比较两个结果可知，第二种价格的成本更高，因为投入比例固定，$L$ 投入比 $K$ 投入数量多，$L$ 价格越高成本越高。

(2) 由题意可知，$C = P_L \cdot L + P_K \cdot K$。

$C = 180$，$P_L = 4$，$P_K = 3$，即 $4L + 3K = 180$。 (1)

又由(1)得 $Q = 2L = 3K$， (2)

联立可得 $L = 30$，$K = 20$，此时 $Q = 60$。

8. 已知某厂商使用 $L$ 和 $K$ 两种要素生产一种产品，其固定替代比例的生产函数为 $Q = 4L + 3K$。

(1) 作出等产量曲线。

(2) 边际技术替代率是多少？

(3) 讨论其规模报酬情况。

(4) 令 $P_L = 5$，$P_K = 3$，求 $C = 90$ 时的 $K$、$L$ 值以及最大产量。

(5) 令 $P_L = 3$，$P_K = 3$，求 $C = 90$ 时的 $K$、$L$ 值以及最大产量。

(6) 令 $P_L = 4$，$P_K = 3$，求 $C = 90$ 时的 $K$、$L$ 值以及最大产量。

(7) 比较(4)、(5)和(6)，你得到什么结论？

**答案：** (1) 如图4-4所示。

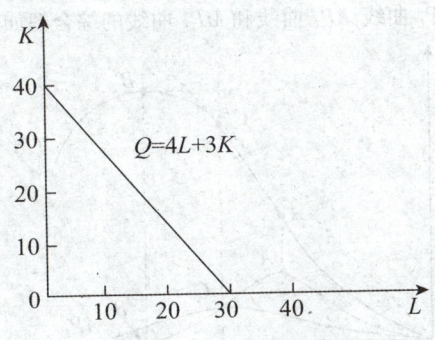

图4-4 等产量曲线

(2) 边际技术替代率为：

$$MRTS_{LK} = \frac{MP_L}{MP_K} = \frac{4}{3}$$

(3) 当所有生产要素使用量都增加 $\lambda$ 倍时：

$f(\lambda L, \lambda K) = 4(\lambda L) + 3(\lambda K) = \lambda(4L + 3K) = \lambda f(L, K)$

这说明它导致产量增加同样的倍数，故该生产函数是规模报酬不变的。

(4) 由题可知 $C = P_L \cdot L + P_K \cdot K$，即 $90 = 5L + 3K$。

问题即是求在 $5L + 3K = 90$ 的条件下，$Q = 4L + 3K$ 的最大值。

因为 $MRTS_{LK} = \frac{4}{3} < \frac{P_L}{P_K} = \frac{5}{3}$，

故此时全部使用要素 $K$，即 $K = 30$，$L = 0$，$Q = 90$。

(5)由题可知 $MRTS_{LK} = \frac{4}{3} > \frac{P_L}{P_K} = 1$,

故此时全部使用要素 $L$,即 $K=0, L=30, Q=120$。

(6)由题可知 $MRTS_{LK} = \frac{P_L}{P_K}$,

此时使用 $L$ 与 $K$ 要素均可(只需满足约束条件),$Q=90$。

(7)比较(4)、(5)和(6)可以得到一般的结论:

1)对于固定比例生产函数而言,如果等产量曲线斜率的绝对值小于预算线斜率的绝对值,则厂商的均衡点位于等产量曲线与预算线在纵轴的交点。

2)如果等产量曲线斜率的绝对值大于预算线斜率的绝对值,则厂商生产的均衡点位于等产量曲线与预算线在横轴的交点,在以上两种情况下,厂商只使用一种要素进行生产,另一种要素使用量为零。

3)如果等产量曲线斜率的绝对值等于预算线斜率的绝对值,即两线重合,则厂商生产的均衡点可以发生在该重合线上的任意位置,只需满足预算约束条件即可。

## 三、论述题

**1.** 用图说明短期生产函数 $Q = f(L, \overline{K})$ 的 $TP_L$ 曲线、$AP_L$ 曲线和 $MP_L$ 曲线的特征及其相互之间的关系。

**答案:** 短期生产函数的 $TP_L$ 曲线、$AP_L$ 曲线和 $MP_L$ 曲线的综合图如图 4-5 所示。

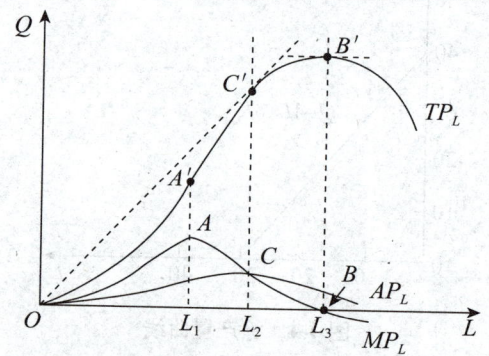

图 4-5　生产函数综合图

由图 4-5 可见,在短期生产的边际报酬递减规律的作用下,$MP_L$ 曲线呈现出先上升达到最高点 $A$ 以后又下降的趋势。由边际报酬递减规律决定的 $MP_L$ 曲线出发,可以方便地推导出 $TP_L$ 曲线和 $AP_L$ 曲线,并掌握它们各自的特征及其相互之间的关系。

关于 $TP_L$ 曲线:由于 $MP_L = \frac{dTP_L}{dL}$,所以当 $MP_L > 0$ 时,随着变化收入的增加,$TP_L$ 是增加的;当 $MP_L < 0$ 时,$TP_L$ 是减少的;而当 $MP_L = 0$ 时,$TP_L$ 曲线达到最高点。换言之,在 $L = L_3$ 时,$MP_L$ 曲线达到零值的 $B$ 点与 $TP_L$ 曲线达到最大值的 $B'$ 点是相互对应的。此外,在 $L < L_3$ 即 $MP_L > 0$ 的范围内,当 $MP'_L > 0$ 时,$TP_L$ 曲线的斜率递增,即 $TP_L$ 曲线以递增的速率上升;当 $MP'_L < 0$ 时,$TP_L$ 曲线的斜率递减,即 $TP_L$ 曲线以递减的速率上升;而当 $MP'_L = 0$ 时,$TP_L$ 曲线存在一个拐点,换言之,在 $L = L_1$

## 第四章 生产函数

时，$MP_L$ 曲线斜率为零的 $A$ 点与 $TP_L$ 曲线的拐点 $A'$ 是相互对应的。

关于 $AP_L$ 曲线：由于 $AP_L = \dfrac{TP_L}{L}$，所以在 $L=L_2$ 时，$TP_L$ 曲线有一条由原点出发的切线，其切点为 $C$。该切线是由原点出发与 $TP_L$ 曲线上所有的点的连线中斜率最大的一条连线，故该切点对应的是 $AP_L$ 的最大值点。再考虑到 $AP_L$ 曲线和 $MP_L$ 曲线一定会相交在 $AP_L$ 曲线的最高点。因此，在图 4-5 中，在 $L=L_2$ 时，$AP_L$ 曲线与 $MP_L$ 曲线相交于 $AP_L$ 曲线的最高点 $C$，而且与 $C$ 点相对应的是 $TP_L$ 曲线上的切点 $C'$。

**2.** 假定某厂商的生产技术已经给定，在该生产技术下可以采用四种生产方法来生产 2000 单位产量，如表 4-3 所示。

表 4-3 四种生产方法

| 生产方法 | 劳动使用量 | 资本使用量 |
|---|---|---|
| 方法 A | 100 | 600 |
| 方法 B | 160 | 500 |
| 方法 C | 165 | 700 |
| 方法 D | 90 | 700 |

（1）请去除表 4-3 中无效率的生产方法。

（2）"生产方法 B 是最有效率的。因为它所使用的资源总量很少，只有 660 单位。"你认为这种说法正确吗？为什么？

（3）在（1）中去除了无效率的生产方法后，你能在余下的生产方法中找出有效率的生产方法吗？请说明理由。

**答案：**（1）在表 4-3 中的四种生产方法中，方法 C 显然是无效率的，应该首先去除。因为将方法 C 分别与方法 A、B、D 相比较，方法 C 使用的劳动量都是最多的，方法 C 使用的资本量大于方法 A、B，但等于方法 D，所以方法 C 肯定是无效率的。

（2）此说法不正确。因为劳动和资本是两种不同的生产要素，不同生产要素的数量是不可以加总求和的。因此"资源总量为 660 单位"是一种错误的计算结果。

（3）在（1）中去除了无效率的生产方法 C 后，在余下的三种方法中，根据现有的数据，无法找出有效率的生产方法。原因在于：

1）将这三种生产方法按 D、A、B 排列，会发现劳动使用量是不断增加的，而资本使用量是不断减少的，这说明两种要素之间存在替代关系。在这种情况下，不可能直接判断出哪一种方法是有效率的。

2）从生产技术的角度讲，在产量给定的条件下，有效率的生产方法应该是生产成本最小的生产方法，也就是说，该生产方法能够实现给定产量下的最小成本。这就不仅需要知道两种要素的使用量，而且需要知道两种要素的价格，并据此计算出每一种生产方法的成本，即根据两种要素的价格来计算余下的三种生产方法的成本，其中成本最低的生产方法就是有效率的生产方法。

**3.** 比较第三章消费者选择中的无差异曲线分析法与本章生产函数中的等产量曲线分析法。

**答案：**等产量曲线主要用于分析生产者的各种不同的生产要素的投入对相同产出的影响，而无差异曲线主要用于分析消费者行为中不同消费组合所带来的相同效用。

### 知识拓展

本章介绍的生产论，有以下两个局限：①本章介绍的一般性生产，是抽掉了生产关系后所剩下的生产的一般条件，与资本主义生产的实际情况有一定的距离，但与社会主义市场经济的生产有关。在社会主义市场经济中，必须寻求生产要素的最优组合；②本章介绍的一般性生产对社会主义市场经济具有借鉴意义，但这种对一般性生产的论述抽象掉了现实生产中的两个技术性的重要内容，所以本章的生产论与现实尚有相当大的差距，从而使它对我国的借鉴意义受到限制。

# 第五章 成本

## 知识脉络图

- 成本的概念
  - 机会成本
  - 显成本与隐成本
  - 利润

- 成本最小化
  - 等成本线含义及表示：$C = wL + rK$ 或 $K = -\dfrac{w}{r}L + \dfrac{C}{r}$
  - 既定产量条件下的最小成本：$MRTS_{LK} = \dfrac{MP_L}{MP_K} = \dfrac{w}{r} \to \dfrac{MP_L}{w} = \dfrac{MP_K}{r}$
  - 既定成本条件下的最大产量：$\dfrac{MP_L}{w} = \dfrac{MP_K}{r}$
  - 生产扩展线

- 短期成本曲线
  - 分类
  - 各成本之间的数学表达式
    - $F(Q) = TFC + TVC(Q)$
    - $AFC(Q) = \dfrac{TFC}{Q}$
    - $AVC(Q) = \dfrac{TVC(Q)}{Q}$
    - $MC(Q) = \dfrac{dTC}{dQ} = \dfrac{dTVC}{dQ}$
    - $AC(Q) = \dfrac{TC(Q)}{Q} = \dfrac{TFC + TVC(Q)}{Q}$
    - $\quad\quad\quad = AFC + AVC(Q)$
  - 各成本曲线的形状
  - $SMC$ 呈 U 形的原因：边际报酬先↓后↑
  - $MC$ 与 $MP_L$ 的关系
  - $AVC$ 与 $AP_L$ 的关系

- 长期成本曲线
  - 无固定成本与变动成本之分
  - $LTC$、$LAC$、$LMC$ 曲线的推导
  - $LAC$ 呈现 U 形的原因：规模经济与规模不经济
  - 降低长期成本
    - 学习曲线
    - 学习效应：$L = A + BN^{-\beta}$

### 复习提示

**概念**：机会成本、显性成本、隐性成本、会计成本、固定成本、可变成本、规模经济、规模不经济、收支相抵点、规模报酬、企业。

**理解**：生产要素最优组合与利润最大化的关系、边际成本曲线先降后升的 U 形特征、长期平均成本曲线的推导及其先降后升的 U 形特征、长期成本曲线位置移动的原因。

**掌握**：边际产量和边际成本的关系、平均产量和平均成本的关系、短期产量曲线和短期成本曲线的关系、长期成本曲线的经济含义、利用图形说明在既定成本下如何实现最大化产量、利用图形说明在既定产量下如何实现最小化成本。

**计算**：求成本函数和生产函数。

**画图**：能够根据某一成本函数画出该成本函数的 $TC$、$TVC$、$AFC$、$AC$、$MC$ 以及这几条曲线的关系（尤其需要掌握柯布-道格拉斯生产函数及其性质）。

### 重点难点常识理解

#### 1. 机会成本

机会成本指人们利用一定资源获得某种收入时所放弃的在其他可能的用途中所能够获取的最大收入。生产一单位的某种商品的机会成本是指生产者所放弃的使用相同的生产要素在其他生产用途中所能得到的最高收入。机会成本的存在需要三个前提条件。第一，资源是稀缺的；第二，资源具有多种生产用途；第三，资源的投向不受限制。从机会成本的角度来考察生产过程时，厂商需要将生产要素投向收益最大的项目，避免带来生产的浪费，达到资源配置的最优。机会成本的概念是以资源的稀缺性为前提提出的。从经济资源的稀缺性这一前提出发，当一个社会或一个企业用一定的经济资源生产一定数量的一种或几种产品时，这些经济资源就不能同时被使用在其他的生产用途方面。这就是说，这个社会或这个企业所能获得的一定数量的产品收入，是以放弃用同样的经济资源生产其他产品时所能获得的最大收入作为代价的。这也是机会成本产生的缘由。因此，社会生产某种产品的真正成本就是它不能生产另一些产品的代价。所以，机会成本的含义是任何生产资源或生产要素一般都有多种不同的使用途径或机会，也就是说，可以用于多种产品的生产。但是当一定量的某种资源用于生产甲种产品时，就不能同时用于生产乙种产品。因此生产甲种产品的真正成本就是不生产乙种产品的代价，或者等于该种资源投放于乙种产品生产上可能获得的最大报酬。一种资源决定用于生产甲种产品，就牺牲了生产其他产品的机会；从事生产甲种产品的收入，是由于不从事或放弃生产其他产品的机会而产生的。

机会成本可以用实物量表示，也可以用价值量表示。但机会成本不是一般会计人员传统的成本概念，而是从经济学的角度分析资源利用得更为广泛的概念。机会成本说明，要把有限的(稀缺的)资源用于最有利的地方，或者说在使用某种资源时应该是各种用途中最优的或至少是同样有利的。英国经济学家罗宾逊曾经给经济学下定义为："经济学是研究稀缺资源在各种可供选择的使用中间进行分配的科学。"在西方，机会成本不仅用于生产经营活动，而且还被广泛用于分析消费和政府开支等活动的得失。

## 2. 显性成本和隐性成本

显性成本是指厂商在生产要素市场上购买或租用各种生产要素而支付的一切费用,它包括雇用工人所支付的工资、购买原材料和燃料及电力的价款、资本设备的折旧费、借贷利息和租金等。隐性成本是指厂商使用自有资源应得到的报酬,它包括厂商使用自有资金应得的利息,使用自有的房屋、土地、机器设备等应得的租金以及企业主经营管理自己的企业应得的薪金等。

> **要点解析**:隐性成本从机会成本角度理解,即按照企业自有生产要素在其他用途中所能得到的最高收入来支付,否则厂商可以将这些要素用在其他用途来获得更大利润。

## 3. 短期成本

在短期生产函数中,投入要素有可变与不变(即变动与固定)之分,相应地,成本在短期内也有可变与不变之分。可变成本($TVC$)随产量变化,即 $TVC = \varphi(Q)$,而不变成本($TFC$)不随产量变化,假定为一常数 $b$,则总成本(指短期)$STC$ 为短期可变成本与不变成本之和,即 $STC = STVC + STFC = \varphi(Q) + b$。短期平均可变成本 $SAVC = \dfrac{STVC}{Q}$,短期平均不变成本 $SAFC = \dfrac{STFC}{Q}$,短期平均成本 $SAC = \dfrac{STC}{Q} = \dfrac{STVC + STFC}{Q} = SAVC + SAFC$,短期边际成本 $SMC = \dfrac{\mathrm{d}STC}{\mathrm{d}Q} = \varphi'(Q)$。

成本函数的几何表示是成本曲线。平均成本曲线、平均可变成本曲线和边际成本曲线都先降后升,呈 U 形。边际成本曲线先后通过平均可变成本曲线和平均成本曲线的最低点。平均可变成本曲线最低点即停止营业点,平均成本曲线的最低点是收支相抵点。

如果已知短期生产函数及可变要素价格,则可求得短期成本函数。例如,某厂商长期内有生产函数 $Q = L^{0.5}K^{0.5}$,在短期内若资本不变为 100,则短期生产函数为 $Q = 100^{0.5}L^{0.5} = 10L^{0.5}$,于是 $L^{0.5} = \dfrac{Q}{10}$,$L = \dfrac{Q^2}{100}$,再假定劳动的价格 $P_L = 50$,则 $C = P_L \cdot L = 50 \times \dfrac{Q^2}{100} = \dfrac{1}{2}Q^2$,$SMC = \dfrac{\mathrm{d}TC}{\mathrm{d}Q} = Q$。

> **要点解析**:固定成本和沉淀成本之间的区别:固定成本是对不变生产要素所支付的总成本,而沉淀成本是指已发生或承诺而无法回收的成本支出,有些固定成本可以转变成沉淀成本,也有一些沉淀成本可以转变成固定成本,但二者并不等同。

## 4. 成本最小化

(1) 等成本线。等成本线是在既定的成本和既定的生产要素价格条件下,生产者可以购买到的两种生产要素的各种不同数量组合的轨迹。假定要素市场上既定的劳动的价格即工资率为 $w$,既定的资本的价格即利息率为 $r$,厂商既定的成本支出为 $C$,则成本方程为 $C = wL + rK$。

(2) 生产要素最优组合。生产要素的最优组合即一定成本下产量最大的投入组合或生产一定产量所需要的最优成本组合。厂商均衡发生在等产量曲线与等成本线相切的点。均衡的条件用公式表示是 $MPTS_{LK} = \dfrac{MPP_L}{MPP_K} = \dfrac{P_L}{P_K}$。若已知生产函数 $Q = F(L, K)$,又已知 $P_L$ 和 $P_K$,则可求得一定成本下最大的产量组合及一定产量下最小的成本投入组合。

从厂商均衡条件中可知,其投入要素价格发生变化,则价格比发生变化,厂商就会更多地使用比以前便宜的投入要素,减少使用比以前贵的投入要素,若 $P_L$ 下降而 $P_K$ 不变,厂商对 $L$ 的需求会增加。一方面这是厂商劳动替代资本的结果(替代效应),另一方面是厂商用同样的成本可以买到更多劳动的结果(产量效应)。

所有等产量曲线和等成本线都代表一定产量和成本的最优要素组合,这些都是均衡点。连接各均衡点的曲线是生产提高警惕线(膨胀线)。提高警惕线方程可以从厂商均衡条件 $\dfrac{MPP_L}{MPP_K} = \dfrac{P_L}{P_K}$ 中求得。

(3)扩展线。生产扩展线是在技术、要素价格和其他因素不变的条件下,当产量扩张时要素最优组合的轨迹,又称为生产扩张线,它是一条等斜线。生产扩展线表明了厂商为保持成本最低,生产要素的组合如何随产出的变化而变化。扩展线上的每一点都符合厂商最优生产要素的组合条件 $\dfrac{MP_L}{w} = \dfrac{MP_K}{r}$。

### 5. 长期成本

长期成本是每一产量对应最优短期规模的最低成本,长期成本曲线的形状是由规模报酬递增递减规律决定的。在长期内,厂商能够根据所要达到的产量来调整所有生产要素的投入量,即所有的生产要素都是可变的。

在长期中,生产要素投入都是可变的,因此,成本也没有不变和可变之分,所有成本都可变。因而长期成本中只有总成本($LTC$)、平均成本($LAC$)和边际成本($LMC$)三种。

$LTC$ 是生产扩展线上各点所表示的总成本。长期总成本曲线表示长期中每一特定产量所有的最低成本点的轨迹。它由无数 $STC$ 曲线与之相切,是 $STC$ 曲线的包络曲线。

$LAC$ 曲线是无数条 $SAC$ 曲线与之相切的切点的轨迹,是所有短期平均成本曲线的包络线。

$LMC$ 是厂商长期内每增加一单位产量所增加的总成本量,但不是短期边际成本曲线的包络线。

$LAC$ 和 $LMC$ 曲线也都是 U 形的,并且 $SMC$ 曲线也与 $LAC$ 曲线的最低点相交。短期中和长期中的平均成本曲线和边际成本曲线虽同样呈 U 形,但短期中的 U 形成本曲线与要素报酬变化有关,而长期中的 U 形成本曲线与规模报酬变化有关。

还应记住,本章的习题所体现的成本理论是假设厂商在购买生产要素时处于完全竞争状态。

**要点解析**:$LAC$ 曲线和 $SAC$ 曲线的相切点并不都是 $SAC$ 曲线的最低点。当规模经济时,切点位于 $SAC$ 曲线的左侧;当规模不经济时,切点位于 $SAC$ 曲线的右侧;只有规模经济不变时,切点才位于最低点。

### 6. 规模经济和规模不经济

在企业生产扩张的开始阶段,厂商由于扩大生产规模而使经济效益提高,叫作规模经济。当生产扩张到一定规模后,厂商继续扩大生产规模就会使经济效益下降,叫作规模不经济。长期生产的规模报酬作用是引起规模内在经济和规模内在不经济的主要原因。

# 第五章 成本

**考研真题与难题详解**

## 一、概念题

### 1. 范围经济

**答案：**指由于产品种类的扩大而导致平均成本下降的情况。范围经济产生于多种产品生产而不是单一产品生产的情况。企业采用联合生产的方式可以通过使用两种产品，这两种产品使用同样的生产设备与其他要素投入。共同分享设备或其他投入物而获得产出或成本方面的好处，也可以通过统一的营销计划或统一的经营管理获得成本方面的好处。

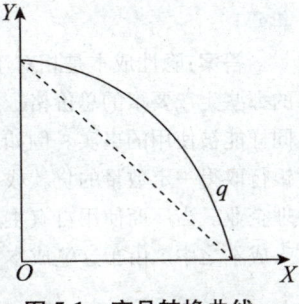

图5-1 产品转换曲线

例如，某企业生产 $X$、$Y$ 两种商品，$X$、$Y$ 两种商品的产品转换曲线如图5-1所示。图5-1中凸出的产品转换曲线表明了范围经济。曲线上任意两点的连线所代表的产出水平要低于连线之上的曲线所代表的产出水平，即在相同的投入下，由一个单一的企业生产关联产品比多个不同的企业分别生产这些关联产品中的每一个单一产品的产出水平更高。

测度范围经济的公式如下：

$$SC = \frac{C(X) + C(Y) - C(X+Y)}{C(X+Y)}$$

其中，$C(X)$ 表示用既定的资源只生产 $X$ 商品所耗费的成本，$C(Y)$ 表示用既定的资源只生产 $Y$ 商品所耗费的成本，$C(X+Y)$ 表示用既定的资源同时生产 $X$、$Y$ 两种商品的联合生产所耗费的成本。如果 $SC$ 大于零，则存在范围经济，表示两种商品的单一生产所耗费的成本总额大于这两种商品联合生产所耗费的成本；如果 $SC$ 小于零，则存在范围不经济；如果 $SC$ 等于零，则既不存在范围经济，也不存在范围不经济。

### 2. 机会成本（东北大学2004年、2016年研；财政部财科所2011年研；东北财大2012年研）

**答案：**机会成本是指将一种资源用于某种用途，而未用于其他更有利的用途时所放弃的最大预期收益。机会成本的存在需要三个前提条件：①资源是稀缺的；②资源具有多种生产用途；③资源的投向不受限制。从机会成本的角度来考察生产过程时，厂商需要将生产要素投向收益最大的项目，从而避免带来生产的浪费，达到资源配置的最优化。机会成本的概念是以资源的稀缺性为前提提出的。

从经济资源的稀缺性这一前提出发，当一个社会或一个企业用一定的经济资源生产一定数量的一种或几种产品时，这些经济资源就不能同时被使用在其他的生产用途方面。这就是说，这个社会或这个企业所能获得的一定数量的产品收入，是以放弃用同样的经济资源来生产其他产品时所能获得的最大收入作为代价的。这也是机会成本产生的缘由。因此，社会生产某种产品的真正成本就是它不能生产另一些产品的代价。所以，机会成本的含义是：任何生产资源一般都有多种不同的使用途径或机会，也就是说，可以用于多种产品的生产。但当一定量的某种资源用于生产甲种产品时，就不能同时用于生产乙种产品。因此生产甲种产品的真正成本就是不生产乙种产品的代价，或者等于该种资源投放于乙种产品生产上可能获得的最大报酬。一种资源决定用于甲种产品,就牺牲了生产其他产品的机会;从事生产甲种产品的收入,是由于不从事或放弃其他产品的生产机会而产生的。

机会成本可以用实物量表示,也可以用价值量表示。但机会成本不是一般会计人员传统的成本概念,而是从经济学的角度分析资源利用得更为广泛的概念。机会成本说明,要把有限的(稀缺的)资源用于最有利的地方,或者说在使用某种资源时应该是各种用途中最优的或至少是同样有利的。

**3. 隐性成本**(中央财大 2004 年、2009 年研;华中科大 2005 年研;人大 2005 年研;西安交大 2008 年研)

答案:隐性成本是相对于显性成本而言的,是指厂商本身所拥有的且被用于该企业生产过程中的那些生产要素的总价格。隐性成本与厂商所使用的自有生产要素相联系,反映这些要素在别处同样能被使用的事实。例如,某厂商在生产过程中,不仅会从劳动市场上雇佣一定数量的工人,从银行取得一定数量的贷款或租用一定数量的土地,而且有时还会动用自己的土地和资金,并亲自管理企业。当厂商使用自有生产要素时,也要向自己支付利息、地租和薪金,所以这笔价值也应该计入成本之中。由于这笔成本支出不如显性成本那么明显,故被称为隐性成本。

**4. 经济成本**

答案:为了进行经济分析或适应管理决策的需要而建立起来的成本概念,由会计成本(显性成本)和机会成本(内在成本)共同构成了经济成本。经济成本不同于会计人员在编制财务报表时所使用的成本概念(会计成本)。在经济分析中,对任何一项决策,经济学家们不仅要考虑该决策的会计成本,即显性成本,还必须同时计算该决策内在的一些成本,如为了采取该决策而放弃的其他决策所可能获得的最大收益,即机会成本。经济成本虽然不同于会计成本,但往往以会计成本所提供的数据为依据。

**5. 规模经济**(武汉大学 2006 年研;中央财大 2014 年研)

答案:规模经济指在给定的技术条件下,由于生产规模的扩大而引起的厂商产量的增加或收益的增加。在长期中,企业投入的各种生产要素可以同时增加,使生产规模扩大,从而得到各种益处,使同样产品的单位成本比原来生产规模较小时低。

规模经济分为内在经济和外在经济。内在经济是厂商在扩大生产规模时从自身内部所引起的收益增加。外部经济是整个行业规模和产量扩大而使得个别厂商平均成本下降或收益增加。外在经济和内在经济都会改变厂商的成本,但它们的前提条件和影响方式是完全不同的。外在经济的前提条件是行业规模的扩大,内在经济的前提条件是厂商本身规模的扩大;外在经济是行业中其他方面的便利因素为个别厂商提供效益,内在经济是厂商经营的个别企业内部因素的变化所产生的效益。

## 二、简答题

**1. 平均成本曲线和边际成本曲线的关系是什么?证明之。**(北京工业大学 2005 年研)

答案:(1)平均成本曲线和边际成本曲线的关系如下:

边际成本曲线的函数方程为 $MC(Q) = \dfrac{dTVC(Q)}{dQ}$。

## 第五章 成本

此函数方程表明,在短期内的总成本中有一部分要素是固定不变的,所以,边际成本($MC$)随着产量的变动只取决于可变成本($TVC$)的变动量。而可变要素的报酬随其数量的增加会有先递增而后递减的变化。因此,$MC$曲线会先下降而后上升,平均成本($AC$)曲线由于是平均固定成本($AFC$)曲线与平均可变成本($AVC$)曲线叠加的结果,其函数方程为:

$$AC(Q) = \frac{TFC(Q)}{Q} + \frac{TVC(Q)}{Q}$$

因此,$AC$曲线必然是一条先下降后上升的U形曲线,但是它由下降到上升的转折点要晚于$MC$曲线,于是$MC$曲线必然会与$AC$曲线相交。根据两条曲线的不同性质可知,当$MC<AC$时,每增加一单位产品,单位产品的平均成本比以前要小些,所以$AC$是下降的;当$MC>AC$时,每增加一单位产品,单位产品的平均成本比以前要大些,所以$AC$是上升的。这样,$MC$曲线只能在$AC$曲线的最低点与之相交。如图5-2所示,两曲线相交于$R$点,$R$点便是$AC$曲线的最低点。

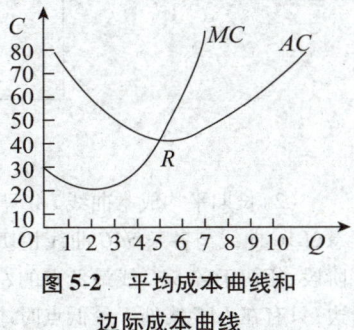

**图5-2 平均成本曲线和边际成本曲线**

(2)两者关系的证明过程。$AC$曲线和$MC$曲线的关系可以用数学证明如下:

$$\frac{dAC}{dQ} = \frac{d\left(\frac{TC}{Q}\right)}{dQ} = \frac{TC' \cdot Q - TC}{Q^2} = \frac{1}{Q}\left(TC' - \frac{TC}{Q}\right) = \frac{1}{Q}(MC - AC)$$

由于$Q>0$,所以$MC<AC$时,$AC$的斜率$\frac{dAC}{dQ}$为负,$AC$曲线是下降的;当$MC>AC$时,$AC$的斜率为正,$AC$曲线是上升的;当$MC=AC$时,$AC$的斜率$\frac{dAC}{dQ}$为0,$AC$曲线达到极值点。

**2. 试证明:当平均成本等于边际成本时,平均成本最低。(苏州大学2007年研)**

**答案:** 当平均成本等于边际成本时,平均成本最低,原因在于边际量与平均量之间存在着如下关系:对于任何两个相应的边际量和平均量而言,只要边际量小于平均量,边际量就把平均量拉下去;只要边际量大于平均量,边际量就把平均量拉上来;当边际量等于平均量时,平均量必然达到其自身的极值点。将这种关系具体到平均成本$AC$曲线和边际成本$MC$曲线的相互关系上,可以推知,由于在边际报酬递减规律作用下的$MC$曲线有先降后升的U形特征,所以$AC$曲线也必定是先降后升的U形曲线,而且$MC$曲线必定会相交于$AC$曲线的最低点。

**3. 画图说明长期平均成本曲线和短期平均成本曲线之间的关系。(四川大学2004年研)**

**答案:**(1)短期平均成本曲线$SAC$是由平均固定成本曲线$AFC$与平均可变成本曲线$AVC$叠加而成的U形成本曲线。长期平均成本曲线$LAC$的函数形式为$LAC(Q) = \frac{LTC(Q)}{Q}$,即只要把长期总成本曲线$LTC$上各点的长期总成本值除以相应的产量,便得到每一产量的长期平均值,再把各个平均值的坐标点连接起来便形成长期平均成本曲线。由于在长期内所有各个投入要素都可调整变动,因此,在长期平均成本曲线上的每一点,既是相应产量的平均成本值,也是最低的平均成本值,而且都可以表示为短期的一定生产规模的平均成本值,因此必然会落在一条短期的平均成本曲线$SAC$上。

假定厂商有无数个大小不同的生产规模可供选择,相应地,也会有无数条规模不同的短期平均成本曲线,长期平均成本曲线便是这无数条短期平均成本曲线的包络曲线,如图5-3所示。

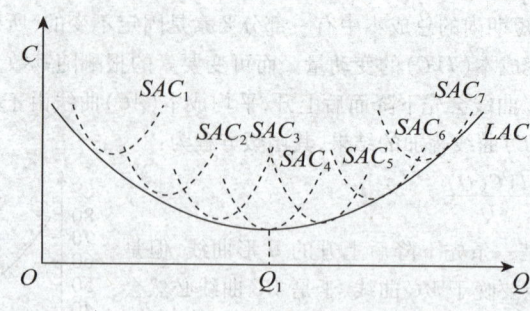

图 5-3 长期平均成本曲线

（2）长期平均成本曲线 LAC 与 $SAC_1$、$SAC_2$ 相切，这些切点连接起来便形成 LAC 曲线。但必须注意，LAC 曲线与各条 SAC 曲线相切的切点，并不都在各 SAC 线的最低点。当 LAC 线处于下降的递减阶段，相切于各 SAC 线最低点的左边；当 LAC 线处于上升的递增阶段，相切于各 SAC 线最低点的右边；只有在 LAC 线处于最低点时才相切于 SAC 线（图 5-3 中为 $SAC_4$）的最低点。这种情况的出现，是由于 LAC 线所反映经济规模效益随着生产规模的扩大而有递增、不变、递减的变化结果。

**4. 试说明成本最小化原理、利润最大化原理和两者的关系。（中山大学 2002 年研）**

答案：（1）成本最小化原理：在既定产出水平下，厂商如何选择投入要素的组合，以使生产成本最小。通常假定厂商只使用两种生产要素（资本 $K$ 和劳动 $L$），市场是完全竞争的，两种要素之间可以相互替代。资本和劳动两种要素的价格分别为常数 $r$ 和 $w$。根据假定，厂商的生产函数可以定义为 $Q=f(K,L)$，其中 $Q$ 为产量。

成本最小化问题可以表述为 $\min C=wL+rK$，s.t. $f(K,L)=Q_0$，$C$ 表示成本，$Q_0$ 表示既定产量。当成本最小时满足 $(\partial f/\partial L)/(\partial f/\partial K)=w/r$，其中，$\partial f/\partial L$ 是劳动的边际产出，$\partial f/\partial K$ 是资本的边际产出。据此可以得出，实现既定产量下成本最小化的必要条件为两要素的边际产出之比等于两要素的价格之比。

（2）利润最大化原理：在其他条件不变的情况下，厂商应该选择最优的产量，使得最后一单位产品所带来的边际收益等于所付出的边际成本，即 $MR=MC$。

（3）成本最小化和利润最大化都可以作为厂商决定市场行为的依据，不同之处在于：成本最小化是从成本的角度出发决定厂商的最优市场行为，而利润最大化则是从产出和利润的角度出发决定厂商的最优市场行为。

**5. 简要说明在短期中，生产函数与成本函数之间的关系。（人大 1998 年研；东北财大 2003 年研）**

答案：（1）厂商的短期成本函数可以由成本、产量以及要素投入量之间的关系推导得出，因为一定的要素投入量生产一定产量的产品，同时也必然花费一定的成本。成本与产量之间的对应关系即为成本函数。即若给定生产函数为 $Q=f(L,K)$，以及成本方程为 $C=L\cdot P_L+K\cdot P_K+C_0$，根据最优要素投入量的选择原则 $MP_L/P_L=MP_K/P_K$，就可以获得短期成本函数 $C=C(Q)$。

（2）平均可变成本 AVC 与给定要素价格下的可变要素数量及产量相关，因而也就与其平均产量相关；边际成本 MC 与给定要素价格下的边际产量相关。即：

$$AVC=\frac{TVC}{Q}=\frac{L\cdot P_L}{Q}=\frac{P_L}{\frac{Q}{L}}=\frac{P_L}{AP_L},$$

$$MC=\frac{dTVC}{dQ}=\frac{d(L\cdot P_L)}{dQ}=\frac{P_L\cdot dL}{dQ}=\frac{P_L}{\frac{dQ}{dL}}=\frac{P_L}{MP_L}。$$

所以,$AP_L$ 与 $AVC$ 的变化趋势相反,$AP_L$ 曲线呈倒 U 形,$AVC$ 曲线呈 U 形;$MP_L$ 与 $MC$ 的变化趋势也相反,$MP_L$ 曲线呈倒 U 形,$MC$ 曲线则呈 U 形。

**6. 下面哪些话正确?请说明理由。**

(1)平均不变成本不会随产量增加而提高。

(2)平均总成本始终大于或等于平均可变成本。

(3)边际成本下降时,平均成本不可能上升。(中央财大 2010 年研)

**答案:**(1)论述正确。理由如下:平均不变成本等于总不变成本除以产量,若产量增加,平均不变成本会下降。

(2)论述正确。理由如下:根据成本关系,平均总成本 = 平均可变成本 + 平均不变成本。当平均不变成本等于零时,平均总成本等于平均可变成本;当平均不变成本不等于零时,平均总成本大于平均可变成本。

(3)论述正确。理由如下:边际成本下降时,必然会将平均成本拉低,平均成本不可能上升。只有当边际成本开始上升并上升一定数量时,平均成本才会被逐渐拉升并由下降转变为上升。

## 三、计算题

**1. 对于生产函数 $Q = \dfrac{4KL}{K+L}$,在短期中,令 $P_L = 1, P_K = 2, K = 2$。**

(1)推导出短期总成本、平均成本、平均可变成本及边际成本函数。

(2)当短期平均成本最小时,求此时的短期平均成本值。(北航 2009 年研)

**答案:**(1)短期总成本 $TC = P_L \cdot L + P_K \cdot K = L + 4, K = 2$,生产函数为 $Q = \dfrac{8L}{2+L}, L = \dfrac{2Q}{8-Q}$。

代入 $TC = L + 4$,得:

$TC = \dfrac{2Q}{8-Q} + 4$

$AC = \dfrac{TC}{Q} = \dfrac{2}{8-Q} + \dfrac{4}{Q}$

$AVC = \dfrac{2}{8-Q}$

$MC = \dfrac{16}{(8-Q)^2}$

(2)求 $AC$ 的最小值,先求一阶导为 0 时:

$\dfrac{d(AC)}{dQ} = \dfrac{2}{(8-Q)^2} - \dfrac{4}{Q^2} = 0$

解得 $Q_1 = 16 - 8\sqrt{2}, Q_2 = 16 + 8\sqrt{2}$(舍),

故 $AC = \dfrac{1+\sqrt{2}}{4\sqrt{2}-4}$。

**2. 假定一个竞争性厂商,其生产函数为 $Q = f(L, K) = AL^\alpha K^\beta$,生产要素 $L$ 和 $K$ 的价格分别为 $w$ 和 $r$。**

(1)试求在 $K$ 为不变投入时厂商的短期成本函数。

(2) 求厂商的长期成本函数，并讨论不同的规模报酬对平均成本曲线形状的影响。(人大 2008 年研)

答案：(1) 在短期内，资本 $K$ 保持不变，设恒为 $K_0$，则 $Q = f(L, K) = AL^\alpha K_0^\beta$。

$$L = \left(\frac{Q}{AK_0^\beta}\right)^{\frac{1}{\alpha}}$$

此时短期成本函数为：

$$C = wL + rK_0 = w\left(\frac{Q}{AK_0^\beta}\right)^{\frac{1}{\alpha}} + rK_0$$

(2) 由题意可知：

min. $wL + rK$

s.t. $AL^\alpha K^\beta = Q$

构造拉格朗日函数为：

$H = wL + rK - \lambda(AL^\alpha K^\beta - Q)$

一阶条件为：

$$\begin{cases} \frac{\partial H}{\partial L} = w - \lambda\alpha AL^{\alpha-1}K^\beta = 0 \\ \frac{\partial H}{\partial K} = r - \lambda\beta AL^\alpha K^{\beta-1} = 0 \\ \frac{\partial H}{\partial \lambda} = AL^\alpha K^\beta - Q = 0 \end{cases}$$

解得：$L = \left(\frac{Q}{A}\right)^{\frac{1}{\alpha+\beta}}\left(\frac{\alpha r}{\beta w}\right)^{\frac{\beta}{\alpha+\beta}}$，$K = \left(\frac{Q}{A}\right)^{\frac{1}{\alpha+\beta}}\left(\frac{\beta w}{\alpha r}\right)^{\frac{\alpha}{\alpha+\beta}}$

长期成本函数为：

$$C = wL + rK = \left(\frac{Q}{A}\right)^{\frac{1}{\alpha+\beta}}\left[r\left(\frac{\beta w}{\alpha r}\right)^{\frac{\alpha}{\alpha+\beta}} + w\left(\frac{\alpha r}{\beta w}\right)^{\frac{\beta}{\alpha+\beta}}\right]$$

平均成本函数为：

$$AC = \frac{C(Q)}{Q} = A^{\frac{-1}{\alpha+\beta}}Q^{\frac{1}{\alpha+\beta}-1}\left[r\left(\frac{\beta w}{\alpha r}\right)^{\frac{\alpha}{\alpha+\beta}} + w\left(\frac{\alpha r}{\beta w}\right)^{\frac{\beta}{\alpha+\beta}}\right]$$

当 $\alpha + \beta > 1$ 时，$\frac{1}{\alpha+\beta} - 1 < 0$，此时规模报酬递增，平均成本随产量增加而降低，平均成本曲线向下倾斜。

当 $\alpha + \beta < 1$ 时，$\frac{1}{\alpha+\beta} - 1 > 0$，此时规模报酬递减，平均成本随产量增加而增加，平均成本曲线向上倾斜。

当 $\alpha + \beta = 1$ 时，$\frac{1}{\alpha+\beta} - 1 = 0$，此时规模报酬不变，平均成本不受产量影响，平均成本曲线是一条水平的直线。

3. 设生产函数为柯布-道格拉斯函数 $Q = L^{\frac{1}{3}}K^{\frac{2}{3}}$，已知劳动力和资本的价格分别是 $w = 1$ 和 $r = 2$。

(1) 该生产函数代表了哪种类型的规模收益？

(2) 设企业的生产成本为 3000,求两种要素的投入数量与总产量。

(3) 设企业的生产产量为 800,求两种要素的投入数量与企业所需付出的成本。(中山大学 2007 年研)

**答案:** (1) 令 $Q = f(L,K) = L^{\frac{1}{3}}K^{\frac{2}{3}}$

$f(tL,tK) = (tL)^{\frac{1}{3}}(tK)^{\frac{2}{3}} = tL^{\frac{1}{3}}K^{\frac{2}{3}} = tf(L,K)$

故生产函数为规模收益不变。

(2) $MP_L = \dfrac{\partial Q}{\partial L} = \dfrac{1}{3}L^{-\frac{2}{3}}K^{\frac{2}{3}}$

$MP_K = \dfrac{\partial Q}{\partial K} = \dfrac{2}{3}L^{\frac{1}{3}}K^{-\frac{1}{3}}$

又 $\dfrac{MP_L}{w} = \dfrac{MP_K}{r}$

解得 $L = K$。

又 $L + 2K = 3000$,故 $L = K = 1000$,此时 $Q = 1000$。

(3) 当 $Q = 800$ 时,$L = K = 800$,此时 $C = wL + rK = 2400$。

## 四、论述题

**1.** 证明一般行业短期边际成本曲线 *MC* 与平均总成本曲线 *ATC*、平均可变成本曲线 *AVC* 相交,而且交点为 *ATC* 和 *AVC* 的最低点。(中央财大 2009 年研)

**答案:** (1) *ATC*、*AVC* 和 *MC* 的关系。

1) $MC = \dfrac{\mathrm{d}TVC}{\mathrm{d}Q}$

方程表明,在短期内的总成本中有一部分要素是固定不变的,所以,边际成本随着产量变动,只取决于可变成本的变动量,而可变要素的报酬随其数量的增加会有先递增后递减的变化,因此 *MC* 曲线会先下降而后上升。

2) $ATC = \dfrac{TFC}{Q} + \dfrac{TVC}{Q}$

方程表明,*ATC* 曲线是一条先下降后上升的 U 形曲线,但是由下降到上升的转折点要晚于 *MC* 曲线,于是 *MC* 曲线必然会与 *ATC* 曲线相交,当 *MC* < *ATC* 时,*AC* 下降;当 *MC* > *ATC* 时,*AC* 上升。故当低点与之相交,如图 5-4 所示。两条曲线相交于 *B* 点,*B* 点便是 *ATC* 曲线的最低点。

3) $AVC = \dfrac{TVC}{Q}$

方程表明,*AVC* 曲线是一条先下降后上升的 U 形曲线。根据 *AVC* 与 *MC* 曲线的性质可知,*MC* 曲线与 *AVC* 曲线相交于 *AVC* 曲线最低点。

(2) 证明:

1) *ATC* 与 *MC* 的关系。

$$\dfrac{\mathrm{d}(ATC)}{\mathrm{d}Q} = \dfrac{\mathrm{d}\left(\dfrac{TC}{Q}\right)}{\mathrm{d}Q} = \dfrac{TC' \cdot Q - TC}{Q^2}$$

$$= \frac{1}{Q}\left(TC' - \frac{TC}{Q}\right) = \frac{1}{Q}(MC - ATC)$$

故当 $MC < ATC$ 时,$ATC$ 曲线下降;
$MC > ATC$ 时,$ATC$ 曲线上升;
$MC = ATC$ 时,$ATC$ 曲线达到极小值点。

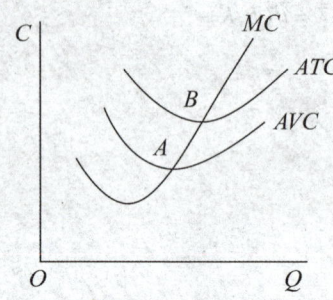

图 5-4  短期边际成本曲线 $MC$ 与平均总成本曲线 $ATC$、平均可变成本曲线 $AVC$

2)$AVC$ 与 $MC$ 的关系。

$$\frac{d(AVC)}{dQ} = \frac{d\left(\frac{TVC}{Q}\right)}{dQ} = \frac{TVC' \cdot Q - TVC}{Q^2} = \frac{1}{Q}\left(TVC' - \frac{TVC}{Q}\right) = \frac{1}{Q}(MC - AVC)$$

故当 $MC < AVC$ 时,$AVC$ 曲线下降;
$MC > AVC$ 时,$AVC$ 曲线上升;
$MC = AVC$ 时,$AVC$ 曲线达到极小值点。

**2. 试论产出与成本的对偶关系。(南开大学 2007 年研;清华大学 2011 年研;大连海事大学 2013 年研)**

**答案:** 产出与成本的对偶关系表现为:短期内,产量曲线与成本曲线存在着对偶关系。短期产量曲线由边际收益递减规律所决定,短期成本曲线由短期产量曲线所决定。

(1)边际产量与边际成本之间的关系为 $MC = w \times \frac{1}{MP_L}$。

由此可知:

1)边际成本 $MC$ 和边际产量 $MP_L$ 两者的变动方向是相反的,呈负相关关系。

2)总产量和总成本之间也存在对应关系。

(2)平均产量和平均可变成本之间的关系。

$$AVC = w \cdot \frac{1}{AP_L}$$

由此可知:

1)平均可变成本 $AVC$ 和平均产量 $AP_L$ 两者的变动是相反的,呈负相关关系。

2)$MC$ 曲线和 $AVC$ 曲线的交点与 $MP_L$ 曲线和 $AP_L$ 曲线的交点是对应的。

(3)总成本曲线随着产量的增加而递增。由于边际成本先减后增,故总成本曲线在成本递减阶段,增长速度越来越慢;在成本递增阶段,增长速度越来越快。

# 第五章 成本

### 典型案例分析

#### 门脸房是出租还是自己经营

假如你们家有一间门脸房,你用它开了一家杂货店,一年下来你算账的结果是挣了5万人民币。你觉得很高兴,但用经济成本分析后恐怕就高兴不起来了,因为你没有把隐性成本算进去。假定出租门脸房按市价一年是2万,你原来有工作,年收入也是2万,这4万就是你自己经营的隐性成本,从经济学分析来看应该是成本,是你提供了自有生产要素房子和劳务所得的正常报酬。而在会计账目上没有作为成本项目记入账上,这样算下来一年没有挣5万,只是1万。如果再加上自己经营需要1万的资金进货,这1万的银行存款利息也是隐性成本。这样一算自己经营就非常不合适了,应该出租;但是如果你下岗,也找不到高于3万的工作,还是自己经营为上策。

显性成本和隐性成本之间的区别说明了经济学家与会计师分析经营活动之间重点的不同。经济学家研究企业如何作出生产和定价的决策,因此,当他们衡量成本时就包括了隐性成本;而会计师的工作是记录流入和流出企业的货币,结果他们只衡量显性成本,但忽略了隐性成本。

所谓机会成本,又称替换成本,是指生产者为了生产一定数量的产品所放弃的使用相同的生产要素在其他生产用途中所能得到的最高收入。例如,某人拥有100万元资金,他可以把这100万元资金用于三种不同的用途:开商店获利20万元,开饭店获利25万元,投资房地产业获利30万元。他决定把100万元投资房地产业,在所放弃的用途中,最好的用途是开饭店获利25万元,这就是他选择投资房地产业的机会成本。经济学之所以要从机会成本的概念来分析厂商的生产成本,是因为经济学是从稀缺资源配置的代价而不是会计学的意义上来考察成本的概念的。

### 教材习题参考答案

## 一、简答题

**1.** 表5-1是一张关于短期生产函数 $Q=f(L,\overline{K})$ 的产量表。

表5-1 短期生产的产量表

| $L$ | 1 | 2 | 3 | 4 | 5 | 6 | 7 |
|---|---|---|---|---|---|---|---|
| $TP_L$ | 10 | 30 | 70 | 100 | 120 | 130 | 135 |
| $AP_L$ | | | | | | | |
| $MP_L$ | | | | | | | |

(1) 在表中填空。

(2) 根据(1),在一幅坐标图上作出 $TP_L$ 曲线,在另一幅坐标图上作出 $AP_L$ 曲线和 $MP_L$ 曲线。(提示:为了便于作图与比较,$TP_L$ 曲线图的纵坐标的刻度单位大于 $AP_L$ 曲线图和 $MP_L$ 曲线图。)

(3) 根据(1),假定劳动的价格 $w=200$,完成下面相应的短期成本表,即表5-2。

表 5-2　短期生产的成本表

| L | Q | $TVC = w \cdot L$ | $AVC = \dfrac{w}{AP_L}$ | $MC = \dfrac{w}{MP_L}$ |
|---|---|---|---|---|
| 1 | 10 | | | |
| 2 | 30 | | | |
| 3 | 70 | | | |
| 4 | 100 | | | |
| 5 | 120 | | | |
| 6 | 130 | | | |
| 7 | 135 | | | |

(4)根据表 5-2,在一幅坐标图上作出 $TVC$ 曲线,在另一幅坐标图上作出 $AVC$ 曲线和 $MC$ 曲线。(提示:为了便于作图与比较,$TVC$ 曲线图的纵坐标的单位刻度大于 $AVC$ 曲线图和 $MC$ 曲线图。)

(5)根据(2)和(4),说明短期生产曲线和短期成本曲线之间的关系。

答案:(1)填空完成的短期生产的产量表如表 5-3 所示。

表 5-3　短期生产的产量表

| L | 1 | 2 | 3 | 4 | 5 | 6 | 7 |
|---|---|---|---|---|---|---|---|
| $TP_L$ | 10 | 30 | 70 | 100 | 120 | 130 | 135 |
| $AP_L$ | 10 | 15 | $23\dfrac{1}{3}$ | 25 | 24 | $21\dfrac{2}{3}$ | $19\dfrac{2}{7}$ |
| $MP_L$ | 10 | 20 | 40 | 30 | 20 | 10 | 5 |

(2)根据(1)中的短期生产的产量表,所绘制的 $TP_L$ 曲线、$AP_L$ 曲线和 $MP_L$ 曲线如图 5-5 所示。

(3)令劳动的价格 $w = 200$,与(1)中的短期生产的产量表相对应的短期生产的成本如表 5-4 所示。

表 5-4　短期生产的成本表

| L | Q | $TVC = \omega \cdot L$ | $AVC = \dfrac{\omega}{AP_L}$ | $MC = \dfrac{\omega}{MP_L}$ |
|---|---|---|---|---|
| 1 | 10 | 200 | 20 | 20 |
| 2 | 30 | 400 | $13\dfrac{1}{3}$ | 10 |
| 3 | 70 | 600 | $8\dfrac{4}{7}$ | 5 |
| 4 | 100 | 800 | 8 | $6\dfrac{2}{3}$ |
| 5 | 120 | 1000 | $8\dfrac{1}{3}$ | 10 |
| 6 | 130 | 1200 | $9\dfrac{3}{13}$ | 20 |
| 7 | 135 | 1400 | $10\dfrac{10}{27}$ | 40 |

(4)根据(3)中的短期生产的成本表,所绘制的 $TVC$ 曲线、$AVC$ 曲线和 $MC$ 曲线如图 5-6 所示。

(5)与由边际报酬递减规律决定的先递增后递减的 $MP_L$ 值相对应的是先递减后递增的 $MC$ 值;与先递增后递减的 $AP_L$ 值相对应的是先递减后递增的 $AVC$ 值。而且 $AP_L$ 的最大值与 $AVC$ 的最小值

# 第五章 成本

相对应;$MP_L$ 的最大值与 $MC$ 的最小值相对应,即短期生产函数及其曲线与短期成本函数及其曲线之间的关系是 $AVC = \dfrac{\omega}{AP_L}, MC = \dfrac{\omega}{MP_L}$。

以上的关系在(2)中的图 5-5 和(4)中的图 5-6 中得到了体现。在产量曲线图 5-5 中,$MP_L$ 曲线和 $AP_L$ 曲线都是先上升达到最高点以后再下降,而且 $AP_L$ 曲线与 $MP_L$ 曲线相交于 $AP_L$ 曲线的最高点。相对应地,在成本曲线图 5-6 中,$MC$ 曲线和 $AVC$ 曲线都是先下降达到最低点以后再上升,而且 $AVC$ 曲线与 $MC$ 曲线相交于 $AVC$ 曲线的最低点。此外,在产量曲线图 5-5 中,用 $MP_L$ 曲线先上升后下降的特征所决定的 $TP_L$ 曲线的斜率是先递增,经拐点之后再递减。相对应地,在成本曲线图 5-6 中,由 $MC$ 曲线先下降后上升的特征所决定的 $TVC$ 曲线的斜率是先递减,经拐点之后再递增①。

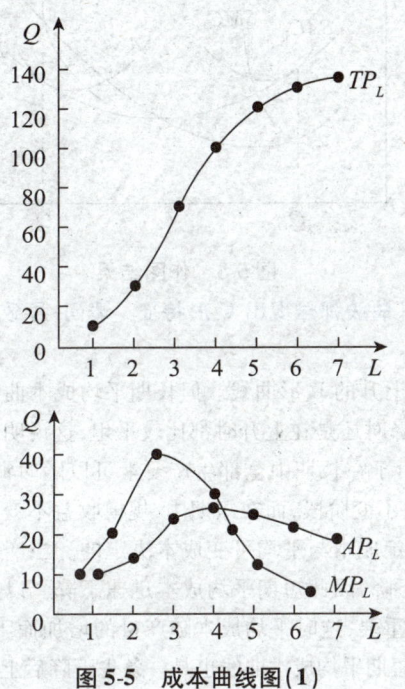
图 5-5 成本曲线图(1)

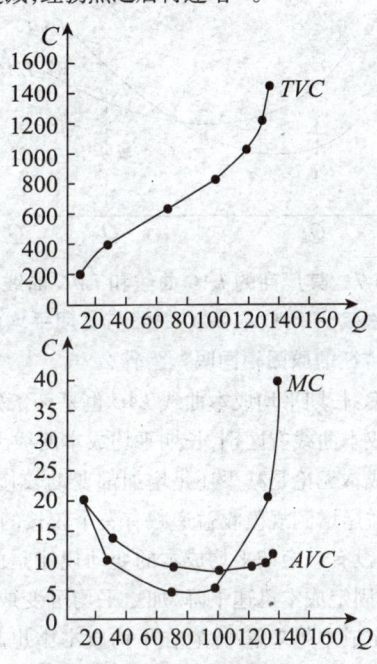
图 5-6 成本曲线图(2)

**2.** 假定某企业的短期成本函数是 $TC(Q) = Q^3 - 5Q^2 + 15Q + 66$。

(1)指出该短期成本函数中的可变成本部分和不变成本部分。

(2)写出下列相应的函数:$TVC(Q)$、$AC(Q)$、$AVC(Q)$、$AFC(Q)$ 和 $MC(Q)$。

**答案**:(1)在短期成本函数 $TC(Q) = Q^3 - 5Q^2 + 15Q + 66$ 中,可变成本部分为 $TVC(Q) = Q^3 - 5Q^2 + 15Q$,不变成本部分为 $TFC = 66$。

(2)根据已知条件和(1),可以得到以下相应的各类短期成本函数:

$TVC(Q) = Q^3 - 5Q^2 + 15Q$

$AC(Q) = \dfrac{TC(Q)}{Q} = \dfrac{Q^3 - 5Q^2 + 15Q + 66}{Q} = Q^2 - 5Q + 15 + \dfrac{66}{Q}$

---

① 由于图 5-5 和图 5-6 中的坐标点不是连续绘制的,曲线的特征及其相互之间的数量关系在图中只能是一种近似的表示。

$$AVC(Q) = \frac{TVC(Q)}{Q} = \frac{Q^3 - 5Q^2 + 15Q}{Q} = Q^2 - 5Q + 15$$

$$AFC(Q) = \frac{TFC}{Q} = \frac{66}{Q}$$

$$MC(Q) = \frac{dTC(Q)}{dQ} = 3Q^2 - 10Q + 15$$

**3.** 图5-7是某厂商的 $LAC$ 曲线和 $LMC$ 曲线。请分别在 $Q_1$ 和 $Q_2$ 的产量上画出代表最优生产规模的 $SAC$ 曲线和 $SMC$ 曲线。

答案：本题的作图结果如图5-8所示。

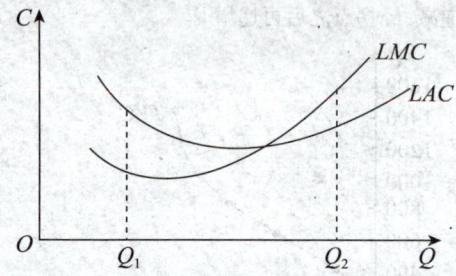

图5-7 某厂商的 $LAC$ 曲线和 $LMC$ 曲线　　　图5-8 作图结果

**4.** 短期平均成本 $SAC$ 曲线与长期平均成本 $LAC$ 曲线都呈现出U形特征。请问：导致它们呈现这一特征的原因相同吗？为什么？

答案：长期平均成本曲线 $LAC$ 也是一条先下降后上升的U形曲线。但长期平均成本曲线与短期平均成本曲线有区别，长期平均成本曲线无论是在下降时还是在上升时都比较平坦，这说明在长期中平均成本无论是减少还是增加都变动较慢。这是由于在长期中全部生产要素可以随时调整，从规模收益递增到规模收益递减有一个较长的规模收益不变阶段，而在短期中，规模收益不变阶段很短，甚至没有。短期平均成本的变动规律是由平均固定成本与平均可变成本决定的。当产量增加时，平均固定成本迅速下降，加之平均可变成本也在下降，因此短期平均成本迅速下降。以后随着平均固定成本越来越小，它在平均成本中也越来越不重要，这时平均成本随产量的增加而下降，产量增加到一定程度之后，又随着产量的增加而增加。短期平均成本曲线也是一条先下降后上升的U形曲线，表明随着产量增加成本先下降而后上升的变动规律。

## 二、计算题

**1.** 假定某厂商短期生产的平均成本函数为 $SAC(Q) = \frac{200}{Q} + 6 - 2Q + 2Q^2$，求该厂商的边际成本函数。

答案：该厂商的总成本函数为：

$STC(Q) = 200 + 6Q - 2Q^2 + 2Q^3$

该厂商的边际成本函数为：

$MC(Q) = 6 - 4Q + 6Q^2$

# 第五章 成本

**2.** 已知某企业的短期总成本函数是 $STC(Q) = 0.04Q^3 - 0.8Q^2 + 10Q + 5$，求最小的平均可变成本值。

**答案**：由 $STC(Q) = 0.04Q^3 - 0.8Q^2 + 10Q + 5$，可知 $AVC(Q) = \dfrac{TVC(Q)}{Q} = 0.04Q^2 - 0.8Q + 10$。

当平均可变成本函数 $AVC$ 达到最小值时，一定有 $\dfrac{\mathrm{d}AVC}{\mathrm{d}Q} = 0$。

故令 $\dfrac{\mathrm{d}AVC}{\mathrm{d}Q} = 0$，有 $\dfrac{\mathrm{d}AVC}{\mathrm{d}Q} = 0.08Q - 0.8 = 0$，解得 $Q = 10$。

又由于 $\dfrac{\mathrm{d}^2 AVC}{\mathrm{d}Q^2} = 0.08 > 0$，所以当 $Q = 10$ 时，$AVC(Q)$ 达到最小值。

最后，以 $Q = 10$ 代入平均可变成本函数 $AVC(Q) = 0.04Q^2 - 0.8Q + 10$，得 $AVC = 0.04 \times 10^2 - 0.8 \times 10 + 10 = 6$。这就是说，当产量 $Q = 10$ 时，平均可变成本 $AVC(Q)$ 达到最小值，其最小值为 6。

**3.** 假定某厂商的边际成本函数为 $SMC = 3Q^2 - 30Q + 100$，而且生产 10 单位产量的总成本为 1000。
求：(1) 固定成本的值。
(2) 总成本函数、总可变成本函数、平均成本函数、平均可变成本函数。

**答案**：(1) 根据边际成本函数和总成本函数之间的关系，由边际成本函数 $SMC = 3Q^2 - 30Q + 100$ 积分可得总成本函数，即有：

总成本函数 $TC = \int (3Q^2 - 30Q + 100)\mathrm{d}Q = Q^3 - 15Q^2 + 100Q + a$（常数）

又因为根据题意有 $Q = 10$ 时 $TC = 1000$，所以有 $TC = 10^3 - 15 \times 10^2 + 100 \times 10 + a = 1000$，

解得 $a = 500$。

所以，当总成本为 1000 时，生产 10 单位产量的总固定成本 $TFC = a = 500$。

(2) 由 (1) 可得：
总成本函数 $TC(Q) = Q^3 - 15Q^2 + 100Q + 500$；
总可变成本函数 $TVC(Q) = Q^3 - 15Q^2 + 100Q$；
平均成本函数 $AC(Q) = \dfrac{TC(Q)}{Q} = Q^2 - 15Q + 100 + \dfrac{500}{Q}$；
平均可变成本函数 $AVC(Q) = \dfrac{TVC(Q)}{Q} = Q^2 - 15Q + 100$。

**4.** 假定某厂商短期生产的边际成本函数为 $SMC(Q) = 3Q^2 - 8Q + 100$，而且已知当产量 $Q = 10$ 时的总成本 $STC = 2400$，求相应的 $STC$ 函数、$SAC$ 函数和 $AVC$ 函数。

**答案**：因该厂商的边际成本函数为 $SMC(Q) = 3Q^2 - 8Q + 100$，
故其成本函数为：

$STC = \int (3Q^2 - 8Q + 100)\mathrm{d}Q = 3 \times \dfrac{Q^3}{3} - 8 \times \dfrac{Q^2}{2} + 100Q + A$

$= Q^3 - 4Q^2 + 100Q + A$（其中 $A$ 为常数）

又因为当 $Q = 10$ 时，$STC = 2400$，代入上式得 $A = 800$。

故 $STC = Q^3 - 4Q^2 + 100Q + 800$，$SAC = \dfrac{STC}{Q} = Q^2 - 4Q + 100 + \dfrac{800}{Q}$，

$AVC = \dfrac{TVC}{Q} = \dfrac{Q^3 - 4Q^2 + 100Q}{Q} = Q^2 - 4Q + 100$。

**5.** 假定生产某产品的边际成本函数为 $MC = 110 + 0.04Q$。
求：当产量从 100 增加到 200 时总成本的变化量。

答案：由 $MC = 110 + 0.04Q$，可得 $TC = 110Q + 0.02Q^2 + FC$，
从而 $TC(100) = 11200 + FC$，$TC(200) = 22800 + FC$，
则总成本的变化量为 $TC(200) - TC(100) = 11600$。

6. 已知生产函数为：(a) $Q = 5L^{\frac{1}{3}}K^{\frac{2}{3}}$；(b) $Q = \dfrac{KL}{K+L}$；(c) $Q = KL^2$；(d) $Q = \min(3L, K)$。

求：(1) 厂商长期生产的扩展线方程。
(2) 当 $P_L = 1$、$P_K = 1$、$Q = 1000$ 时，厂商实现最小成本的要素投入组合。

答案：由最优要素组合的均衡条件 $\dfrac{MP_L}{MP_K} = \dfrac{P_L}{P_K}$ 有如下计算过程。

(1) (a) 关于生产函数 $Q = 5L^{\frac{1}{3}}K^{\frac{2}{3}}$：

$MP_L = \dfrac{5}{3}L^{-\frac{2}{3}}K^{\frac{2}{3}}$，$MP_K = \dfrac{10}{3}L^{\frac{1}{3}}K^{-\frac{1}{3}}$，

可得 $\dfrac{\frac{5}{3}L^{-\frac{2}{3}}K^{\frac{2}{3}}}{\frac{10}{3}L^{\frac{1}{3}}K^{-\frac{1}{3}}} = \dfrac{P_L}{P_K}$，整理得 $\dfrac{K}{2L} = \dfrac{P_L}{P_K}$。

即厂商长期生产的扩展线方程为 $K = \left(\dfrac{2P_L}{P_K}\right) \cdot L$。

(b) 关于生产函数 $Q = \dfrac{KL}{K+L}$：

$MP_L = \dfrac{K(K+L) - KL}{(K+L)^2} = \dfrac{K^2}{(K+L)^2}$，

$MP_K = \dfrac{L(K+L) - KL}{(K+L)^2} = \dfrac{L^2}{(K+L)^2}$，

可得 $\dfrac{K^2/(K+L)^2}{L^2/(K+L)^2} = \dfrac{P_L}{P_K}$，整理得 $\dfrac{K^2}{L^2} = \dfrac{P_L}{P_K}$。

即厂商长期生产的扩展线方程为 $K = \left(\dfrac{P_L}{P_K}\right)^{\frac{1}{2}} \cdot L$。

(c) 关于生产函数 $Q = KL^2$：

$MP_L = 2KL$，$MP_K = L^2$，

可得 $\dfrac{2KL}{L^2} = \dfrac{P_L}{P_K}$。

即厂商长期生产的扩展线方程为 $K = \left(\dfrac{P_L}{2P_K}\right)L$。

(d) 关于生产函数 $Q = \min(3L, K)$：
由于该函数是固定投入比例的生产函数，即厂商的生产总有 $3L = K$，所以可以直接得到厂商长期生产的扩展线方程为 $K = 3L$。

(2) (a) 关于生产函数 $Q = 5L^{\frac{1}{3}}K^{\frac{2}{3}}$：

当 $P_L = 1$、$P_K = 1$、$Q = 1000$ 时，由其扩展线方程 $K = \left(\dfrac{2P_L}{P_K}\right)L$，得 $K = 2L$。

代入生产函数 $Q = 5L^{\frac{1}{3}}K^{\frac{2}{3}}$，得 $5L^{\frac{1}{3}}(2L)^{\frac{2}{3}} = 1000$，

解得 $L = \dfrac{200}{\sqrt[3]{4}}$、$K = \dfrac{400}{\sqrt[3]{4}}$。

(b)关于生产函数 $Q = \dfrac{KL}{K+L}$：

当 $P_L = 1$、$P_K = 1$、$Q = 1000$ 时,由其扩展线方程 $K = \left(\dfrac{P_L}{P_K}\right)^{\frac{1}{2}} L$,得 $K = L$。

代入生产函数 $Q = \dfrac{KL}{K+L}$,得 $\dfrac{L^2}{L+L} = 1000$,$L = 2000$,$K = 2000$。

(c)关于生产函数 $Q = KL^2$：

当 $P_L = 1$、$P_K = 1$、$Q = 1000$ 时,由其扩展线方程 $K = \left(\dfrac{P_L}{2P_K}\right) L$,得 $K = \dfrac{1}{2}L$。

代入生产函数 $Q = KL^2$,得 $\left(\dfrac{L}{2}\right)L^2 = 1000$,$L = 10\sqrt[3]{2}$,$K = 5\sqrt[3]{2}$。

(d)关于生产函数 $Q = \min(3L, K)$：

当 $P_L = 1$、$P_K = 1$、$Q = 1000$ 时,将其扩展线方程 $K = 3L$ 代入生产函数,得 $K = 3L = 1000$。

于是,$K = 1000$,$L = \dfrac{1000}{3}$。

**7.** 已知某企业的生产函数为 $Q = L^{\frac{2}{3}} K^{\frac{1}{3}}$,劳动的价格 $w = 2$,资本的价格 $r = 1$。求:

(1)当成本 $C = 3000$ 时,企业实现最大产量时的 $L$、$K$ 和 $Q$ 的均衡值。

(2)当产量 $Q = 800$ 时,企业实现最小成本时的 $L$、$K$ 和 $C$ 的均衡值。

**答案:**(1)根据企业实现给定成本条件产量最大化的均衡条件 $\dfrac{MP_L}{MP_K} = \dfrac{w}{r}$,

其中,$MP_L = \dfrac{\partial Q}{\partial L} = \dfrac{2}{3} L^{-\frac{1}{3}} K^{\frac{1}{3}}$,$MP_K = \dfrac{\partial Q}{\partial K} = \dfrac{1}{3} L^{\frac{2}{3}} K^{-\frac{2}{3}}$,$w = 2$,$r = 1$。

于是有 $\dfrac{\frac{2}{3} L^{-\frac{1}{3}} K^{\frac{1}{3}}}{\frac{1}{3} L^{\frac{2}{3}} K^{-\frac{2}{3}}} = \dfrac{2}{1}$,整理得 $\dfrac{K}{L} = \dfrac{1}{1}$,即 $K = L$。

再以 $K = L$ 代入约束条件 $2L + K = 3000$,有 $2L + L = 3000$。

解得 $L^* = 1000$,$K^* = 1000$。

将 $L^* = K^* = 1000$ 代入生产函数,求得最大的产量 $Q^* = (L^*)^{\frac{2}{3}} (K^*)^{\frac{1}{3}} = 1000^{\frac{2}{3}+\frac{1}{3}} = 1000$。

本题的计算结果表示:在成本 $C = 3000$ 时,厂商以 $L^* = 1000$、$K^* = 1000$ 进行生产所达到的最大产量为 $Q^* = 1000$。

此外,本题也可以用拉格朗日函数法求解。

$\max_{L,K} L^{\frac{2}{3}} K^{\frac{1}{3}}$

s. t. $2L + 1 \cdot K = 3000$

$\mathscr{L}(L, K, \lambda) = L^{\frac{2}{3}} K^{\frac{1}{3}} + \lambda(3000 - 2L - K)$

将拉格朗日函数分别对 $L$、$K$ 和 $\lambda$ 求偏导,得极值的一阶条件:

$\dfrac{\partial \mathscr{L}}{\partial L} = \dfrac{2}{3} L^{-\frac{1}{3}} K^{\frac{1}{3}} - 2\lambda = 0$ \hfill (1)

$$\frac{\partial \mathcal{L}}{\partial K} = \frac{1}{3}L^{\frac{2}{3}}K^{-\frac{2}{3}} - \lambda = 0 \tag{2}$$

$$\frac{\partial \mathcal{L}}{\partial \lambda} = 3000 - 2L - K = 0 \tag{3}$$

由式(1)、式(2)可得 $\frac{K}{L} = \frac{1}{1}$，即 $K = L$。

以 $K = L$ 代入约束条件式(3)，可得 $3000 - 2L - L = 0$，

解得 $L^* = 1000, K^* = 1000$。

再以 $L^* = K^* = 1000$ 代入目标函数即生产函数，得最大产量：

$$Q^* = (L^*)^{\frac{2}{3}}(K^*)^{\frac{1}{3}} = 1000^{\frac{2}{3}+\frac{1}{3}} = 1000$$

(2)本题用拉格朗日函数法求解。

$$\min_{L,K} 2L + K$$

$$\text{s.t.} \quad L^{\frac{2}{3}}K^{\frac{1}{3}} = 800$$

$$\mathcal{L}(L, K, \mu) = 2L + K + \mu(800 - L^{\frac{2}{3}}K^{\frac{1}{3}})$$

将拉格朗日函数分别对 $L$、$K$ 和 $\mu$ 求偏导，得极值的一阶条件：

$$\frac{\partial \mathcal{L}}{\partial L} = 2 - \frac{2}{3}\mu L^{-\frac{1}{3}}K^{\frac{1}{3}} = 0 \tag{4}$$

$$\frac{\partial \mathcal{L}}{\partial K} = 1 - \frac{1}{3}\mu L^{\frac{2}{3}}K^{-\frac{2}{3}} = 0 \tag{5}$$

$$\frac{\partial \mathcal{L}}{\partial \mu} = 800 - L^{\frac{2}{3}}K^{\frac{1}{3}} = 0 \tag{6}$$

由式(4)、式(5)可得 $\frac{K}{L} = \frac{1}{1}$，即 $K = L$。

以 $K = L$ 代入约束条件式(6)，有 $800 - L^{\frac{2}{3}}L^{\frac{1}{3}} = 0$，

解得 $L^* = 800$。

在此略去关于极小值的二阶条件的讨论。

8. 假定在短期生产的固定成本给定的条件下，某厂商使用一种可变要素 $L$ 生产一种产品，其产量 $Q$ 关于可变要素 $L$ 的生产函数为 $Q(L) = -0.1L^3 + 2L^2 + 20L$。求：

(1)该生产函数的平均产量为极大值时的 $L$ 使用量。

(2)该生产函数的平均可变成本为极小值时的总产量。

**答案：**(1)该生产函数的平均产量为：

$$AQ(L) = -0.1L^2 + 2L + 20$$

该生产函数的平均产量求导可得：

$$-0.2L + 2 = 0$$

即 $L = 10$ 时，平均产量为极大值。

(2)根据短期可变要素的平均产量 $AP_L$ 和平均可变成本 $AVC(Q)$ 之间的关系式可知，在 $L = 10$ 时，平均产量 $APL$ 达到极大值，意味着平均可变成本 $AVC(Q)$ 达到极小值。

此时 $Q(L) = -0.1 \times 10^3 + 2 \times 10^2 + 20 \times 10 = 300$，即总产量 $Q = 300$。

# 第五章 成本

**9.** 假定在短期生产的固定成本给定的条件下,某厂商使用一种可变要素 $L$ 生产一种产品,其短期总成本函数为 $STC = 5Q^3 - 18Q^2 + 100Q + 160$。

求:当产量 $Q$ 为多少时,成本函数开始呈现出边际产量递减特征?

**答案:** 根据题意,有:

$$MC(Q) = \frac{dTC(Q)}{dQ} = 15Q^2 - 36Q + 100$$

$MC(Q)$ 达到极值时,有 $\frac{dMC(Q)}{dQ} = 30Q - 36 = 0$ 且 $30 > 0$,此时 $Q = 1.2$,$MC(Q)$ 达到极小值。根据短期生产的可变要素边际产量 $MPL$ 和生产的边际成本 $MC(Q)$ 之间的关系式可知,在 $MC(Q)$ 达到极小值时,$MPL$ 达到极大值。故从产量 $Q = 1.2$ 开始,该厂商的成本函数呈现边际产量递减特征。

**10.** 已知生产函数 $Q = K^{0.5}L^{0.5}$,令 $P_L = 1$,$P_K = 2.25$,而且在短期中有 $\overline{K} = 4$。
(1) 推导短期总成本、平均成本和边际成本函数。
(2) 证明:当短期平均成本达到最小值时,短期平均成本等于短期边际成本。

**答案:** (1) 由于 $\overline{K} = 4$,则 $Q = 2L^{0.5}$,从而 $L = \frac{Q^2}{4}$。

短期总成本函数为:$STC = P_K \cdot L + P_K \cdot \overline{K} = \frac{Q^2}{4} + 9$

短期平均成本函数为:$SAC = \frac{Q}{4} + \frac{9}{Q}$

短期边际成本函数为:$SMC = \frac{dSTC}{dQ} = \frac{1}{2}Q$

(2) 证明:当 $SAC(Q)$ 达到最小值时,$L = 9$。
此时 $SAC = 3$,$MC = 3$。
故当短期平均成本达到最小值时,短期平均成本等于短期边际成本。

**11.** 假定某厂商的需求函数为 $Q = 100 - P$,平均成本函数为 $AC = \frac{120}{Q} + 2$。
(1) 求该厂商实现利润最大化时的产量、价格及利润量。
(2) 如果政府对每单位产品征税 8 元,那么,该厂商实现利润最大化时的产量、价格及利润量又是多少?与 (1) 中的结果进行比较。

**答案:** (1) 总成本函数为 $TC = 120 + 2Q$,
构造利润函数 $\pi = PQ - TC$,
即 $\pi = (100 - Q)Q - (120 + 2Q) = -Q^2 + 98Q - 120$,

$$\frac{d\pi}{dQ} = -2Q + 98 = 0$$

此时 $Q = 49$,$P = 51$,利润 $\pi = 2281$。
(2) 构造利润函数:
$\pi = PQ - TC - 8Q = -Q^2 + 90Q - 120$

$$\frac{d\pi}{dQ} = -2Q + 90 = 0$$

此时 $Q = 45$,$P = 55$,利润 $\pi = 1905$。

与(1)比较,(2)中的利润量较低,产量降低但价格上升。

## 三、论述题

**1. 试画图说明短期成本曲线相互之间的关系。**

**答案**:短期成本曲线共有 7 条,分别是总成本 $TC$ 曲线、总可变成本 $TVC$ 曲线、总固定成本 $TFC$ 曲线及相应的平均成本 $AC$ 曲线、平均可变成本 $AVC$ 曲线、平均固定成本 $AFC$ 曲线和边际成本 $MC$ 曲线。

由短期生产的边际报酬递减规律出发,可以得到短期边际成本 $MC$ 曲线是 U 形的,如图 5-9(b) 所示。

由于 $MC(Q) = \dfrac{dTC(Q)}{dQ} = \dfrac{dTVC(Q)}{dQ}$,所以 $MC$ 曲线的 U 形特征决定了 $TC$ 曲线和 $TVC$ 曲线的斜率和形状,而且 $TC$ 曲线和 $TVC$ 曲线的斜率是相等的。在图 5-9 中,$MC$ 曲线的下降段对应 $TC$ 曲线和 $TVC$ 曲线的斜率递减段;$MC$ 曲线的上升段对应 $TC$ 曲线和 $TVC$ 曲线的斜率递增段;$MC$ 曲线的最低点 $A$(即 $MC$ 曲线斜率为零时的点)分别对应的是 $TC$ 曲线和 $TVC$ 曲线的拐点 $A''$ 和 $A'$。这也就是在 $Q = Q_1$ 的产量上,$A$、$A'$ 和 $A''$ 三点同在一条垂直线上的原因。

此外,由于总固定成本 $TFC$ 是一个常数,而且 $TC(Q) = TVC(Q) + TFC$,所以 $TFC$ 曲线是一条水平线,$TC$ 曲线和 $TVC$ 曲线之间的垂直距离刚好等于不变的 $TFC$ 值。

平均量与边际量之间的关系是:只要边际量大于平均量,则平均量上升;只要边际量小于平均量,则平均量下降;当边际量等于平均量时,则平均量达到极值点(即极大值点或极小值点)。

关于 $AC$ 曲线:由 U 型的 $MC$ 曲线决定的 $AC$ 曲线一定也是 U 形的。$AC$ 曲线与 $MC$ 曲线一定相交于 $AC$ 曲线的最低点 $C$,在 $C$ 点之前,$MC < AC$,则 $AC$ 曲线是下降的;在 $C$ 点之后,$MC > AC$,则 $AC$ 曲线是上升的。此外,当 $AC$ 曲线达到最低点 $C$ 时,$TC$ 曲线一定有一条从原点出发的切线,切点为 $C'$,切线的斜率就表示曲线 $AC$ 的最小值。这就是说,在图 5-9 中当 $Q = Q_3$ 时,$AC$ 曲线最低点 $C$ 和 $TC$ 曲线的切点 $C'$ 一定处于同一条垂直线上。

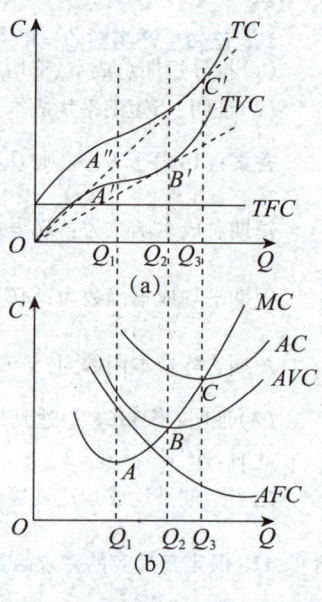

图 5-9 短期成本曲线

相类似地,关于 $AVC$ 曲线:由 U 形的 $MC$ 曲线决定的 $AVC$ 曲线一定也是 U 形的。$AVC$ 曲线与 $MC$ 曲线一定相交于 $AVC$ 曲线的最低点 $B$。在 $B$ 点之前,$MC < AVC$,则 $AVC$ 曲线是下降的;在 $B$ 点之后,$MC > AVC$,则 $AVC$ 曲线是上升的。此外,当 $AVC$ 曲线达到最低点 $B$ 时,$TVC$ 曲线一定有一条从原点出发的切线,切点为 $B'$,切线的斜率表示曲线 $AVC$ 的最小值。这就是说,在图 5-9 中当 $Q = Q_2$ 时,$AVC$ 曲线的最低点 $B$ 和 $TVC$ 曲线的切点 $B'$ 一定处于同一条垂直线上。

由于 $AFC(Q) = \dfrac{TFC}{Q}$,所以 $AFC$ 曲线是一条斜率为负的曲线。而且又由于 $AC(Q) = AVC(Q) +$

$AFC(Q)$，所以每一个产量的 $AC$ 曲线和 $AVC$ 曲线之间的垂直距离等于该产量的 $AFC$ 曲线的高度。

**2.** 有人认为："既然长期平均成本 $LAC$ 曲线是无数条短期平均成本 $SAC$ 曲线的包络线，它表示在长期对于所生产的每一个产量水平，厂商都可以将平均成本降到最低，那么，长期平均成本 $LAC$ 曲线一定与所有的短期平均成本 $SAC$ 曲线相切于各 $SAC$ 曲线的最低点。"你认为这句话正确吗？请说明理由。

**答案：** 这句话不正确，理由是厂商长期生产的基本规律体现为规模经济和规模不经济的作用。在长期，厂商能够随着产量的变化对企业的生产规模进行调整，从而降低生产的平均成本。在企业规模从小到大不断调整的过程中，首先厂商将经历规模经济阶段，该阶段的长期平均成本不断下降，即表现为 $LAC$ 曲线下降。在该阶段，下降的 $LAC$ 曲线只能相切于所有 $SAC$ 曲线最低点的左边。然后通过对企业规模的不断调整，厂商将在某一点实现生产的适度规模。在适度规模这一点，长期平均成本达到最低水平，即表现为 $LAC$ 曲线达到最低点。在该点，$LAC$ 曲线与代表适度规模的那条 $SAC$ 曲线恰好相切于各自的最低点。最后厂商将经历规模不经济阶段，该阶段的长期平均成本不断增加，即表现为 $LAC$ 曲线上升。在该阶段，上升的 $LAC$ 曲线只能相切于所有的 $SAC$ 曲线最低点的右边。

在长期生产过程中，厂商会首先经历规模经济，然后实现适度规模，最后进入规模不经济的原因在于：任何产品的生产都有一个由技术决定的适度规模，唯有在生产的适度规模时，厂商才能达到平均成本的最低点。否则，在产量过小和规模过小时，平均成本会过高，厂商只要增加产量和扩大规模就可以降低成本，这就是规模经济阶段。而在产量过大和规模过大时，平均成本也会过高，厂商只有减少产量和缩小规模才能降低成本，这就是规模不经济阶段。

**3.** 请说明决定长期平均成本 $LAC$ 曲线形状和位置的因素。

**答案：** 决定长期平均成本曲线形状的因素：规模经济和规模不经济。厂商在长期产量不断增加且规模不断扩大的调整过程中，将首先经历规模经济阶段，然后实现适度规模，最后进入规模不经济阶段。在规模经济阶段，长期平均成本不断减少，即 $LAC$ 曲线下降；在实现适度规模时，长期平均成本降到最低，即 $LAC$ 曲线达到最低点；在规模不经济阶段，长期平均成本不断增加，即 $LAC$ 曲线上升。所以长期生产的规模经济和规模不经济的规律，决定了长期平均成本 $LAC$ 曲线的形状呈现 U 形特征，即先下降后上升。

决定长期平均成本位置的因素：外在经济和外在不经济。在其他条件不变时，如果企业生产所依赖的外部条件得到改善，使得企业的平均成本下降，则称为外在经济；相反，如果企业所依赖的外部条件恶化，使得企业的平均成本上升，则称为外在不经济。外在经济和外在不经济的变化，决定了长期平均成本 $LAC$ 曲线的位置。当外在经济发生时，$LAC$ 曲线的位置下移；当外在不经济发生时，$LAC$ 曲线的位置上移。外在经济和外在不经济的变化只影响 $LAC$ 曲线的位置高低，不会影响 $LAC$ 曲线的形状。因为 $LAC$ 曲线的形状取决于企业生产的内在技术特征，而外在经济和外在不经济是由企业生产的外部因素变化引起的。

### 知识拓展

本章是上一章的延伸,因此有与上一章相同的缺点,即脱离社会形态的影响而论述一般性的成本。同时,本章引入了"机会成本"的概念,初学者应该加深对此概念的理解。同时,也应注意区别经济利润和正常利润这两个概念。深入理解7种短期成本和3种长期成本,弄清楚其间的关系,进而会应用其关系进行画图和计算。

# 第六章 完全竞争市场

## 知识脉络图

完全竞争市场的特点
- 完全竞争市场的特点
  - 市场类型的划分和特征
  - 条件
- 完全竞争厂商的需求曲线和收益曲线
- 短期均衡
  - 厂商的均衡条件：$MR = SMC$，$MR = AR = P$
  - 生产者剩余
- 供给曲线
  - 个别厂商：$P \geq AVC$ 最低点的 $MC$ 曲线
  - 行业：厂商的短期供给曲线的水平加总
- 长期均衡
  - 厂商的均衡条件：$MR = LMC = SMC = LAC = SAC$，$MR = AR = P$
  - 行业的长期均衡
    - 成本不变行业
    - 成本递增行业
    - 成本递减行业
- 福利最大化及价格管制和销售税的福利效应

## 复习提示

**概念**：完全竞争市场、生产者剩余、总收益、平均收益、边际收益、收支相抵点、停止营业点、成本不变行业、成本递增行业、成本递减行业、消费者统治。

**理解**：完全竞争市场的条件、完全竞争厂商的需求曲线和收益曲线、价格管制和销售税的福利效应。

**掌握**：厂商实现利润最大化的均衡条件（图解）、完全竞争厂商的短期均衡和短期供给曲线（图解）、完全竞争厂商的长期均衡（图解）、成本不变、成本递增、成本递减情况下完全竞争行业的长期供给曲线。

**计算**：完全竞争厂商的收益与利润、厂商利润最大化的产量和利润、完全竞争市场的短期（长期）均衡价格和均衡产量。

## 重点难点常识理解

### 1. 市场结构、划分市场结构的标准及市场类型

市场指从事物品买卖的交易场所或接洽点。从本质上讲,市场是物品买卖双方相互作用并得以决定其交易价格和交易数量的一种组织形式和制度安排。市场结构就是表示某种商品或劳务在市场中的竞争程度。

决定市场类型划分的主要因素:①市场上厂商的数目;②厂商所生产的产品的差别程度;③单个厂商对市场价格的控制程度;④厂商进入或退出一个行业的难易程度。四种市场类型比较见表6-1 所示。

表6-1 四种市场类型比较

| 市场类型 | 完全竞争 | 垄断竞争 | 寡头垄断 | 完全垄断 |
| --- | --- | --- | --- | --- |
| 厂商数目 | 非常多 | 很多 | 几个 | 一个 |
| 差别程度 | 完全无差别 | 有差别 | 有差别或无差别 | 唯一产品,无相近替代品 |
| 控制程度 | 不能控制 | 一定程度 | 较大程度 | 很大程度,但经常受到管制 |
| 进入或退出的难易程度 | 完全自由 | 比较容易 | 较难 | 相当困难,几乎不可能 |
| 效率 | 最有效率 | 较有效率 | 较差 | 最差 |
| 厂商实例 | 农产品 | 零售商业 | 汽车、钢铁业 | 公用事业(天然气、自来水) |

### 2. 生产者剩余

生产者剩余指厂商在提供一定数量的某种产品时实际接受的总支付和愿意接受的最小总支付之间的差额。就单个生产者而言,生产者剩余是生产者所获得的价格超出边际成本的部分;就整个市场而言,生产者剩余是供给曲线以上、市场价格以下的部分。

$$PS = P_0 Q_0 - \int_0^{Q_0} f(Q) \mathrm{d}Q$$

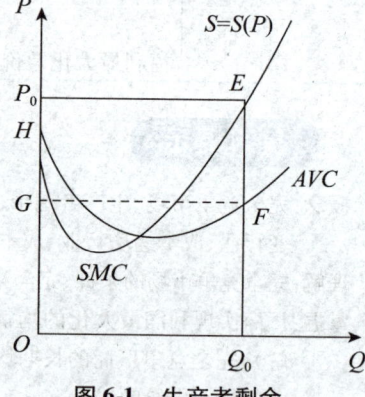

图6-1 生产者剩余

$PS$ 为生产者剩余,反供给函数 $P^S = f(Q)$。第一项表示厂商实际接受的总支付,第二项表示厂商愿意接受的最小总支付。

用几何图形表示,生产者剩余是生产者供给曲线以上、市场价格以下的面积,如图6-1 所示。

生产者剩余 $= TR - TVC$

利润 $(\pi) = TR - TVC - TFC$

**要点解析**:生产者剩余还可以用厂商的收益和总可变成本的差额表示。

### 3. 消费者统治

消费者统治指在一个经济社会中消费者在商品生产这一最基本的经济问题上所起的决定性

的作用。这种作用表现为:消费者用货币购买商品是向商品投"货币选票"。"货币选票"的投向和数量,取决于消费者对不同商品的偏好程度,体现了消费者的经济利益和意愿。而生产者为了获得最大的利润,必须依据"货币选票"的情况来安排生产,决策生产什么、生产多少、如何生产等。这说明,生产者是根据消费者的意志来组织生产、提供产品的。西方学者认为,这种消费者统治的经济关系,可以促使社会的经济资源得到合理的利用,从而使全社会的消费者得到最大的满足。微观经济学中对完全竞争市场的长期均衡状态的分析通常被用来作为对消费者统治说法的一种证明。

### 4. 完全竞争市场

完全竞争市场指一种竞争不受任何阻碍和干扰的市场结构。完全竞争的条件是:①对单个厂商而言,价格既定。市场上有大量互相独立的买者和卖者,他们是既定价格的接受者而不是决定者。②产品同质。所有卖者向市场提供的产品都是同质的、无差异的,对买者来说没有任何差别。③要素自由流动。所有要素都可以自由流动,进入或退出市场。④信息充分。卖者和买者都可以获得完全的信息,双方不存在相互的欺骗。除此之外,还有完全竞争者都具有理性的假设。事实上,这种理想的完全竞争市场很难在现实中存在。但是完全竞争市场的资源利用最优、经济效率最高,可以作为经济政策的理想目标,所以,西方经济学家总是把完全竞争市场的分析当作市场理论的主要内容,并把它作为一个理想情况,以便和现实比较。

### 5. 完全竞争厂商的总收益、平均收益与边际收益

(1)厂商的总收益。在一定时期内厂商从一定量产品的销售中得到的货币总额,它等于单位产品的价格 $P$ 乘以销售量 $Q$,即 $TR = P \cdot Q$。

因为完全竞争的厂商所面对的是一条水平的需求曲线,厂商增减一单位产品的销售所引起的总收益的变化($\Delta TR$)总是等于固定不变的单位产品的价格 $P$,所以,总收益曲线是一条从原点出发的直线,它的斜率就是固定不变的价格。总收益与边际收益、平均收益有密切的关系。

(2)边际收益。厂商增加一单位产品销售所获得的总收入的增量。

(3)平均收益。厂商在平均每一单位产品销售上所获得的收入。

### 6. 完全竞争厂商利润最大化的均衡条件

在完全竞争市场下,厂商利润最大化的均衡条件为 $P = MC$。

### 7. 完全竞争市场的福利

(1)福利最大化。福利最大化即为总剩余最大化,在完全竞争市场中达到均衡即实现了福利最大化。

(2)价格管制和销售税的福利效应。价格管制和销售税都导致了福利损失。

# 考研真题与难题详解

## 一、概念题

**1. 竞争市场**(武汉大学 2005 年研)

答案:竞争市场指存在着产品竞争的市场结构,包括完全竞争市场和垄断竞争市场。完全竞争又称为纯粹竞争,是指不存在任何阻碍和干扰因素的市场情况,即没有任何垄断因素的市场结构。完全竞争市场需要具备以下四个条件:①市场上有大量的买者和卖者;②市场上每一个厂商提供的商品都是同质的;③所有的资源具有完全的流动性;④信息是完全的。

垄断竞争市场是既存在垄断又存在竞争的市场结构。在这种市场中,有许多厂商生产和销售有差别的产品,具体地说,垄断竞争市场的条件主要有以下三点:①生产集团中有大量的企业生产有差别的同种产品,这些产品彼此之间都有非常接近的替代品;②一个生产集团中的企业数量非常多;③厂商的生产规模比较小,因而进入和退出一个生产集团比较容易。

**2. 成本递增行业**(华中科技大学 2004 年研;北京交通大学 2007 年研)

答案:成本递增行业是这样的一个行业,其产量增加所引起的生产要素需求的增加,会导致生产要素价格的上升。

成本递增行业的长期供给曲线是向右上方倾斜的,其原因在于成本递增行业的长期平均成本是递增的。向右上方倾斜的供给曲线表示:随着成本递增行业长期供给量的增加,长期供给价格是不断上升的,市场需求的变化不仅引起行业长期均衡产量的同方向变化,还引起市场长期均衡价格的同方向变化。成本递增行业是人们常见的行业,因此,一般行业的长期成本曲线是向右上方倾斜的。

**3. 停业原则**(浙江大学 2006 年研)

答案:停业原则是微观经济学中用于描述短期内厂商是否退出市场的一条原则。在厂商理论中,市场价格恰好可以弥补平均可变成本的点就是停业点。这时企业营业的损失与停业关门的后果一样,恰好等于它的固定成本。停业原则是指如果市场价格低于厂商的平均可变成本,则它应该退出市场,停止生产,这样可以产生较小的损失,即只亏损固定成本。

**4. 停止营业点**(中国青年政治学院 2007 年研;北邮 2010 年研;北工商 2013 年研)

答案:停止营业点是指一个已经投入生产的企业,在生产中总有这样一点,当根据利润最大化原则确定的产量大于这一点所代表的产量时,仍可以继续生产,小于这一点代表的产量时,就只好关闭,该点就是企业的停止营业点。

一个已经投入生产的企业是否必须关闭的条件不在于它是否盈利,而在于它关闭后的亏损与生产时的亏损哪种更大。如果关闭后的亏损比生产时的亏损更大,则应继续生产;如果生产时的亏损比关闭后的亏损更大,则必须关闭。实际上关闭后也是有亏损的,其亏损就是固定成本。因此,是否关闭应视生产时的亏损是否大于固定成本而言,若不大于,就可以继续生产;若大于,就必须停止营业。企业的停止营业点可以用图说明,如图 6-2 所示,图中 $E$ 点是平均可变成本的最低点,即企业停止营业点。

# 第六章 完全竞争市场

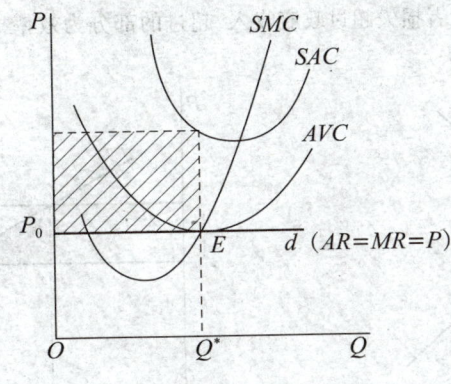

图 6-2 停止营业点

## 二、简答题

**1. 为什么 $MR=MC$ 是利润最大化的必要条件？当某厂商实现了利润最大化时，他一定是盈利的吗？（西安交大 2005 年、2007 年研；北理工 2008 年、2012 年研；社科院研究生院 2010 年研）**

答案：(1)构造利润函数：

$$\pi(Q)=TR(Q)-TC(Q)$$

$$\frac{d\pi(Q)}{dQ}=MR(Q)-MC(Q)=0$$

即 $MR=MC$ 时，厂商利润最大，故 $MR=MC$ 是利润最大化的必要条件。

(2)不一定盈利，也有可能是亏损最小，需要比较价格与边际收益和边际成本的关系才能确定是盈利还是亏损或是利润为零，$MR=MC$ 只能说明厂商在最优条件下生产。

**2. 什么是零利润定理？企业一旦利润为零，它就会退出市场吗？请说明原因。（中山大学 2006 年研）**

答案：(1)零利润定理是用于描述竞争市场中企业长期利润变化趋势的一个定理，其具体内容是：在完全竞争市场上，企业可以完全自由进入和退出，因此，长期均衡时，不可能有企业获得超额利润，也不可能有企业亏损，即长期均衡时，每个企业都只能获得零利润。形成零利润的原因是：在完全竞争市场上，进退壁垒为零，企业可以自由进入或退出。当典型企业存在超额利润时，大量企业就会进入市场，导致价格下降和成本提高，利润降低；反之，企业则会退出，导致价格上升和成本下降，利润提高。只有当每个企业都获得零利润时，进入和退出行为才会停止，市场达到均衡。

(2)企业一旦利润为零，它不会退出市场。其原因是：此处的利润是指经济利润，而不是会计利润。在企业长期竞争使得企业的经济利润为零时，此时企业只能够获得正常利润，即企业家的报酬。此时该企业所在的行业进入了成熟阶段。

**3. 在完全竞争的市场环境中，对厂商征收固定税，试分析短期、长期的税收转嫁及效率损失情况。（北京大学国家发展研究院 2007 年研）**

答案：(1)短期内，厂商的供给曲线向右上方倾斜。税收部分转嫁给消费者，部分转嫁给厂商，二者共同分担且存在效率损失，如图 6-3 所示，图中的阴影部分为效率损失。

(2)长期内，厂商的供给曲线处于水平状态，厂商在最低平均成本处生产，利润为 0，厂商的供给价格不可能再下降，税收只能全部由消费者承担。由于长期竞争条件下厂商利润始终为 0，增税前后厂商的利润没有变化;消费者损失超过政府收入,超过的部分为效率损失部分,如图6-4所示,图中的阴影部分为纯粹效率损失。

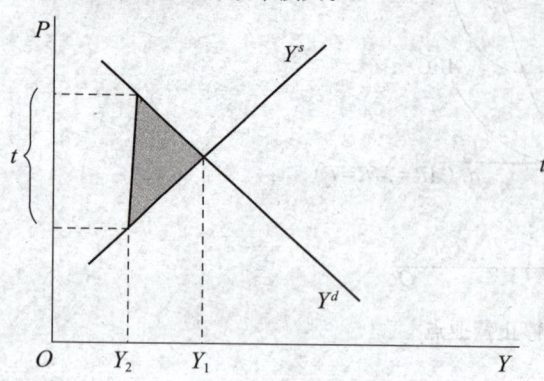
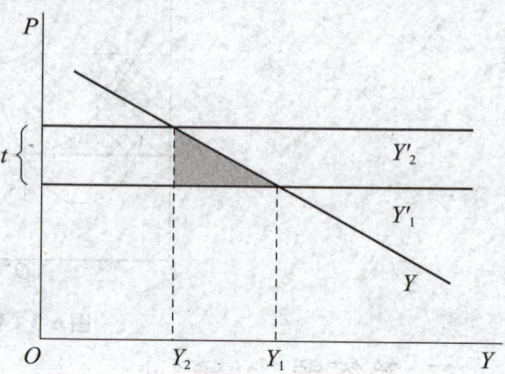

图6-3 对完全竞争厂商征收固定税的短期影响　　图6-4 对完全竞争厂商征收固定税的长期影响

**4.** 有人说:"由于长期内经济利润为0,厂商在完全竞争市场中没有利益驱动去生产产品,为什么还有人在不盈利的情况下继续进行生产和销售?"你赞同这种说法吗?(中山大学2003年研)

**答案:** 不赞同这种说法。分析如下:在完全竞争市场中,长期内单个厂商的经济利润为零,即只能获得正常利润。在长期内,厂商只是没有获得经济利润,或者说没有获得超过其正常利润的超额利润,但厂商仍然获得了自有资本应得利息、经营者自身的才能及风险的代价,这些代价在会计中表现为会计利润,在经济学中表现为隐性成本。所以,长期内厂商没有获得经济利润,但其资本投入、经营者才能、承担风险等都获得了补偿,即获得了会计利润,所以厂商在经济利润等于0的时候仍然会继续进行生产和销售。

**5.** 试证明在完全竞争的市场上,如果一个企业的生产技术具有规模报酬不变的特性,那么如果最大利润存在,它一定是零。(对外经贸大学2012年研)

**答案:** (反证法)

证明:设厂商规模报酬不变,最大利润为$\pi$,

则 $\pi = Pf(x_1, x_2) - w_1 x_1 - w_2 x_2 > 0$

当生产规模扩大为原来的$t$倍时,其中$t > 1$,

则 $\pi' = Pf(tx_1, tx_2) - w_1(tx_1) - w_2(tx_2)$
　　　$= t[Pf(x_1, x_2) - w_1 x_1 - w_2 x_2]$
　　　$= t\pi > \pi$

与$\pi$是最大利润矛盾。

故假设不成立,只有$\pi$为0时,$t\pi$才与$\pi$相等,故厂商的最大利润只能为零。

## 三、计算题

**1.** 完全竞争行业中某厂商的成本函数为$TC = Q^3 - 6Q^2 + 30Q + 40$。

试求:

(1) 假设产品价格为66元,利润最大化时的产量及利润总额。

# 第六章 完全竞争市场

(2)竞争市场供求发生变化,由此决定的新价格为30元。在新价格下,厂商是否会发生亏损? 如果会,最小的亏损额为多少?

(3)该厂商在什么情况下会停止生产?

(4)厂商的短期供给函数。(厦门大学2007年研)

**答案:**(1)厂商的成本函数为 $TC = Q^3 - 6Q^2 + 30Q + 40$,则 $MC = 3Q^2 - 12Q + 30$,又知 $P = 66$ 元,根据利润极大化的条件 $P = MC$,有 $66 = 3Q^2 - 12Q + 30$,解得 $Q = 6, Q = -2$(舍去)。

最大利润为 $\pi = TR - TC = PQ - (Q^3 - 6Q^2 + 30Q + 40) = 176$(元)。

(2)由于市场供求发生变化,新的价格为 $P = 30$ 元,厂商是否发生亏损要根据 $P = MC$ 所决定的均衡产量计算利润为正还是为负。

均衡条件为 $P = MC$,即 $30 = 3Q^2 - 12Q + 30$,则 $Q = 4$ 或 $Q = 0$(舍去)。

此时利润 $\pi = TR - TC = PQ - (Q^3 - 6Q^2 + 30Q + 40) = -8$。

可见,当价格为30元时,厂商会发生亏损,最小亏损额为8元。

(3)厂商退出行业的条件是 $P$ 小于 $AVC$ 的最小值。

由 $TC = Q^3 - 6Q^2 + 30Q + 40$,得 $TVC = Q^3 - 6Q^2 + 30Q$。

有 $AVC = \dfrac{TVC}{Q} = Q^2 - 6Q + 30$,令 $\dfrac{dAVC}{dQ} = 0$,即 $\dfrac{dAVC}{dQ} = 2Q - 6 = 0$,解得 $Q = 3$。

当 $Q = 3$ 时,$AVC = 21$,可见只要价格 $P < 21$,厂商就会停止生产。

(4)由 $TC = Q^3 - 6Q^2 + 30Q + 40$,可得 $SMC = \dfrac{dTC}{dQ} = 3Q^2 - 12Q + 30$,进而可得 $Q = \dfrac{6 + \sqrt{3P - 54}}{3}$。

完全竞争厂商的短期供给曲线即为 $SMC$ 曲线上大于和等于停止营业点的部分,因此厂商的短期供给函数即为 $Q(P) = \dfrac{6 + \sqrt{3P - 54}}{3} (P \geq 21)$。

**2.** 在一个完全竞争的市场,企业使用两种原材料,记为1和2,两种原材料的市场价格均为1。每个企业的固定成本为 $F = 32$,生产函数为 $f(x_1, x_2) = \sqrt[4]{x_1 x_2}$,其中 $x_i$ 是原材料 $i$ 的使用量。消费者对该产品的需求函数为 $Q = 280 - 5p$,其中 $p$ 为市场价格。请找出这个市场的长期均衡价格和企业个数。(北京大学国家发展研究院2010年研)

**答案:**企业成本最小化问题:

$\min\ x_1 + x_2 + 32$

s.t. $\sqrt[4]{x_1 x_2} \geq q$

构造拉格朗日函数:

$L = x_1 + x_2 + 32 - \lambda(\sqrt[4]{x_1 x_2} - q)$

一阶条件为:

$\begin{cases} \dfrac{\partial L}{\partial x_1} = 1 - \dfrac{1}{4}\lambda x_1^{-\frac{3}{4}} x_2^{\frac{1}{4}} = 0 \\ \dfrac{\partial L}{\partial x_2} = 1 - \dfrac{1}{4}\lambda x_1^{\frac{1}{4}} x_2^{-\frac{3}{4}} = 0 \\ \dfrac{\partial L}{\partial \lambda} = \sqrt[4]{x_1 x_2} - q = 0 \end{cases}$

解得 $x_1 = x_2 = q^2$,故 $TC = 2q^2 + 32$。

供给函数为 $P = 4q = MC$。

又因为完全竞争市场长期均衡的条件为：
$$p = \min(AC) = \min\left(2q + \frac{32}{q}\right)$$
此时 $q = 4, p = 16$，
$Q = 280 - 5 \times 16 = 200, n = \frac{200}{4} = 50$。
故长期均衡价格为 16，企业个数为 50。

**3. 某完全竞争市场上的价格为 10 元。两类企业共 1000 家，250 家 $a$ 类企业，供给曲线斜率为 2，750 家 $b$ 类企业，供给曲线斜率为 3，求市场供给曲线弹性。（清华大学 2006 年研）**

答案：$a$ 类企业的供给曲线为 $P = 2Q$，即 $Q = \frac{1}{2}P$；$b$ 类企业的供给曲线为 $P = 3Q$，即 $Q = \frac{1}{3}P$。则 $a$ 类企业的总供给为 $Q_a = 250Q = 125P$，$b$ 类企业的总供给为 $Q_b = 750Q = 250P$，所以市场总供给为 $Q = Q_a + Q_b = 375P$。

当市场价格为 $P = 10$ 时，市场的总供给为 $Q = 3750$。

市场供给曲线的弹性为 $E = \dfrac{\mathrm{d}Q \cdot P}{\mathrm{d}P \cdot Q} = 375 \times \dfrac{10}{3750} = 1$。

**4. 假设某完全竞争行业有 200 个相同的企业，企业的短期成本函数为 $TC = 0.2Q^2 + Q + 15$，市场需求函数为 $Q_D = 2475 - 95P$，厂商的长期总成本函数为 $LTC = 0.1Q^3 - 1.2Q^2 + 11.1Q$，求：**

(1) 市场短期均衡价格、产量及厂商利润。

(2) 市场长期均衡价格与产量。

(3) 说明是否会有厂商退出经营。（西安交大 2011 年研）

答案：(1) 先求单个企业的供给函数：

$MC = \dfrac{\mathrm{d}(TC)}{\mathrm{d}Q} = 0.4Q + 1$

$VC = 0.2Q^2 + Q$

$AVC = \dfrac{VC}{Q} = 0.2Q + 1$

故 $AVC$ 的最小值为 1。

而 $MC$ 的最小值也为 1，故只有价格大于等于 1，厂商才会供给商品。

此时单个企业的供给函数为 $P = MC = 0.4Q + 1$，即 $Q = 2.5P - 2.5$。

市场的供给函数为 $Q_S = 200Q = 500P - 500(P \geq 1)$，由 $Q_D = Q_S$ 可得 $P = 5$。

市场均衡产量为 2000 单位，每个厂商产量为 10 单位。

单个厂商利润为 $5 \times 10 - (0.2 \times 10^2 + 10 + 15) = 5$。

(2) $LAC = \dfrac{LTC}{Q} = 0.1Q^2 - 1.2Q + 11.1$，

$\dfrac{\mathrm{d}(LAC)}{\mathrm{d}Q} = 0.2Q - 1.2 = 0, Q = 6$。

将 $Q = 6$ 代入 $LAC$，得 $LAC = 7.5$。

由长期均衡条件可得 $P = 7.5$。

将 $P = 7.5$ 代入市场需求函数得市场需求量为 1762.5，在长期市场均衡产量应等于需求量。因此，市场长期均衡价格为 7.5 元，均衡产量为 1762.5。

(3) 将 $P=7.5$ 代入需求函数可得市场需求量为 1762.5,而 200 个厂商的供给量为 1200,再加上厂商短期利润为正,长期利润为 0,所以没有厂商退出经营。

**5. 完全竞争市场中厂商长期成本函数为 $c(q)=1000+10q^2(q>0),q=0,c=0$。市场需求函数为 $p=1200-2q$。**

(1) 求厂商长期供给函数。
(2) 长期均衡时行业中有多少厂商?
(3) 求长期均衡时的消费者剩余。(北京大学 2006 年研)

**答案:**(1) 对于完全竞争市场,单个厂商是价格接受者,对于每个追求利润最大化的厂商而言,其目标是 $\pi(q)=\max\{pq-c(q)\}=\max\{pq-1000-10q^2\}$,s.t. $\pi(q)\geq 0$(参与相容约束)。

解得 $q=\begin{cases}\dfrac{p}{20}(p\geq 200)\\ 0(p<200)\end{cases}$,这就是厂商的长期供给曲线。

(2) 长期均衡时,所有厂商都不能获取长期利润,产品的价格等于生产该产品的最小平均成本,由于 $AC=10q+1000/q$,所以 $\min_{q\geq 0}\{10q+1000/q\}$ 可以得到单个厂商的产量 $q=10$,以及市场价格 $p=10\times 10+1000/10=200$。

若令厂商数量为 $n$,由市场需求函数 $p=1200-2q$,解得 $n=50$。

(3) 消费者剩余 $CS=\int_0^{500}(1200-2q)\mathrm{d}q-200\times 500=250000$。

**6. 假定对菜花的需求函数为 $Q=1000-5P$,菜花的长期供给曲线为 $Q=4P-80$,政府对每单位菜花征收 45 元的税收,问:**

(1) 这种税收会对市场均衡产生什么影响?
(2) 这种税收负担会怎样在菜花的卖者与买者之间分担?
(3) 这种税收将使消费者剩余和生产者剩余发生怎样的变化?(辽宁大学 2010 年研)

**答案:**(1) $Q_D=1000-5P,Q_S=4P-80$。
由 $Q_D=Q_S$,可得 $P=120,Q_D=Q_S=400$。
政府征税后:

$\begin{cases}Q_D=1000-5P_D\\ Q_S=4P_S-80\\ P_D=P_S+45\end{cases}$,解得 $\begin{cases}P_D=140\\ Q=300\end{cases}$。

故征税后均衡价格由 120 元上升到 140 元,均衡销量由 400 减少到 300。

(2) $e_d=-\dfrac{\mathrm{d}Q}{\mathrm{d}P}\cdot\dfrac{P}{Q}=1.5$

$e_s=\dfrac{\mathrm{d}Q}{\mathrm{d}P}\cdot\dfrac{P}{Q}=1.2$

消费者的税收转嫁因子为 $\dfrac{1.2}{1.2+1.5}=\dfrac{4}{9}$,故消费者承担 $45\times\dfrac{4}{9}=20$ 元,生产者承担 25 元。

(3) $CS=(140-120)\times(400+300)\times\dfrac{1}{2}=7000$

征税后,$P=95$ 元。

减少的生产者剩余为 $PS=(120-95)\times(400+300)\times\dfrac{1}{2}=8750$。

7. 一个完全竞争行业中的一个典型厂商,其长期总成本函数为 $LTC = q^3 - 60q^2 + 1500q$,其中成本的单位为元,$q$ 为月产量。

(1)推导出其长期平均成本和长期边际成本函数。
(2)若产品市场价格为 975 元,为实现利润最大化,厂商的产量将是多少?
(3)厂商在(2)中的均衡是否与行业均衡并存?
(4)若市场的需求曲线为 $P = 9600 - Q$,在长期均衡中,该行业将有多少厂商?(北京理工大学 2007 年研)

**答案:**(1)长期平均成本函数 $LAC = LTC/q = q^2 - 60q + 1500$,长期边际成本函数 $LMC = \dfrac{\mathrm{d}LTC}{\mathrm{d}q} = 3q^2 - 120q + 1500$。

(2)当实现利润最大化时,有 $\max\{975q - LTC\} = \max\{975q - q^3 + 60q^2 - 1500q\}$。令此目标式的一阶导数为零,有 $q^2 - 40q + 175 = 0$,可以得出 $q = 5$ 或 $q = 35$。再经过二次导数的验证,取 $q = 35$,即当产品价格为 975 元时,厂商的产量为 35。

(3)当厂商均衡时,由已知数据可知 $P = 600$、$Q = 30$,可见厂商在(2)中的均衡不与行业均衡并存。

(4)在长期均衡中,该厂商的 $P = 600$,$Q = 30$。

如果市场的需求曲线为 $P = 9600 - Q$,则行业的总产量 $Q = 9600 - 600 = 9000$,厂商的数量为 300。

## 四、论述题

1. 政府如果对产品的卖方征收销售税,那么,在其他条件不变的情况下这将会导致商品的供给曲线向上平移。然而根据供求曲线具体形状的不同,实际的税收负担情况是不同的。假定商品的需求曲线为负斜率的直线,试结合图形分析一下:

(1)在什么情况下税收负担能够完全转嫁给买方?
(2)在什么情况下买卖双方均承担一定的税赋?
(3)在什么情况下税收负担完全不能转嫁给买方?
(4)上述变化有什么规律性?(东北财大 2009 年研)

**答案:**(1)税收完全由买方负担。如图 6-5(a)所示,供给曲线为水平直线,原有均衡点为 $E$ 点。当政府对产品的卖方征收销售税时,供给曲线向上移动至形成新的均衡点 $E'$ 点。可以看出,税收负担能够完全转嫁给买方。通过转嫁,消费者承担了全部税额。

(2)税收负担由买卖双方共同承担。如图 6-5(b)所示,供给曲线向右上方倾斜,原有均衡点为 $E$ 点。当政府对产品的卖方征收销售税时,供给曲线向上移动至形成新的均衡点 $E'$ 点。可以看出,产品价格不是按全部税额上涨的。通过转嫁,买方和卖方各承担了一部分税额。

(3)税收负担完全不能转嫁给买方。如图 6-5(c)所示,供给曲线与横轴垂直,保持一个固定的水平,原有均衡点为 $E$ 点。当政府对产品的卖方征收销售税时,供给曲线不会发生变化,所以产品价格保持原来的水平,税收负担无法转嫁,卖方承担了全部税额。

(4)从上述分析中可以看出:供给曲线的弹性是影响税收归宿的主要因素之一。在其他条件不变的前提下,供给弹性越大,卖方就越可以通过价格上涨的方式把更多的税收转嫁给买方,税收更

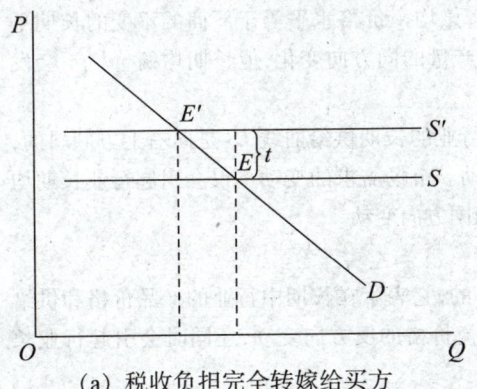
(a) 税收负担完全转嫁给买方

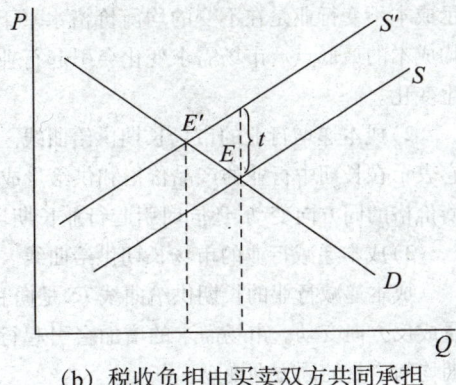
(b) 税收负担由买卖双方共同承担

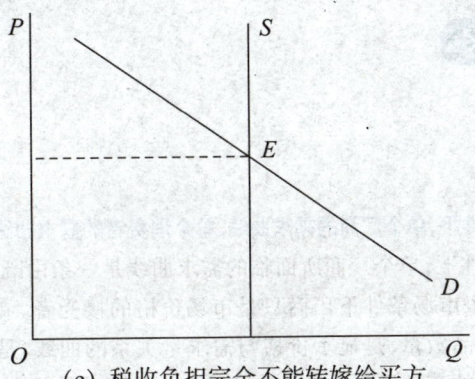
(c) 税收负担完全不能转嫁给买方

图 6-5　不同情况下的税收问题

多地由买方承担；供给弹性越小，卖方就越难以通过价格上涨的方式把更多的税收转嫁给买方，只能自己来承受大部分的税收。

**2. 在完全竞争市场条件下，商品的短期均衡和长期均衡供给曲线与厂商的成本曲线之间的关系是什么？（中央财经大学 2007 年研）**

**答案：**（1）完全竞争条件下，商品的短期供给曲线与厂商的成本曲线的关系。

在完全竞争市场上，厂商的短期供给曲线可以用短期边际成本 $SMC$ 曲线来表示，具体说明如下。

对完全竞争厂商来说，有 $P=MR$，所以完全竞争厂商的短期均衡条件 $MR=MC$ 又可以写成 $P=MC(Q)$。即对应每一个给定的价格水平 $P$，完全竞争厂商应该选择最优的产量 $Q$，使得 $P=MC(Q)$ 成立，从而实现最大的利润。这意味着在价格 $P$ 和厂商的最优产量 $Q$ 之间存在着一一对应的关系，而厂商的 $SMC$ 曲线恰好准确地表明了这种商品的价格和厂商的短期供给量之间的关系。必须注意到，厂商只有在 $P \geqslant AVC$ 时才会进行生产，而在 $P<AVC$ 时，厂商会停止生产。所以，厂商的短期供给曲线应该用 $SMC$ 曲线上大于和等于 $AVC$ 曲线最低点的部分来表示。

（2）完全竞争条件下，商品的长期供给曲线与厂商的成本曲线之间的关系。

在完全竞争市场中，市场长期供给曲线可以分为成本不变行业的长期供给曲线、成本递增行业的长期供给曲线、成本递减行业的长期供给曲线。

1）成本不变行业的市场长期供给曲线。成本不变行业的长期供给曲线 $LS$ 是一条水平线，它表示成本不变行业是在不变的均衡价格水平下提供产量,该均衡价格水平等于厂商的不变的长期平均成本的最低点。市场需求变化会引起行业长期均衡产量的同方向变化,但长期均衡价格不会发生变化。

2)成本递增行业的市场长期供给曲线。成本递增行业的长期供给曲线 LS 是向右上方倾斜的,它表示在长期中行业的产品价格和供给量成同方向变动。市场需求的变动不仅会引起行业长期均衡价格的同方向变动,还同时引起行业长期均衡产量的同方向变动。

3)成本递减行业的市场长期供给曲线。

成本递减行业的长期供给曲线 LS 是向右下方倾斜的,它表示在长期中行业的产品价格和供给量成反方向变动。市场需求的增加会引起行业长期均衡价格的反方向变动,还同时会引起行业长期均衡产量的同方向变动。

## 教材习题参考答案

## 一、简答题

**1. 请区分完全竞争市场条件下,单个厂商的需求曲线、单个消费者的需求曲线和市场的需求曲线。**

**答案:** 在完全竞争市场条件下,单个厂商所面临的需求曲线是一条由既定的市场均衡价格水平决定的水平线,它表示完全竞争市场条件下厂商只是市场价格的接受者。单个消费者的需求曲线表示在每一价格下所需求的商品数量,是显示价格与需求量关系的曲线,是指在其他条件相同时,每一价格水平上买主愿意购买的商品量的曲线。市场需求曲线表示的是在整个市场中产品的价格和它的需求量之间的关系。

**2. 为什么完全竞争厂商是"市场价格的接受者"?既然如此,完全竞争市场的价格还会变化吗?**

**答案:** 完全竞争市场的特点是供给者多、供给产品之间没有差异。所以单个或某部分供给者是否供应产品,或者供给多少,对整个市场没有任何影响,所以只能是价格的接受者。但是这并不代表价格不会变化,这个价格是由整个市场的供求关系决定的。

**3. 你认为花钱做广告宣传是完全竞争厂商获取更大利润的手段吗?**

**答案:** 完全竞争市场的特点为:市场上有无数的买者和卖者;同一行业中的每一个厂商生产的产品是完全无差别的;厂商进入或退出一个行业是完全自由的;市场中每一个买者和卖者都掌握与自己的经济决策有关的商品和市场的全部信息。从完全竞争市场的特点来看最能说明为什么在完全竞争市场的厂商不愿为产品做广告而花费任何金钱,因为商品都是同质的,而且完全竞争市场没有超额利润,不像垄断竞争厂商那样可获超额利润,所以他们没有也不会花钱去打广告。

**4. 完全竞争厂商的短期供给曲线与短期生产的合理区间之间有什么联系?**

**答案:** 完全竞争厂商的短期生产和短期成本之间的相互关系:在短期生产合理区间呈下降状的 $MPL$ 曲线,对应着厂商短期成本 $MC$ 曲线的上升段;厂商短期生产的合理区间的起点即 $APL$ 曲线和 $MPL$ 曲线相交于 $APL$ 曲线的最高点,对应着短期成本的 $AVC$ 曲线与 $MC$ 曲线相交于 $AVC$ 曲线的最低点。

完全竞争厂商的短期供给曲线是 $SMC$ 曲线上等于和大于 $AVC$ 曲线最低点的那一段。所以,完

# 第六章 完全竞争市场

全竞争厂商的短期供给曲线对应的是短期生产中由 APL 曲线和 MPL 曲线相交于 APL 曲线的最高点作为起点且 MPL 曲线呈下降状的短期生产合理区间。换言之，如果完全竞争厂商处于短期生产的合理区间，那么，这同时也意味着该厂商的生产一定位于短期供给曲线上。当然也可以反过来说，如果完全竞争厂商的生产位于短期供给曲线上，那么，这同时也表示该厂商的生产一定处于短期生产的合理区间。

## 二、计算题

**1.** 已知某完全竞争行业中的单个厂商的短期成本函数为 $STC = 0.1Q^3 - 2Q^2 + 15Q + 10$。

(1) 求当市场上产品的价格为 $P = 55$ 时，厂商的短期均衡产量和利润。
(2) 当市场价格下降为多少时，厂商必须停产？
(3) 求厂商的短期供给函数。

**答案：** (1) 由题知 $STC = 0.1Q^3 - 2Q^2 + 15Q + 10$，

所以 $SMC = \dfrac{\mathrm{d}STC}{\mathrm{d}Q} = 0.3Q^2 - 4Q + 15$。

根据完全竞争厂商实现利润最大化的原则 $P = SMC$ 且已知 $P = 55$，

于是有 $0.3Q^2 - 4Q + 15 = 55$，整理得 $0.3Q^2 - 4Q - 40 = 0$。

解得利润最大化的产量 $Q^* = 20$（负值舍去）。

以 $Q^* = 20$ 代入利润等式有：

$\pi = TR - STC = PQ - STC$
$= (55 \times 20) - (0.1 \times 20^3 - 2 \times 20^2 + 15 \times 20 + 10)$
$= 1100 - 310 = 790$

即厂商短期均衡的产量 $Q^* = 20$，利润 $\pi = 790$。

(2) $P < AVC$ 时，厂商必须停产。

根据题意，有：

$AVC = \dfrac{TVC}{Q} = \dfrac{0.1Q^3 - 2Q^2 + 15Q}{Q} = 0.1Q^2 - 2Q + 15$

令 $\dfrac{\mathrm{d}AVC}{\mathrm{d}Q} = 0$，即有 $\dfrac{\mathrm{d}AVC}{\mathrm{d}Q} = 0.2Q - 2 = 0$，

解得 $Q = 10$，而且 $\dfrac{\mathrm{d}^2 AVC}{\mathrm{d}Q^2} = 0.2 > 0$，

故 $Q = 10$ 时，$AVC(Q)$ 达到最小值。

以 $Q = 10$ 代入 $AVC(Q)$，最小的平均可变成本 $AVC = 0.1 \times 10^2 - 2 \times 10 + 15 = 5$。

于是，当市场价格 $P < 5$ 时，厂商必须停产。

(3) 完全竞争厂商短期实现利润最大化的原则为 $P = SMC$，有 $0.3Q^2 - 4Q + 15 = P$，

整理得 $0.3Q^2 - 4Q + (15 - P) = 0$，

解得 $Q = \dfrac{4 \pm \sqrt{16 - 1.2(15 - P)}}{0.6}$。

根据利润最大化的二阶条件 $MR' < MC'$ 的要求，取解为 $Q = \dfrac{4 + \sqrt{1.2P - 2}}{0.6}$

考虑到该厂商在短期只有在 $P \geq 5$ 时才生产,而在 $P < 5$ 时必定会停产,所以,该厂商的短期供给函数 $Q = f(P)$ 为 
$$\begin{cases} Q = \dfrac{4 + \sqrt{1.2P - 2}}{0.6} & (P \geq 5) \\ Q = 0 & (P < 5) \end{cases}$$

**2.** 某完全竞争厂商的短期边际成本函数为 $SMC = 0.6Q - 10$,总收益函数为 $TR = 38Q$,而且已知产量 $Q = 20$ 时的总成本 $STC = 260$。

求:该厂商利润最大化时的产量和利润。

答案:由 $SMC = 0.6Q - 10$ 可得 $STC = 0.3Q^2 - 10Q + FC$,又因为 $Q = 20$ 时的总成本 $STC = 260$,代入可得 $FC = 340$,从而 $STC = 0.3Q^2 - 10Q + 340$。

由总收益函数 $TR = 38Q$ 可得 $MR = 38$。

由利润最大化的条件 $MR = SMC$ 可得 $Q = 80$,利润 $R = 1580$。

**3.** 假定某完全竞争行业内单个厂商的短期总成本函数为 $STC = Q^3 - 8Q^2 + 22Q + 90$,产品的价格为 $P = 34$。

(1)求单个厂商实现利润最大化时的产量和利润量。

(2)如果市场供求变化使得产品价格下降为 $P = 22$,那么,厂商的盈亏状况将如何?如果亏损,亏损额是多少?(保留整数部分)

(3)在(2)的情况下,厂商是否还会继续生产?为什么?

答案:(1)构造利润函数 $\pi = PQ - STC$,

即 $\pi = -Q^3 + 8Q^2 + 12Q - 90$。

$\dfrac{d\pi}{dQ} = -3Q^2 + 16Q + 12$,

令其为 0,可得 $Q = 6$,此时利润 $\pi = 54$。

(2)当 $P = 22$ 时,厂商的利润函数变为 $\pi = Q^3 + 8Q^2 - 90$。

同理,令 $\pi' = -3Q^2 + 16Q = 0$,且 $\pi'' < 0$,解得 $Q = \dfrac{16}{3} \approx 5, \pi \approx -14$,即厂商实现利润最大化时产量为 5,亏损额为 14。

(3)厂商短期可变成本为 $SAC = Q^3 - 8Q^2 + 22Q \approx 35$。

因为厂商收益大于短期可变成本,厂商亏损主要是因为固定成本太大,并不处于关闭界限,厂商会继续生产。

**4.** 假定某完全竞争厂商的短期总成本函数为 $STC = 0.04Q^3 - 0.4Q^2 + 8Q + 9$,产品的价格 $P = 12$。求该厂商实现利润最大化时的产量、利润量和生产者剩余。

答案:构造利润函数:

$\pi = PQ - STC$,即 $\pi = -0.04Q^3 + 0.4Q^2 + 4Q - 9$。

$\dfrac{d\pi}{dQ} = -0.12Q^2 + 0.8Q + 4 = 0$,

此时 $Q = 10, \pi = 31$。

生产者剩余 $PS = TR - TVC = \pi + TFC = 40$。

**5.** 已知某完全竞争的成本不变行业中的单个厂商的长期总成本函数为 $LTC = Q^3 - 12Q^2 +$

# 第六章 完全竞争市场

$40Q$。试求：

(1)当市场产品价格为 $P=100$ 时，厂商实现 $MR=LMC$ 时的产量、平均成本和利润。

(2)该行业长期均衡时的价格和单个厂商的产量。

(3)当市场的需求函数为 $Q=660-15P$ 时，行业长期均衡时的厂商数量。

**答案：**(1)根据题意：$LTC=Q^3-12Q^2+40Q$，

则 $LMC=\dfrac{\mathrm{d}LTC}{\mathrm{d}Q}=3Q^2-24Q+40$。

完全竞争厂商的 $P=MR$，根据已知条件 $P=100$，故有 $MR=100$。

由利润最大化的原则 $MR=LMC$，得 $3Q^2-24Q+40=100$，整理得 $Q^2-8Q-20=0$。

解得 $Q=10$(负值舍去)。

又因为平均成本函数 $LAC(Q)=\dfrac{LTC(Q)}{Q}=Q^2-12Q+40$。

所以，以 $Q=10$ 代入上式，得平均成本值 $LAC=10^2-12\times 10+40=20$。

最后，利润 $\pi=TR-LTC=PQ-STC=(100\times 10)-(10^3-12\times 10^2+40\times 10)$
$=1000-200=800$。

因此，当市场价格 $P=100$ 时，厂商实现 $MR=LMC$ 时的产量 $Q=10$，平均成本 $LAC=20$，利润 $\pi=800$。

(2)由已知的 $LTC$ 函数，可得：

$LAC(Q)=\dfrac{LTC(Q)}{Q}=\dfrac{Q^3-12Q^2+40Q}{Q}=Q^2-12Q+40$

令 $\dfrac{\mathrm{d}LAC(Q)}{\mathrm{d}Q}=0$，即有 $\dfrac{\mathrm{d}LAC(Q)}{\mathrm{d}Q}=2Q-12=0$，

解得 $Q=6$，而且 $\dfrac{\mathrm{d}^2LAC(Q)}{\mathrm{d}Q^2}=2>0$，

故 $Q=6$ 是长期平均成本最小化的解。

以 $Q=6$ 代入 $LAC(Q)$，得平均成本的最小值为 $LAC=6^2-12\times 6+40=4$。

由于完全竞争行业长期均衡时的价格等于厂商的最小的长期平均成本，所以，该行业长期均衡时的价格 $P=4$，单个厂商的产量 $Q=6$。

(3)由于完全竞争的成本不变行业的长期供给曲线是一条水平线，而且相应的市场长期均衡价格是固定的，它等于单个厂商的最低的长期平均成本，所以，本题的市场长期均衡价格固定为 $P=4$。以 $P=4$ 代入市场需求函数 $Q=660-15P$，便可以得到市场的长期均衡数量为 $Q=660-15\times 4=600$。

现已求得在市场实现长期均衡时，市场的均衡数量 $Q=600$，单个厂商的均衡产量 $Q=6$。于是，行业长期均衡时的厂商数量 $=600\div 6=100$。

**6.** 已知某完全竞争的成本递增行业的长期供给函数 $LS=5500+300P$。试求：

(1)当市场需求函数为 $D=8000-200P$ 时，市场的长期均衡价格和均衡产量。

(2)当市场需求增加时，市场需求函数为 $D=10000-200P$ 时，市场长期均衡价格和均衡产量。

(3)比较(1)和(2)，说明市场需求变动对成本递增行业的长期均衡价格和均衡产量的影响。

**答案：**(1)根据在完全竞争市场长期均衡时的条件 $LS=D$，即有 $5500+300P=8000-200P$，

解得 $P_e=5$。

把 $P_e=5$ 代入 $LS$ 函数，得 $Q_e=5500+300\times 5=7000$。

所以，市场的长期均衡价格和均衡数量分别为 $P_e=5$、$Q_e=7000$。

(2) 同理,根据 $LS=D$,有 $5500+300P=10000-200P$,解得 $P_e=9$。

以 $P_e=9$ 代入 $LS$ 函数,得 $Q_e=5500+300\times9=8200$。

所以,市场的长期均衡价格和均衡数量分别为 $P_e=9$、$Q_e=8200$。

(3) 比较(1)和(2)可得,对于完全竞争的成本递增行业而言,市场需求增加,会使市场的均衡价格上升,即由 $P_e=5$ 上升为 $P_e=9$,市场的均衡数量也增加,即由 $Q_e=7000$ 增加为 $Q_e=8200$。也就是说,市场需求与均衡价格成同方向的变动,与均衡数量也成同方向的变动。

**7.** 已知某完全竞争市场的需求函数为 $D=6300-400P$,短期市场供给函数为 $SS=3000+150P$;单个企业在 $LAC$ 曲线最低点的价格为 6,产量为 50;单个企业的成本规模不变。

(1) 求市场的短期均衡价格和均衡产量。

(2) 判断(1)中的市场是否同时处于长期均衡,求行业内的厂商数量。

(3) 如果市场的需求函数变为 $D'=8000-400P$,短期供给函数为 $SS'=4700+150P$,求市场的短期均衡价格和均衡产量。

(4) 判断(3)中的市场是否同时处于长期均衡,并求行业内的厂商数量。

(5) 判断该行业属于什么类型。

(6) 需要新加入多少企业,才能提供由(1)到(3)所增加的行业总产量?

**答案:** (1) 根据市场短期均衡的条件 $D=SS$,有 $6300-400P=3000+150P$,解得 $P=6$。

以 $P=6$ 代入市场需求函数,有 $Q=6300-400\times6=3900$。

所以,该市场短期均衡价格和均衡产量分别为 $P=6$、$Q=3900$。

(2) 因为该市场短期均衡时的价格 $P=6$,由题意可知,单个企业在 $LAC$ 曲线最低点的价格也为 6,所以,由此可以判断该市场也同时处于长期均衡。

由(1)可知市场长期均衡时的数量为 $Q=3900$,由题意可知,在市场长期均衡时单个企业的产量为 50,所以,由此可以求出市场长期均衡时行业内的厂商数量为 $3900\div50=78$。

(3) 根据市场短期均衡的条件 $D'=SS'$,有 $8000-400P'=4700+150P'$,解得 $P'=6$。

以 $P'=6$ 代入市场需求函数,有 $Q'=8000-400\times6=5600$。

或者以 $P'=6$ 代入市场短期供给函数,有 $Q'=4700+150\times6=5600$。

所以,该市场在变化了的供求函数条件下的短期均衡价格和均衡产量分别为 $P'=6$、$Q'=5600$。

(4) 与(2)的分析相类似,在市场需求函数和短期供给函数变化之后,该市场短期均衡时的价格 $P=6$,由题意可知,单个企业在 $LAC$ 曲线最低点的价格也是 6,所以,由此可以判断该市场的这一短期均衡同时也是长期均衡。

因为由(3)可知,供求函数变化以后的市场长期均衡时的产量 $Q'=5600$,由题意可知,在市场长期均衡时单个企业的产量为 50,所以,由此可以求出市场长期均衡时行业内的厂商数量为 $5600\div50=112$。

(5) 由以上分析和计算过程可知:在该市场供求函数发生变化前后的市场长期均衡时的均衡价格是不变的,均为 $P=6$,而且单个企业在 $LAC$ 曲线最低点的价格也是 6。于是,我们可以判断该行业属于成本不变行业。以上(1)~(5)的分析与计算结果的部分内容如图 6-6 所示。

(6) 由(1)和(2)可知,(1)时的厂商数量为 78;由(3)和(4)可知,(3)时的厂商数量为 112。因此,由(1)到(3)所增加的厂商数量为 $112-78=34$。

或者,也可以这样计算:由于从(1)到(3)市场长期均衡产量的增加量为 $\Delta Q=5600-3900=1700$。由题意可知,单个企业长期均衡时的产量为 $Q=50$,所以,为提供 $\Delta Q=1700$ 的新增产量,需要

# 第六章 完全竞争市场

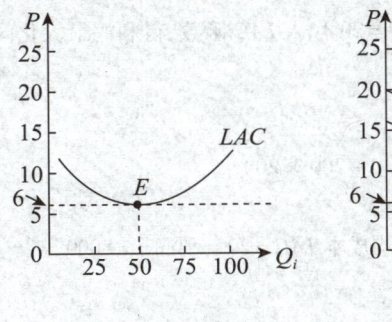

(a) 单个企业

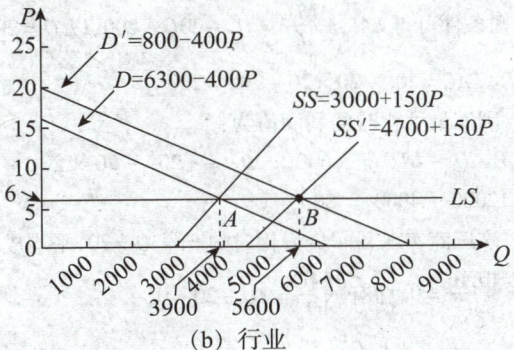

(b) 行业

图 6-6 分析与计算结果

新加入的企业数量为 $1700 \div 50 = 34$。

**8.** 在一个完全竞争的成本不变行业中，单个厂商的长期成本函数为 $LTC = Q^3 - 40Q^2 + 600Q$，该市场的需求函数为 $Q^d = 13000 - 5P$。求：

(1) 该行业的长期供给曲线。

(2) 该行业实现长期均衡时的厂商数量。

**答案：**(1) 根据 $LTC = Q^3 - 40Q^2 + 600Q$，可得 $LAC = \dfrac{LTC}{Q} = Q^2 - 40Q + 600$，

$LMC = \dfrac{\mathrm{d}TC}{\mathrm{d}Q} = 3Q^2 - 80Q + 600$。

由 $LAC = LMC$，得方程 $Q^2 - 40Q + 600 = 3Q^2 - 80Q + 600$，$Q^2 - 20Q = 0$。

解得 $Q = 20$（舍去零值）。

由于 $LAC = LMC$ 时，$LAC$ 达到极小值点，所以以 $Q = 20$ 代入 $LAC$ 函数，便可得 $LAC$ 曲线最低点的价格为 $P = 20^2 - 40 \times 20 + 600 = 200$。

因为成本不变行业的长期供给曲线是从相当于 $LAC$ 曲线最低点的价格高度出发的一条水平线，该行业的长期供给曲线为 $P^S = 200$。

(2) 已知市场的需求函数为 $Q^d = 13000 - 5P$，又从(1)中得行业长期均衡时的价格 $P = 200$，所以以 $P = 200$ 代入市场需求函数，便可以得到行业长期均衡时的数量为 $Q = 13000 - 5 \times 200 = 12000$。

又由于从(1)中可知行业长期均衡时单个厂商的产量 $Q = 20$，所以，该行业实现长期均衡时的厂商数量为 $12000 \div 20 = 600$。

**9.** 已知完全竞争市场上单个厂商的长期成本函数为 $LTC = Q^3 - 20Q^2 + 200Q$，市场的产品价格为 $P = 600$。

(1) 该厂商实现利润最大化时的产量、平均成本和利润各是多少？

(2) 该行业是否处于长期均衡？为什么？

(3) 该行业处于长期均衡时每个厂商的产量、平均成本和利润各是多少？

(4) 判断(1)中的厂商是处于规模经济阶段，还是处于规模不经济阶段。

**答案：**(1) 根据 $LTC = Q^3 - 20Q^2 + 200Q$，可得 $LMC = \dfrac{\mathrm{d}LTC}{\mathrm{d}Q} = 3Q^2 - 40Q + 200$。

已知 $P = 600$，根据完全竞争厂商利润最大化的原则 $LMC = P$，有 $3Q^2 - 40Q + 200 = 600$，整理得 $3Q^2 - 40Q - 400 = 0$，解得 $Q = 20$（负值舍去）。

由已知条件可得 $LAC = \frac{LTC}{Q} = Q^2 - 20Q + 200$，以 $Q = 20$ 代入 $LAC$ 函数，得利润最大化时的长期平均成本为 $LAC = 20^2 - 20 \times 20 + 200 = 200$。

此外，利润最大化时的利润值为：

$\pi = P \cdot Q - LTC = (600 \times 20) - (20^3 - 20 \times 20^2 + 200 \times 20)$
$\quad = 12000 - 4000 = 8000$

所以，该厂商实现利润最大化时的产量 $Q = 20$，平均成本 $LAC = 200$，利润 $\pi = 8000$。

(2) 令 $\frac{dLAC}{dQ} = 0$，即有 $\frac{dLAC}{dQ} = 2Q - 20 = 0$，

解得 $Q = 10$ 且 $\frac{d^2 LAC}{dQ^2} = 2 > 0$。

所以，当 $Q = 10$ 时，$LAC$ 曲线达到最小值。

以 $Q = 10$ 代入 $LAC$ 函数，可得最小的长期平均成本 $= 10^2 - 20 \times 10 + 200 = 100$。

综合(1)和(2)的计算结果，我们可以判断(1)中的行业未实现长期均衡。因为由(2)可知，当该行业实现长期均衡时，市场的均衡价格应等于单个厂商的 $LAC$ 曲线最低点的高度，即应该有长期均衡价格 $P = 100$，而且单个厂商的长期均衡产量应该是 $Q = 10$，还应该有每个厂商的利润 $\pi = 0$。而事实上由(1)可知，该厂商实现利润最大化时的价格 $P = 600$，产量 $Q = 20$，$\pi = 8000$。显然，该厂商实现利润最大化时的价格、产量和利润都大于行业长期均衡时对单个厂商的要求，即价格 $600 > 100$，产量 $20 > 10$，利润 $8000 > 0$。因此，(1)中的行业未处于长期均衡状态。

(3) 由(2)已知，当该行业处于长期均衡时，单个厂商的产量 $Q = 10$，价格等于最低的长期平均成本，即有 $P = LAC_{min} = 100$，利润 $\pi = 0$。

(4) 由以上分析可以判断，(1)中的厂商处于规模不经济阶段。其理由在于：(1)中单个厂商的产量 $Q = 20$，价格 $P = 600$，它们都分别大于行业长期均衡时单个厂商在 $LAC$ 曲线最低点生产的产量 $Q = 10$ 和面对的价格 $P = 100$。换言之，(1)中的单个厂商利润最大化的产量和价格组合发生在 $LAC$ 曲线最低点的右边，即 $LAC$ 曲线处于上升段，所以，单个厂商处于规模不经济阶段。

10. 假定某完全竞争行业有 100 个相同的厂商，单个厂商的短期总成本函数为 $STC = Q^2 + 6Q + 20$。

(1) 求市场的短期供给函数。

(2) 假定市场的需求函数为 $Q^d = 420 - 30P$，求该市场的短期均衡价格和均衡产量。

(3) 假定政府对每一单位商品征收 1.6 元的销售税，那么，该市场的短期均衡价格和均衡产量是多少？消费者和厂商各自负担多少税收？

答案：(1) 单个厂商的边际成本 $MC = 2Q + 6$。

由短期均衡条件可知 $P = MC$，即 $P = 2Q + 6$，

即 $Q = 0.5P - 3$。

故市场的短期供给函数为 $Q_s = 100Q = 50P - 300$。

(2) 联立供给函数与需求函数，可得 $P = 9$，$Q = 150$。

(3) 征税后，联立函数：

$\begin{cases} Q_s = 50P_s - 300 \\ Q_d = 420 - 30P_d \\ P_s = P_d - 1.6 \end{cases}$

## 第六章 完全竞争市场

解得 $P_d = 10, Q = 120$。

故市场短期均衡价格为 10,均衡产量为 120。

消费者承担的税收 $= 120 \times (10 - 9) = 120$,生产者承担的税收 $= 120 \times (9 - 8.4) = 72$。

**11.** 假定某完全竞争市场的需求函数为 $Q^d = 68 - 4P$,行业的短期供给函数为 $Q^s = -12 + 4P$。

(1) 求该市场的短期均衡价格和均衡产量。

(2) 在(1)的条件下,该市场的消费者剩余、生产者剩余和社会总福利分别是多少?

(3) 假定政府对每一单位商品征收 2 元的销售税,那么,该市场的短期均衡价格和均衡产量是多少? 此外,消费者剩余、生产者剩余和社会总福利的变化又分别是多少?

**答案:**(1) 联立方程:

$$\begin{cases} Q^d = 68 - 4P \\ Q^s = -12 + 4P \end{cases}$$

解得 $P = 10, Q^d = Q^s = 28$。

(2) 如图 6-7 所示。

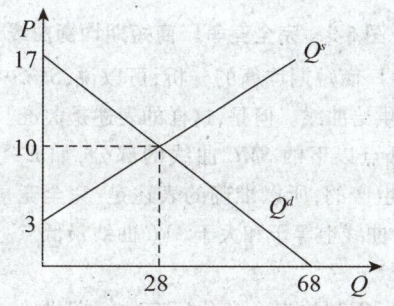

图 6-7 某完全竞争市场的需求函数和短期供给函数

由图 6-7 可以得知消费者剩余为 $\frac{1}{2} \times 28 \times (17 - 10) = 98$,

生产者剩余为 $\frac{1}{2} \times 28 \times (10 - 3) = 98$,

社会总福利为消费者剩余加上生产者剩余为 196。

(3) 联立方程:

$$\begin{cases} Q^d = 68 - 4P_d \\ Q^s = -12 + 4P_s \\ P_d = P_s + 2 \end{cases}$$

解得 $P_d = 11, Q^d = Q^s = 24$。

即均衡价格为 11,均衡数量为 24,如图 6-8 所示。

此时消费者剩余为 $\frac{1}{2} \times 24 \times (17 - 11) = 72$,

生产者剩余为 $\frac{1}{2} \times 24 \times (11 - 5) = 72$,

社会总福利为 $72 + 72 + 2 \times 24 = 192$。

故消费者剩余和生产者剩余均减少 26,社会总福利减少 4。

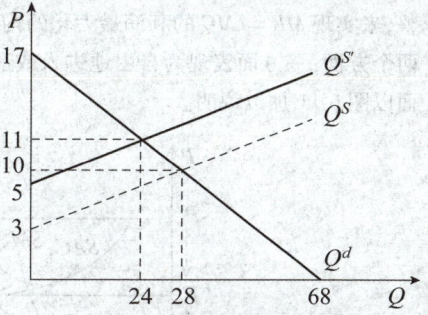

图 6-8 征收销售税后的市场函数

## 三、论述题

**1. 为什么完全竞争厂商的短期供给曲线是 $SMC$ 曲线上等于和大于 $AVC$ 曲线最低点的部分？**

答案：(1)厂商的供给曲线所反映的函数关系为 $Q^s = f(P)$，也就是说，厂商供给曲线应该表示在每一个价格水平上厂商所愿意且能够提供的产量。

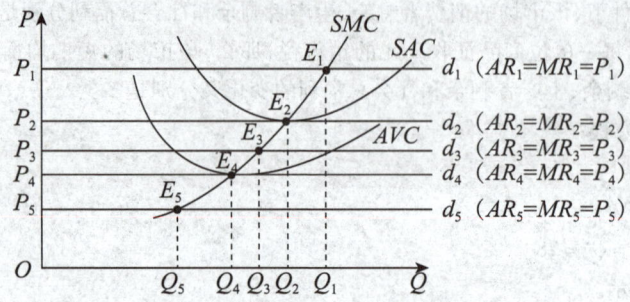

图 6-9 完全竞争厂商短期均衡曲线

(2)利用图 6-9 对完全竞争厂商短期均衡的分析，可以说，$SMC$ 曲线就是完全竞争厂商的短期供给曲线。但是，这样的表述是欠准确的。考虑到在 $AVC$ 曲线最低点以下的 $SMC$ 曲线的部分，如 $E_5$ 点，由于 $AR < AVC$ 时厂商是不生产的，所以准确的表述是：完全竞争厂商的短期供给曲线是 $SMC$ 曲线上等于和大于 $AVC$ 曲线最低点的那一部分，如图 6-10 所示。

(3)需要强调的是，由(2)所得到的完全竞争厂商的短期供给曲线的斜率为正，它表示厂商短期生产的供给量与价格成同方向的变化；此外，短期供给曲线上的每一点都表示在相应的价格水平下可给该厂商带来最大利润或最小亏损的最优产量。

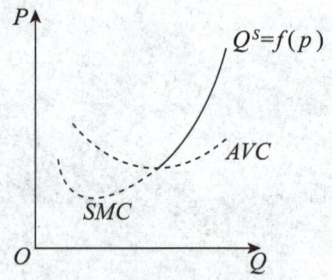

图 6-10 完全竞争厂商短期均衡曲线的准确表述

**2. 画图说明完全竞争厂商长期均衡的形成及其条件。**

答案：(1)在长期，完全竞争厂商是通过对全部生产要素的调整，来实现 $MR = LMC$ 的利润最大化的均衡条件。这里厂商在长期内对全部生产要素的调整表现为两个方面：一方面表现为自由地进入或退出一个行业；另一方面表现为对最优生产规模的选择。下面以图 6-11 加以说明。

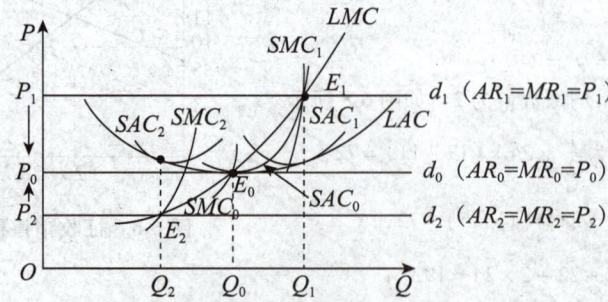

图 6-11 完全竞争厂商长期均衡的形成及其条件

(2) 关于进入或退出一个行业：在图 6-11 中，当市场价格较高为 $P_1$ 时，厂商选择的产量为 $Q_1$，从而在均衡点 $E_1$ 实现利润最大化的均衡条件为 $MR=LMC$。在均衡产量 $Q_1$ 有 $AR>LAC$，厂商获得最大的利润，即 $\pi>0$。由于每个厂商的 $\pi>0$，于是就有新的厂商进入到该行业的生产中来，导致市场供给增加，市场价格 $P_1$ 开始下降，直至市场价格下降到使得单个厂商的利润消失（即 $\pi=0$）为止，从而实现长期均衡。如图 6-11 所示，完全竞争厂商的长期均衡点 $E_0$ 发生在长期平均成本 $LAC$ 曲线的最低点，市场的长期均衡价格 $P_0$ 也等于 $LAC$ 曲线最低点的高度。

相反地，当市场价格较低为 $P_2$ 时，厂商选择的产量为 $Q_2$，从而在均衡点 $E_2$ 实现利润最大化的均衡条件为 $MR=LMC$。在均衡产量 $Q_2$ 有 $AR<LAC$，厂商是亏损的，即 $\pi<0$。由于每个厂商的 $\pi<0$，于是行业内原有的一部分厂商就会退出该行业的生产，导致市场供给减少，市场价格 $P_2$ 开始上升，直至市场价格上升到使得单个厂商的亏损消失（即 $\pi=0$）为止，从而在长期平均成本 $LAC$ 曲线的最低点 $E_0$ 实现长期均衡。

(3) 关于对最优生产规模的选择：通过在（2）中的分析已经知道，当市场价格分别为 $P_1$、$P_2$ 和 $P_0$，相应的利润最大化的产量分别为 $Q_1$、$Q_2$ 和 $Q_0$。接下来的问题是，当厂商将长期利润最大化的产量分别确定为 $Q_1$、$Q_2$ 和 $Q_0$ 以后，它必须为每一个利润最大化的产量选择一个最优的生产规模，以确保每一产量的生产成本是最低的。于是，如图 6-11 所示，当厂商利润最大化的产量为 $Q_1$ 时，他选择的最优生产规模用 $SAC_1$ 曲线和 $SMC_1$ 曲线表示；当厂商利润最大化的产量为 $Q_2$ 时，他选择的最优生产规模用 $SAC_2$ 曲线和 $SMC_2$ 曲线表示；当厂商实现长期均衡且产量为 $Q_0$ 时，他选择的最优生产规模用 $SAC_0$ 曲线和 $SMC_0$ 曲线表示。在图 6-11 中只标出了 3 个产量水平 $Q_1$、$Q_2$ 和 $Q_0$，实际上，任何一个利润最大化的产量水平都必然对应一个生产该产量水平的最优生产规模。这就是说，在每一个产量水平上厂商对最优生产规模的选择，是该厂商实现利润最大化进而实现长期均衡的一个必要条件。

(4) 综上所述，完全竞争厂商的长期均衡发生在 $LAC$ 曲线的最低点。此时，厂商的生产成本降到了长期平均成本的最低点，商品的价格也等于最低的长期平均成本。由此，完全竞争厂商长期均衡的条件是 $MR=LMC=SMC=LAC=SAC$，其中 $MR=AR=P$。此时，单个厂商的利润为零。

3. 利用图说明完全竞争市场的福利最大化，并利用图分析价格管制和销售税的福利效应。

**答案**：(1) 利用图 6-12 来分析完全竞争市场的福利。在图 6-12 中，$E$ 是完全竞争市场的均衡点，均衡价格和均衡数量分别为 $P^*$ 和 $Q^*$；市场的生产者剩余为图中深色阴影部分的面积，市场的总剩余为消费者剩余和生产者剩余之和，即图中全部阴影部分的面积。图中的总剩余表示完全竞争市场的均衡实现了福利最大化。原因在于：在图 6-12 中任何小于 $Q^*$ 的数量上，如在 $Q_1$ 的数量上，市场的总剩余都不是最大的，因为可以通过增加交易量来增加福利。

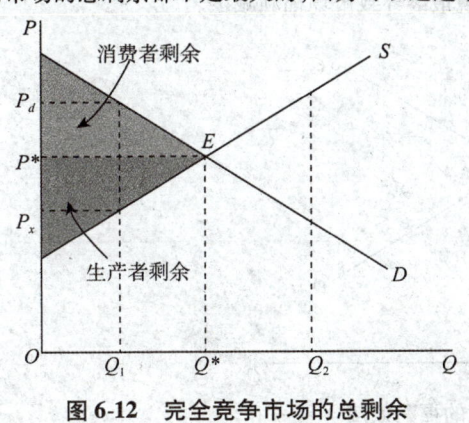

图 6-12 完全竞争市场的总剩余

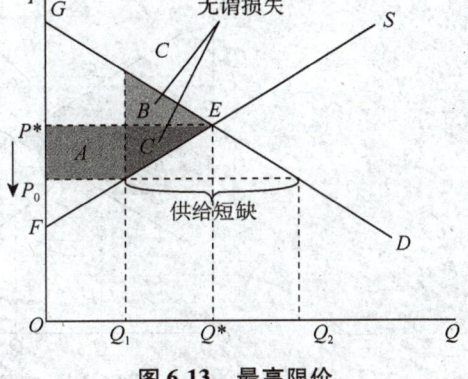

图 6-13 最高限价

(2)价格管制的福利效应可以用图 6-13 和图 6-14 分析,以图 6-13 来分析最高限价的福利效应。在图 6-13 中,在无价格限制时,市场的均衡价格和均衡数量分别为 $P^*$ 和 $Q^*$,消费剩余为三角形 $GP^*E$ 的面积,生产者剩余为三角形 $P^*FE$ 的面积。假定政府认为价格水平 $P^*$ 过高并实行了最高限价政策,规定市场的最高价格为 $P_0$。于是在低价格水平 $P_0$,生产者的产量减少为 $Q_1$,消费者的需求量增加为 $Q_2$,商品短缺的现象发生。则市场消费者剩余的变化量为 $A-B$,生产者剩余的变化量为 $-A-C$,市场总剩余的变化量为 $(A-B)+(-A-C)=-B-C$。

以图 6-14 来分析最低限价的福利效应,假定政府实行最低限价政策,将价格由均衡 $P^*$ 提高到 $P_0$,即将最低限价定为 $P_0$。于是受价格上升的影响,消费者的需求量减少为 $Q_1$,生产者的供给量增加为 $Q_2$,属于供给过剩的现象。则市场上消费者剩余的变化量为 $-A-B$,生产者剩余的变化量为 $A-C$,市场总剩余的变化量为 $(-A-B)+(A-C)=-B-C$。

综上所述,只有当完全竞争市场的交易达到均衡产量 $Q^*$ 时,市场福利才是最大的,由于两种限价政策都使市场交易量由 $Q^*$ 减少为 $Q_1$,它们限制了市场的交易,从而导致了福利的损失。

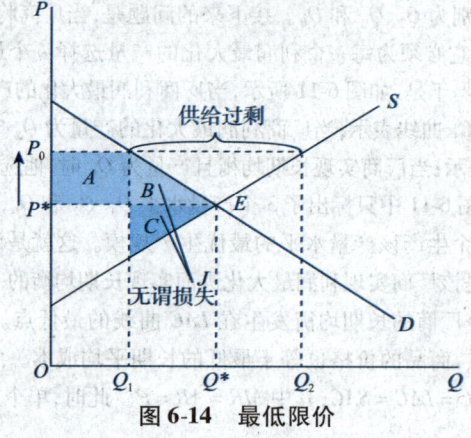

图 6-14 最低限价

(3)在图 6-15 中,无从量税时均衡价格和数量分别为 $P^*$ 和 $Q^*$。假定政府对销售每一单位商品征收 $t$ 元的从量税,在图 6-15 表现为,在消费者需求曲线和生产的供给曲线之间打进了高度为 $t$ 的"楔子",即消费者支付的买价为 $P_d$,生产者得到的净价格为 $P_s$,$P_d$ 和 $P_s$ 之间的垂直距离就是单位商品的税额 $t$。由于销售税导致的价格上升,以及需求量和供给量的减少,使得消费者和生产者的剩余都减少。消费者剩余损失为 $-A-C$,生产者剩余的损失为 $-B-J$,而 $-A-B$ 转化为政府收入 $A+B$,余下的 $-C-J$ 则是无谓损失。所以,销售税最终导致市场福利减少。

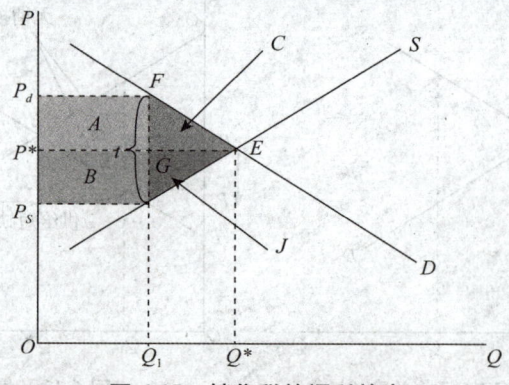

图 6-15 销售税的福利效应

# 第六章 完全竞争市场

## 知识拓展

本章通过对完全竞争厂商和行业短期和长期均衡的分析，推导出完全竞争厂商和行业的短期供给曲线以及行业的长期供给曲线，说明了完全竞争市场的价格和产量的决定。在此基础上，强调了完全竞争市场能以最低的成本进行生产来使消费者得到最大的满足。其中，关于利润最大化的均衡、长期均衡和短期均衡等应加深理解，学会用图分析各种情况。

# 第七章 不完全竞争市场

> **知识脉络图**

完全垄断市场
- 条件
- 需求曲线：右下方倾斜
- 收益曲线 $\begin{cases} AR = P_1, MR, TR \\ MR = P\left(1 - \dfrac{1}{e_d}\right) \end{cases}$
- 短期均衡：$MR = SMC$
- 供给曲线：不存在具有规律性的供给曲线
- 长期均衡：$MR = SMC = LMC$
- 价格歧视：一级、二级、三级

垄断竞争市场
- 条件
- 需求曲线 $\begin{cases} \text{右下方倾斜} \\ d \text{需求曲线与} D \text{需求曲线} \end{cases}$
- 短期均衡：$MR = SMC$
- 长期均衡：$MR = LMC = SMC, AR = LAC = SAC$

寡头
- 特征
- 古诺模型
- 斯威齐模型

寡头厂商之间的博弈
- 博弈论的基本要素
- 博弈均衡的基本概念
- 寡头厂商的共谋及其特征
- 威信和承诺的可信性

不同市场的比较

# 第七章　不完全竞争市场

> **复习提示**
>
> **概念：**自然垄断、价格歧视、产品差别、价格领导、生产集团、纯粹寡头行业、卡特尔、占优策略、囚犯的困境、博弈均衡、纳什均衡、正常利润、超额利润。
>
> **理解：**不完全竞争市场与完全竞争市场的比较、一级价格歧视、二级价格歧视、三级价格歧视、主观需求曲线、实际需求曲线、合作与非合作的均衡。
>
> **掌握：**垄断市场的条件、非价格竞争、寡头市场的特征、弯折的需求曲线模型及其意义、垄断厂商短期和长期均衡的形成及其条件、垄断竞争厂商短期和长期均衡的形成及其条件。
>
> **计算：**根据垄断厂商的成本函数和需求函数，计算利润最大化时的处理、价格、收益和利润。
>
> **画图：**垄断厂商的需求曲线和收益曲线、垄断厂商的短期均衡和长期均衡、垄断厂商的供给曲线、垄断竞争厂商的需求曲线和收益曲线、垄断竞争厂商的短期均衡和长期均衡、价格歧视。

## 重点难点常识理解

### 1. 完全垄断

完全垄断也可以称为纯粹垄断，指一个企业对市场提供所有产品，因而有完全影响市场的市场结构。在这样的市场结构中，竞争关系完全不存在，垄断企业对产品的价格有完全的控制权。事实上，这种情况在现实生活中并不多见。

### 2. 自然垄断

自然垄断指某些行业或部门为了有效生产而只需要一个生产者或厂商的市场状况。这种行业可能始终呈现规模报酬递增的特征，若由两家或两家以上的厂商生产将产生较高的平均成本，造成社会资源的浪费。自然垄断部门一般有电力、石油、天然气、自来水和电信等行业。自然垄断的形成，使得一个大规模的厂商能够依靠自己的规模经济来降低生产成本，使得规模经济的益处由该厂商充分利用。自然垄断有时来源于某些地理条件。在自然垄断的部门中，政府通常对厂商加以认可，以批准该厂商进入该行业经营，或者在不利后果发生之前进行制止，以免损害公共利益。原因为：①如果自然垄断行业内竞争性厂商过多，会造成经济资源的巨大浪费。例如，四家电话公司互相竞争，将会铺设四条电话干线，而实际上有一条就够了，这就造成了资源的浪费。同时，价格竞争必然会优胜劣汰，其他厂商将会被排挤出市场，剩下的厂商制定垄断价格，使消费者遭受损失；②多家厂商如果相互勾结起来操纵价格以避免激烈竞争，同样使消费者遭受垄断价格；③这类部门一般是资金规模大、技术水平高、风险大的行业，如果没有政府的支持和许可，私人厂商可能会避开这类行业，这样消费者将因为不能消费这些商品或劳务而受损失。

### 3. 差别定价

差别定价是垄断竞争理论中的一个重要概念。它不仅指不同质的产品,而且还指同质产品中存在的商标、款式、颜色、包装或销售条件等区别。产品差别的主观特性和客观特性是同等重要的。由于存在着产品差别,消费者对不同厂商的产品产生不同的偏好。所以厂商提供的产品都存在某种差别,因而都具有一定的垄断性。垄断程度取决于产品差别的程度。产品差别越大,垄断程度越高。另外,有差别的产品之间存在替代性,因而存在着竞争。产品差别在垄断竞争条件下是厂商进行品质竞争的重要手段。

### 4. 垄断竞争厂商的需求曲线

(1)垄断竞争厂商需求曲线的形状。产品既存在差异性又存在替代性,垄断竞争厂商提价会失去一些顾客,但不会失去全部顾客;降价则能增加需求量。因而垄断竞争厂商面临的需求曲线是一条向下倾斜、相对平坦的曲线,但不像完全垄断厂商的需求曲线那样陡峭,也不像完全竞争厂商的需求曲线那样水平。

(2)关于需求曲线 $d$ 和需求曲线 $D$。垄断竞争厂商面临两条独立的需求曲线:一条是主观需求曲线 $d$,另一条是客观需求曲线 $D$。主观需求曲线 $d$ 表示在垄断竞争生产集团中的某个厂商改变产品价格,而其他厂商的产品价格都保持不变时,该厂商的产品价格和销售量之间的关系。厂商的主观需求曲线 $d$ 比较平坦。客观需求曲线 $D$ 表示在垄断竞争生产集团的某个厂商改变产品价格,而集团内的其他所有厂商也使产品价格发生相同的变化时,该厂商的产品价格和销售量之间的关系。客观需求曲线 $D$ 也被称为"实际市场份额"需求曲线。厂商的客观需求曲线 $D$ 比较陡峭。

> **要点解析**:当垄断厂商的需求曲线是直线时,需求曲线和边际收益曲线纵轴的截距相等,边际收益曲线的横轴截距是需求曲线横轴截距的一半。

### 5. 纳什均衡

纳什均衡指一种策略集,在这一策略集中,每一个博弈者都确信在给定竞争对手策略决定的情况下,他选择了最好的策略。纳什均衡是由所有参与人的最优战略所组成的一个战略组合,也就是说,给定其他人的战略,任何人都没有积极性去选择其他战略,从而这个均衡没有人有积极性去打破。

### 6. 古诺模型

古诺模型是法国数理经济学家奥古斯汀·古诺于 1838 年提出的。该模型分析了相互依存的两个厂商在不发生相互勾结的情况下如何调整其产量以实现利润最大化。古诺模型的假定是两个厂商生产完全相同的产品;产品的边际成本为常数;两个厂商分享市场,总需求曲线是线性的,而且两个厂商均知晓总需求的状况;每一厂商都根据对方的行动作出自己的决策,同时他们都认为不管自己的销量如何变化,对方都维持现状。古诺认为,经过销售量的不断调整,两个厂商实现利润最大化的销售量都相当于完全竞争市场销售量的三分之一。古诺模型可以很容易推广到一般情况,如果市场上有 $n$ 个相同的厂商,市场竞争的产量为 $Q$,那么,每个厂商的销售量就为 $q = \frac{1}{(n+1)}Q$。

### 7. 垄断竞争厂商的短期均衡和长期均衡

(1)垄断竞争厂商的短期均衡。在短期内,垄断竞争厂商是在现有的生产规模下通过对产量和

## 第七章 不完全竞争市场

价格的同时调整,来实现 $MR=SMC$ 的均衡条件。

垄断竞争厂商的短期均衡条件为 $MR=SMC$,而且在短期均衡产量上必定存在一个 $d$ 曲线和 $D$ 曲线的交点,它意味着市场上的供求是相等的。

和垄断厂商、完全竞争厂商一样,垄断竞争厂商可能获得最大利润,也可能利润为零,也可能遭受最小亏损。这主要取决于厂商所面临的需求曲线与其平均成本曲线的位置,如果厂商的平均成本曲线位于需求曲线之上,也就是说,厂商的平均成本太高或需求太低,则厂商在短期内无论如何调整其价格和产量,都无法摆脱亏损的命运。

(2)垄断竞争厂商的长期均衡。在长期内,厂商可以任意变动一切生产投入要素。若一行业出现超额利润或亏损,会通过新厂商进入或原有厂商退出,最终使超额利润或亏损消失。因此,垄断竞争不能像完全垄断那样长期保有超额利润,而是像完全竞争一样,在长期只能获得正常利润。

垄断竞争市场长期均衡的条件为:①$MR=LMC=SMC$;②$AR=LAC=SAC$。

> **要点解析**:垄断厂商在短期的均衡点并不都是盈利的,可能利润为零,也可能亏损。分为以下三种情况:①$P>AC$,利润最大;②$P=AC$,利润为零;③$P<AC$,亏损最小。

### 考研真题与难题详解

## 一、概念题

**1. 垄断利润**(南京财经大学 2004 年研)

**答**:垄断利润指垄断企业凭借对生产要素、技术专利、品牌等排他性的独占权和市场势力所获得的高额利润。垄断利润以垄断价格为前提,指垄断资本凭借垄断地位,特别是通过垄断价格的形式获得的高额利润。垄断利润的基本来源是垄断企业中雇佣工人剩余劳动创造的剩余价值。除此之外,还包括利用垄断价格占有的本企业雇佣工人创造的一部分剩余价值、普通消费者工资收入及不发达国家劳动者创造的一部分剩余价值。

**2. 垄断竞争**(厦门大学 2004 年、2014 年研;北师大 2016 年研)

**答**:垄断竞争市场是这样一种市场组织,一个市场中有许多厂商生产和销售有差别的同种产品。具体地说,垄断竞争市场的条件主要有以下三点:

(1)在生产集团中有大量的企业生产有差别的同种产品,这些产品彼此之间都是非常接近的替代品。

(2)一个生产集团中的企业数量非常多,以至于每个厂商都认为自己的行为影响很小,不会引起竞争对手的注意和反应,因而自己也不会受到竞争对手任何报复措施的影响。

(3)厂商的生产规模较小,因此,进入和退出一个生产集团比较容易。

许多经济学家认为,垄断竞争的存在从总体上说是利大于弊,现实中垄断竞争也是一种普遍存在的市场结构。

**3. 自然禀赋**(东南大学 2002 年研)

**答**:自然禀赋指由自然资源和先天优势等决定因素构成的条件。可以从整个世界自然条件和各国自然资源的分布状况两个方面来认识:①从整个自然条件来看,随着世界人口的持续增加,可耕地资源和渔业资源正在日益减少甚至枯竭,而不断增长的工业和城市用地都在蚕食农田,环境退化、被污染,水土流失加剧。②从各国农业资源分布和农业发展状况来看,存在着发达国家农产品生产相对过剩与发展中国家农产品尤其是食物农产品产量严重不足的矛盾。

由于各国自然禀赋不同,能生产的农产品的品种和数量不同,各自所需的农产品和食物只能通过贸易途径获得,但谁也不愿意因为购买某种农产品而花费过高的进入成本或影响国家的根本利益,在既有矛盾又相互依存的情势下,贸易自由化便是各国所共同追求的。正因为各国自然禀赋差异悬殊,导致各国贸易利益出现落差,自由贸易也就是相对的。

### 4. 价格歧视(中南财大 2007 年、2015 年研;中央财大 2008 年、2010 年、2013 年研;北理工 2016 年研;华中科大 2016 年研)

**答案:** 价格歧视是指由于垄断者具有某种垄断力量,因此,垄断者可以对自己所出售的同类产品给予不同的价格,以使自己所获利润达到最大值。实现价格歧视必须具备以下几个条件:厂商不能是价格的接受者,即有权改变价格;厂商必须能够按需求弹性对顾客加以区分;消费者必须具有不同的需求弹性;厂商必须能够防止产品的再次出售。价格歧视分为以下三种类型:一级价格歧视、二级价格歧视、三级价格歧视。

### 5. 垄断竞争(上海财大 1999 年研;人大 2003 年研)

**答案:** 垄断竞争指一种由许多厂商生产和销售有差别的同种产品的市场,市场中既有垄断又有竞争,既不是完全竞争又不是完全垄断。引起这种垄断竞争的基本条件是产品差别的存在。产品差别是指同一种产品在质量、包装、品牌或销售条件等方面的差别。产品差别既会产生垄断,又会引起竞争,从而形成一种垄断竞争的状态。有差别的产品往往是由不同的厂商生产的。因此,垄断竞争的另一个条件就是存在较多的厂商。这些厂商努力创造自己产品的特色,以形成垄断,而这些产品之间又存在竞争,这就使这些厂商处于垄断竞争的市场中。垄断竞争市场上,厂商面临着两条需求曲线:一条表示当一个厂商改变产品的价格,而该行业其他厂商并不随它而改变价格时,该厂商的价格与销售量的关系;另一条表示当一个厂商改变自己产品的价格,该行业中其他与之竞争的厂商也随之改变价格时,该厂商的价格与销售量的关系。垄断厂商的均衡条件为 $MC=MR$,实现均衡时,可能有超额利润、收支相抵或亏损。垄断竞争市场有利于鼓励创新,但同时会使销售成本(主要是广告成本)增加。许多经济学家认为,垄断竞争的存在从总体上说是利大于弊,现在垄断竞争也是一种普遍存在的市场结构,如轻工业品市场等。

### 6. 古诺模型(武汉大学 2009 年研;对外经贸大学 2015 年研;中国地大 2015 年研)

**答案:** 古诺模型中的两个厂商的反应曲线的交点所确定的一组均衡产量水平就成为古诺均衡。在古诺模型中,各厂商的反应曲线表示给定竞争者的产量时,厂商会生产的数量。在均衡时,各厂商根据自己的反应曲线确定产量,所以均衡产量水平为两条反应曲线的交点。在这一均衡中,各厂商都正确假定了它的竞争者将生产的产量,并相应地最大化了自己的利润。

古诺均衡是纳什均衡的一个例子。在一个纳什均衡中,各厂商的行为是给定它的竞争者的行为时它能做的最好的行为,所以没有哪个厂商会有改变自己行为的冲动。在古诺均衡中,各双寡头生产的产量都是在给定竞争者的产量时能实现它的最大利润,所以,双寡头中的任一个都不会有改变自己产量的冲动。

### 7. 价格管制

**答案:** 价格管制指政府一般对一些自然垄断企业实施价格上的限制,以维护消费者的利益。这

## 第七章 不完全竞争市场

类企业多属于公用事业,独家经营,经济效果好,对社会有利,但是在价格上必须进行控制。否则,它们就会按照边际收益等于边际成本,即 $MR = MC$ 的原则确定其产量和价格,从而以较少的产量索取较高的价格。从社会的福利和资源的有效利用出发,政府一般会对这类垄断企业规定产品最高的限制价格。价格管制有下面两种情况:①按边际成本定价法,即 $P = MC$。这是以 $MC$ 曲线与需求曲线(即平均收入曲线)的交点来确定管制价格。边际成本曲线与需求曲线的交点所确定的价格可能与平均成本不相等。当管制价格低于平均成本时,垄断企业将发生亏损,政府可以给予补贴,使它能得到正常利润。当管制价格高于平均成本时,垄断企业将获得超额利润,政府可以通过增税的办法,来消除这部分超额利润。有些经济学家认为,用 $P = MC$ 定价法,从表面来看可以使社会资源得到合理利用,但是会使企业失去积极性,因而主张用平均成本定价法。②按平均成本定价法,即 $P = AC$。这是以平均成本($AC$)曲线与需求曲线 $D$ 的交点来确定管制价格的方法。这种方法可以避免把价格定得过高或过低,企业能够使价格等于平均成本,其中包括正常利润。

无论用哪种方法,在产量上都可以大于垄断企业用 $MR = MC$ 原则所确定的最大利润产量,而在价格上则都可以低于垄断企业自己确定的最大利润价格,从而使社会效益得到提高。

### 8. 斯塔克伯格模型(东北财大 2012 年研)

**答案:** 斯塔克伯格模型是德国经济学家斯塔克伯格在 1934 年的一篇论文中提出的分析范式。

与古诺模型和伯特兰模型不一样的是,竞争厂商之间的地位并不是对称的,市场地位的不对称引起了决策次序的不对称,通常小企业先观察到大企业的行为,再决定自己的对策。斯塔克伯格模型通常用于描述这样一个产业:在该产业中存在着一个支配企业,除此之外,该产业中还有若干小企业,那些小企业经常是等待支配企业宣布其产量计划,然后再相应调整自己的产量。因此,斯塔克伯格模型也被称为"领导者-追随者"模型。

### 9. 一级价格歧视与二级价格歧视(重庆大学 2004 年研;北航 2006 年研)

**答案:** 价格歧视是指以不同的价格销售同一种产品。实行价格歧视,必须具备以下的基本条件:第一,市场的消费者具有不同的偏好,而且这些不同的偏好可以被区分开。这样厂商才有可能对不同的消费者或消费群体收取不同的价格;第二,不同的消费者群体或不同的销售市场是相互隔离的,这样就排除了中间商由低价处买进商品,转手又在高价处出售商品而从中获利的情况。价格歧视可以分为一级价格歧视、二级价格歧视和三级价格歧视。其中,一级价格歧视也称为完全价格歧视,就是假设垄断者知道每一个消费者对任何数量的产品所要支付的最大货币量,而后以此决定其价格,所确定的价格正好等于该产品的需求价格,因此取得每个消费者的全部消费者剩余。而二级价格歧视只要求对不同的消费数量段规定不同的价格,一部分消费者剩余被垄断者占有。

### 10. 三级价格歧视(北交大 2005 年研)

**答案:** 三级价格歧视指垄断者对同一商品在不同的市场上收取不同的价格,或者对不同的人收取不同的价格,使得每一市场上出售产品的边际收益相等。实行三级价格歧视需要具备两个重要的条件:一是存在可以分隔的市场。若市场不可分隔,市场上的套利行为将使得价格歧视消失。二是被分隔的各个市场上的需求价格弹性不同。如果被分隔的各个市场的需求价格弹性相同,则最佳策略是对同一产品收取相同的价格。

### 11. 勒纳垄断势力度(勒纳指数)(南京大学 2006 年研;北航 2007 年研)

**答案:** 勒纳指数是用于测定垄断企业在价格方面所拥有的垄断势力程度的指标,由美国经济学家勒纳在 1934 年首先使用。以 $L$ 表示勒纳指数,$P$ 表示产品价格,$MC$ 表示生产该产品的边际成本,

$\varepsilon$ 表示该企业产品的需求价格弹性,则计算公式为 $L = \dfrac{P-MC}{P} = -\dfrac{1}{\varepsilon}$。

勒纳指数为产品价格减边际成本,再除以价格所得的比率。这个比率是垄断企业的加价率。勒纳指数的值为 0~1。勒纳指数越大,表明垄断势力越大。勒纳指数为 0 时,为完全竞争市场。勒纳指数还等于垄断企业产品的需求价格弹性的绝对值的倒数。需求价格弹性一般为负值,加负号是为了使勒纳指数为正值。

## 二、简答题

**1. 市场中存在垄断的原因主要有哪些?(武汉大学 2003 年研;华中科大 2010 年研)**

**答案:** 垄断是指一家厂商控制一个行业的全部供应的市场结构。它具有如下特征:第一,厂商就是行业。完全垄断市场只有一个厂商,它提供整个行业的产销量;第二,产品不能替代。在完全垄断市场上,不存在产品相近的替代品的竞争,其需求交叉弹性为零,厂商不受任何竞争性威胁;第三,独自决定价格。厂商是价格的制定者,可以利用各种手段决定价格,以达到垄断的目的;第四,实行差别价格,以攫取最大的超额利润。

形成垄断的原因主要有以下几个:

(1)独家厂商控制了某种商品的全部资源或基本资源的供给。

(2)独家厂商拥有生产某种商品的专利权。

(3)政府的特许。

(4)自然垄断行业。

**2. 分别解释并比较完全竞争和垄断竞争条件下的厂商长期均衡(包括图 7-1)。(中央财大 2000 年研;东北财经大学 2006 年研)**

**答案:** (1)完全竞争是指一种竞争不受任何阻碍和干扰的市场结构。厂商理论就是要说明厂商在利润最大化的目标下,如何决定其产量和价格。在完全竞争市场条件下,厂商是价格的接受者,无法影响市场价格,因此市场价格可以认为是不变的。这样厂商每增加一单位商品所带来的收益总是与价格相等。所以,厂商的边际收益 $MR$ 与平均收益 $AR$ 也是相等的。反映在图 7-1 上,要求曲线 $dd$、$MR$、$AR$ 三条曲线重叠且与横轴平行,其高度等于市场价格 $OP$。

(2)关于成本,厂商在技术装备条件不变的情况下,将不断调整固定投入数量,使得每一产量所对应的成本为最低。从长期来看,厂商的边际成本 $MC$ 和平均成本 $AC$ 在开始时是随产量的增加而递减的,但当产量扩大到一定程度以后,由于收益递减规律的作用而开始递增。这样就可以确定厂商的长期均衡点,如图 7-1 所示。

根据 $MR = MC$ 原理,厂商的长期均衡点为 $M$,产量为 $OQ$,价格为 $OP$。此时 $MC = MR = AC = P$,厂商获得最大正常利润。

假设 $MR \neq P$,如 $P$ 上升到 $P_1$,则需求曲线也上升到 $d_1d_1$。根据图 7-1 可得,$d_1d_1$ 交 $MC$ 于 $M_1$。$M_1$ 决定的产量为 $OQ_1$,价格为 $OP_1$。此时厂商的总收益是 $OP_1M_1Q_1$ 的面积,总成本是 $ON_1F_1Q_1$ 的面积($F_1$ 为 $M_1Q_1$ 与 $AC$ 的交点),超额利润为 $N_1P_1M_1F_1$。由于超额利润的存在,必然吸引新的厂商加入该完全竞争市场。由于新厂商的加入,引起供给增加,价格下降,即 $d_1d_1$ 下降,一直降到 $d_1d_1$ 与 $dd$ 重合。

(3)相反地,若 $P$ 下降到 $P_2$,则 $dd$ 下降到 $d_2d_2$。根据图 7-1 可得,$d_2d_2$ 交 $MC$ 于 $M_2$,$M_2$ 决定的产量为 $OQ_2$,价格为 $OP_2$。此时厂商的总收益是 $OP_2M_2Q_2$ 的面积,总成本是 $ON_2F_2Q_2$ 的面积($F_2$ 为

$M_2Q_2$ 与 $AC$ 的交点），亏损额为 $P_2N_2F_2M_2$ 的面积。由于长期亏损的存在，迫使行业中的厂商退出经营。从整个行业来看，由于一些厂商退出这一行业，从而使供给减少，市场价格上升。这种调整一直到价格 $dd$ 为止。

（4）从以上分析可以看出，厂商的长期调整是与行业的长期调整同时进行的。行业的供给曲线是所有厂商的长期平均成本以上的边际成本曲线的横向加总。当行业处于均衡时，即行业中的每一个厂商处于均衡且没有厂商的进入和退出，市场处于均衡，由需求和供给所决定的均衡价格恰好使得行业中的厂商取得正常利润，即价格位于长期平均成本的最低点。如果市场需求发生变动，那么市场价格就会随之变动，引起行业中厂商的进入或退出，直到在长期中实现均衡为止。

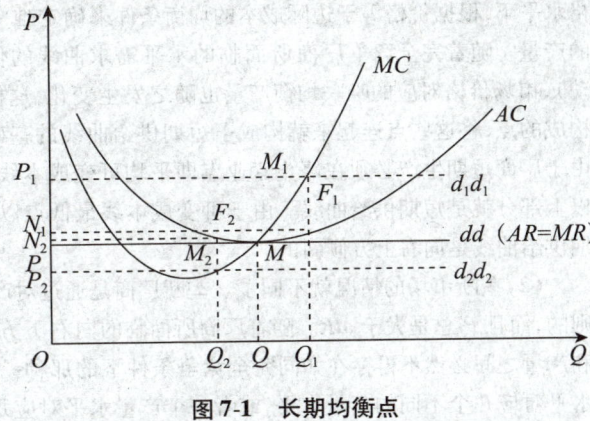

图 7-1　长期均衡点

（5）垄断厂商在长期内可以通过调整生产规模来实现利润最大化。而且垄断厂商获得的利润留成不用担心因新厂商的加入而消失，即垄断厂商在长期内可以保持利润（至少获得正常利润）。垄断厂商之所以在长期内能获得利润，其原因在于长期内厂商的生产规模是可变的，以及市场对新加入的厂商是完全关闭的，或者说垄断市场上不存在竞争。垄断厂商的长期均衡条件仍然是 $MR=MC$，可以表示为 $MR=SMC=LMC$。

**3. 家电行业的制造商发现，为了占有市场份额，他们不得不采取一些竞争策略，包括广告、售后服务、产品外形设计等，其竞争是很激烈的。因此，家电行业被认为是完全竞争行业。这种说法对吗？（厦门大学 2010 年研）**

答案：这种说法是不正确的，家电行业属于垄断竞争行业。

（1）完全竞争市场中有很多家厂商，每一家厂商都要与许多直接竞争者进行竞争，由于每家厂商出售的产量所占市场份额的比重都比较小，以至于其决策对市场价格不产生影响，所以每个厂商面临的价格都是既定的，完全竞争市场上的厂商都是价格的接受者。

完全竞争市场上的产品都是完全同质的，所有厂商的产品互相之间都是完全替代的。完全竞争市场的这种特征决定了厂商只能在既定的市场价格上提供产品，厂商如果采取一些非价格竞争的手段来提高销售量，其利润就会为负，即完全竞争市场上的厂商没有必要采取一些非价格竞争的手段。

（2）垄断竞争市场的特征之一是厂商之间通过销售有差别的产品进行竞争，这些产品相互之间是高度可替代的，但不是完全替代的，这决定了垄断竞争行业的竞争是非常激烈的，但是采取价格竞争策略对各厂商都会带来负面作用，所以一般采用非价格竞争的策略。

家电行业属于垄断竞争行业，其产品具有非常强的相互替代性，行业中既有竞争的因素又有垄断的因素，家电产品很相似，又能够因为独特而巧妙的个性化设计和功能占领部分市场，因此家电行业的制造商通常采用一些竞争策略，如广告、售后服务、改变产品外形设计等来增加市场份额。

**4. 完全竞争市场如何推导短期供给曲线，垄断市场为何不存在供给曲线？（华南师大 2011 年研）**

答案：（1）完全竞争条件下，每个厂商都是市场价格的接受者，它们都是在每一个既定的市场价格水平下，根据价格等于边际成本的均衡条件来确定唯一的能够带来最大化利润（或最小化亏损）的产量。随着完全竞争厂商所面临的水平需求曲线的位置上下移动（实际是市场价格的上下波动），市场价格对应的唯一均衡产量也随之发生变化，这样就得到一系列由市场价格和相应的产量构成的点，将这些点连起来就构成了短期供给曲线的基础，实际上这些点就在短期边际成本线上。由于厂商短期生产必须在停止营业点即平均可变成本线最低点以上进行，因此可变成本线最低点以上部分就是短期供给曲线。由于可变成本线最低点以上部分边际成本都是递增的，因此厂商短期供给曲线是向右上方倾斜的。

（2）垄断市场的情况就不同了。垄断厂商是通过对产量和价格的同时调整来实现 $MR=SMC$ 原则的，而且 $P$ 总是大于 $MR$。随着厂商所面临的向右下方倾斜的需求曲线的位置移动，厂商的价格和产量之间必然不再存在如同完全竞争条件下的那种——对应的关系，而是有可能出现一个价格水平对应几个不同的产量水平，或者一个产量水平对应几个不同的价格水平的情形。因此，在垄断市场条件下无法得到如同完全竞争市场条件下的具有规律性的可以表示产量和价格之间一一对应关系的厂商和行业的短期供给曲线。

**5. 假设某垄断厂商的生产目的是实现销售收入最大化。请问：在他决定销售量时，是否应该考虑需求价格弹性？结合厂商的销售收入曲线说明原因。（北京理工大学 2003 年研）**

答案：(1)需求价格弹性是指一定时期内一种商品的需求量对自身价格变动的反应灵敏程度，是需求量变化的百分比与商品自身价格变化的百分比之间的比值的相反数。用 $E$ 代表需求价格弹性，$Q$ 代表需求量，$P$ 代表价格，则需求价格弹性的基本计算公式为 $E=-\dfrac{\Delta Q/Q}{\Delta P/P}=-\dfrac{\Delta Q}{\Delta P}\cdot\dfrac{P}{Q}$。

（2）在完全垄断条件下，由于市场需求曲线即为厂商需求曲线，因此可以找出厂商的边际收益与需求弹性的关系，证明如下：

假定反需求函数为 $P=P(Q)$，则可以有 $TR(Q)=P(Q)\cdot Q$，

$MR(Q)=\dfrac{\mathrm{d}TR}{\mathrm{d}Q}=P+Q\cdot\dfrac{\mathrm{d}P}{\mathrm{d}Q}=P\left(1+\dfrac{\mathrm{d}P}{\mathrm{d}Q}\cdot\dfrac{Q}{P}\right)$，

即 $MR=P\left(1-\dfrac{1}{e_d}\right)$。 (1)

其中，$e_d$ 为需求的价格弹性，$e_d=-\dfrac{\mathrm{d}Q}{\mathrm{d}P}\cdot\dfrac{P}{Q}$。

式(1)表示垄断厂商的边际收益、商品价格和需求的价格弹性之间的关系。由式(1)可以得三种情况，如图 7-2 所示。

1）当 $e_d>1$ 时，有 $MR>0$。此时，$TP$ 曲线斜率为正，表示厂商总收益 $TR$ 随销售量 $Q$ 的增加而增加。

2）当 $e_d<1$ 时，有 $MR<0$。此时，$TR$ 曲线斜率为负，表示厂商总收益 $TR$ 随销售量 $Q$ 的增加而减少。

3）当 $e_d=1$ 时，有 $MR=0$。此时，$TR$ 曲线斜率为零，表示厂商的总收益 $TR$ 达到极大值点。

若某垄断厂商的生产目的是实现销售收入最大化，此时 $MR=0$，所以在决定销售量时，应该把产量定在需求价格弹性等于 1 的地方。

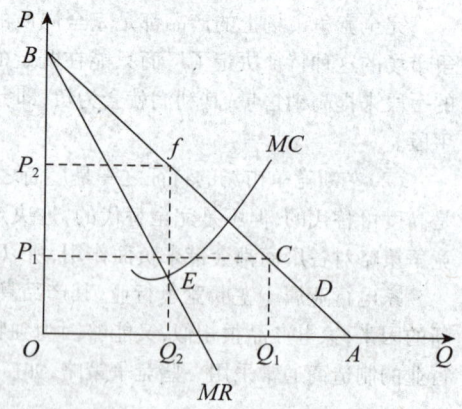

图 7-2 垄断厂商的收益曲线

# 第七章 不完全竞争市场

**6.** 上海一家电力公司开始实行晚上用电 0.3 元每度，比白天便宜。问电力公司这种做法是价格歧视吗？是哪种价格歧视？这样做可以增大消费者福利和厂商的效益吗？为什么？（复旦大学 2009 年研）

**答案：** 电力公司这种做法是价格歧视。理由是：在中国，电力公司是垄断行业；同时，价格歧视是指垄断者对于同样的产品收取不同的价格。结合以上两点就能肯定电力公司的这种做法是价格歧视。

电力公司这种做法属于三级价格歧视。三级价格歧视是指垄断厂商对同一种产品在不同的市场上（或对不同的消费群体）收取不同的价格。本题中，从时间维度来看，则分为白天和晚上两个市场，而对于这两个不同的市场，电力公司收取了不同的价格，因此电力公司这种做法属于三级价格歧视。

(3) 本题中这种价格歧视可以增大消费者福利和厂商效益。分析如下：在现实世界中，市场供给往往是有限制的，如电力公司不可能在同一时间供应出所有需求量的电力。这样通过实施价格歧视，把一部分消费者隔离出不同的消费时段，而使那些在特定时段真正对电力有极度需求的消费者能用上满意的电，而在不同的时间又能让另一部分消费者用上他们认为满意的电，从整体上改善了消费者的福利，还能起到节约能源的作用。

**7.** 和完全竞争相比，垄断可能从哪些方面促进经济效率？（南开 2015 年研）

**答案：** 垄断可能从以下三个方面促进经济效率。
(1) 垄断会带来规模经济，降低成本，节省费用支出，一些自然垄断行业更需要垄断。
(2) 范围经济，即垄断企业有条件进行多样化产品组合，把在生产上有相互关联的产品放在一个企业内生产经营，使投入的生产要素多次使用以生产不同的产品，从而降低成本。
(3) 技术创新，即大企业有力量投入大量研究开发经费。

## 三、计算题

**1.** 已知生产相同商品的潜在生产者的成本函数都是 $C(q_i) = 25 + 10q_i$，市场需求函数为 $Q = 110 - P$，$q_i$ 表示各生产者的产量，$P$ 表示市场价格。假定各生产者组成的寡头市场满足古诺模型的要求，试求：

(1) 若只有两个生产者组成古诺模型的寡头市场，产品市场的均衡价格等于多少？每个企业能获得多少垄断利润？

(2) 若各潜在生产者在寡头市场展开竞争，从而形成垄断竞争市场，产品市场的均衡价格等于多少？在垄断竞争的产品市场上，最终可能存在几个生产者？

(3) 政府向垄断竞争市场的生产者的每个产品征收 75 元的商品税时，产品市场的均衡价格等于多少？在垄断竞争市场上，最终可能存在几个生产者？（上海交大 2006 年研）

**答案：** (1) 对厂商 1 而言：

利润 $\pi_1 = Pq_1 - C(q_1) = (110 - q_1 - q_2)q_1 - 25 - 10q_1$，

$$\frac{\partial \pi_1}{\partial q_1} = 110 - 2q_1 - q_2 - 10 = 0。 \tag{1}$$

利润 $\pi_2 = Pq_2 - C(q_2) = (110 - q_1 - q_2)q_2 - 25 - 10q_2$，

$$\frac{\partial \pi_2}{\partial q_2} = 110 - 2q_2 - q_1 - 10 = 0。 \tag{2}$$

联立式(1)和式(2)可得 $q_1 = q_2 = \dfrac{100}{3}$,

$P = 110 - (q_1 + q_2) = \dfrac{130}{3}$,

$\pi_1 = \dfrac{9775}{9}, \pi_2 = \dfrac{9775}{9}$。

(2)垄断竞争市场均衡时,每一个生产商的利润为零。

即 $\pi_i = Pq_i - C(q_i) = (110 - \sum_{j=1}^{n} q_j)q_i - 25 - 10q_i = 0$,

又 $C(q_1) = C(q_2) = \cdots\cdots = C(q_n)$,故 $nq_i^2 - 100q_i + 25 = 0$。 (3)

$\dfrac{\partial \pi_i}{\partial q_i} = 110 - \sum_{j=1}^{n} q_j - q_i - 10 = 0$,

即 $(n+1)q_i = 100$。 (4)

联立式(3)和式(4)可得 $q_i = 5, nq_i = 95$。

$n = 95 \div 5 = 19, P = 110 - nq_i = 15$。

(3)征税后:

$\pi_i = Pq_i - C(q_i) - 75q_i$

$= (110 - \sum_{j=1}^{n} q_j)q_i - 25 - 85q_i = 0$

即 $nq_i^2 - 25q_i + 25 = 0$。 (5)

$\dfrac{\partial \pi_i}{\partial q_i} = 110 - \sum_{j=1}^{n} q_j - q_i - 85 = 0$,

即 $(n+1)q_i = 25$。 (6)

联立式(5)和式(6)可得 $q_i = 5, nq_i = 20$。

$n = \dfrac{20}{5} = 4, P = 110 - nq_i = 90$。

**2. 我国近两年来液晶彩电市场通过减价经历了激烈的市场竞争,试分析我国的彩电行业属于什么类型的市场结构?如果各大彩电商家能够实现限价联盟或限产联盟,那么这些方法是否能有效地缓解彩电市场的激烈竞争?为什么?(对外经贸大学 2007 年研)**

**答案:**(1)我国的液晶彩电行业属于垄断竞争的市场结构。所谓的垄断竞争是指一种由许多厂商生产和销售有差别的同种产品的市场结构。在垄断竞争市场中既有垄断又有竞争,既不是完全垄断又不是完全竞争。垄断竞争市场的主要特点是:在生产集团中,大量的企业生产有差别的同种产品,这些产品彼此之间都是非常接近的替代品。这里的产品差别不仅指同一种产品在质量、构造、外观、销售服务条件等方面的差别,还包括商标、广告方面的差别和以消费者的想象为基础的虚构的差别。一方面由于市场上的每种产品之间存在着差别,或者说,由于每种带有自身特点的产品都是唯一的,因此,每个厂商对自己的产品的价格都具有一定的垄断力量,从而使得市场中带有垄断的因素。一般说来,产品的差别越大,厂商的垄断程度也就越高。另一方面由于有差别的产品相互之间又是很相似的替代品,或者说,每一种产品都会遇到大量的其他相似产品的竞争,因此,市场中又具有竞争的因素。如此便构成了垄断因素和竞争因素并存的垄断竞争市场的基本特征。

我国的液晶彩电市场上,既有诸如长虹、TCL、厦新、创维、海信、海尔等知名的国内厂商,同时还有三星、索尼、飞利浦等知名的国外企业。这些企业都在从事液晶彩电的生产和销售,但是彼此的

## 第七章 不完全竞争市场

产品功能和品牌存在着一定的差异,因此,我国的彩电行业比较符合垄断竞争市场的特点。

(2)如果各大彩电商家能够实现限价联盟或限产联盟,这种方法未必能有效地缓解彩电市场的激烈竞争,因为这些联盟缺乏稳定性。

首先,由于不同的联盟成员有不同的成本,有不同的市场需求,甚至有不同的目标,因而他们可能想要不同的价格水平或产量水平,或者各成员可能受到用略微降价来夺取市场份额比分配给他更大的市场份额来欺骗其他厂商的诱惑,从而造成联盟的解体。

其次,对于彩电市场而言,其需求一般是富有弹性的,厂家提高价格的余地很小,因而组成限价联盟或限产联盟的利益就很小。

在现实中,由于上面的原因,限价联盟或限产联盟具有不稳定性,限价联盟或限产联盟只能在一种短期利益的结合下形成,当这种共同利益不存在时,限价联盟或限产联盟就会解散。

3. 某快餐店在一个小岛上开了一家分店,成为这个小岛上唯一提供豆沙包的餐馆。假定它生产豆沙包的总成本为 $TC = 0.5Q + 15$,该餐馆对豆沙包进行差额定价,价格分别为 $P_H$ 和 $P_L$。每位顾客都可以以 $P_H$ 的价格购买豆沙包,但是只有持有本地报纸提供的优惠券的人才能以 $P_L$ 的价格购买豆沙包。假定小岛上豆沙包的需求曲线为 $P = 20 - 0.5Q$,而且只有那些在价格高于 $P_H$ 时不愿意购买的人才愿意手持优惠券以 $P_L$ 的价格购买豆沙包。

(1)将需求曲线 $D$ 和供给曲线 $S$ 及边际收益曲线 $MR$ 绘制在同一个图中。

(2)如果快餐店不能实行差额定价,它的利润是多少?

(3)如何定价 $P_H$ 和 $P_L$,才能达到利润最大化?(中央财大 2009 年研)

答案:(1)由 $TC = 0.5Q + 15$,得 $MC = 0.5$。

故供给曲线为 $P = MC = 0.5$,需求曲线为 $P = 20 - 0.5Q$,$MR = 20 - Q$,曲线如图 7-3 所示。

(2)根据利润最大化原则 $MR = MC$,

即 $20 - Q = 0.5$,

得 $Q = 19.5, P = 10.25$,

$\pi = PQ - TC = 175.125$。

(3)当价格为 $P_H$ 时,$Q_H = 40 - 2P_H$。

当价格为 $P_L$ 时,$Q_L = (40 - 2P_L) - (40 - 2P_H) = 2(P_H - P_L)$。

$\pi = P_H(40 - 2P_H) + 2(P_H - P_L)P_L - 0.5[(40 - 2P_H)$
$\quad + 2(P_H - P_L)] - 15$
$\quad = P_H(40 - 2P_H) + 2(P_H - P_L)P_L - 0.5(40 - 2P_L) - 15$

$\begin{cases} \dfrac{\partial \pi}{\partial P_H} = 40 - 4P_H + 2P_L = 0 \\ \dfrac{\partial \pi}{\partial P_L} = 2P_H - 4P_L + 1 = 0 \end{cases}$

解得 $\begin{cases} P_H = 13.5 \\ P_L = 7 \end{cases}$

$\pi = 238.5$。

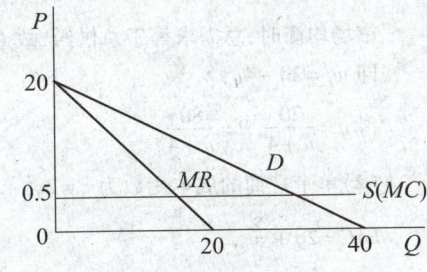

图 7-3 需求曲线、边际收益曲线和供给曲线

4. 假设一个垄断厂商面临的需求曲线为 $P = 10 - 2Q$,成本函数为 $TC = Q^2 + 4Q$。

(1)求利润极大时的产量、价格和利润。

(2) 如果政府企图对该厂商采取限价措施迫使其达到完全竞争行业所能达到的产量水平,则限价应为多少?此时该垄断厂商是否仍有利润?(金融联考 2004 年研)

**答案:**(1) 垄断厂商的收益为 $R = PQ = Q(10 - 2Q)$, $MR = \dfrac{dR}{dQ} = 10 - 4Q$, $MC = \dfrac{dTC}{dQ} = 2Q + 4$。

当 $MR = MC$, 垄断厂商的收益为 $R = PQ = Q(10 - 2Q)$, 即 $10 - 4Q = 2Q + 4$ 时, 垄断厂商的利润最大化, 解得 $Q = 1$。

此时价格为 $P = 10 - 2Q = 10 - 2 = 8$。

利润为 $\pi = PQ - TC = Q(10 - 2Q) - (Q^2 + 4Q) = 6Q - 3Q^2 = 6 - 3 = 3$。

(2) 要达到完全竞争条件下的产量, 应该使得 $P = MC$, 即 $10 - 2Q = 2Q + 4$。

解得 $Q = 1.5$, $P = 10 - 2Q = 10 - 2 \times 1.5 = 7$。

**5.** 某产品的市场需求曲线为 $Q = 20 - P$, 市场中有 $n$ 个生产成本相同的厂商, 单个厂商的成本函数为 $c = 2q^2 + 2$。问:

(1) 若该市场为竞争性市场, 市场均衡时的市场价格和单个企业的产量是多少?

(2) 长期均衡时该市场中最多有多少个厂商?

(3) 若该市场为寡头垄断市场, 古诺均衡时的市场价格和单个企业的产量是多少? (对外经贸大学 2013 年研)

**答案:**(1) $MC = 4q$

由完全竞争市场的均衡条件为 $P = MC = 4q$,

得单个市场的供给函数为 $q = \dfrac{P}{4}$。

市场均衡时, 总需求等于总供给, 故 $Q = nq$。

即 $nq = 20 - 4q$,

得 $q = \dfrac{20}{n+4}$, $P = \dfrac{80}{n+4}$。

(2) 单个厂商的成本函数为 $c = 2q^2 + 2$。

$LAC = 2q + \dfrac{2}{q}$,

$\dfrac{d(LAC)}{dq} = 2 - \dfrac{2}{q^2} = 0$, 得 $q = 1$, $q = -1$(舍去)。

$\dfrac{d^2(LAC)}{dq^2} = \dfrac{4}{q^3} = 4 > 0$,

即 $q = 1$ 时, $LAC$ 最小。

此时, $P = 4$, $Q = 16$, $n = \dfrac{Q}{q} = 16$。

(3) 设市场上有 $n$ 个企业, 记第 $i$ 个企业的产出为 $q_i$, 如果企业 $i$ 对其他企业的产量预测为 $\bar{q}_j$ ($j \neq i$), 此时 $\pi_i = q_i(20 - q_i - \sum_{j \neq i} \bar{q}_j) - 2q_i^2 - 2$。

$\dfrac{\partial \pi_i}{\partial q_i} = 20 - \sum_{j \neq i} \bar{q}_j - 6q_i = 0$,

即 $q_i = \dfrac{20 - \sum_{j \neq i} \bar{q}_j}{6}$,

# 第七章 不完全竞争市场

$$q_i = \frac{10}{3} - \frac{(n-1)}{6}q_i,$$

解得 $q_i^e = \frac{20}{n+5}, nq_i^e = \frac{20n}{n+5}, P = \frac{100}{n+5}$。

**6.** 生产差别产品的两个厂商通过选择价格竞争,他们的需求曲线分别为 $Q_1 = 20 - p_1 + p_2$ 和 $Q_2 = 20 - p_2 + p_1$,其中 $p_1$ 和 $p_2$ 是两个厂商的定价,$Q_1$ 和 $Q_2$ 则是相应的需求。假设成本为零。

(1) 若两个厂商同时决定价格,那么他们会定什么价格,销量和利润各为多少?

(2) 设厂商 1 先定价格,然后厂商 2 定价。厂商 1 观测到了厂商 2 的反应曲线,这时各厂商将定价多少,销量和利润为多少?(中山大学 2008 年研)

**答案:**(1) $\pi_1 = P_1 Q_1 = P_1(20 - P_1 + P_2)$

$\pi_2 = P_2 Q_2 = P_2(20 - P_2 + P_1)$

$$\begin{cases} \dfrac{\partial \pi_1}{\partial Q_1} = P_1 - (20 - P_1 + P_2) = 0 \\ \dfrac{\partial \pi_2}{\partial Q_2} = P_2 - (20 - P_2 + P_1) = 0 \end{cases}$$

解得 $P_1 = P_2 = 20$,故 $Q_1 = Q_2 = 20$。

$\pi_1 = \pi_2 = 400$。

(2) $\dfrac{\partial \pi_2}{\partial Q_2} = P_2 - Q_2 = 0$,得 $P_2 = Q_2$。

又 $\begin{cases} Q_1 = 20 - P_1 + P_2 \\ Q_2 = 20 - P_2 + P_1 \end{cases}$

得 $Q_2 = 40 - Q_1$。

故厂商 2 的反应函数为 $Q_2 = 40 - Q_1$。

$\pi_1 = (20 + Q_2 - Q_1)Q_2 = (60 - 2Q_1)Q_1$,

$\dfrac{\partial \pi_1}{\partial Q_1} = 60 - 4Q_1 = 0$,得 $Q_1 = 15$。

代入得 $Q_2 = 25, P_2 = 25, P_1 = 30$,

$\pi_1 = 450, \pi_2 = 625$。

## 四、论述题

**简述不完全竞争经济学的发展过程。**(财政部 2004 年研)

**答案:**完全竞争理论是一个非常宽泛的概念,它大体上是指自 19 世纪后半叶至 20 世纪 20 年代,围绕市场均衡理论和价格理论而形成的竞争理论。在经济学史上,瑞士洛桑学派和英国剑桥学派对完全竞争理论的形成起到了重要作用。完全竞争理论的产生,最早可以追溯到法国经济学家古诺,经过杰文斯、瓦尔拉斯、帕累托、马歇尔等人,最终由美国经济学家奈特于 1921 年在他的《风险、不确定性和利润》一书中,对完全竞争模式作了较全面的阐述。20 世纪 30 年代,罗宾逊、张伯伦、欧根等人又对完全竞争理论模式的条件进行了一系列补充,同时不完全竞争理论开始产生,即所谓的"价格理论革命"。

(1) 亚当·斯密以后的一百多年里是自由资本主义发展的鼎盛时期,那时垄断还是个别现象。

**西方经济学**
（微观部分·第七版）同步辅导及习题全解

正如1982年诺贝尔奖得主斯蒂勒所言"亚当·斯密作为建立传统的伟大人物，在垄断领域也没有给我们留下空白，他创造或者说提出了三个权威性的传统"，这三个传统分别是对正规的垄断理论置之不理、将那个时代的垄断现象看作是国家赋予的专营特权、对垄断和勾结行为无需采取什么行动。当资本主义进入垄断阶段之后，经济学理论已无法对其进行解释，现实世界中的普遍垄断现象开始引起经济学家的关注。从19世纪初的西斯蒙第、穆勒、麦克库洛赫，到19世纪末和20世纪初的马歇尔、古诺、埃奇沃思、西奇威克，尤其是庇古和斯拉法，他们早已对垄断理论和市场的不完全性作了大量的研究。但问题在于，他们始终沿袭着"斯密传统"，即将自由竞争作为普遍现象而把垄断作为例外来构造他们的理论框架，甚至奈特和史密斯在1929年出版的《经济学》中仍然认为"在今天，把竞争当作普遍现象和把垄断当作例外是比较合理的"。

(2) 1926年，英国经济学家斯拉法对完全竞争理论提出了批评，他认为：①完全竞争与规模经营是不兼容的；②总体的市场实际上是由若干局部小市场组成的，在这样一些局部市场上，少数企业会形成垄断。

(3) 一直到20世纪30年代中期，美国哈佛大学的张伯伦和英国剑桥大学的罗宾逊分别出版了《垄断竞争理论》和《不完全竞争经济学》，才正式宣告了"斯密传统"的彻底结束。始于张、罗二人的"张伯伦革命"的主要贡献在于：他们摒弃了长期以来以马歇尔为代表的新古典经济学关于把"完全竞争"作为普遍的而把垄断看作个别例外情况的传统假定，认为完全竞争与完全垄断是两种极端情况，提出了一套在经济学教科书中沿用至今的用以说明处在两种极端之间的"垄断竞争"的市场模式，并在其成因比较、均衡条件、福利效应等方面运用边际分析的方法完成了微观经济学的革命，将市场结构分成了更加符合资本主义进入垄断阶段实际情况的四种类型，即完全竞争市场、垄断竞争市场、寡头垄断市场和完全垄断。"张伯伦革命"的经济学意义在于，20世纪中期宏观经济学之所以能够得到长足的发展，其逻辑起点就是对垄断的分析，从这个起点出发，恰恰使得西方经济学比较正确地描述和表达了百年经济历史的本质和现状。

(4) 20世纪30～40年代，以欧根等人为代表的德国弗莱堡学派的竞争理论，提出现代技术的发展不但没有消除竞争，反而会加剧竞争。他们认为：①现代交通和信息传播技术的发展使以前的单个地方市场失去了独立性，从而形成了统一的大市场，在这个新的大市场中，以前的地方局部市场上的垄断或寡头重新置于激烈的竞争之中；②现代技术的发展使产品之间和市场之间的替代联系加强了，竞争不局限于一个部门和单个市场，因而竞争范围更加广泛，竞争强度也增大了；③由于技术进步，企业对市场变化的适应过程缩短，资本转移流动的速度加快，从而现实的和潜在的竞争都会进一步加强。

(5) 1939年，美国经济学家克拉克作了《论可行性竞争概念》的报告，提出了可行性竞争的概念，并且首次尝试用一种可实现的竞争理论作用为现实竞争政策的理论基础。他指出："完全竞争不存在并且不能存在，可能从来也没有存在过。"与不完全竞争或垄断竞争理论不同，克拉克不主张通过竞争政策措施逐步消除竞争的不完善因素，而是以承认不完善因素作为现实条件，并且论证了在这些现实前提条件下竞争是可行的。在他看来，在一个不完全竞争的市场上，不完全竞争因素的不断出现，会形成一个"补偿平衡效应"，以致不完全竞争因素相互抵消，竞争会继续保持并且更为激烈，竞争的效果也会接近完全竞争，合乎人们的愿望。

# 第七章 不完全竞争市场

> **典型案例分析**

### 垄断竞争下的差异化战略

产品差异化是垄断竞争市场上常见的一种现象,不同企业生产的产品或多或少存在相互替代的关系,但是它们之间存在差异,并非完全可替代的。垄断竞争厂商的产品差异化包括产品本身的差异和人为的差异,后者包括了方位的差异、服务的差异、包装的差异、营销手法的差异等,企业往往希望通过产品差异化来刺激产品的需求。

(1)产品的原材料。潘婷洗发水宣称成分中有70%是用于化妆品的,让人不能不相信其对头发的营养护理功效。舒蕾现下推广的"小麦蛋白"洗发水也是在试图通过原料成分来加强产品的价值感。

(2)产品的手感。TCL电工通过李嘉欣告诉大家"手感真好",因为手感好也是消费者自己判断开关质量简单又重要的标准。

(3)产品的颜色。普通的牙膏一般都是白色的,然而,当出现一种透明颜色或绿色的牙膏时,大家觉得这牙膏肯定更好。高露洁有一种三重功效的牙膏,膏体由三种颜色构成,给消费者以直观的感受:白色的会洁白牙齿,绿色的会清新口气,蓝色的会清除口腔细菌。

(4)产品的味道。牙膏一般都是甜味的,可是LG牙膏反而是咸味的,大家会觉得这牙膏一定好。那么,如果有种苦味的牙膏呢?大家还会觉得好,这就是差异化的威力。

(5)产品的造型设计。摩托罗拉的V70手机,独特的旋转式翻盖成为其最大的卖点。

(6)产品功能组合。组合法是最常用的创意方法。许多发明都是据此而来。海尔的氧吧空调在创意上就是普通空调与氧吧的组合。白加黑也是一种功能的分离组合,简单的功能概念却造就了市场的奇迹。

(7)产品构造。"好电池底部有个环。"南孚电池通过"底部有个环"给消费者一个简单的辨别方法,让消费者看到那个环就联想到了高性能的电池。海尔"转波"微波炉的"盘不转波转"也是在通过强调结构的差异来提高产品的价值感。

(8)新类别概念。建立一个新的产品类别概念。最经典的当属"七喜"的非可乐概念,这里不再多言。

(9)隐喻的概念。瑞星杀毒软件用狮子来代表品牌,以显示其强大"杀力";胡姬花通过隐喻概念"钻石般的纯度"来强化其产品价值;白沙烟用鹤来表现飞翔、心旷神怡、自由的品牌感受。

(10)事件概念。相信全国人都知道海尔的"砸冰箱"事件,直到多少年后,海尔还在不厌其烦地拿出来吆喝几声。该事件为海尔的"真诚到永远"立下了汗马功劳,可见事件概念的传播也是威力巨大。事件营销要注意把握时机,如能与社会上的热门话题联系起来,则会起到事半功倍的效果。2003年的一大热点当然是"神五飞天",蒙牛及时"对接成功",有效地提升了品牌形象,是近年来少见的优秀事件营销传播案例。

(11)广告传播创意概念。"农夫果园摇一摇""乐百氏27层净化""金龙鱼1∶1∶1"都属于此类型。

(12)专业概念。专业感是信任的主要来源之一,也是建立"定位第一"优势的主要方法。很多品牌在塑造专业感时经常直称专家:方太——厨房专家;华龙——制面专家;中国移动——移动通信专家。

(13)建立"老"的概念。时间长会给人以信任感,因此,诉求时间的概念也是一种有效方法。而且时间的概念感觉越老越好,如玉堂酱园——始于康熙52年、青岛啤酒——始于1992年。

(14)产地概念。总有许多产品具有强烈的产地特点,如北京的二锅头、烤鸭,山东的大花生,新疆的葡萄,还有我们常说的川酒云烟等。提炼这些地域特色强烈的产品的地域概念显然是很有效的方法。例如,云峰酒业的"小糊涂仙""小糊涂神""小酒仙"等都在说"茅台镇传世佳酿",鲁花花生油说"精选山东优质大花生"等。

(15)具体数字概念。越是具体的数字,信任感越强。因此,挖掘产品或品牌的具体数字也是常用的方法。"乐百氏27层净化""总督牌香烟有20000个滤嘴颗粒过滤"等都是该方法的应用。

(16)服务概念。同样的服务,但如果有一个好的概念,则能加深品牌的美好印象。例如,海尔提出的"五星级服务"也为其"真诚到永远"作出不少的贡献;另外,还有"24小时服务""钻石服务"等都是不错的服务概念,在加强品牌美誉度方面起到不可忽视的作用。

思考题:

(1)在垄断竞争理论中,产品差异化有什么意义?

(2)从以上案例中,你能否总结出显示企业决策中的差异化的类型?都有哪些类型?

(3)现实中,哪些企业很需要进行产品差异化?哪些企业不需要?请你论述这些企业进行产品差异化的理由。

(4)你还能举出一些产品差异化的例子来吗?我国企业进行差异化有什么特点?

选自(北京大学经济学院《中级微观经济学》案例教学)

## 转轨过程中的低效率竞争:以棉纺织行业为例

### 1. 棉纺织行业目前的困境

20世纪70年代末改革开放以来,我国制造业开始了向市场经济的转轨过程。按照西方经济理论和改革理论,竞争能促进效率改进、技术进步和产业组织结构的改善,我国许多制造业的转轨过程也表明了这一点。然而,棉纺织业在转轨过程中的表现,却提供了一个颇具挑战性的案例。

棉纺织业是我国制造业中开始转轨最早、产品市场进入竞争状态时间最长、竞争程度最激烈的行业之一,按照理论推论,也应该是增长最快、效率改进最显著、产业组织结构最合理的行业之一。但是在经历了20年的转轨过程之后,这个行业却成为我国制造业中持续亏损时间最长、效益最差、产业组织结构改善最不明显的行业之一。1991—1997年7年间,棉纺织业有6年全行业亏损。我国制造业转轨过程中受到批评最多的问题,如生产分散、企业规模趋小、重复建设、重复生产等,在棉纺织行业中都有典型表现。按通常使用表述,这个行业存在严重的"生产能力过剩"和"过度竞争"的问题,尚未建立起"有效的竞争秩序"。棉纺织行业的困境已经引起中央决策层的关注,并将解决其困境作为"国有企业改革和解困的突破口"。

为什么同样处在转轨过程中,不同行业的实绩如此不同?为什么竞争会导致如此不同的结果?这是经济研究者有责任回答的问题。否则,人们有理由对竞争的作用产生疑虑,并将解决转轨过程中出现的问题和改善某些行业状况的努力建立在加强政府干预的基础上。

### 2. 生产能力过剩、过度竞争及其在棉纺织行业的表现

在分析棉纺织行业的困境时,最经常指出的问题是生产能力过剩。这里要提出的观点是,棉纺织行业的困境主要是由转轨过程扭曲和行业特点造成的。生产能力过剩或过度竞争是其结果而不是原因,直观的比较能帮助恰当理解生产能力过剩对棉纺织行业的影响。

首先,与许多制造行业相比,棉纺织行业生产能力过剩的状况并不严重也不典型。按纺织工业

# 第七章 不完全竞争市场

总会的口径,现有4190万棉纺锭中,有1000万锭左右是过剩能力,即现有生产能力中有1/4过剩,这在制造业中是较低的水平。按1995年工业普查资料显示,许多行业生产能力过剩在1/3甚至1/2左右,但这些行业并没有出现全行业亏损问题。不仅如此,一些生产能力过剩问题更严重的行业,如家电行业,经过竞争与淘汰,也以成为我国有国际竞争力的优势行业。

其次,在被计入现有生产能力的棉纺锭中,有一部分实际上已退出了生产过程。由于国有企业破产或关闭困难,棉纺锭企业即使停产或半停产,也只是将纺锭闲置而不是淘汰,只要企业不破产,这些生产能力都被计算其中,实际上相当一部分纺锭早已退出生产过程。近几年执行压锭改造政策,企业更没有主动淘汰纺锭的积极性。

用"过度竞争"能更恰当地描述棉纺织行业的现状。"生产能力过剩"所指的现象易于理解,而"过度竞争"这个概念首先需要定义。这里使用日本学者给予的如下定义:"过度竞争"(Excessive Competition)指的是这样一种状态:某个产业中由于进入的企业过多,已经使许多企业甚至全行业处于低利润率的状态,但生产要素和企业仍不从这个行业中退出,使全行业的低利润率或负利润率的状态持续下去。可以看出,"进入企业过多""全行业长期低效益"和"竞争及低效益不能产生淘汰作用"是"过度竞争"的三个主要表现。然而在中国,"过度竞争"的行业往往还有另一个特征,即在"过度竞争"的状态下,仍有许多新企业继续进入这个行业。也就是我们常讲的"边积压、边亏损、边生产、边建设"的问题。显然,与生产能力过剩相比,用"过度竞争"来描述我国棉纺织工业存在问题的特征更为贴切。

**3. 转轨过程不同步造成的市场扭曲,是导致长期存在过度竞争问题的制度环境**

棉纺织行业生产能力的增长主要来自产棉区。20世纪70年代以前一个主要产棉省棉纺生产能力份额明显低于其产棉份额,产棉份额近全国的2/3,但棉纺能力只有全国的1/3。20世纪70年代以后,产棉区新增棉纺生产能力较快,到80年代末期占到全国新增生产能力的2/3,使得产棉区存量生产能力占全国棉纺生产能力的份额从70年代以前的1/3升到一半。

产棉区大量新增棉纺生产能力,被认为是棉纺织行业生产能力过剩的主要原因。为什么在全国棉纺生产能力已经过剩的情况下,产棉区还要大量新建棉纺企业呢?这是地方和企业对产品价格放开、棉花价格不放开和各类企业竞争地位不同所造成的扭曲的制度环境的理性反应。更一般地讲,我国许多制造行业都有改革不同步的特点,产品市场首先放开,而要素市场严重滞后,特别是一些资源性投入品的价格长期不放开。因此,建立隶属于自己的资源利用型企业,就成为地方政府将其可控制的资源转化成就业和收入的理性选择,这被认为是对外部不合理的制度结构的理性反应。

**4. 行业内各类企业效率水平差别明显,"原有企业亏损但新企业不断进入"的行为对相当一部分新进入企业来说,是理性选择而不是"盲目投资"**

无论所有制形式如何,新建中小型纺织企业的优势表现在低劳动成本、低价棉花稳定供应和行政隶属层次低三个方面。

(1)中小型棉纺织企业特别是乡镇企业,工资水平明显低于国有大中型企业,如果加上国有大中型企业为职工提供的种种福利,乡镇棉纺织企业的成本不足国有大中型企业的一半。即使都是国有企业,行政隶属层次越低的企业,工资水平相对越低。据河南省的一项研究显示,近些年投产的县办国营棉纺织厂,职工平均月收入在1500~1800元之间,而处于大中城市的老厂、大厂,职工平均月收入在3000元以上,还有许多非工资福利待遇,但仍存在职工不安心的问题。

(2)新建的中小型棉纺织企业多数在产棉区,因此,在棉花供应和棉花价格方面有明显优势,棉花价格约为非产棉区大中型棉纺织企业的2/3。

(3)新建中小型棉纺织企业的优势还表现在与中央、省市隶属的大中型纺织企业相比,其行政隶属关系的"低层次"上。无论是乡镇企业,还是县办国有企业,其低层次的隶属关系都使"政企关系"相对有效率。"低层次行政隶属关系"的优势表现为:①企业与所属政府利益的直接依赖,使政府尽可能给予企业有利的经营环境;②按照代理理论,主管政府部门与企业的关系越近,信息越真实,监督与激励越有效。与这些新建的"行政隶属低层次"企业相比,行政隶属层次高的大中型国有老企业的明显劣势。这些企业的自下而上与发展在很大程度上依赖于所属政府主管部门对投资、投入品和市场份额的控制能力和影响能力,然而改革以来,"高层次"政府的控制能力和影响能力都急剧下降。换言之,这部分企业的数量和规模相对于缩减了的下放干预能力,显得过多过大。新建企业的这些优势,使其能够在原有大中型棉纺织企业普遍经营困难的情况下,仍有可能盈利。如果再考虑到大中城市原有棉纺织企业的其他不利因素,如历史负担重、布局不当等,就会发现我国的棉纺织行业是一个典型的行业内企业间效率差距明显的行业。在市场经济国家,所有企业都在竞争性市场环境中成长,企业间效率水平不可能有如此大的差异,否则必被淘汰出局。总之,我国棉纺织行业长期存在"重复生产,重复建设"问题的主要原因之一,是新投资者对企业间效率差异的清楚了解和对本身竞争能力具有信心,这部分新进入企业的行为是理性的而不是盲目的。

**5. 低效益国有企业退出困难,导致"优胜劣汰"过程缓慢和全行业效益持续低下**

棉纺织行业连续6年亏损,而且亏损面、亏损率逐年加重,直接原因是亏损企业既不能够扭亏为盈,又不能够及时退出。在一些非产棉区的大中城市,亏损5年以上的大中型纺织企业占一半左右,有些企业自1989年以后未曾有过盈利,但仍继续存在下去。在淘汰机制正常的市场经济中,这个行业的表现应该是生产大幅度缩减和大量企业倒闭或被兼并重组,而不是持续数年的全行业亏损。国有棉纺企业特别是大中城市的国有棉纺织企业之所以在长期亏损的情况下继续生存,是因为存在着现实的退出困难问题。在社会保障体系很不完善的情况下,企业停产首先面临职工安置问题,处置不当,会影响社会安定问题。特别是劳动密集型的棉纺织企业,停产、破产或重组,涉及的职工人数较多,而且有较大比例的职工是教育水平较低、技能单一的女职工,重新安置比较困难。因此,只要有可能,政府愿意通过各种优惠政策使其维持下去。在问题集中出现又没有妥当的处置办法时,对亏损国有企业进行补贴,先维持其生存,再设法解决问题,是一种稳定社会的暂时措施,也是一种求实和负责的态度。其重要意义,是减少改革阻力,避免改革中矛盾的激化,使以"增量改革"为特征的制度变革过程能够在20年中持续推进。但是这种状况从20世纪80年代中期起一直持续到90年代中期,长达10年而且不断恶化,这就成为"停滞"而不是"渐进"了,其弊端也是显而易见的。在一个行业市场容量快速扩张的时期,原有企业与新建企业易于"和平共处,共同发展",而当市场容量增速减缓甚至达到饱和状态时,按产业发展规律讲,该行业就应该在争夺有限市场份额的竞争中开始迅速的优胜劣汰和产业重组过程,但是,竞争力差的国有企业却能够劣而不汰,以长期亏损为代价继续占有市场份额,这就阻碍了优势企业的扩张,全行业效率的提高和产业组织的改善。

**6. 行业特点对行业的发展和影响**

影响棉纺织行业效益增长与改变产业组织结构的另一个重要因素,就是行业特点。

(1)规模经济不明显,易进难出,存量调整困难。一个行业的进入障碍由其规模经济水平、技术水平、市场结构等因素决定。在我国目前的市场环境、要素结构与技术水平下,棉纺织行业是一个规模经济并不显著的行业,进入障碍较弱。这可以从规范的技术经济研究和经验研究两方面得

# 第七章 不完全竞争市场

到证实。据中国产业经济技术研究联合会组织专家研究的结果可知,2万锭左右的棉纺织厂(按我国对企业规模的分类,3万锭以下的棉纺织厂是小型企业)与更大规模的棉纺织厂相比,在生产成本上并没有明显劣势。而据笔者对一些业内人士的采访,1万锭左右的棉纺织厂就没有明显的规模不经济问题。棉纺织行业中外商投资企业的规模选择有参考意义。据第三次全国工业普查资料显示,我国棉纺织行业的平均规模基本相当。1995年底以全部棉纺织企业统计,企业平均固定资产净值为1165万元,平均销售收入为2505万元,而外商投资棉纺织企业的平均固定净值为1473万元,平均销售收入为2675万元。显然,通常批评我国棉纺织企业规模过小时所列举的原因,如地方和企业盲目投资、不注重效益、地方分权主义和地方保护主义等,并不适合用来分析外商投资棉纺织企业的规模。应该认为,外国投资者选择这种"小规模"企业,是因为他们认为在中国的环境、要素结构和技术水平下,这是有竞争力的规模。

棉纺织行业中的大中型企业的竞争优势不明显,也受棉纺织行业是传统产业这一特点的影响。在市场竞争中,是大企业更有利还是小企业更有利,并不是一个确定的问题,要看行业特点和市场特点。在一个市场相对份额下降又存在过度竞争的传统产业中,大企业不一定比小企业更有竞争力。因为如果需求下降,相对于市场规模而言,大企业规模过大,因而缺乏活力。小企业虽然没有大企业资本雄厚,但若因经营状况好于大企业,则在竞争中小企业占优势是完全可能的。有一些实证研究表明,在某些市场份额相对下降的行业中,大企业率先退出竞争,如英国合成碱业和铸钢业在进入调整时期后,都是大企业率先退出。我国传统产业中的大中型企业以国有企业居多,体制方面的不利因素更多,因此,"以小挤大"很可能是市场竞争的自然结果。

(2)品牌效应较弱,生产集中过程不明显。多数制造业产品都有自己的商标,这些商标对购买者来说是识别的标志。但是,不同种类产品商标的重要性不同。对一部分产品业说,商标对购买者非常重要,因此,这类产品的生产者可以通过名牌战略,使企业的市场占有率迅速扩大,提高生产集中度。目前我国已有许多制造业产品市场开始呈现出明显的向名牌集中的趋势,如排名前12名的产品已占彩色电视机、电冰箱市场量的90%以上。即使在一些规模经济不显著的行业,只要消费者有"品牌"意识,少数企业也能够很快占据较大的市场份额,如在食品、饮料、保健用品、化妆品、时装、小家电、日用机械等行业中,都已经形成这样一批企业。因此,虽然这些行业内也有相当比例的亏损企业,但由于一部分名牌企业可以获得较多利润,使全行业的效益并不太差。一旦消费者具有了较强的品牌意识,名牌产品占据大部分市场,就对中小型新投资者形成进入障碍,所谓的"低水平重复建设"问题就会明显减少。

相比之下,棉纺织行业的品牌效应较弱。棉纺织品是典型的同质产品,对大多数消费者来说,只有产品名称,如"纯棉布""混纺布"等,并无产品品牌,或者消费者不太重视产品品牌。产品质量好、档次高、经济效益好的企业,难以通过"名牌"战略迅速扩大生产规模和市场占有率,也难于使产品价格处在合理的水平。在十多年的激烈竞争后,棉纺织业并没有出现明显的生产集中过程,品牌效应弱对此有明显影响。

案例分析要点:

(1)体制转轨各个方面不同步,会导致"竞争失效",不能产生优胜劣汰的作用,导致"过度竞争"问题,解决这个问题要靠深入、全面推进体制改革。

我国制造业中各类企业的效率水平差别较大,市场竞争应该能够产生显著的优胜劣汰作用。但是,当不同类型的企业能以不同的价格获得要素、低效益企业能长期得到补贴、亏损企业无法被淘汰时,产品市场竞争的作用就会被削弱、扭曲甚至反向发挥作用,这是渐进改革方式的最大缺陷。

要使渐进式改革可行,必须使改革渐进但持续推进,不能在某个阶段停留时间过长,也不能绕过某些重要环节,否则就要付出增长和效益方面的高昂代价。

(2)产业组织结构、企业规模和技术水平的选择都要考虑适用性问题。产业组织结构是由当时的市场环境决定的。中国过去长期存在有利于新建中小型企业发展的市场环境,因此,所谓的生产分散、规模不经济等现象,是企业对市场环境的合理反应。如果有许多明显优势的中小型企业不能得到较快发展,有许多劣势的老企业没有感到严峻的压力,就表明多年改革之后,对显而易见的盈利机会,投资都仍然没有积极的反应,竞争也没有对低效率企业形成足够的压力,这才是反常现象,若果真如此,那将是改革的失败。对于人们经常批评的"设备先进、技术水平高的大企业亏损,设备落后、技术水平低的中小企业盈利"的现象,也需要用市场经济的观点看待和解释。在中国这样一个收入水平多层次的国家,消费者选择的是适用性,而不是单一的技术水平或质量标准。如果企业采用新技术生产的新产品,颇受消费者、技术专家和质检部门的好评,但若按市场能够接受的价格出售会导致财务困难,那么,仍然表明技术的选择是不适用的。换言之,当产品价格上升到可以维持财务状况的水平时,需求就会大幅度下降。特别当新、旧技术生产的产品在品种质量方面并无显著区别,只是用资本替代劳动时,新技术的适用性更需要慎重考虑。如果通过压制减少来自低成本企业的竞争,使那些新产品在高成本基础上获得市场,其实质是通过损害消费者和一部分生产者(低成本技术使用者)的利益来保护另一部分生产者(高成本技术使用者)的利益。

(3)在结构剧烈变动时期,传统产业的退出援助应该成为政府支出政策的重点之一,但应尽可能让市场机制发挥作用。目前是中国制造业结构变化最剧烈的时期,总会有一部分行业、企业和地区处在结构调整带来的剧烈冲击之下,处于需要调整又无力自行调整的困境之中,如同目前阶段的棉纺织行业。如果这些行业的调整长期受阻,这些行业就会处于严重开工不足和全行业低效益的状况之中,浪费资源,影响经济和社会的稳定性。因此,产业调整援助政策应该成为这段时期内政府支出的重点之一。对退出和转产企业的资金支持、失业救济、再就业援助和区域经济振兴规划等均是政府援助政策的主要内容。

(《体制转轨中的增长、绩效与产业组织变化——对中国若干行业的实证研究》,江小娟等著)

## 教材习题参考答案

## 一、简答题

**1. 根据图 7-4 中线性需求曲线 $d$ 和相应的边际收益曲线 $MR$,试求:**

(1) $A$ 点所对应的 $MR$ 值。

(2) $B$ 点所对应的 $MR$ 值。

**答案:**(1)根据需求价格点弹性的几何意义,可得 $A$ 点的需求价格弹性为 $e_d = \dfrac{15-5}{5} = 2$。

再根据公式 $MR = P\left(1 - \dfrac{1}{e_d}\right)$,

则 $A$ 点的 $MR$ 值为 $MR = 2 \times \left(1 - \dfrac{1}{2}\right) = 1$。

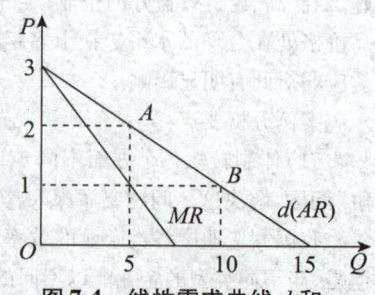

图 7-4 线性需求曲线 $d$ 和
边际收益曲线 $MR$

(2)与(1)相类似,根据需求价格点弹性的几何意义,可得 $B$ 点的需求价格弹性为 $e_d = \dfrac{15-10}{10} = \dfrac{1}{2}$。

再根据公式 $MR = \left(1 - \dfrac{1}{e_d}\right)$,则 $B$ 点的 $MR$ 值为 $MR = 1 \times \left(1 - \dfrac{1}{1/2}\right) = -1$。

**2. 图 7-5 是某垄断厂商的长期成本曲线、需求曲线和收益曲线。试在图中标出:**
(1)长期均衡点及相应的均衡价格和均衡产量。
(2)长期均衡时代表最优生产规模的 $SAC$ 曲线和 $SMC$ 曲线。
(3)长期均衡时的利润量。
**答案:** 作图结果如图 7-6 所示。
(1)长期均衡点为 $E$ 点,因为在 $E$ 点有 $MR = LMC$。由 $E$ 点出发,均衡价格为 $P_0$,均衡数量为 $Q_0$。
(2)长期均衡时代表最优生产规模的 $SAC$ 曲线和 $SMC$ 曲线如图 7-6 所示。在 $Q_0$ 的产量上,$SAC$ 曲线和 $LAC$ 曲线相切;$SMC$ 曲线和 $LMC$ 曲线相交,而且同时与 $MR$ 曲线相交。
(3)长期均衡时的利润量由图 7-6 中阴影部分的面积表示,即 $\pi = (AR(Q_0) - SAC(Q_0)) \cdot Q_0$。

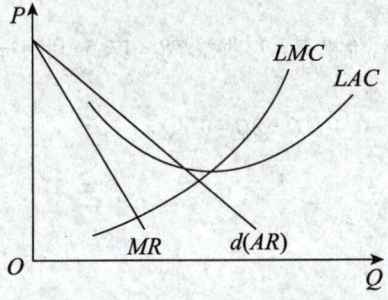

图 7-5  某垄断厂商长期各项曲线

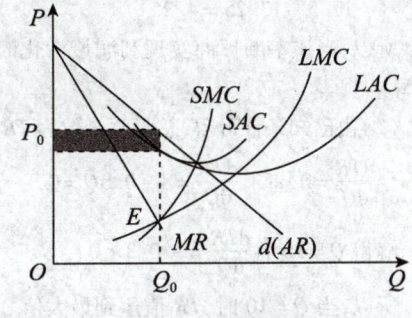

图 7-6  作图结果

**3. 为什么垄断厂商实现 $MR = MC$ 的利润最大化均衡时,总有 $P > MC$?你是如何理解这种状态的?**
**答案:** 垄断厂商所面临的需求曲线的位置高于边际收益 $MR$ 曲线的位置,即总有 $P > MR$,所以在垄断厂商实现 $MR = MC$ 利润最大化均衡时,必有 $P > MC$。

## 二、计算题

**1. 已知某垄断厂商的短期总成本函数为 $STC = 0.1Q^3 - 6Q^2 + 140Q + 3000$,反需求函数为 $P = 150 - 3.25Q$。**
**求:** 该垄断厂商的短期均衡产量与均衡价格。
**答案:** 因为 $SMC = \dfrac{dSTC}{dQ} = 0.3Q^2 - 12Q + 140$,

而且由 $TR = P(Q) \cdot Q = (150 - 3.25Q)Q = 150Q - 3.25Q^2$,

得 $MR = \dfrac{dTR}{dQ} = 150 - 6.5Q$。

于是,根据垄断厂商短期利润最大化的原则 $MR=SMC$,有:
$0.3Q^2-12Q+140=150-6.5Q$,
整理得 $3Q^2-55Q-100=0$,解得 $Q=20$(负值舍去)。
以 $Q=20$ 代入反需求函数,得 $P=150-3.25Q=150-3.25\times20=85$。
所以,该垄断厂商的短期均衡产量为 $Q=20$,均衡价格为 $P=85$。

**2.** 已知某垄断厂商的短期总成本函数为 $STC=0.6Q^2+3Q+2$,反需求函数为 $P=8-0.4Q$。

(1)求该厂商实现利润最大化时的产量、价格、收益和利润。

(2)求该厂商实现收益最大化时的产量、价格、收益和利润。

(3)比较(1)和(2)的结果。

**答案**:(1)由题意可得,$MC=\dfrac{\mathrm{d}STC}{\mathrm{d}Q}=1.2Q+3$ 且 $MR=8-0.8Q$。

于是,根据利润最大化的原则 $MR=MC$,有 $8-0.8Q=1.2Q+3$,解得 $Q=2.5$。

以 $Q=2.5$ 代入反需求函数 $P=8-0.4Q$,得 $P=8-0.4\times2.5=7$。

以 $Q=2.5$ 和 $P=7$ 代入利润等式,有:

$\pi=TR-TC=PQ-TC=(7\times2.5)-(0.6\times2.5^2+3\times2.5+2)$
$=17.5-13.25=4.25$

所以,当该垄断厂商实现利润最大化时,其产量 $Q=2.5$,价格 $P=7$,收益 $TR=17.5$,利润 $\pi=4.25$。

(2)由已知条件可得,总收益函数为 $TR=P(Q)\cdot Q=(8-0.4Q)Q=8Q-0.4Q^2$。

令 $\dfrac{\mathrm{d}TR}{\mathrm{d}Q}=0$,即有 $\dfrac{\mathrm{d}TR}{\mathrm{d}Q}=8-0.8Q=0$,

解得 $Q=10$ 且 $\dfrac{\mathrm{d}TR}{\mathrm{d}Q}=-0.8<0$,

所以,当 $Q=10$ 时,$TR$ 值达到最大值。

以 $Q=10$ 代入反需求函数 $P=8-0.4Q$,得 $P=8-0.4\times10=4$。

以 $Q=10$,$P=4$ 代入利润等式,有:

$\pi=TR-TC=P\cdot Q-TC=(4\times10)-(0.6\times10^2+3\times10+2)=40-92=-52$。

所以,当该垄断厂商实现收益最大化时,其产量 $Q=10$,价格 $P=4$,收益 $TR=40$,利润 $\pi=-52$,即该厂商的亏损量为 52。

(3)由(1)和(2)对比可知:将该垄断厂商实现利润最大化的结果与实现收益最大化的结果相比较,该厂商实现利润最大化时的产量较低(2.5<10),价格较高(7>4),收益较少(17.5<40),利润较大(4.25>-52)。显然,理性的垄断厂商总是以利润最大化作为生产目标,而不是将收益最大化作为生产目标。追求利润最大化的垄断厂商总是以较高的垄断价格和较低的产量来获得最大的利润。

**3.** 已知某垄断厂商的反需求函数为 $P=100-2Q+2\sqrt{A}$,成本函数为 $TC=3Q^2+20Q+A$,其中,$A$ 表示厂商的广告支出。

求:该厂商实现利润最大化时 $Q$、$P$ 和 $A$ 的值。

**答案**:由题意可得:

$\pi=P\cdot Q-TC$

# 第七章 不完全竞争市场

$$= (100 - 2Q + 2\sqrt{A}) \cdot Q - (3Q^2 + 20Q + A)$$
$$= 100Q - 2Q^2 + 2\sqrt{A}Q - 3Q^2 - 20Q - A$$
$$= 80Q - 5Q^2 + 2\sqrt{A}Q - A$$

将以上的利润函数 $\pi(Q, A)$ 分别对 $Q$、$A$ 求偏导数,构成利润最大化的一阶条件如下:

$$\begin{cases} \dfrac{\partial \pi}{\partial Q} = 80 - 10Q + 2\sqrt{A} = 0 & \text{(1)} \\ \dfrac{\partial \pi}{\partial A} = A^{-\frac{1}{2}}Q - 1 = 0 & \text{(2)} \end{cases}$$

由(2)得 $\sqrt{A} = Q$,代入(1)得 $80 - 10Q + 2Q = 0$,解得 $Q = 10, A = 100$。

以 $Q = 10$、$A = 100$ 代入反需求函数,得 $P = 100 - 2Q + 2\sqrt{A} = 100 - 2 \times 10 + 2 \times 10 = 100$。

所以,该垄断厂商实现利润最大化时的产量 $Q = 10$,价格 $P = 100$,广告支出 $A = 100$。

**4.** 已知某垄断厂商利用一个工厂生产一种产品,其产品在两个分割的市场出售,它的成本函数为 $TC = 0.5Q^2 + 7Q$,两个市场的需求函数分别为 $Q_1 = 30 - 0.5P_1$、$Q_2 = 100 - 2P_2$。

(1)求当该厂商实行三级价格歧视时,它追求利润最大化前提下的两个市场各自的销售量、价格,以及厂商的总利润(保留整数部分)。

(2)求当该厂商在两个市场上实行统一的价格时,它追求利润最大化前提下的销售量、价格,以及厂商的总利润(保留整数部分)。

(3)比较(1)和(2)的结果。

**答案:**(1)第一个市场的反需求函数为 $P_1 = 60 - 2Q_1$,
边际收益函数为 $MR_1 = 60 - 4Q_1$。
第二个市场的反需求函数为 $P_2 = 50 - 0.5Q_2$,
边际收益函数为 $MR_2 = 50 - Q_2$。
边际成本函数为 $MC = Q + 7$,
根据三级价格歧视利润最大化的原则,有:
$MR_1 = MR_2 = MC$

可知 $\begin{cases} 60 - 4Q_1 = Q + 7 \\ 50 - Q_2 = Q + 7 \end{cases}$

又 $Q = Q_1 + Q_2$,

解得 $\begin{cases} Q_1 = 7 \\ Q_2 = 18 \end{cases}$,此时 $\begin{cases} P_1 = 46 \\ P_2 = 41 \end{cases}$。

总利润 $\pi = P_1Q_1 + P_2Q_2 - TC = 573$。

(2)市场需求函数为:
$Q = Q_1 + Q_2 = (30 - 0.5P) + (100 - 2P) = 130 - 2.5P$
市场反需求函数为 $P = 52 - 0.4Q$,
边际收益函数为 $MR = 52 - 0.8Q$。
根据最大化原则 $MR = MC$,
可得 $Q + 7 = 52 - 0.8Q, Q = 25$。
价格 $P = 42$,总利润为 $\pi = PQ - TC = 563$。

(3)比较(1)和(2)的结果可以看到,三级价格歧视下利润大于统一定价下的利润,这表明实行三级价格歧视要比不这样做更为有利可图。

**5.** 假定某垄断厂商生产两种相关联的产品,其中任何一种产品需求量的变化都会影响另一种产品的价格,这两种产品的市场需求函数分别为 $P_1 = 120 - 2Q_1 - 0.5Q_2$,$P_2 = 100 - Q_2 - 0.5Q_1$。这两种产品的生产成本函数是相互独立的,分别为 $TC_1 = 50Q_1$,$TC_2 = 0.5Q_2^2$。求该垄断厂商关于每一种产品的产量和价格。

**答案:** 构造利润函数:

$$\pi = P_1 Q_1 + P_2 Q_2 - TC_1 - TC_2$$
$$= -2Q_1^2 - 1.5Q_2^2 + 70Q_1 + 100Q_2 - Q_1 Q_2$$

$$\begin{cases} \dfrac{\partial \pi}{\partial Q_1} = -4Q_1 + 70 - Q_2 = 0 \\ \dfrac{\partial \pi}{\partial Q_2} = -3Q_2 + 100 - Q_1 = 0 \end{cases}$$

解得 $\begin{cases} Q_1 = 10 \\ Q_2 = 30 \end{cases}$

此时 $\begin{cases} P_1 = 85 \\ P_2 = 65 \end{cases}$

故该垄断厂商关于每一种产品的产量和价格分别为 $P_1 = 85$,$P_2 = 65$,$Q_1 = 10$,$Q_2 = 30$。

**6.** 假定某垄断厂商生产一种产品,其总成本函数为 $TC = 0.5Q^2 + 10Q + 5$,市场的反需求函数为 $P = 70 - 2Q$。

(1) 求该厂商实现利润最大化时的产量、产品价格和利润量。

(2) 如果要求该垄断厂商遵从完全竞争原则,那么,该厂商实现利润最大化时的产量、产品价格和利润量又是多少?

(3) 试比较(1)和(2)的结果,你可以得出什么结论?

**答案:** (1) 厂商边际成本函数为 $MC = Q + 10$,

边际收益函数为 $MR = 70 - 4Q$。

根据利润最大化原则 $MR = MC$,

可知 $Q = 12$,$P = 46$,利润 $\pi = PQ - TC = 355$。

(2) 根据完全竞争原则可知 $P = MC$,

可得 $Q = 20$,$P = 30$,

此时利润 $\pi = PQ - TC = 195$。

(3) 比较(1)和(2)可知,垄断条件下的利润更大,价格更高,但产量却比较低。

**7.** 已知某垄断竞争厂商的长期成本函数为 $LTC = 0.001Q^3 - 0.51Q^2 + 200Q$。如果该产品的生产集团内的所有厂商都按相同的比例调整价格,那么,每个厂商的份额需求曲线(即教材第195页图7-9中的 $D$ 曲线)为 $P = 238 - 0.5Q$。求:

(1) 该厂商长期均衡时的产量与价格。

(2) 该厂商长期均衡时主观需求曲线(即教材第195页图7-9中的 $d$ 曲线)上的需求的价格点弹性值(保留整数部分)。

(3) 如果该厂商的主观需求曲线(即教材第195页图7-9中的 $d$ 曲线)是线性的,推导该厂商长期均衡时的主观需求函数。

**答案**：(1)根据 $LTC = 0.001Q^3 - 0.51Q^2 + 200Q$，可得 $LAC = \dfrac{LTC}{Q} = 0.001Q^2 - 0.51Q + 200$，

$LMC = \dfrac{\mathrm{d}LTC}{\mathrm{d}Q} = 0.003Q^2 - 1.02Q + 200$。

而且已知与份额需求 $D$ 曲线相对应的反需求函数为 $P = 238 - 0.5Q$。

由于在垄断竞争厂商利润最大化的长期均衡时，$D$ 曲线与 $LAC$ 曲线相切（因为 $\pi = 0$），即有 $LAC = P$，于是有 $0.001Q^2 - 0.51Q + 200 = 238 - 0.5Q$。

解得 $Q = 200$（舍去负值）。

以 $Q = 200$ 代入份额需求函数，得 $P = 238 - 0.5 \times 200 = 138$。

所以，该垄断竞争厂商实现利润最大化的长期均衡时的产量 $Q = 200$，价格 $P = 138$。

(2)将 $Q = 200$ 代入长期边际成本 $LMC$ 函数，得：

$LMC = 0.003Q^2 - 1.02Q + 200 = 0.003 \times 200^2 - 1.02 \times 200 + 200 = 116$

因为厂商实现长期利润最大化时必有 $MR = LMC$，所以亦有 $MR = 116$。

再根据公式 $MR = P\left(1 - \dfrac{1}{e_d}\right)$，得 $116 = 138\left(1 - \dfrac{1}{e_d}\right)$，解得 $e_d \approx 6$。

所以，厂商长期均衡时主观需求 $d$ 曲线上的需求的价格点弹性为 $e_d \approx 6$。

(3)令该厂商的线性的主观需求 $d$ 曲线的函数形式为 $P = A - BQ$，其中，$A$ 表示该线性需求 $d$ 曲线的纵截距，$-B$ 表示斜率。

根据线性需求曲线的点弹性的几何意义，可以有 $e_d = \dfrac{P}{A - P}$，其中，$P$ 表示线性需求 $d$ 曲线上某一点所对应的价格水平。于是，在该厂商实现长期均衡时，由 $e_d = \dfrac{P}{A-P}$ 得 $6 = \dfrac{138}{A - 138}$，解得 $A = 161$。

根据几何意义，在该厂商实现长期均衡时，线性主观需求 $d$ 曲线的斜率的绝对值可以表示为：

$B = \dfrac{A - P}{Q} = \dfrac{161 - 138}{200} = 0.115$

于是，该垄断竞争厂商实现长期均衡时的线性主观需求函数为 $P = A - BQ = 161 - 0.115Q$。

**8.** 在某垄断竞争市场中，代表性厂商的长期成本函数为 $LTC = 5Q^3 - 200Q^2 + 2700Q$，市场的反需求函数为 $P = 2200A - 100Q$。

求：在长期均衡时，代表性厂商的产量和产品价格及 $A$ 的数值。

**答案**：垄断竞争市场的长期均衡条件为 $MR = LMC = SMC$ 和 $AR = LAC = SAC$。

由题意及上述条件可得：$LMC = 15Q^2 - 400Q + 2700$，$LAC = 5Q^2 - 200Q + 2700$。

由市场的需求函数 $P = 2200A - 100Q$ 可得：$MR = 2200A - 200Q$，$AR = 2200A - 100Q$。

联立上述方程可得：$Q = 10$，$P = 1200$，$A = 1$。

**9.** 某寡头行业有两个厂商，厂商 1 的成本函数为 $C_1 = 8Q_1$，厂商 2 的成本函数为 $C_2 = 0.8Q_2^2$，该市场的需求函数为 $P = 152 - 0.6Q$。

求：该寡头市场的古诺模型的解（保留一位小数）。

**答案**：由题意可知，在古诺模型的假设条件下，市场的线性需求函数为 $P = 152 - 0.6(Q_1 + Q_2)$。

厂商 1 的利润 $\pi_1 = TP - TC = -0.6Q_1^2 + 144Q_1 - 0.6Q_1Q_2$

厂商 2 的利润 $\pi_2 = TP - TC' = -0.6Q_2^2 + 152Q_2 - 0.6Q_1Q_2 - 0.8Q_2^2$

分别对两个产量求偏导，得 $\begin{cases} Q_1 = \dfrac{144 - 0.6Q_2}{1.2} \\ Q_2 = \dfrac{152 - 0.6Q_1}{2.8} \end{cases}$

从而 $\begin{cases} Q_1 = 104 \\ Q_2 = 32 \end{cases}$。

**10.** 某寡头行业有两个厂商，厂商 1 为领导者，其成本函数为 $C_1 = 13.8Q_1$，厂商 2 为追随者，其成本函数为 $C_2 = 20Q_2$，该市场的需求函数为 $P = 100 - 0.4Q$。

求：该寡头市场的斯塔克伯格模型。

**答案：** 由题意可知，市场的线性需求函数为 $P = 100 - 0.4(Q_1 + Q_2)$。

先考虑厂商 2 的行为方式，厂商 2 的利润为：

$\pi = TR - TC = -0.4Q_2^2 + 80Q_2 - 0.4Q_1Q_2$

由厂商 2 利润最大化的一阶条件，可得 $Q_2 = 100 - 0.5Q_1$。

再考虑厂商 1 的行为方式，厂商 1 的利润为：

$\pi = TR - TC = -0.4Q_1^2 + 86.2Q_1 - 0.4Q_1Q_2 = -0.2Q_1^2 + 46.2Q_1$

由领导型厂商 1 利润最大化的一阶条件，可得 $-0.4Q_1 + 46.2 = 0$。

从而 $\begin{cases} Q_1 = 115.5 \\ Q_2 = 42.25 \end{cases}$。

**11.** 某寡头厂商的广告对其需求的影响为 $P = 88 - 2Q + 2\sqrt{A}$，对其成本的影响为 $C = 3Q^2 + 8Q + A$，其中，$A$ 为广告费用。

(1) 求无广告的情况下，利润最大化时的产量、价格和利润。

(2) 求有广告的情况下，利润最大化时的产量、价格、广告费用和利润。

(3) 比较(1)与(2)的结果。

**答案：** (1) 在无广告的情况下，$P = 88 - 2Q$，$C = 3Q^2 + 8Q$，由利润最大化条件 $MC = MR$，可得 $Q = 8$，$P = 72$，$\pi = 320$。

(2) 在有广告的情况下，利润 $\pi = 88Q - 2Q^2 + 2\sqrt{A}Q - (3Q^2 + 8Q + A)$，分别对 $Q$、$A$ 求偏导，可得 $\begin{cases} -10Q + 80 + 2\sqrt{A} = 0 \\ Q\sqrt{A} - 1 = 0 \end{cases}$

从而可得 $A = 100$，$Q = 10$，$P = 88$，$\pi = 400$。

(3) 比较(1)与(2)的结果，可知产量上升，价格上升，利润增长。

**12.** 假定某寡头市场有两个厂商生产同种产品，市场的反需求函数为 $P = 100 - Q$，两个厂商的成本函数分别为 $TC_1 = 20Q$，$TC_2 = 0.5Q_2^2$。

(1) 假定两厂商按古诺模型行动，求两厂商各自的产量和利润量，以及行业的总利润量。

(2) 假定两厂商联合行动组成卡特尔，追求共同利润最大化，求两厂商各自的产量和利润量，以及行业的总利润量。

(3) 比较(1)与(2)的结果。

**答案：** (1) 对于第一个厂商而言：

$\pi_1 = PQ_1 - TC_1$

## 第七章 不完全竞争市场

$$= [100 - (Q_1 + Q_2)]Q_1 - 20Q_1$$
$$= -Q_1^2 + 80Q_1 - Q_1 Q_2$$
$$\frac{\partial \pi_1}{\partial Q_1} = -2Q_1 + 80 - Q_2 = 0 \text{。} \tag{1}$$

对于第二个厂商而言：
$$\pi_2 = PQ_2 - TC_2$$
$$= [100 - (Q_1 + Q_2)]Q_2 - 0.5Q_2^2$$
$$= -1.5Q_2^2 + 100Q_2 - Q_1 Q_2$$
$$\frac{\partial \pi_2}{\partial Q_2} = -3Q_2 + 100 - Q_1 = 0 \text{。} \tag{2}$$

联立式(1)和式(2)可得 $\begin{cases} Q_1 = 28 \\ Q_2 = 24 \end{cases}$，此时 $P = 48$。

此时 $\begin{cases} \pi_1 = PQ_1 - TC_1 = 784 \\ \pi_2 = PQ_2 - TC_2 = 864 \end{cases}$

总利润量为 $\pi = \pi_1 + \pi_2 = 1648$。

(2)厂商边际收益函数为 $MR = 100 - 2Q$。
根据利润最大化原则 $MR = MC_1 = MC_2$，
$MC_1 = 20, MC_2 = Q_2$，
可得 $Q_1 = 20, Q_2 = 20$，此时 $P = 60$。
$\pi_1 = 800, \pi_2 = 1000$，总利润 $\pi = 1800$。

(3)比较(1)与(2)的结果可知，卡特尔利润更大，价格更高，产量却更低。

**13.** 假定某寡头厂商面临一条弯折的需求曲线，产量在 $0 \sim 30$ 单位范围内时需求函数为 $P = 60 - 0.3Q$，产量超过 30 单位时需求函数为 $P = 66 - 0.5Q$；该厂商的短期总成本函数 $STC = 0.005Q^3 - 0.2Q^2 + 36Q + 200$。

(1)求该寡头厂商利润最大化的均衡产量和均衡价格。
(2)假定该厂商成本增加，导致短期总成本函数变为 $STC = 0.005Q^3 - 0.2Q^2 + 50Q + 200$，求该寡头厂商利润最大化的均衡产量和均衡价格。
(3)对以上(1)和(2)的结果作出解释。

**答案：**(1)由题意可知，需求函数为：
$$P = \begin{cases} 60 - 0.3Q, 0 \leqslant Q \leqslant 30 \\ 66 - 0.5Q, Q > 30 \end{cases}$$

边际收益函数为：
$$MR = \begin{cases} 60 - 0.6Q, 0 \leqslant Q \leqslant 30 \\ 66 - Q, Q > 30 \end{cases}$$

边际成本函数为 $MC = 0.015Q^2 - 0.4Q + 36$。
在 $Q = 30$ 时，边际收益的上限和下限分别为 42、36。故在产量为 30 单位时，边际收益曲线间断部分的范围为 36~42。
由厂商的边际成本函数可知，当 $Q = 30$ 时，有 $MC = 37.5$。
根据厂商的最大化利润原则，由于 $MC = 37.5$ 处于边际收益曲线间断部分的范围 $MR = MC$ 为

36~42之内，符合利润最大化原则，所以厂商的产量和价格分别为 $Q=30$、$P=51$。

(2) 厂商边际成本函数为 $MC=0.015Q^2-0.4Q+50$。

当 $Q=30$ 时，$MC=51.5$。

超出了边际收益曲线间断部分的范围 36~42，此时根据厂商利润最大化原则 $MR=MC$，得 $Q=20$，$P=54$。

(3) 由(1)结果可知，只要在 $Q=30$ 时 $MC$ 值处于边际收益曲线间断部分 36~42 范围之内，寡头厂商的产量和价格总是为 $Q=30$、$P=51$，这就是弯折曲线模型所解释的寡头市场的价格刚性现象。

只有边际成本超出了边际收益曲线间断部分 36~42 的范围，寡头市场的均衡价格和均衡产量才会发生变化。

## 三、论述题

**1. 试论述古诺模型的主要内容和结论。**

**答案**：(1) 古诺模型假设：第一，两个寡头厂商都是对方行为的消极的追随者，也就是说，每一个厂商都是在对方确定了利润最大化的产量的前提下，再根据留给自己的市场需求份额来决定自己的利润最大化的产量；第二，市场的需求曲线是线性的，而且两个厂商都准确地知道市场的需求情况；第三，两个厂商生产和销售相同的产品，而且生产成本为零，于是，它们所追求的利润最大化目标也就成了追求收益最大化的目标。

(2) 在(1)的假设条件下，令市场容量或机会产量为 $Q$，则每个寡头厂商的均衡产量为 $\frac{1}{3}Q$，行业的均衡总产量为 $\frac{2}{3}Q$。如果将以上结论推广到 $m$ 个寡头厂商的场合，则每个寡头厂商的均衡产量为 $\frac{1}{m+1}Q$，行业的均衡总产量为 $\frac{m}{m+1}Q$。

(3) 在关于古诺模型的计算题中，关键要求很好地理解并运用每一个寡头厂商的反应函数：首先，从每个寡头厂商的各自追求利润最大化的行为模型中求出每个厂商的反应函数。所谓反应函数，就是每一个厂商的最优产量都是其他厂商产量的函数，即 $Q_i=f(Q_j)$，$i,j=1,2$，$i\neq j$。然后，将所有厂商的反应函数联立成一个方程组，并求解多厂商的产量。最后，所求出的多个厂商的产量就是古诺模型的均衡解，它一定满足(2)中关于古诺模型一般解的要求。在整个古诺模型的求解过程中，始终体现了该模型对于单个厂商的行为假设：每一厂商都是消极地以自己的产量去适应对方已确定的利润最大化的产量。

**2. 弯折的需求曲线模型是如何解释寡头市场上的价格刚性现象的？**

**答案**：(1) 该模型的基本假设条件是：若行业中的一个寡头厂商提高价格，则其他的厂商都不会跟着提价，这便使得单独提价的厂商的销售量大幅度地减少；相反，若行业中的一个寡头厂商降低价格，则其他的厂商都会将价格降低到同一水平，这便使得首先单独降价的厂商的销售量的增加幅度是有限的。

(2) 由(1)的假设条件，便可以推导出单个寡头厂商弯折的需求曲线：在这条弯折的需求曲线上，对应于单个厂商的单独提价部分，是该厂商主观的 $d$ 需求曲线的一部分；对应于单个厂商首先

## 第七章 不完全竞争市场

降价而后其他厂商都降价的部分,则是该厂商的实际需求份额 $D$ 曲线。于是,在 $d$ 需求曲线和 $D$ 需求曲线的交接处存在一个折点,这便形成了一条弯折的需求曲线。在折点以上的部分是 $d$ 需求曲线,其较平坦即弹性较大;在折点以下的部分是 $D$ 需求曲线,其较陡峭即弹性较小。

(3)与(2)中的弯折的需求曲线相适应,便得到间断的边际收益 $MR$ 曲线。换言之,在需求曲线的折点所对应的产量上,边际收益 $MR$ 曲线是间断的,$MR$ 值存在一个在上限与下限之间的波动范围。

(4)正是由于(3),所以在需求曲线的折点所对应的产量上,只要边际成本 $MC$ 曲线的位置移动的范围在边际收益 $MR$ 曲线的间断范围内,厂商始终可以实现 $MR=MC$ 的利润最大化的目标。这也就是说,如果厂商在生产过程中因技术、成本等因素导致边际成本 $MC$ 发生变化,但只要这种变化使得 $MC$ 曲线的波动不超出间断的边际收益 $MR$ 曲线的上限与下限,那就始终可以在相同的产量和相同的价格水平上实现 $MR=MC$ 的利润最大化的原则。至此,弯折的需求曲线便解释了寡头市场上的价格刚性现象。

### 知识拓展

本章考察了垄断、寡头和垄断竞争这三种不完全竞争市场的产量和价格的决定,并进一步结合完全竞争市场,对不同市场组织下的经济效益进行了比较。在学习本章时,应深入学习和了解三种不同市场的各自特点、短期和长期均衡等,并对之比较分析。尤其是博弈论,因其在生活和学习中的重要性,可加深了解。

# 第八章 生产要素价格的决定

**知识脉络图**

分配论
引致需求
完全竞争厂商使用生产要素的原则 $\begin{cases} 边际收益 = 边际产品价值 \\ 边际成本 = 要素价格 \end{cases}$

完全竞争厂商对生产要素的需求曲线
从厂商到市场的需求曲线

生产要素的使用原则 $\begin{cases} 完全竞争厂商: VMP = W, MP \cdot P = W \\ 卖方垄断厂商: MRP = W, MR \cdot MP = W \\ 买方垄断厂商: VMP = MFC \\ 一般表达式: MRP = MFC \end{cases}$

卖方垄断对生产要素的需求曲线
买方垄断情况下生产要素的价格和数量的决定

对供给方面 $\begin{cases} 要素所有者、最大化行为和供给问题 \\ 要素供给原则 \begin{cases} 序数效用分析: \dfrac{du/dL}{du/dY} = W \\ 基数效用分析: -\dfrac{dY}{dL} = \dfrac{MU_L}{MU_Y} \end{cases} \\ 无差异曲线分析 \\ 要素供给问题 \end{cases}$

劳动供给曲线和工资率的决定
土地供给曲线和地租的决定
资本供给曲线和利息的决定
欧拉定理: $Q = L \cdot \dfrac{\partial Q}{\partial L} + K \cdot \dfrac{\partial Q}{\partial K}$
洛伦兹曲线和基尼系数: $G = \dfrac{A}{A+B}$

# 第八章 生产要素价格的决定

> **复习提示**
>
> **概念**：引致需求、边际产品、边际产品价值、边际收益价值、卖方垄断、边际要素成本。
> **理解**：生产要素的种类和重要性、从生产到市场的需求曲线、卖方垄断市场要素需求曲线不存在的原因。
> **掌握**：完全竞争厂商使用要素的原则、完全竞争厂商对生产要素的需求曲线、卖方垄断厂商的要素使用原则、卖方垄断情况下生产要素的价格和数量的决定。
> **计算**：能够根据产品和要素市场的生产函数和要素需求函数计算厂商的生产情况、根据厂商的生产函数计算厂商的要素需求。
> **画图**：用图表示怎样用要素供给和需求曲线决定均衡价格。
> **概念**：价格扩展线、租金、准租金、经济租金、洛伦兹曲线、基尼系数、欧拉定理。
> **理解**：向后弯曲的劳动供给曲线的推导和意义、效用最大、无差异曲线。
> **掌握**：要素供给的原则、土地的供给曲线、地租的决定、资本的供给曲线、欧拉定理。
> **画图**：向后弯曲的劳动供给曲线。

## 重点难点常识理解

### 1. 引致需求

引致需求又称"派生需求"，指由于消费者对产品的需求而引起企业对生产要素的需求，这种需求来自厂商。相对而言，消费者对产品的需求称为直接需求。企业对生产要素的需求不同于消费者对于商品的需求。在产品市场上，需求来自消费者，而消费者购买产品是为了自己的消费从中获得满足，一次购买过程到此结束。与此不同，在生产要素市场上，需求来自企业，而企业购买生产要素是为了生产，从中获得利润。企业购买生产要素并不是一次经济行为的终结。一个企业能否获得利润并不取决于其自身，而是取决于消费者对其所生产的产品的需求，要看消费者是否愿意为其产品支付足够的价格。如果不存在消费者对产品的需求，则厂商就无法从生产和销售中获得收益，从而也不会去购买生产资料和生产产品。或者说，消费者对产品的直接需求，引致和派生了厂商对生产要素的需求。某一种生产要素的需求曲线的形态，是从使用这种生产要素的最终产品的需求曲线派生出来的。

当然，在要素市场上，生产要素的价格仍然取决于企业对于生产要素的需求、要素所有者对生产要素的供给和二者的相互作用。例如，在劳动市场上，劳动者必须决定是否工作或工作多少，而每个企业则必须决定使用多少劳动。但是不同于产品市场，企业对生产要素的需求源于要素的生产能力，源于要素生产出的产品的价值。

### 2. 边际物质产品和边际收益产品

边际物质产品：表示在其他条件不变的前提下，增加一个单位的要素投入新增加的产量（MPP）。

边际收益产品：表示在其他生产要素的投入量固定不变时追加一单位的某种生产要素投入所带来的收益。它等于边际物质产品（MP）与边际收益（MR）的乘积，即 $MRP = MP \cdot MR$。边际收益产品是以收益表示的边际生产力，它受边际物质产品和边际收益两个因素的影响。由于边际物质产品是递减的,因而边际收益产品也是递减的,边际收益产品曲线向右下方倾斜。边际收益要视不同的市场曲线而定。在完全竞争市场上,厂商的边际收益等于价格,边际收益产品曲线与边际产品价值曲线重合,两条曲线按同一速度下降;在不完全竞争市场上,厂商面临一条倾斜的需求曲线,边际收益递减,边际收益小于价格,因而边际收益产品曲线与边际产品价值曲线不再重合,前者以更快的速度下降。边际收益产品曲线反映了厂商增加一单位这种生产要素给它带来的收益。厂商正是根据这一收益的大小来决定它对该要素的需求量及价格。因此,边际收益产品曲线就是厂商对生产要素的需求曲线。它与要素供给曲线的交点,决定了该生产要素的均衡价格与均衡量。在这一点上,该生产要素的边际收益等于该生产要素的边际成本,只有在这一条件下厂商才会实现利润最大化。

### 3. 卖方寡头

卖方寡头是垄断的一种,又称寡头、寡头垄断或寡占。它是指在市场上,只有少数几家厂商供给该行业生产的大部分产品,这几家厂商的产量占有了该行业总产量的较大份额。因此,在市场上每个大厂商都有举足轻重的地位。寡头厂商之间相互依存,关系密切,每个厂商进行决策时,必须考虑到其他寡头厂商的反应,每家厂商首先要推测竞争对手的产量,然后根据利润最大化原则来确定自己的生产规模。寡头市场是介于完全竞争市场和完全垄断市场之间的一种中间型市场。就这点来说,它与垄断竞争市场相似,但寡头市场侧重于垄断,而垄断竞争市场则侧重于竞争。寡头垄断与完全垄断有着根本区别:后者在市场上只有一家厂商垄断,而前者却有几个大厂商控制着整个产业,至少有两个大厂商控制(若只有两家厂商,称为双头垄断)。

寡头市场与完全竞争市场的区别在于:后者的厂商在各行业间易于自由流动,前者则使其他厂商进入本行业比较困难。因为大厂商已在市场上占有优越地位(资金规模、市场信誉、资源占有等)。这与垄断竞争中的厂商易于进入或退出也显然不同。根据各厂商的产品差别程度,可以把寡头市场分为两种类型:一是纯粹寡头,二是差别寡头。纯粹寡头是指生产的产品性质一致,没有产品差别的各个寡头厂商。差别寡头是指生产的产品性质一致,但存在产品差别的各个寡头厂商。

### 4. 买方寡头

买方寡头也称为买方寡头垄断,是一种商品(或劳务)市场上只有少数几个买者的市场结构。在这种类型的市场上,任何一个买主的购买活动都会对其他买主或市场价格发生一定的影响,由于商品买主高度集中,从而容易形成各买主之间的相互依赖。在买方寡头垄断市场上,买主之间如果达成默契或勾结,可能迫使卖方降低价格从而蒙受损失。在买主数目很少甚至只有一个的时候,不需要串通或勾结就具有相当大的讨价还价的力量,即能够利用这种垄断力量来压低价格。一般来说,买主寡头数目越少,他们之间就越容易串通和勾结。此外,影响串通或勾结活动的重要因素还有:串通或勾结活动所需要的费用、买主利益的一致性及供给和需求条件的稳定性等。买方寡头垄断市场上可能存在无数的小型卖方厂商,这是典型的买方寡头市场;也可能存在为数不多的几大卖主,这种情况也称为双边垄断市场,这种情况一般主要出现于某些制造业产品市场,如钢板、铁轨和原铜市场。市场中拥有少数买方寡头厂商进行集中收购而无数小卖主进行产品出售的情况,可能出现于一些农产品和矿产品等市场内,如烟叶、牛奶和原油。

### 5. 完全竞争厂商使用要素的原则

利润最大化要求任何经济活动的"边际收益"和"边际成本"必须相等。这一点不仅适用于产品数量的决定,而且也适用于要素使用量的决定。

(1) 使用要素的"边际收益"——边际产品价值。对于完全竞争厂商来说,$TR = P \cdot Q$($P$ 是由行业供求决定的均衡价格),而 $Q = Q(L)$,所以 $TR(L) = P \cdot Q(L)$,$VMP_L = \dfrac{\mathrm{d}TR}{\mathrm{d}L} = P \cdot \dfrac{\mathrm{d}Q}{\mathrm{d}L} = P \cdot MP_L$。

上式表示在完全竞争条件下,增加使用一单位要素所增加的收益可以用要素边际产量 $MP$ 与既定产品价格 $P$ 的乘积 $MP \cdot P$ 表示,这就是完全竞争厂商使用生产要素的"边际收益",叫作边际产品价值,并用 $VMP$ 表示。

边际产品价值曲线与边际产量曲线一样均向右下方倾斜,但二者位置不同。边际产品价值曲线 $VMP$ 与边际产量曲线 $MP$ 的相对位置取决于产品价格 $P$ 是大于 1、小于 1 或等于 1。如果 $P > 1$,则 $VMP$ 曲线高于 $MP$ 曲线,如图 8-1 所示。

(2) 使用要素的"边际成本"——要素价格。成本被看成产量的函数为 $C = C(Q)$,由于产量本身又取决于所使用的生产要素的数量,故成本也可以直接表示为生产要素的函数 $C = W \cdot L$。

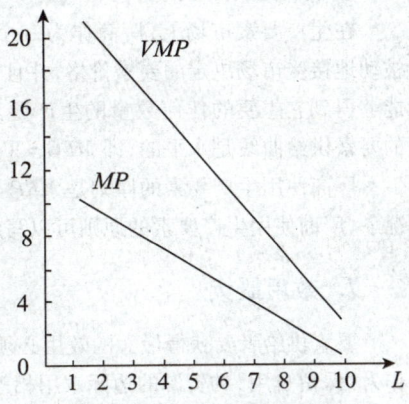

图 8-1　边际产品价值曲线和边际产量曲线

由于要素价格为既定常数,使用要素的"边际成本"即成本函数对要素的导数恰好就等于劳动价格 $\dfrac{\mathrm{d}C(L)}{\mathrm{d}L} = W$,它表示完全竞争厂商增加使用一单位生产要素所增加的成本 $W$,如图 8-2 所示。

(3) 完全竞争厂商使用要素的原则。厂商使用要素的原则为使用要素的"边际成本"和相应的"边际收益"相等。在完全竞争条件下,厂商使用要素的边际成本等于要素价格 $W$,而使用要素的边际收益是边际产品价值 $VMP$,因此,完全竞争厂商使用要素的原则可以表示为:

$VMP = W$

$P \cdot MP = W$

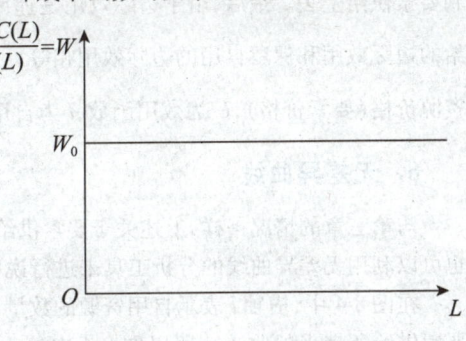

图 8-2　边际成本的变化

### 6. 卖方垄断者对生产要素的使用原则

卖方垄断指的是厂商在产品市场上作为产品的卖方是垄断者,但在要素市场上作为要素的买方是完全竞争者。

在产品市场上,厂商作为一个垄断者对产品的价格具有很大的影响,因而其产品的需求曲线是向右下方倾斜的,新产品的边际收益曲线也向右下方倾斜,并且位于需求曲线下方。

厂商使用要素的边际收益为:

$$\dfrac{\mathrm{d}TR}{\mathrm{d}L} = \dfrac{\mathrm{d}TR}{\mathrm{d}Q} \cdot \dfrac{\mathrm{d}Q}{\mathrm{d}L} = MR \cdot MP_L$$

在卖方垄断条件下,厂商使用要素的边际收益等于产品的边际收益 $MR$ 和要素的边际产量 $MP$ 的乘积 $MR \cdot MP$,这个乘积通常被称作要素的边际收益产品 $MRP$。

由于 $MRP = MR \cdot MP$，在产品市场上，$MR$ 是不断递减的，$MP$ 也是不断递减的，因而 $MRP$ 也是不断递减的，相比较于 $VMP = P \cdot MP$，显然 $MRP$ 要下降得更快，而且总是比 $VMP$ 要低，如图 8-3 所示。

在生产要素市场上，厂商作为一个完全竞争者，只能被动地接受市场决定的要素价格，并且在这个价格下厂商能够得到它想要的任何数量的生产要素，因此，厂商面临的要素供给曲线是水平的，即 $MFC = W$。

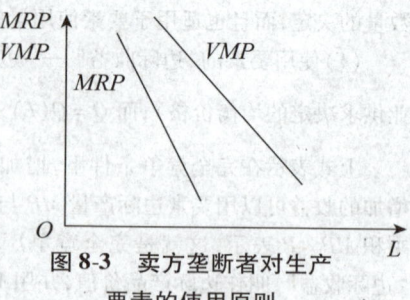

图 8-3　卖方垄断者对生产要素的使用原则

厂商使用生产要素的原则是 $MRP = MFC$，即边际收益产品等于边际要素成本。在卖方垄断情况下，厂商使用生产要素的原则可以写成 $MRP = W$ 或 $MR \cdot MP = W$。

### 7. 效用最大

要素供给者要获得最大的效用必须满足如下的条件：作为"要素供给"的资源的边际效用要与作为"保留自用"的资源的边际效用相等。如果要素供给的边际效用小于保留自用的边际效用，那么可以将原来用于要素供给的资源转移一单位到保留自用上去，从而增大总的效用。之所以能够如此是因为减少一单位要素供给所损失的效用要小于增加一单位保留自用资源所增加的效用；相反，如果要素供给的边际效用大于保留自用的边际效用，则可以将原来保留自用的资源转移一单位到要素供给上去。最后，由于边际效用是递减的，上述调整过程可以最终达到均衡状态，即要素供给的边际效用和保留自用的边际效用相等。可以将效用最大化条件表示为 $\dfrac{dU}{dl} = \dfrac{dU}{dY} \cdot W$，其中，$W$ 为资源价格（要素价格），$U$ 为效用函数，$l$ 为自用资源量，$Y$ 为从要素供给中得到的收入。

### 8. 无差异曲线

与第三章的情况一样，上述关于要素供给原则的讨论也可以利用无差异曲线的分析工具来进行说明。

在图 8-4 中，横轴 $l$ 表示自用资源的数量，纵轴 $Y$ 表示要素供给所带来的收入。所以图 8-4 中每一点均代表一个收入 $Y$ 和自用资源 $l$ 的组合。$U_0$、$U_1$ 和 $U_2$ 是消费者的三条无差异曲线。在同一条曲线上，不同的点代表着相同的效用水平。与通常的无差异曲线一样，$U_0$、$U_1$ 和 $U_2$ 也假定为向右下方倾斜和向原点凸出。这意味着收入和自用资源都是"好商品"，多多益善，而且它们的重要程度均随数量的增加而下降；此外，较高的无差异曲线代表着较高的效用，即 $U_2 > U_1 > U_0$。

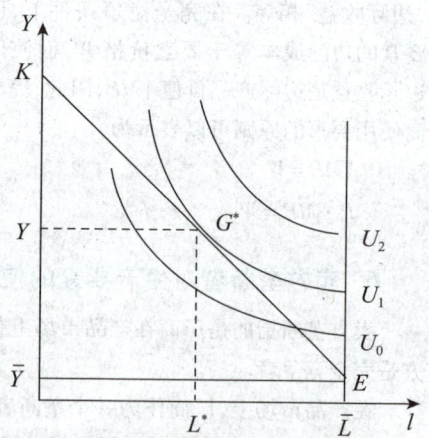

图 8-4　无差异曲线分析

### 9. 租金、准租金和经济租金

固定不变的一般资源的服务价格叫作租金。经济租金是指支付给某种生产要素的报酬超过该要素的生产性服务得以被提供出来所必须提供的补偿的余额。

准租金又称准地租,指有些生产要素的租金,在一定条件下只取决于该生产要素的需求方面,而与其供给无关。一般来说,准地租是某些质量较高的生产要素,在短期内供给不变的情况下所产生的一种超额收入。例如,厂商使用的厂房、机器设备等生产要素,从短期看它的供给数量固定不变,供给弹性几乎为零,正如土地的供给弹性为零一样。如果厂商所使用的是较好的厂房、设备,其边际收益产量较高,也就是说,它们的边际生产力曲线或需求曲线的位置较高,所得租金水平也就较高,通常表现为获得超额利润,这部分利润就被看作是由厂房、机器设备的需求决定的,而与供给无关。如图 8-5 所示,横轴表示短期内厂房和设备的数量,纵轴表示厂房、设备的租金。因为一般社会水平的厂房和设备的需求曲线,它与供给曲线 $SS$ 相交于 $E$。因而社会一般水平的厂房和设备的租金为 $OP$。$D'D'$ 表示使用较好的厂房和设备的边际生产力曲线或需求曲线,它与 $SS$ 相交于 $E'$。因而使用较好的厂房和设备的租金为 $OP'$,$OP' > OP$。其差额 $PP'$ 就表示使用较好厂房和设备所得到的超额利润,它与供给方面无关,只取决于需求,所以称为准租金。较高技术的工人和企业家的收入的一部分也可以称为准租金。

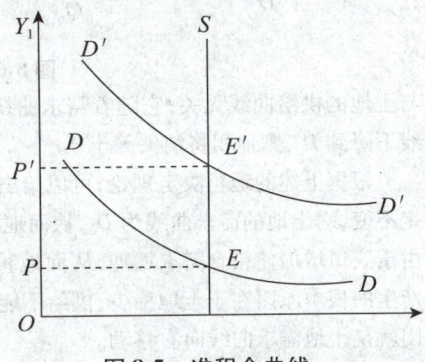

图 8-5 准租金曲线

## 10. 价格扩展线

要素供给曲线是表示要素价格与要素供给量之间变化关系的一条曲线。要素供给量是随着要素价格变化而变化的。要素供给曲线是通过价格扩展线推导出的,价格扩展线推导如下。

第一步:给定一个要素市场价格 $W_0$,确定一个要素的全部收入,随即也就确定了一条预算线 $EK_0$。

第二步:要素价格变化,由 $W_0$ 变为 $W_1$,随即预算线由 $EK_0$ 变为 $EK_1$。

第三步:发现预算线绕着 $E$ 点顺时针旋转。

第四步:无差异曲线簇与相应的预算线的切点的集合为曲线 $PEP$,可称为价格扩展线。这一图形反映了自用资源数量如何随着要素价格变化而变化,从而反映了要素供给量(它等于固定资源总量减去自用资源量)如何随着要素价格变化而变化,即要素供给曲线的关系。

## 11. 土地的供给曲线和地租的决定

地租是使用土地的价格。就一个国家的全部土地来说,供给量是固定的,它没有机会成本,其供给曲线表现为一条垂直线,土地的供给曲线完全没有弹性。土地的需求取决于它的边际产量价值。土地的需求曲线是向右下方倾斜的。土地供给量固定就意味着地租主要取决于对土地的需求。

将所有单个土地所有者的土地供给曲线水平相加,即得到整个市场的土地供给曲线。再将向右下方倾斜的土地的市场需求曲线与土地供给结合起来,即可决定使用土地的均衡价格。参见图 8-6,需求曲线图 $D$ 与供求曲线 $S$ 的交点是土地市场的均衡点。该均衡点决定了土地服务的均衡价格 $R_0$。

当土地供给曲线垂直时,它与土地需求曲线的交点所决定的土地服务价格具有特殊意义,它通常被称为地租。由于此时土地的供给曲线垂直且固定不变,故地租完全由土地的需求曲线决定,而

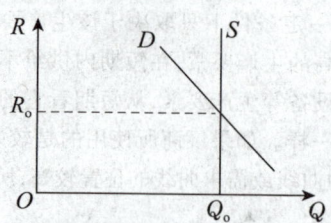
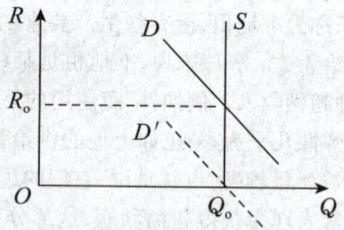

图 8-6 土地供给曲线和地租

与土地的供给曲线无关;它随着需求曲线的上升而上升,随着需求曲线的下降而下降。如果需求曲线下降到 $D'$,则地租将消失等于 0。

根据上述的地租决定理论,可以给出一个关于地租产生的解释。假设一开始时,土地供给量固定不变,对土地的需求曲线为 $D'$,从而地租为 0;现在由于技术进步使土地的边际生产力提高,或者由于人口增加使粮食需求增加,从而地租开始出现。因此,可以这样来说明地租产生的原因:地租产生的根本原因在于土地稀少,供给不能增加;如果给定了不变的土地供给,则地租产生的直接原因就是土地需求曲线向右移动。

### 12. 洛伦兹曲线

洛伦兹曲线是由美国统计学家洛伦兹于 1905 年提出来的。具体做法是,首先按照经济中人们的收入由低到高的顺序排序,然后统计经济中收入最低的 10% 的人群的收入在总收入中所占的比例,再统计经济中收入最低的 20% 的人群的收入在总收入中所占的比例,依此类推。注意,这里的人口百分比和收入百分比在统计时都是累积百分比。将得到的人口累积百分比和收入累积百分比的统计数据投影在图 8-7 中,得到一系列的点,将这一系列的点用平滑的曲线连接得到一条曲线,就是图 8-7 中的 $ODY$ 曲线,这条曲线就叫作洛伦兹曲线。

### 13. 基尼系数

在图 8-7 所示的洛伦兹曲线中,面积 $A$ 部分称为"不平等面积";面积 $A+B$ 部分称为"完全不平等面积"。不平等面积与完全不平等面积之比,称为基尼系数,是衡量一个国家贫富差距的标准。基尼系数是意大利经济学家 1922 年提出的定量测定收入分配差异程度的指标:

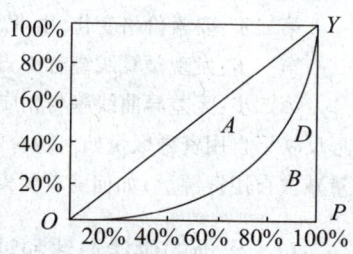

图 8-7 洛伦兹曲线

$$g = \frac{A}{A+B} \quad (0 < g < 1)$$

基尼系数最小等于 0,表示收入分配绝对平均;最大等于 1,表示收入分配绝对不平均;实际的基尼系数介于 0 和 1 之间。国际上通常将 0.4 作为警戒线。

$g < 0.2$       收入分配很平均
$g = 0.2 \sim 0.3$    收入分配较平均
$g = 0.3 \sim 0.4$    收入分配不太平均
$g > 0.4$       收入分配不平均

# 第八章 生产要素价格的决定

## 考研真题与难题详解

## 一、概念题

### 1. 寡头垄断

**答案**：寡头垄断指在市场上，只有少数几家厂商供给该行业生产的大部分产品，这几家厂商的产量占有了该行业总产量的较大份额。因此，在市场上每个大厂商都有举足轻重的地位。寡头厂商之间相互依存，关系密切，每个厂商进行决策时，必须考虑到其他寡头厂商的反应，每家厂商首先要推测竞争对手的产量，然后根据利润最大化原则来确定自己的生产规模。一个厂商通过产品降价或新模式产品的推出而扩大自己产品的市场，就会使得对其他寡头产品需求量下降。因为一个厂商的行为会对本产业整个产品市场产生举足轻重的影响，所以一个厂商采取某种对策扩大自己产品的产量，会遇到其对手的反对策行为。厂商之间的竞争行为是不确定的。一个厂商通过降价来扩大自己的市场份额可能会导致对手如法炮制。一个寡头通过广告战争夺市场，也会引起对手用相同的手法来遏制它的行为。寡头之间也可能不是通过竞争而是通过合作的方式共同谋取好处。寡头市场是介于完全竞争市场和完全垄断市场之间的一种中间型市场。就这点来说：它与垄断竞争市场相似，但寡头市场侧重于垄断，而垄断竞争市场侧重于竞争。寡头垄断与完全垄断有着根本区别：后者在市场上只有一家厂商垄断，而前者却有几个大厂商控制着整个行业，至少有两个大厂商控制（若只有两家厂商，称为双头垄断）。寡头市场与完全竞争市场的区别在于：后者的厂商在各行业间易于自由流动，前者则使其他厂商进入本行业比较困难。因为大厂商已在市场上占有优越地位（资金规模、市场信誉、资源占有等）。这与垄断竞争中的厂商易于进入、退出也显然不同。根据各厂商的产品差别程度，可以把寡头市场区分为两种类型：一是纯粹寡头，二是差别寡头。纯粹寡头指生产的产品性质一致，没有产品差别的各个寡头厂商。差别寡头指生产的产品性质一致，但存在产品差别的各个寡头厂商。

### 2. 斯威奇模型

**答案**：斯威奇模型也被称为弯折的需求曲线模型，由美国经济学家斯威奇于1939年提出，用来解释一些寡头市场上的价格刚性现象。该模型假设如果一个寡头厂商提高价格，其他寡头厂商都不会跟着改变自己的价格，因而提价的寡头厂商的销售量的减少是很多的；如果一个寡头厂商降低价格，其他寡头厂商会将价格下降到相同的水平，以避免销售份额的减少，因而该寡头厂商的销售量的增加是很有限的。从而可以推导出寡头厂商的弯折的需求曲线。

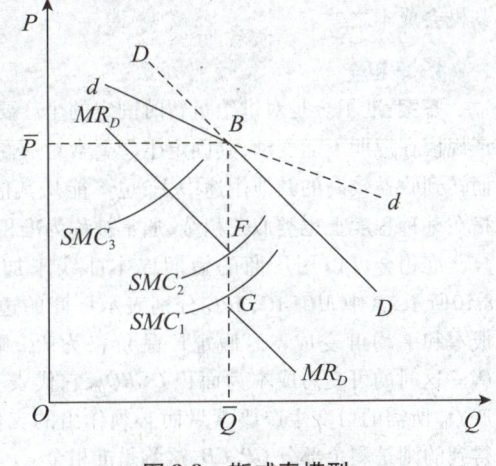

图8-8 斯威奇模型

图8-8中为某寡头厂商面临的一条 $dd$ 需求曲线和一条 $DD$ 需求曲线。$dd$ 表示该寡头厂商变动价格而其他寡头厂商保持价格不变时该寡头厂商的需求状况，$DD$ 表示行业内所有寡头厂商都以

相同方式改变价格时该厂商的需求状况。开始时市场均衡点为 $B$，该垄断厂商由 $B$ 出发，提价所面临的需求曲线是 $dd$ 上的 $dB$ 段，降价所面临的需求曲线是 $DD$ 上的 $BD$ 段，于是，这两段共同构成的该寡头厂商的需求曲线为 $dBD$。显然，这是一条弯折的需求曲线，折点为 $B$ 点，它表示该寡头厂商从 $B$ 点出发，在各个价格水平所面临的市场需求量。由弯折的需求曲线可以得到间断的边际收益曲线。图 8-8 中与需求曲线 $dB$ 段所对应的边际收益曲线为 $MR_D$，与需求曲线 $BD$ 段所对应的边际收益曲线为 $MR_D$，从而构成了寡头厂商的间断的边际收益曲线，其间断部分为垂直虚线 $FG$。利用 $FG$ 便可以解释寡头市场上的价格刚性现象；只要边际成本 $SMC$ 的位置变动不超出边际收益曲线的垂直间断范围，寡头厂商的均衡价格和均衡数量都不会发生变化。

### 3. 经济租

**答案：** 经济租是一种要素收入，如果从该要素的全部收入中减去这一部分并不会影响要素的供给。

经济租的几何解释类似于所谓的生产者剩余。图 8-9 中要素供给曲线 $S$ 以上，要素价格 $R_0$ 以下的阴影区域 $AR_0E$ 为经济租，要素的全部收入为 $OR_0EQ_0$。但按照要素供给曲线，要素所有者为提供 $Q_0$ 所愿意接受的最低要素收入却是 $OAEQ_0$。因此，阴影部分 $AR_0E$ 是要素的"超额"收益，即使去掉，也不会影响要素的供给量。

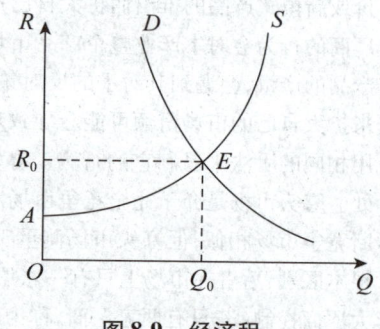

图 8-9 经济租

经济租的大小显然取决于要素供给曲线的形状。供给曲线越是陡峭，经济租部分就越是大。特别是当供给曲线垂直时，全部要素收入均变为经济租，它恰好等于租金或地租。由此可见，租金实际上是经济租的一种特例，即当要素供给曲线垂直时的经济租，而经济租则是更为一般的概念，它不仅适用于供给曲线垂直的情况，也适用于不垂直的一般情况。在另一个极端上，如果供给曲线是水平的，则经济租便完全消失。

总之，经济租是要素收入（或价格）的一个部分，该部分并非为获得该要素于当前使用中所必须，它代表着要素收入中超过其在其他场所可能得到的收入部分。简言之，经济租等于要素收入与其机会成本之差。

### 4. 准租金

**答案：** 准租金是对供给量暂时固定的生产要素的支付，即固定生产要素的收益。由于厂商的生产规模在短期不能变动，其固定生产要素对厂商来说就是固定供给的：它不能从现有的用途中退出而转到收益较高的其他用途中去，也不能从其他相似的生产要素中得到补充。这些要素的服务价格在某种程度上也类似于租金，通常被称为准租金。

准租金可以用厂商的短期成本曲线来加以分析，如图 8-10 所示，其中 $MC$、$AC$、$AVC$ 分别表示厂商的边际成本、平均成本和平均可变成本。假定产品价格为 $P_0$，则厂商将生产 $Q_0$。这时的可变总成本为面积 $OGBQ_0$，它代表了厂商对为生产 $Q_0$ 所需的可变生产要素量而必须作出的支付。固定要素得到的则是剩余部分 $GP_0CB$，这就是准租金。

如果从准租金 $GP_0CB$ 中减去固定总成本 $GDEB$，则得到经济利润 $DP_0CE$。可见，准租金为固定总成本与经济利润之

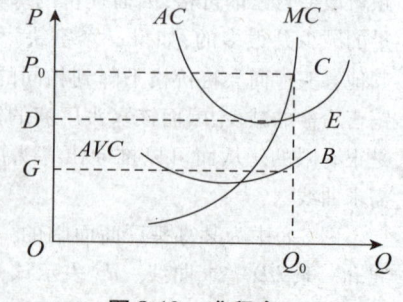

图 8-10 准租金

# 第八章 生产要素价格的决定

和。当经济利润为 0 时,准租金便等于固定总成本。当然,准租金也可能小于固定总成本——当厂商有经济亏损时。

### 5. 基尼系数

**答案:** 基尼系数指 20 世纪初意大利经济学家基尼根据洛伦兹曲线来判断收入分配平均程度的指标。在图 8-11 中,$A$ 表示实际收入分配曲线 $b$ 与绝对平均线 $a$ 之间的面积;$B$ 表示实际收入分配曲线 $b$ 与绝对不平均线 $c$ 之前的面积。则基尼系数的表达式为基尼系数 $= A/(A+B)$。

可见,基尼系数乃是在洛伦兹曲线图形上,洛伦兹曲线与三角形斜边之间的面积与整个三角形之间的面积的比例。若 $A = 0$,基尼系数等于 0,收入绝对平均;若 $B = 0$,基尼系数等于 1,收入绝对不平均,即全社会收入为一人所有。实际基尼系数在 0 与 1 之间,基尼系数越大,收入分配越不平均。

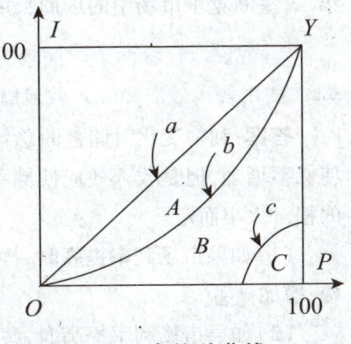

图 8-11 洛伦兹曲线

### 6. 洛伦兹曲线

**答案:** 洛伦兹曲线是以它的发明者美国统计学家洛伦兹命名的用以描述社会收入分配平均程度的曲线。洛伦兹把社会居民依其收入多少分成若干等级,再分别在横坐标和纵坐标上标明,连接每个等级人口占总人口的百分比和每个等级人口的收入占社会总收入的百分比所形成的一长曲线,就叫洛伦兹曲线。如图 8-11 所示,横轴 $OP$ 表示社会总人口,并被分为 100 等份;纵轴 $OI$ 表示社会总收入,也被分为 100 等份,$OPYI$ 为正方形,$OY$ 直线是正方形的对角线,$OY$ 曲线便是洛伦兹曲线。$OY$ 对角线表示社会收入分配绝对平均。

## 二、简答题

### 1. 垄断竞争市场与寡头市场的异同。(上海大学 2000 年研)

**答案:**(1)垄断竞争又称不完全竞争,它既有垄断因素又有竞争因素,是介于完全竞争与完全垄断之间的一种市场结构。它有四个基本条件:①存在产品差别;②市场上有许多卖主和买主,他们是市场价格的影响者,但不互相勾结控制市场价格;③买卖双方可以自由进入或退出市场,即厂商规模较小,因而进出市场没有多大障碍;④在垄断竞争条件下,生产近似产品的厂商组成生产集团。在一个生产集团中各个厂商具有相同的需求曲线和成本曲线。垄断竞争厂商在大城市的各种零售业、手工业、印刷业中是普遍存在的现象。

(2)寡头垄断市场是介于垄断竞争与完全垄断之间的另一种比较现实的混合市场。它是指少数厂商完全控制一个行业的市场结构。其基本特征是:①厂商为数不多。每个厂商在市场中都具有举足轻重的地位,对其产品价格具有相当的影响力。当厂商数为两个时,叫双头垄断,是寡头垄断市场的极限;②相互依存,相互影响。任一厂商进行决策时,必须把竞争者的反应考虑在内,因而既不是价格制定者,更不是价格接受者,而是价格的寻求者;③这种依存影响关系使寡头厂商产品的需求曲线具有不确定性,所以寡头厂商无法精确找到自己产品的需求曲线。

(3)二者的异同。垄断竞争市场与寡头市场的相同点表现在以下几个方面:①垄断竞争市场和寡头市场都是不完全竞争市场,社会福利没有达到帕累托最优状态;②垄断竞争市场和寡头市场都没有确定的供给曲线。

垄断竞争市场与寡头市场的不同点表现在以下两个方面:第一,垄断竞争市场进出比较自由;第二,垄断竞争市场中的厂商长期利润为零,而寡头市场不为零。

**2. 假设消费者两个时期内分别有 $I_1$ 和 $I_2$ 的收入,市场利率为 $r$(假定储蓄与借款的利率相同),试用替代效应和收入效应解释利率的改变与储蓄的关系。(对外经贸大学 2003 年研)**

答案:利率变化对储蓄的总效应可以分解为替代效应和收入效应。利率提高时,替代效应总是使储蓄增加,但是收入效应使储蓄减少。因此,利率提高对储蓄的总效应要视替代效应和收入效应的相对大小而定。

(1)如果市场利率提高时,替代效应的绝对值大于收入效应的绝对值,则人们会减少当前的消费,增加储蓄。

(2)如果市场利率提高时,替代效应的绝对值小于收入效应的绝对值,则人们会增加当前的消费水平,减少储蓄。

(3)如果市场利率提高时,替代效应的绝对值等于收入效应的绝对值,则人们的当前消费水平和储蓄不变。因此,从理论上讲,利率变化对储蓄的影响是不确定的,利率提高有可能使储蓄增加,也有可能使储蓄减少。但是现实生活中,利率往往与储蓄正相关,即利率提高将会引起储蓄的增加。

**3. 厂商的要素使用原则是什么?它与厂商的利润最大化产量原则有何关系?(中南财大 2003 年研)**

答案:(1)厂商使用生产要素的原则是它所使用的生产要素能够给它带来利润最大化。具体说来,就是使用要素的边际成本要等于使用要素的边际收益,即 $MRP = MFC$。也就是厂商把雇佣的劳动投入量调整以一定数量,使得这一雇佣劳动总量下的最后一个单位劳动带来的总收益的增加量(边际收益产品 $MRP$),恰好等于增加这最后一个单位劳动雇佣量引起的总成本的增加量(边际要素成本 $MFC$)。理由是:假如 $MRP > MFC$,这表示每增加一个单位的劳动投入带来的总收益的增加量超过雇佣这个劳动单位引起的总成本增加量,也就意味着继续增加劳动投入量,增加的每单位劳动投入量都可获得更多利润,从而增加劳动投入可使总利润有所增加;反之,假如 $MRP < MFC$,这意味着最后增加雇佣的那个单位劳动反而造成损失,从而导致总利润较前减少。所以,如果厂商把投入要素如雇佣的劳动量作为选择变量,实现利润极大化的条件便是他雇佣的劳动量的 $MRP = MFC$。

(2)厂商的利润最大化原则是边际收益等于边际成本。即如果厂商把产量作为选择变量,将总收益、总成本进而总利润视为产量的函数,那么实现最大利润的条件是,厂商把产出量调整到一定数量,使得这一产出量下的最后一个单位的产品所提供的总收益的增加量(边际收益 $MR$)恰好等于增加这最后一个单位的产品引起总成本的增加量(边际成本 $MC$)。

(3)$MC = MR$ 和 $MRP = MFC$ 这两个式子可以相互转换。由于 $MRP = MP \cdot MR$,因此有 $MRP/MP = MR$,同样 $MFC/MP = MC$。这是因为 $MFC$ 表示多使用一单位要素所多出的支出,如果厂商把投入的生产要素(如劳动)作为选择变量,将总收益、总成本进而总利润视为投入要素的函数,那么实现最大限度利润就可以表述为 $MFC = MRP$,即厂商的要素使用原则。厂商要素使用原则决定了厂商的利润最大化产量。

**4. 简述工资率变化对劳动供给量的替代效应与收入效应,以及对劳动供给曲线的影响。(北京工商大学 2004 年研)**

答案:西方经济学认为,劳动作为一种生产要素,其供给曲线具有特殊的形状,一般说来,它向后弯曲,如图 8-12 所示。

(1)劳动的供给曲线之所以向后弯曲,是劳动工资率产生的替代效应和收入效应综合影响的结果。劳动者在不同的工资率下愿意供给的劳动量取决于劳动者对工资收入和闲暇所带来效用的评价。消费者的总效用由收入和闲暇所提供。收入通过消费品的购买给消费者带来满足:收入越多,消费水平越高,效用满足越大。同样,闲暇也是一种特殊的消费,闲暇时间越长,效用水平越高。然而,可供劳动者支配的时间是既定的,所以劳动者的劳动供给行为可以表述为:在既定的时间约束条件下,合理地安排劳动和闲暇时间,以实现最大的效用满足。

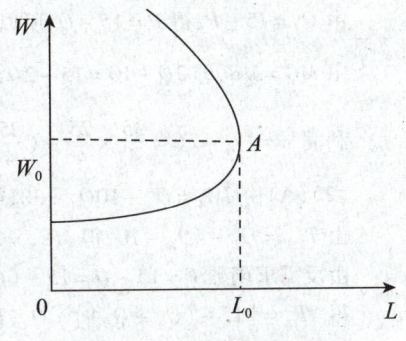

图 8-12　劳动供给曲线

(2)一般而论,工资率越高,对牺牲闲暇的补偿也就越大,劳动者宁愿放弃闲暇而提供劳动的数量也就越多。换言之,工资率提高,闲暇的机会成本相应也就越大,劳动者的闲暇时间也就越短。因此,工资率的上升所产生的替代效应使得劳动数量增加。同时,工资率的提高使得劳动者收入水平提高时,劳动者就需要更多的闲暇时间。也就是说,当工资率提高以后,劳动者不必提供更多的劳动就可提高生活水平。这说明工资率提供的收入效应使得劳动数量减少。

(3)替代效应和收入效应是工资率上升的两个方面,如果替代效应大于收入效应,那么,工资率提高使得劳动数量增加,即劳动的供给曲线向右上方倾斜;反之,工资率的提高会使劳动数量减少,劳动供给曲线向左上方倾斜。在工资率较低的条件下,劳动者的生活水平较低,闲暇的成本也就相应较低,从而工资提高的替代效应大于收入效应,劳动的供给曲线向右上方倾斜。但是随着工资率的进一步提高和劳动时间的增加,闲暇的成本增加,替代效应开始小于收入效应,结果劳动供给数量减少。因此,劳动的供给曲线呈现出向后弯曲的形状。

(4)由于劳动的供给曲线是向后弯曲的,那么在较低的工资水平上,通过提高工资就可以增加劳动的供给,如果这时每单位劳动所带来的产出大于每单位资本所带来的产出,那么厂商在进行生产时,就会大幅度增加劳动的投入,这一过程持续到增加的每单位劳动带来的产出等于增加的每单位资本所带来的产出,这时厂商就会达到要素的最合适配置。当工资处于较高的水平时,工资的增加就不会引起劳动供给的增加,反而会减少劳动的供给,这时为了实现利润的最大化,厂商势必会增加对资本的需求量,从而要素组合中的资本就会增加。

## 三、计算题

1. **某国电信市场原本由一家公司经营,其成本函数为 $TC = Q^2 - 10Q + 30$,市场需求为 $Q_d = 15 - P$。**
   (1)求市场均衡产量、均衡价格及利润。
   (2)现将该公司拆分为 $A$、$B$ 两家公司,由于技术水平和规模状态的不同,$A$、$B$ 两家公司的成本函数分别为 $TC_A = Q_A^2 - 10Q_A + 30$ 和 $TC_B = Q_B^2 - 4Q_B + 10$。
   (A)假设两家公司独立行动,各自谋求本公司利润最大化,求均衡时 $A$、$B$ 两家公司的产量、利润和市场价格。
   (B)若两家公司共谋形成卡特尔,求均衡时 $A$、$B$ 两家公司的产量、利润和市场价格。(重庆大学 2004 年研)

答案：(1)由 $TC = Q^2 - 10Q + 30$，得 $MC = 2Q - 10$。

由 $Q_d = 15 - P$，得 $P = 15 - Q$，所以 $MR = 15 - 2Q$。

由 $MC = MR$，即 $2Q - 10 = 15 - 2Q$，得均衡产量 $Q = \dfrac{25}{4}$，均衡价格 $P = \dfrac{35}{4}$。

利润 $\pi = PQ - TC = \dfrac{35}{4} \times \dfrac{25}{4} - \left(\dfrac{25}{4}\right)^2 + 10 \times \dfrac{25}{4} - 30 = \dfrac{385}{8}$。

(2)(A) 由 $TC_A = Q_A^2 - 10Q_A + 30$，得 $MC_A = 2Q_A - 10$。

由 $TC_B = Q_B^2 - 4Q_B + 10$，得 $MC_B = 2Q_B - 4$。

由反需求函数 $P = 15 - Q = 15 - (Q_A + Q_B)$，

得 $TR_A = [15 - (Q_A + Q_B)] \cdot Q_A$，$TR_B = [15 - (Q_A + Q_B)] \cdot Q_B$。

所以 $MR_A = 15 - 2Q_A - Q_B$，$MR_B = 15 - Q_A - 2Q_B$。

由 $MR_A = MC_A$ 和 $MR_B = MC_B$，得 $Q_A = 5.4$，$Q_B = 3.4$。

市场价格 $P = 15 - Q = 15 - (Q_A + Q_B) = 6.2$，

利润 $\pi_A = P \cdot Q_A - TC_A = 28.32$，$\pi_B = P \cdot Q_B - TC_B = 13.12$。

(B) 两家公司共谋形成卡特尔的总利润为：

$\pi = PQ - TC_A - TC_B$

$= (15 - Q_A - Q_B)(Q_A + Q_B) - (Q_A^2 - 10Q_A + 30) - (Q_B^2 - 4Q_B + 10)$

由 $\dfrac{\partial \pi}{\partial Q_A} = 15 - 2Q_A - Q_B - Q_B - 2Q_A + 10 = 0$，

$\dfrac{\partial \pi}{\partial Q_B} = 15 - Q_A - 2Q_B - Q_A - 2Q_B + 4 = 0$，

得 $Q_A = -\dfrac{31}{6}$，$Q_B = \dfrac{13}{6}$。

市场价格 $P = 15 - Q_A - Q_B = \dfrac{23}{3}$，

利润 $\pi_A = P \cdot Q_A - TC_A = 34.58$，$\pi_B = P \cdot Q_B - TC_B = 10.58$。

**2.** 一个消费者要分配 24 小时给工作和休闲。她的效用来自于休闲时间 $R$ 和收入 $I$，她工作一小时的工资率为 $P_L$，她一天的效用函数为 $U(R, I) = 48R + RI - R^2$。

(1) 给出这个消费者的劳动供给函数。

(2) 她工作的时间会随着工资率的增加而增加吗？

(3) 不管工资率有多高，她的工作时间有一个极限吗？

答案：(1) 由题意可得：

$\max U = 48R + RI - R^2$

s.t. $R = 24 - L$，$I = L \cdot P_L$

代入得 $U = 48(24 - L) + (24 - L) \cdot L \cdot P_L - (24 - L)^2 = (24 + L + L \cdot P_L)(24 - L)$

由 $\dfrac{\partial U}{\partial L} = (1 + P_L)(24 - L) + (24 + L + L \cdot P_L) \cdot (-1) = 0$，

得 $L = \dfrac{12 P_L}{1 + P_L}$。

(2) $\dfrac{dL}{dP_L} = \dfrac{12(1 + P_L) - 12 P_L}{(1 + P_L)^2} = \dfrac{12}{(1 + P_L)^2} > 0$

故工作时间会随着工资率增加而增加。

(3) $L = \dfrac{12P_L}{1+P_L} = \dfrac{12}{\dfrac{1}{P_L}+1} < 12$

故工作时间不会超过 12 个小时。

3. 一个行业包括一个主导厂商(用 $i$ 表示)和 12 个次要厂商(用 $j$ 表示)。主导厂商的总成本函数为 $C_i = 0.0333q_i^3 - 2q_i^2 + 50q_i$,市场需求曲线为 $Q = 250 - p$。主导厂商准确地估计出每个小厂商的成本函数为 $C_j = 2q_j^2 + 10q_j$。主导厂商领导市场价格,并管理自己的产出量,使整个市场供给既不短缺,也无剩余。主导厂商能够正确地预期次要厂商将接受它定的价格。主导厂商的定价是为了使自己的利润最大。

(1) 主导厂商的定价为多高?它的产量和利润分别为多少?

(2) 每个小企业的产量和利润分别为多少?(电子科技大学 2004 年研)

答案:小厂商 $C_j = 2q_j^2 + 10q_j$,$MC_j = 4q_j + 10$,$AVC_j = 2q_j + 10$,停产点满足 $MC_j = AVC_j$,即 $q_j = 0$,每个小厂商总的供给曲线为 $p = 4q_j + 10$,即 $q_j = 0.25p - 2.5, q_j \geq 0$。12 家小厂商总的供给曲线为 $Q_j = 12q_j = 3p - 30$。而总市场需求为 $Q = 250 - p$,得到主导厂商的需求曲线为 $q_i = 280 - 4p$,即 $p = 70 - 0.25q_i$,所以 $MR = \dfrac{d(pq_i)}{dq_i} = 70 - 0.5q_i$。又因为主导厂商边际成本曲线为 $MC_i = 0.1q_i^2 - 4q_i + 50$,令 $MR_i = MC_i$,得 $q_i = 40, q_i = -5$(舍去)。

(1) $p = 70 - 0.25q_i = 70 - 0.25 \times 40 = 60, q_i = 40$,

$\pi_i = p \cdot q_i - C_i = 2400 - 931.2 = 1468.8$。

(2) $q_j = 0.25p - 2.5 = 0.25 \times 60 - 2.5 = 12.5$,

$\pi_j = p \cdot q_j - C_j = 750 - 437.5 = 312.5$。

4. 近年来,我国政府逐步推行最低工资制度,本题旨在分析推行这一制度的效果。假设劳动力供给为 $L^S = 10W$,其中 $L^S$ 为劳动力数量(以千万人/年计),$W$ 为工资率(以元/小时计),劳动力需求为 $L^D = 60 - 10W$。

(1) 计算不存在政府干预时的工资率与就业水平。

(2) 假定政府规定最低工资为 4 元/小时,就业人数会发生什么变化。

(3) 假定政府不规定最低工资,改为向每个就业者支付 1 元补贴,这时就业水平是多少?均衡工资率又发生什么变化?(人大 2004 年研)

答案:(1) $L^S = L^D$,即 $10W = 60 - 10W$,

得 $W = 3, L = 30$。

(2) $L^S = 10W = 40$,

$L^D = 60 - 10W = 20$。

所以就业人数会降为 20 千万人,同是有 20 千万人的失业人口。

(3) $L'_S = 10(W+1), L_D = 60 - 10W$,

由 $L'_S = L_D$,可得 $W = 2.5, L = 35$。

5. 已知生产函数为 $Q = f(K, L) = KL - 0.5L^2 - 0.32K^2$,$Q$ 表示产量,$K$ 表示资本,$L$ 表示劳动。若 $K = 10$,求:

(1) 写出劳动的平均产量和边际产量函数。

(2)计算当总产量达到极大值时企业雇佣的劳动人数。(东北财大 2003 年研)

答案：代入 $K=10$，有 $Q=10L-0.5L^2-32$。

(1)劳动的平均产量函数为 $AP_L=10-0.5L-\dfrac{32}{L}$，劳动的边际产量函数为 $MP_L=10-L$。

(2)要使总产量达到极大值，由 $MP_L=0$，可得 $L=10$。

**6.** 设某企业只有一种可变投入要素(劳力)的生产函数为：
$$Q(L)=10L+5L^2-L^3$$
每增加一个单位投入时，需增加成本 20 元，若产品售价为 30 元(相对稳定)。如果你是企业决策者，怎样才能求出你认为是最优的投入量 $L^*$(列出求解的式子)？(东北大学 2003 年研)

答案：$\pi=30(10L+5L^2-L^3)-20L$，

$\dfrac{\mathrm{d}\pi}{\mathrm{d}L}=300+300L-90L^2-20=0$，

解得 $L=4(L>0)$，$\pi=1600$。

**7.** 某企业的均衡函数为 $Q=L^{\frac{2}{3}}K^{\frac{1}{3}}$，劳动 $L$ 的价格 $W=2$，资本 $K$ 的价格 $r=1$。试求：

(1)当成本 $C=3000$ 时，实现最大产量时的 $L$、$K$ 和 $Q$ 的值。

(2)当产量 $Q=800$ 时，企业实现最小成本时的 $L$、$K$ 和 $C$ 值。(北京工商大学 2004 年研)

答案：(1)成本 $C=2L+K$，在此约束条件下求 $Q$ 的最大值：

$f=L^{\frac{2}{3}}K^{\frac{1}{3}}-\lambda(3000-2L-K)$。

当 $f$ 求取最大值时，有：

$\dfrac{\partial f}{\partial L}=\dfrac{2}{3}L^{-\frac{1}{3}}K^{\frac{1}{3}}+2\lambda=0$，

$\dfrac{\partial f}{\partial K}=\dfrac{1}{3}L^{\frac{2}{3}}K^{-\frac{2}{3}}+\lambda=0$，

$\dfrac{\partial f}{\partial \lambda}=3000-2L-K=0$。

解得 $L=K=1000$，$Q=1000$。

(2)当 $Q$ 为 800 时，求成本 $C=2L+K$ 在约束条件 $L^{\frac{2}{3}}K^{\frac{1}{3}}=800$ 下的最小值。$H=2L+K-\lambda(L^{\frac{2}{3}}K^{\frac{1}{3}}-800)$ 设当成本取最小值时，有：

$\dfrac{\partial H}{\partial L}=2-\dfrac{2}{3}\lambda L^{-\frac{1}{3}}K^{\frac{1}{3}}=0$，

$\dfrac{\partial H}{\partial K}=1-\dfrac{1}{3}\lambda L^{\frac{2}{3}}K^{-\frac{2}{3}}=0$，

$\dfrac{\partial H}{\partial \lambda}=800-L^{\frac{2}{3}}K^{\frac{1}{3}}=0$。

解得 $L=K=800$，$C=2400$。

**8.** 某人的效用函数为 $U(C,R)=C-(12-R)^2$，其中 $R$ 是他每天拥有的闲暇时间，$C$ 为消费量。他每天有 16 小时可用在工作和闲暇上，每天有 20 元的非劳动收入。消费品的价格是每单位 1 元。工资为每小时 10 元，他将选择多少小时进行工作以获得最大效用？(南开大学 2012 年研)

答案：设此人工作时间为 $w$，则 $C=10w+20$。

效用最大化问题为：
$$\max U = 10w + 20 - (12-R)^2$$
$$\text{s.t. } w + R = 16$$

构造拉格朗日函数：
$$L = 10w + 20 - (12-R)^2 - \lambda(w + R - 16)$$

一阶条件为：
$$\begin{cases} \dfrac{\partial L}{\partial w} = 10 - \lambda = 0 \\ \dfrac{\partial L}{\partial R} = -2(12-R)(-1) - \lambda = 0 \\ \dfrac{\partial L}{\partial \lambda} = w + R - 16 = 0 \end{cases}$$

得 $w = 9, R = 7$。

即此人应选择每天工作 9 个小时，从而实现效用最大化。

## 四、论述题

**1. 商品价格变动、利率变动和工资率变动的收入效应和替代效应各是什么？为什么会有这些效应？（武汉大学 2004 年研）**

**答案：**（1）一种商品价格变动所引起的该商品量变动的总效应可以被分解为替代效应和收入效应两个部分，即总效应 = 替代效应 + 收入效应。其中，由商品的价格变动所引起的实际收入水平变动，进而由实际收入水平变动所引起的商品需求量的变动为收入效应。由商品的价格变动所引起的商品相对价格的变动，进而由商品的相对价格变动所引起的商品需求量的变动为替代效应。收入效应表示消费者的效用水平发生变化，替代效应则不改变消费者的效用水平。

（2）利率变化对储蓄的影响有两方面：①替代效应。当利率提高时，人们愿意暂时减少即期消费，增加储蓄，以期在未来提到更多的消费。因此替代效应使储蓄总量随利率上升而增加。②收入效应。利率上升意味着同样的储蓄获得更多的利息收入，收入的增加又会增加即期消费，因此收入效应使储蓄总量随利率上升而减少。由于储蓄最终的利率弹性方向及大小取决于这两效应相抵消的结果，因此一般利率弹性较小。

（3）工资率对劳动供给产生的替代效应和收入效应使劳动供给曲线向后弯曲。劳动者在不同的工资下愿意供给的劳动数量取决于劳动者对工资收入和闲暇所带来效应的评价。消费者的总效用由收入和闲暇所提供。收入通过消费品的购买为消费者带来满足：收入越多，消费水平越高，满足越大。同样，闲暇也是一种特殊的消费，闲暇时间越长，效用水平越高。然而，可供劳动者支配的时间是既定的，所以劳动者的劳动供给行为可以表述为：在既定的约束条件下，合理地安排劳动和闲暇时间，以实现最大的效用满足。一般而论，工资率越高，对牺牲闲暇的补偿也就越大，劳动者宁愿放弃闲暇而提供劳动的数量也就越多。换言之，工资率提高，闲暇的机会成本相应也就越大，劳动者的闲暇时间也就越短。因此，工资率的上升所产生的替代效应使得劳动数量增加。同时，工资率的提高，使得劳动者收入水平提高。这时，劳动者就需要更多的闲暇时间。也就是说，当工资率提高以后，劳动者不必提供更多的劳动就可提高生活水平。这说明工资率提供的收入效应使劳动数量减少。

**2. 请说明边际收益产品(MRP)和边际产品价值(VMP)的区别,并说明当厂商在产品市场处于卖方垄断地位,而在生产要素市场处于买方垄断地位时,如何确定生产要素的均衡价格和使用量。(上海理工大学 2003 年研)**

**答案:**(1)边际收益产品(MRP)和边际产品价值(VMP)的区别。边际收益产品是指在其他生产要素的投入量固定不变时追加一单位的某种生产要素投入所带来的收益。它等于边际物质产品(MP)与边际收益(MR)的乘积,即 $MRP = MP \cdot MR$。边际收益产品是以收益表示的边际生产力,它受边际物质产品和边际收益两个因素的影响。由于边际物质产品是递减的,因而边际收益产品也是递减的,边际收益产品曲线向右下方倾斜。边际收益的曲线形状要视不同的市场曲线而定。在完全竞争市场上,厂商的边际收益等于价格,而边际产品价值 $VMP = MP \cdot P$,所以边际收益产品曲线与边际产品价值曲线重合,两条曲线按同一速度下降;在不完全竞争市场上,厂商面临一条倾斜的需求曲线,边际收益递减,边际收益小于价格,因而边际收益产品曲线与边际产品价值曲线不再重合,前者以更快的速度下降。边际收益产品曲线反映了厂商增加一单位这种生产要素给它带来的收益,厂商正是根据这一收益大小来决定它对该要素的需求量及价格。因此,边际收益产品曲线就是厂商对生产要素的需求曲线。它与要素供给曲线的交点,决定了该生产要素的均衡价格与使用量。在这一点上,该生产要素的边际收益等于该生产要素的边际成本,在这一条件下,厂商都会实现润最大化。

(2)生产要素的均衡价格和使用量的确定。

1)在产品市场的边际收益。厂商在产品市场上(作为产品的卖方)是垄断者,卖方垄断厂商使用要素的边际收益则取决于产量,产量又取决于要素价格。假定所讨论的卖方垄断厂商的收益函数和生产函数分别为 $R = R(Q)$ 和 $Q = Q(L)$,则收益可以看成是要素的复合函数 $R = R[Q(L)]$。根据复合函数求导法则有 $\dfrac{dR}{dL} = \dfrac{dR}{dQ} \cdot \dfrac{dQ}{dL}$,式右边第一项 $dR/dQ$ 为收益对产量的导数,即所谓产品的边际收益 $MR$,它反映了增加一单位产品所增加的收益;第二项 $dQ/dL$ 为产量对要素的导数,即所谓要素的边际产品 $MP$,它反映了增加一单位要素增加时的产品。因此,在卖方垄断条件下,厂商使用要素的边际收益等于产品的边际收益 $MR$ 和要素的边际产品 $MP$ 的乘积 $MR \cdot MP$。这个乘积通常被称为要素的边际收益产品,并用 $MRP$ 来表示,即 $MRP = MR \cdot MP$。

2)在要素市场上的边际成本。厂商在要素市场上(作为要素的买方)是垄断者,其要素价格不再是固定不变的常数,从而其使用要素的边际成本亦不再等于要素价格。设用 $\Delta L$ 表示所使用的要素增量,而由此引起的成本增加量用 $\Delta C$ 表示。成本增量与要素增量之比 $\Delta C/\Delta L$ 的极限,即成本对要素的导数 $dC/dL$,通常称为边际要素成本,并用符号 $MFC$ 表示。换句话说,边际要素成本是增加一单位要素使用所增加的成本。

由于厂商的成本是所使用的要素数量和要素价格的乘积,而要素价格通常又是要素数量的函数(厂商面临的要素供给函数),故如果知道了厂商的要素供给函数,则不难求得其边际要素成本函数。例如,设该供给函数为 $W(L)$,则成本函数为 $L \cdot W(L)$。于是,边际要素成本为:

$$MFC = [L \cdot W(L)]' = W(L) + L \cdot \dfrac{dW(L)}{dL} \text{ 或 } MFC = \dfrac{dC}{dL} = \dfrac{dC}{dQ} \cdot \dfrac{dQ}{dL}$$

由于 $dC/dQ$ 是产品的边际成本 $MC$,$dQ/dL$ 是要素的边际产品 $MP$,所以 $MFC = MC \cdot MP$。

3)根据要素使用原则,该厂商使用要素的边际收益和边际成本分别等于要素的边际产品价值和边际要素成本,即 $MRP = MFC$。此时的产量和价格即为均衡的产量和均衡价格。

# 第八章 生产要素价格的决定

**3. 什么是洛伦兹曲线和基尼系数？简述政府解决收入分配不平的措施。（北工商 2013 年研）**

**答案：**（1）如图 8-13 所示，横轴表示人口累积百分比，纵轴为收入累积百分比，然后将两个累计百分比的一一对应关系点连接起来就得到了一条曲线，即为洛伦兹曲线。洛伦兹曲线越向横轴凸出，它与完全平等线之间的面积 A 越大，表明收入分配差距越大，即越不平等。洛伦兹曲线研究国民收入在国民之间的分配，反映收入分配的不平等程度。曲线弯曲程度越大，收入分配越不平等，反之则相反。

A 为不平等面积，A+B 为完全平等面积，不平等面积与完全平等面积之比称为基尼系数。基尼系数是衡量一个国家贫富差距的标准，系数越接近 1，表示收入分配越不平等，越接近 0，表示收入分配越公平。

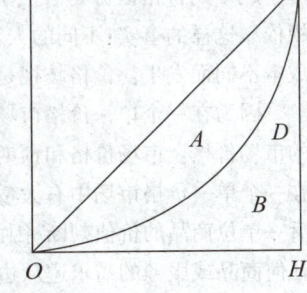

图 8-13　洛伦兹曲线

（2）政府解决收入分配不平的措施。

1）在初次分配领域，缩小居民在收入初次分配上的差距，政府应着重缩小居民在人力资源拥有上的差距。具体措施如下：①缩小居民在生产要素、特别是城镇居民在劳动力资源的拥有上的差距；②减少居民在生产要素利用上的不平等；③提高劳动报酬在国民收入中的比重。

2）在再分配领域，政府应该运用财税和转移支付政策来优化资源配置、增进社会福利，调节收入分配、维护社会公正。具体措施如下：①完善财政税收制度；②以就业为中心，建立和完善社会保障制度，实现公共服务均等化，提高社会保障统筹层次，扩大社会保障覆盖面；③健全并实施再分配政策，进一步促进国民收入分配结构调整；④建立基本住房保障制度，降低居民住房利息支出，提高居民消费能力；⑤完善转移支付制度，提高转移支付效率。

3）在第三次分配领域，国家应该鼓励富人运用捐赠、资助慈善事业等行为回报社会，实现更深层次和更大范围内的收入分配调整，客观上起到国民收入再分配的作用。具体措施如下：①尽快制定出台慈善事业促进法；②出台鼓励慈善事业的具体政策；③尽快出台《遗产税法》，推进第三次分配进程。

### 典型案例分析

#### 价格歧视及其难题

许多餐馆如果下午 3 点以后就餐就能以 6～8 折的价格享用到中午要付原价的同样一餐饭。许多大商场为了促销，常常打出买 100 送 50 元现金（或购物券）或买 200 送 100 元现金（或购物券）的广告。在广州很容易以 750 元左右的价格买到从广州到济南的经济舱飞机票，但是在济南只能买到 1420 元的从济南到广州的经济舱飞机票，乘的是同一航空公司的飞机，甚至是同一架飞机，同样的机组，时间里程也一样，价格竟然相差如此悬殊。总之，这些同样商品向不同人群索取不同价格的作法叫作价格歧视。它暗示着垄断势力的存在，所以在经济上是无效率的，并常常是非法的。然而社会上价格歧视不仅普遍，而且还是社会隐蔽地、非预期地再分配消费品的重要方法，多数情况下是由富人到穷人来分配。这是怎么一回事呢？

价格歧视是对同样商品向不同群体索取不同价格的作法。在现代社会中，单一定价市场占统治地位，但稍微考虑一下，我们就会确信多重定价市场也是非常重要的。价格歧视可用来增加公

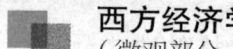

的利润。不管怎样,它对具有垄断力的单一定价公司的产量与福利的影响是明显的。另外,多数影响趋于使消费品在各收入阶层中的分配更均等。

一个亟待解决的问题是避免混淆。基于成本的价格区别很重要,但在这儿我们关注的不是它。对一个法国葡萄酒制造商来说,在北京比在巴黎向消费者索价更高也许仅意味着运送成本更高。基于成本的价格区分是合法的、为社会所接受的,也不含有难题或悖论。我们感兴趣的那种价格歧视依靠这样的事实:不同的人对某种商品或服务的价值判断不同,因此价格歧视由于需求不同而非成本不同而发生。价格歧视是需求刺激的,并产生前面已提及的令人困惑的结果。

因为在一个单一价格市场中买者愿意支付的价格,即他的预期价格通常不同于他不得不支付的市场价格。市场价格和预期价格的差距产生了消费者剩余,对于卖者来说它是潜在的利润来源。在一个单一价格市场中有大量消费者剩余,因为市场中全部商品的价格来源于消费者对消费的最后一单位商品的价值判断,因此在较早消费的价值较大的商品中产生消费者剩余。这反映出对于任何商品或服务的需求遵从边际效用递减规律,因此随着价格的下降,越早消费的商品价值越大,越晚消费的商品价值越小。例如,对小李来说,水最重要的用途是饮用,以维持他的生命,不太重要的用途是洗脸、洗衣服和涮洗卫生间,更不重要的用途是给狗洗澡和清除汽车上的油及叶子。但是小李为水花的钱很少,每吨水的价格很低,这反映出水的总体消费者的最后商品效用。像小李一样的人从所有较早使用的水(洗衣服、冲厕所、饮用等)中得到的剩余集中在一起,我们叫作总体消费者剩余。卖者成功地构建价格歧视策略以诱使消费者显示他们的预期价位,从而卖者增加了利润。因为价格歧视暗示着和垄断势力联系在一起的产量限制,所以它的存在意味着产出小于理想产出,并存在无效率。然而相对于无价格歧视策略,价格歧视策略能增加产出,却又不需要增加产出,所以它们的配置效率对于具有垄断势力的单一定价公司的影响是不确定的。虽然如此,价格歧视在美国已招致意义重大的立法,为的是阻止它。

1914年的克莱顿法案,稍后由1936年的罗宾逊-帕特曼法案加以修订。克莱顿法案禁止未基于制造、销售或运输成本的价格歧视,禁止削弱或阻碍工业内自由竞争的价格歧视。该法案也阻止间接价格歧视,如伪造经纪人佣金以及为取悦消费者而提供促销津贴和服务。该法案允许卖者降低价格来迎合特定的消费者,但不能打击他人的竞争性定价行为。

这些法律主要是由商业间的利害关系促成的,并且在实践上,它们已被企业用来反对其他企业的定价行为,而不是由零买的消费者用来针对向其他消费者提供优惠价格的商人的。因此,零售上的价格歧视很普遍。即使这样,它也不是到处都有,因为在买者间实行的价格歧视若要增加卖者的利润,有几个条件须遵守。

①卖者必须有一些垄断力——对要价的控制。除了完全竞争公司外所有公司都满足这个条件。②卖者必须能根据对一产品的不同需求强度来鉴别购买者或购买者群。如果买者间不存在可辨别的需求强度,价格歧视将无法增加卖方利润。③和单一价格策略相比,多重价格策略会产生预期的利润增量,该增量必须高于用需求差别来区分买者所需的交易成本。④卖方必须能确切地区分买者,以至于他们索要的不同价格不会导致低价位买者向高价位买者再次出售。第四种情况通常不会在服务业中遇见,因为服务本身无法被重复出售,而且能够重复出售的服务合同,如汽车担保,多数情况下不能使市场得到发展。如果位置、知识、个人情况或个人品味的差别可鉴别,并在购买者或购买者群中间相对稳定,而且这些差别能导致大体上不同的支付愿望,那么在商品市场上也能遇到第四种情况。

价格歧视有三种类型。当每一独立购买者在给定产品市场中支付他们愿意支付的价格

## 第八章 生产要素价格的决定

时,第一类价格歧视就发生了。在这种情况下卖方得到了全部的消费者剩余,对于卖方来说,需求曲线变成边际收入曲线。真正意义下的第一类价格歧视实际上不可能实现,因为对于卖方来说,判断每一购买者愿意为一单位商品付什么价钱所需成本太高,参与状况良好的拍卖也许代表了最近似的情况,但即使这里获胜的购买者也许愿意为赢得的标的支付更高的价格。协议价格市场也是第一类价格歧视的近似情况,它包括草坪服务和收集私人垃圾的协议价格。在这些市场中,由于某些服务(如汽车担保)或法律禁止的第一类价格歧视(如生命和医疗保险规则)的可交易契约的缺乏,购买者间进行有关价格/质量特征的系统性交流变得异常困难,从而区分买者变得可行。

当在一给定市场中公司依据可消费的数量索要不同价格时,第二类价格歧视就发生了。消费者有一条向下倾斜的需求曲线,他们对数量多的商品比对数量少的商品付的钱少。一个人买得越多每单位要价越低,这叫数量折扣,这是公司获得单一定价策略放弃的那些消费者剩余的一种典型方法。在这里买者有不同的需求水平,允许卖者用多重定价策略占有消费者剩余来获得更多利润。这里存在一个棘手的问题。如果生产额外产品的边际成本更低,卖者也有给数量折扣的激励。在典型情况下,边际成本不像产出增加那样有连续性或增长性,但是边际成本在商业企业给出数量折扣时不因诱因的刺激而剧烈波动。第二类价格歧视是关于商业行为的,因为大型零售公司对资源供给者拥有市场影响力,它们可以为得到数量折扣签订协议,从而使自己比较小的竞争对手有成本优势,小公司无法合算地吸纳如此多的供给。因此,数量折扣能导致产业竞争缺乏,在罗宾逊-帕特曼法案中,许多案例被引用来阐述这一问题。

当在市场中买方发生变化或卖方进行产品定位以吸引具有不同需求弹性的购买者群时,第三类价格歧视就出现了。

我们能看出对于卖者来说可获利的价格歧视策略的关键是,鉴别出对一种产品具有不同需求的群体或市场,并向需求更缺乏弹性的群体或市场索要更高价格。一天的汽车租赁费比周租费按天计算出的费用要高,因为汽车出租公司认为,单天汽车出租市场相应地比按周出租的汽车市场有更多的商务旅行者和那些需求更强烈或需求更缺乏弹性的人。航班上,工作日时载客率较高,相应地,周六载客率较低,依据这一情况,购买者被分为不同群体。在服装店高价购进最新款的成衣为的是吸引这样一群购买者,他们的需求缺乏弹性,这反映为他们想赶时髦。那些等待的人在减价时买同样的衣服花的钱少得多,但大多数减价预先已被计划好,以便获得随价格歧视策略而来的最大的利润。同样,餐馆、汽车旅馆和其他服务行业的赠券和打折是商家能够用以进行价格歧视、提高利润的另一种重要方法。异常珍惜时间的人以及(或者)对打折做法不感兴趣的人将支付高价,即使这种价格比在单一定价体系中高很多。

对于第三类价格歧视的一些类型讲,对购买者群划分的合法性和社会可接受性变得非常重要。很容易就能在购买者间基于性别、年龄、种族以及密切相关的差异作细分,但是在多数前后联系的情况中这样作细分既不合法又不为社会接受。银行曾经能但现在已不能基于种族(或居住地,它是种族的代言物)的差别对待潜在的借款人,汽车经销商也不能有组织地向女人比向男人索要更高价钱。无论如何,我们的社会认为一些商家的行为是社会可接受的、合法的。例如,对多数商品和服务,商家给上岁数的公民和孩子们打折,而且在一些酒吧中,如"女人们的夜晚"活动,根据性别提供免费的或打折的饮料。

对于买者来说检测出大量第三类价格歧视很困难,因为面临的有差异的价格也许部分反映着有差别的成本,所以利润进一步增加了。无论怎样,成本差别不能诱发价格歧视策略,差别需求可以做到。这方面的一个好例子是美国餐馆中"早起的鸟儿"企图捕捉价格更灵敏的市场而宁愿提早吃饭。较早的晚餐通常量少,所以制作起来比正常标价的晚餐更便宜,这一情况倒是真的。无论如何,成本下降无法解释"早起的鸟儿"策略的理由。即使当"早起的鸟儿"的消费者支付较低价格仅接受和晚上提供的食物完全相同的数量(和质量),只要来自"早起的鸟儿"的晚餐的额外收入比提供晚餐的额外成本高,餐馆就会继续"早起的鸟儿"策略。同样的道理可以用来说明航班的多重价格策略。一等机舱中舒适度和服务的水平更高,对航空公司来说这意味着成本更高,但这些座位上更高的利润边际是来自于两类坐飞机者的需求差异,是这个诱发了价格歧视策略。同样的论述也能用于体育场和竞技场的座位。更贵的座位比一般的座位的利润边际高得多,这就是在全国范围内城市忙于兴建、整修大型公共设施的一个原因。我们也在诸如游艇、汽车和冰箱之类商品的市场上看到价格歧视,在这些市场上,一些购买者愿意为身份或审美花更多的钱购买顶级的或有风格的产品,即使这些产品和较低价位的机型在功能上的差别微乎其微。

当然,人们可以认为在不同种类的消费者的意识中产品的差异构成了差别产品和差别市场的适当基础。按这一观点,第三类价格歧视根本不会发生。无论如何,由于用这种方法定义产品不会影响卖者多重价格策略的功效,语言上的用法就无关紧要了。卖者仍要留意前面提到的四个因素以决定多重价格策略是否将增加利润,决定我们要称它为价格歧视还是分开产品定价。

一般来讲,为赚取利润制定单一定价策略最简单,但它遗漏了消费者愿意支付的价格这个最有用的信息。有关消费者需求的更多信息被混合成一个定价策略,使利润更大化。这就是对卖方来说为什么有这样一个强烈而持续的刺激,只要他们能做到就会实行价格歧视。阐明个体消费者支付意愿的两个极重要的可测变量是他的知识和收入水平,而偏好不可测量。

基于知识差别的价格歧视暗示着向知识较少的人征收较高价格。在这种市场里,消费的再分配有利于在单一定价市场中知识较丰富的人。可以证明,人们的收入水平和他们的教育水平高度相关,而教育水平是知识的主要标志,因此许多由知识刺激的价格歧视策略趋于由穷人向富人来重新分配消费品。这种情况会出现在特定的市场中,这种市场的产品服务特征观察起来很复杂、很困难,而且在这种市场中广告和减价会连同信息在一起产生大量的噪音。像汽车、游艇和冰箱之类的耐用消费品及人寿保险、伤残和健康保险在价格上会有差异。

尽管这样,多数第一类和第三类价格歧视策略和消费者收入水平与财富水平相关。多数商品为正常商品,因此收入水平较高或财富较多的消费者偏好的更多。诸如草坪服务和收垃圾的协议价格在低收入社区通常较低,公司差旅人员比钱较少的休闲旅游者在租车和航班座位上花的钱多,赠券用户和折扣用户比不要这些的消费者收入低,岁数大的公民和小孩子们比其他年龄段的人群收入低得多,当"早起的鸟儿"的食客和减价购物者也比那些不这样做的人挣的钱少。格调和审美喜好可以促使高收入/高学历购买者比低收入/低学历购买者支付更多的价钱。任何价格歧视策略如果对一种商品或服务向一类购买者群体索要更高价格以购买有了些变化的商品,而这些变化所需成本很小,却传达了身份地位或提高了审美情趣,那么和对低收入购买者定价较高的单一定价策略相比,这些价格歧视策略就向那些收入较少的人们重新分配了实际消费品。价格歧视降低了总体消费者剩余,比公司没有垄断力的单一定价市场配置效率低。无论如何,大多数价格歧视策略带来的产品特征变化和产品组合后的多样化,增加了由具有垄断力的公司组成的单一定价市场上的产出和福利。另外随着收入驱动的价格歧视策略,产生了消费品实质上的重新分配。既然一个成功的第一类或第三类价格歧视策略的明显效果,是使支付较低价格的群体比他们在单一价格策略中花得更少买得更多,那么向着低收入阶层就有一个实际消费品的再分配过程。即使传统的经济

## 第八章 生产要素价格的决定

学理解无法根据背景来承认这些策略的可取之处,仅根据经济效率来否认它,社会仍可以将这种重新分配认作社会上和政治上可取的。测量消费重新分配的类型是一个难以估测的任务,这任务无疑巨大,但至少在美国大体上极有可能是使以知识为基础的策略占统治地位。如果这样(对于拥有垄断力的公司),多重价格策略不仅可以增加产出和经济福利,它们也使消费分配比单一价格策略更加公平。

思考题:
(1)就案例中的资料或现实中的事例,总结价格歧视的种类及其表现。
(2)分析价格歧视对消费者或厂商的影响或后果?
(3)如何理解执行价格歧视的结果是"劫富济贫"式的重新分配财富的过程?
(4)现实中进行价格歧视会都有效吗?有什么难处?要有效的话需要哪些条件?
(5)你认为现实中的价格歧视都合法吗?为什么?
(本案例选自北京大学经济学院的微观经济学案例教学)

## 教材习题参考答案

## 一、简答题

**1. 说明生产要素理论在微观经济学中的地位。**

答:(1)从商品的角度来看,微观经济学可以分为两个部分,即关于"产品"的理论和关于"要素"的理论。前者讨论产品的价格和数量的决定,后者讨论要素的价格和数量的决定。

(2)产品和要素的理论是相互联系的,产品理论离不开要素理论。首先,产品理论在讨论产品的需求曲线时,假定了消费者的收入水平为既定,但并未说明收入水平是如何决定的;其次,在推导产品的供给曲线时,假定了生产要素的价格为既定,但并未说明要素的价格是如何决定的。这两点都与要素理论有关。因此,要素理论可以看成是产品理论的自然的延伸和发展。

(3)在西方经济学中,产品理论通常被看成是"价值"理论,要素理论通常被看成是"分配"理论。产品理论加上要素理论,或者价格理论加上分配理论,构成了整个微观经济学的一个相对完整的体系。

**2. 试述完全竞争厂商及市场在存在和不存在行业调整情况下的要素需求曲线。**

答:在完全竞争条件下,厂商对要素的需求曲线向下方倾斜,即随着要素价格的下降,厂商对要素的需求量将增加。

如果考虑厂商所在行业中其他厂商的调整,则该厂商的要素需求曲线将不再与边际产品价值曲线重合,这是因为随着要素价格的变化,如果整个行业所有厂商都调整自己的要素使用量,从而都改变自己的产量的话,产品的市场价格就会发生变化。产品价格的变化再反过来使得每一个厂商的边际产品价值曲线发生变化。于是,厂商的要素需求曲线将不再等于其边际产品价值曲线。在这种情况下,厂商的要素需求曲线称为"行业调整曲线"。行业调整曲线依然向右下方倾斜,但比边际产品价值曲线要陡一些。

在完全竞争条件下,市场的要素需求曲线等于所有厂商的要素需求曲线的水平加总。

## 二、计算题

**1.** 设一厂商使用的可变要素为劳动 $L$,其生产函数为 $Q = -0.01L^3 + L^2 + 38L$。

其中,$Q$ 为每日产量,$L$ 为每日投入的劳动小时数,所有市场(劳动市场及产品市场)都是完全竞争的,单位产品价格为 0.10 美元,小时工资为 5 美元,厂商要求利润最大化。问厂商每天雇用多少小时的劳动?

**答案:** 已知工资 $W = 5$,根据生产函数及产品价格 $P = 0.10$,可求得劳动的边际产品价值如下:

$$VMP_L = P \times MPP_L = P \times \frac{dQ}{dL}$$
$$= 0.10 \times (-0.01L^3 + L^2 + 38L)'$$
$$= 0.10 \times (-0.03L^2 + 2L + 38)$$

完全竞争厂商的利润最大化要求边际产品价值等于工资,即:

$$5 = 0.10 \times (-0.03L^2 + 2L + 38) = -0.003L^2 + 0.2L + 3.8$$

解得 $L_1 = \frac{20}{3}$,$L_2 = 60$。

当 $L_1 = \frac{20}{3}$ 时,利润为最小(因为 $\frac{dMPP_L}{dL} = 1.6 > 0$),故略去。

当 $L_2 = 60$ 时,利润为最大($\frac{dMPP_L}{dL} = -1.6 < 0$),故厂商每天要雇佣 60 小时的劳动。

**2.** 已知劳动是唯一的可变要素,生产函数为 $Q = A + 10L - 5L^2$,产品市场是完全竞争的,劳动价格为 $W$,试说明:

(1) 厂商为劳动的需求函数。
(2) 厂商对劳动的需求量与工资反方向变化。
(3) 厂商对劳动的需求量与产品价格同方向变化。

**答案:** (1) 因产品市场为完全竞争市场,根据 $W = VMP_L = P \times MPP_L = P \times \frac{dQ}{dL}$,

即 $W = P \times (10 - 10L) = 10P - 10PL$,

得到厂商对劳动的需求函数为 $L = 1 - \frac{W}{10P}$。

(2) 由于 $\frac{\partial L}{\partial W} = -\frac{1}{10P} < 0$,故厂商对劳动的需求量与工资反方向变化。

(3) 由于 $\frac{\partial L}{\partial P} = \frac{W}{10P^2} > 0$,故厂商对劳动的需求量与产品价格同方向变化。

**3.** 某完全竞争厂商雇用一个劳动日的价格为 10 元,其生产情况如表 8-1 所示。当产品价格为 5 元时,他应雇用多少个劳动日?

表 8-1 某完全竞争厂商的生产情况

| 劳动日数 | 3 | 4 | 5 | 6 | 7 | 8 |
| --- | --- | --- | --- | --- | --- | --- |
| 产出数量 | 6 | 11 | 15 | 18 | 20 | 21 |

**答案:** 由题设可计算得表 8-2 所示。

## 第八章 生产要素价格的决定

表 8-2 某完全竞争厂商生产情况的计算结果

| 劳动日数($L$) | 产出数量($Q$) | $MPP_L = \dfrac{\Delta Q}{\Delta L}$ | $P$ | $VMP_L = P \times MPP_L$ | $W$ |
|---|---|---|---|---|---|
| 3 | 6 | — | 5 | — | 10 |
| 4 | 11 | 5 | 5 | 25 | 10 |
| 5 | 15 | 4 | 5 | 20 | 10 |
| 6 | 18 | 3 | 5 | 15 | 10 |
| 7 | 20 | 2 | 5 | 10 | 10 |
| 8 | 21 | 1 | 5 | 5 | 10 |

由表 8-2 中可以看到,当 $L=7$ 时,边际产品价值与工资恰好相等,均等于 10,故厂商应雇用 7 个劳动日。

4. 某劳动市场的供求曲线分别为 $D_L = 4000 - 50W$,$S_L = 50W$。请问:

(1) 均衡工资为多少?

(2) 假如政府对工人提供的每单位劳动征税 10 美元,则新的均衡工资为多少?

(3) 实际上对单位劳动征收的 10 美元税收由谁支付?

(4) 政府征收到的税收总额为多少?

**答案:**(1) 均衡条件,$D_L = S_L$,即 $4000 - 50W = 50W$,由此得均衡工资 $W = 40$。

(2) 如政府对工人提供的每单位劳动课以 10 美元的税收,则劳动供给曲线变为 $S'_L = 50(W-10)$,由 $S'_L = D_L$,即 $50(W-10) = 4000 - 50W$,得 $W = 45$。

(3) 征税后,厂商购买每单位劳动要支付的工资变为 45 美元,而不是征税前的 40 美元。两者之间的差额 5 美元即是厂商为每单位劳动支付的税收额。工人提供每单位劳动得到 45 美元,但有 10 美元要作税收交给政府,所以仅能留下 35 美元。工人实际得到的单位工资与征税前相比也少了 5 美元。这 5 美元就是他们提供单位劳动而实际支付的税款。因此,厂商和工人恰好平均承担了政府征收的 10 美元税款。

(4) 征税后的均衡劳动雇佣量为 $50(W-10) = 50 \times (45-10) = 1750$,政府征收到的税收总额为 $10 \times 1750 = 17500$。

5. 某消费者的效用函数为 $U = lY + l$,其中,$l$ 为闲暇,$Y$ 为收入(他以固定的工资率出售其劳动所获得的收入)。求该消费者的劳动供给函数,劳动供给曲线是不是向上倾斜的?

**答案:**设该消费者拥有的固定时间为 $T$,其中的一部分 $l$ 留作自用即闲暇,其余部分 $L = T - l$ 为工作时间。工资率用 $r$ 表示,则收入 $Y = rL$,因而有 $U = lY + l = (T-L)rL + (T-L) = rLT - rL^2 + T - L$。

令 $\dfrac{dU}{dL} = rT - 2rL - 1 = 0$,得 $2rL = rT - 1$。

因此,$L = \dfrac{T}{2} - \dfrac{1}{2r}$,即为劳动供给曲线。在此劳动供给曲线中,$T$ 是正的定值,因而当工资率 $r$ 上升时,工作时间 $L$ 会增加,即劳动供给曲线是向右上方倾斜的。这一点可从 $L$ 对 $r$ 的一阶导数大于 0 中看出。

6. 一厂商生产某产品,其单价为 15 元,月产量 200 单位,产品的平均可变成本为 8 元,平均不变成本为 5 元。试求准租金和经济利润。

**答案:**准租金 $R_q$ 由下式决定:

$R_q = TR - TVC = PQ - AVC \times Q = (P - AVC)Q = (15 - 8) \times 200 = 1400$

经济利润 π 由下式决定：

$$\pi = TR - TC = TR - (TVC + TFC) = PQ - (AVC + AFC)Q$$
$$= (P - AVC - AFC)Q = (15 - 8 - 5) \times 200 = 400$$

## 三、论述题

**1. 试述消费者的要素供给原则。**

答：(1)要素供给者遵循的是效用最大化原则,即作为"要素供给"的资源的边际效用要与作为"保留自用"的资源的边际效用相等。

(2)要素供给的边际效用等于要素供给的边际收入与收入的边际效用的乘积。

(3)自用资源的边际效用是效用增量与自用资源增量之比的极限值,即增加一单位自用资源所带来的效用增量。

**2. 如何从要素供给原则推导要素供给曲线？**

答：根据要素供给原则 $\dfrac{\mathrm{d}U/\mathrm{d}l}{\mathrm{d}U/\mathrm{d}Y}=W$,给定一个要素价格 $W$,可以得到一个最优的自用资源数量 $l$。在资源总量为既定的条件下,给定一个最优的自用资源数量 $l$,又可以得到一个最优的要素供给量 $L$。要素价格 $W$ 与要素供给量 $L$ 的关系即代表了要素的供给曲线。

**3. 劳动供给曲线为什么向后弯曲？**

答：劳动供给是闲暇需求的反面,劳动的价格即工资则是闲暇的价格。于是,劳动供给量随工资变化的关系即劳动供给曲线可以用闲暇需求量随闲暇价格变化的关系即闲暇需求曲线来说明：解释劳动供给曲线向后弯曲(劳动供给量随工资上升而下降)等于解释闲暇需求曲线向前上斜(闲暇需求量随闲暇价格上升而上升)。

闲暇价格变化造成闲暇需求量变化有两个原因,即替代效应和收入效应。由于替代效应,闲暇需求量与闲暇价格变化方向相反；由于收入效应,闲暇需求量与闲暇价格变化方向相同。

当工资即闲暇价格较低时,闲暇价格变化的收入效应较小；当工资即闲暇价格较高时,闲暇价格变化的收入效应就较大,甚至可能超过替代效应。如果收入效应超过了替代效应,则结果就是：闲暇需求量随闲暇价格上升而上升,即劳动供给量随工资上升而下降。

**4. 土地的供给曲线为什么垂直？**

答：土地供给曲线垂直并非因为自然赋予的土地数量为(或假定为)固定不变,而是因为假定土地只有一种用途即生产性用途,而没有自用用途。因此,任意一种资源如果只能(或假定只能)用于某种用途而无其他用处,则该资源对该种用途的供给曲线就一定垂直。

**5. 试述资本的供给曲线。**

答：资本的数量是可变的。因此,资本供给问题首先是如何确定最优的资本拥有量的问题。最优资本拥有量的问题可归结为确定最优储蓄量的问题。确定最优储蓄量可以看成是在当前消费者和将来消费之间进行选择的问题。随着利率水平的上升,一般来说,储蓄也会被诱使增加,从而贷款供给曲线向右上方倾斜。当利率处于很高水平时,贷款供给曲线也可能向后弯曲。

**6. "劣等土地上永远不会有地租。"这说法对吗？**

答：这句话不对。

## 第八章 生产要素价格的决定

地租产生的根本原因在于土地的稀少,供给不能增加;如果给定了不变的土地供给,则地租产生的直接原因就是对土地的需求曲线的右移。土地需求曲线右移是因为土地的边际生产力提高或土地产品(如粮食)的需求增加从而粮价提高。如果假定技术不变,则地租就由土地产品价格的上升而产生,而且随着产品价格的上涨而不断上涨。因此,即使是劣等土地,也会产生地租。

**7. 为什么说西方经济学的要素理论是庸俗的分配论?**

**答案:** 根据西方经济学的要素理论,要素所有者是按照要素的贡献大小得到要素的报酬的。这就从根本上否定了在资本主义社会中存在着剥削。除此之外,西方经济学的要素理论还存在如下一些具体的缺陷。

西方经济学的要素理论建立在边际生产力基础之上。然而在许多情况下,边际生产力却难以成立。例如,资本代表一组形状不同、功能各异的实物,缺乏一个共同的衡量单位,因此,资本的边际生产力无法成立。

西方经济学的要素理论不是一个完整的理论,因为它只给出了在一定的社会条件下,各种人群或阶级得到不同收入的理由,而没有说明这一定的社会条件得以形成的原因。

**8. 我们知道,完全竞争厂商的要素使用原则是 $MP \cdot P = W$,这里 $P$ 和 $W$ 分别是产品和要素的价格,$MP$ 是要素的边际产品。试说明:在卖方垄断条件下,上述要素使用原则会发生哪些变化?**

**答案:** 卖方垄断厂商使用要素的边际收益是其收益函数对要素的导数,它反映了增加一单位要素所增加的收益。厂商的收益取决于产量,产量又取决于要素。假定所讨论的卖方垄断厂商的收益函数和生产函数分别为 $R = f(Q)$、$Q = f(L)$,则收益可以看成是要素的复合函数。根据复合函数求导法则即有:

$$\frac{dR}{dL} = \frac{dR}{dQ} \cdot \frac{dQ}{dL}$$

其中,$\frac{dR}{dQ}$ 为收益对产量的导数,即产品的边际收益,它反映了增加一单位产品所增加的收益;$\frac{dQ}{dL}$ 为产量对要素的导数,即要素的边际产品 $MP$,它反映了增加一单位要素所增加的产品。因此,在卖方垄断条件下,厂商使用要素的边际收益等于产品的边际收益 $MR$ 和要素的边际产品 $MP$ 的乘积 $MR \times MP$。这个乘积通常被称作要素的边际收益产品并用 $MRP$ 来表示,即 $MRP = MR \times MP$。由于现在厂商在产品市场上不再是完全竞争者而是垄断者,他所面临的产品价格不再是固定不变的常数,而是取决于产量和销售量的一个变量,故使用要素的边际收益也不再等于其边际产品价值。

**9. 我们知道,在产品市场上,垄断卖方的产品供给曲线是不存在的。试说明:在要素市场上,垄断买方的要素需求曲线也不存在。**

**答案:** 要素的需求曲线表示对于每一个要素价格,都存在唯一的要素量与之对应。在要素市场上,垄断买方的要素需求曲线不存在。要素供给曲线 $W(L)$ 和边际要素成本曲线 $MFC$ 是初始的情况,它们与 $VMP$ 共同决定了要素价格和要素需求量。现假设要素供给曲线变动到 $W_1(L)$,它与 $VMP$ 决定了新的要素价格和要素需求量。由此可见,现在对同一个要素价格有两个不同的要素需求量。于是,垄断买方的需求曲线也不存在。

**10. 为什么说租金或地租是经济租金的一种特例?**

**答案:** 地租是经济租金的一种特例,原因有以下四点。

(1) 地租是当土地供给固定时的土地服务价格,因而地租只与固定不变的土地有关。供给固定不变的一般资源的服务价格称为租金。换句话说,地租是当所考虑的资源为土地时的租金,而地租则是一般化的地租。

（2）固定供给意味着,要素价格的下降不会减少该要素的供给量。或者进一步说,要素收入的减少不会减少该要素的供给量。据此也可以将租金看成是这样一种要素收入:其数量的减少不会减少要素供给量的减少。有许多要素的收入尽管从整体上看不同于租金,即如果从该要素的全部收入中减少这一部分并不会影响要素的供给。这一部分要素收入被称为经济租金。

（3）经济租金的几何解释类似于生产者剩余,即等于要素供给曲线以上和要素价格以下的部分。这部分是要素的超额收益,即使去掉也不会影响要素的供给量。

（4）经济租金的大小取决于要素供给曲线的形状。供给曲线越陡峭,经济租金部分就越大。特别是当供给曲线垂直时,全部要素收入均变成经济租金,它恰好等于租金或地租。

由此可见,租金实际上是经济租金的一种特例,即当要素供给曲线垂直时的经济租金,而经济租金则是更为一般的概念,它不仅适用于供给曲线垂直时的情况,也适用于不垂直的一般情况。在另一个极端上,如果供给曲线变成水平的,则经济租金便完全消失。

**11.** 图 8-14 是某消费者的长期消费决策示意图,试说明其中各个符号、各条曲线以及整个图形的含义。

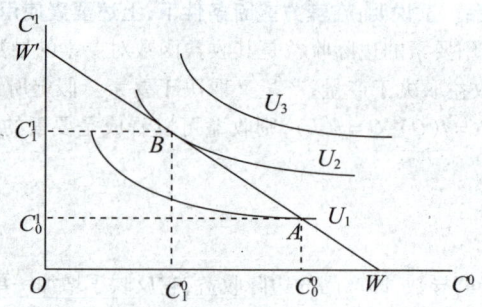

图 8-14　某消费者的长期消费决策示意图

答案:$U_1$、$U_2$、$U_3$ 表示消费者的效用,$W'W$ 直线表示消费者的预算约束。整个图形表示在预算约束下消费者所能达到的最大效用,即最优消费选择。$C^0$、$C^1$ 表示当期消费与未来消费。

**12.** 图 8-15 是关于洛伦兹曲线的示意图。试根据该图,说明以下各项的含义。

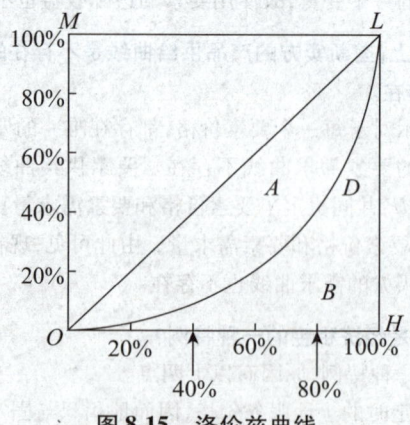

图 8-15　洛伦兹曲线

（1）45°线 $OL$。

(2) 曲线 ODL。
(3) 折线 OHL。
(4) 不平等面积。
(5) 完全不平等面积。
(6) 基尼系数。

**答案：**(1) 45°线 OL 表示收入分配完全平等。
(2) 曲线 ODL 表示洛伦兹曲线。
(3) 折线 OHL 表示收入分配完全不平等。
(4) 不平等面积即图形中 OL 直线与 ODL 曲线之间的面积 $A$。
(5) 完全不平等面积即三角形 OHL 的面积 $A+B$。
(6) 基尼系数为 $\dfrac{A}{A+B}$。

### 知识拓展

本章介绍了分配论的需求方面，可以大致构成分配论的核心内容，即所谓的"边际生产率分配论"。其含义是：每一种生产要素（劳动、资本和土地）都得到了各自对生产所作出的贡献（各自的边际生产率）作为报酬（工资、利息和地租）。其目的在于证明资本主义是一个按劳取酬，不存在剥削的社会。在本章的学习过程中，要将要素市场和产品市场相结合对比学习，二者其实是具有相对性的。

第七章分析的是西方经济学中生产要素的需求方面，本章的对象则为生产要素的供给方面，并将需求和供给两个方面结合起来讨论了要素市场的均衡，即要素价格和使用量的决定，从而完成了西方经济学的要素理论或分配理论的论述。学习本章内容时，要深入理解生产要素的价格决定于其需求曲线和供给曲线的交点。要素供给曲线上每一点都表示要素供给所带来的收入的效用等于要素自用的效用。因此，要素供求曲线的交点从而要素价格应当同时等于要素的边际收益产品的效用。更进一步说，按照西方经济学的观点，要素的边际收益产品就是要素在生产上的"贡献"，而要素自用的效用又可以被看作是要素不自用，即要素供给的"负效用"。

# 第九章 一般均衡论和福利经济学

## 知识脉络图

一般均衡论与福利经济学
- 局部均衡和一般均衡
- 瓦尔拉斯一般均衡理论
- 实证经济学与规范经济学
- 帕累托最优状态
  - 交换的帕累托最优条件：$MRS_{XY}^A = MRS_{XY}^B$
  - 生产的帕累托最优条件：$MRTS_{XY}^C = MRTS_{XY}^D$
  - 交换和生产的帕累托最优条件：$MRS_{XY} = MRT_{XY}$
  - 完全竞争与帕累托最优
- 社会福利函数与阿罗不可能性定理
- 市场社会主义理论基础：兰格模型

## 复习提示

**概念**：实证经济学、规范经济学、帕累托标准、效率曲线、生产的契约曲线、生产可能性曲线、边际转换率、效用可能性曲线、社会福利函数、阿罗不可能性定理。

**理解**：帕累托最优状态、社会福利函数、生产和交换的一般均衡、市场社会主义、瓦尔拉斯拍卖者模型。

**掌握**：生产的最优条件、交换的最优条件、福利经济学的两个定理、生产和交换的帕累托最优条件、满足帕累托最优的条件、效率和公平。

**计算**：利用帕累托最优求其必要条件。

**画图**：运用埃奇渥斯方框图分析交换、生产的帕累托最优。

## 重点难点常识理解

### 1. 瓦尔拉斯的一般均衡模型

一般均衡分析从微观经济主体行为的角度出发，考察每一种产品和每一种要素的供给和需求同时均衡状态所需具备的条件和相应的均衡供销量应有的量值。瓦尔拉斯首创了一般均衡理论体系，他认为经济社会是由相互联系的各个局部组成的体系，当消费者偏好、要素供给和生产函数为

# 第九章 一般均衡论和福利经济学

已知时,就能从数学上论证要素市场同时达到均衡状态,即整个经济可以处于一般均衡状态。在这种状态下,所有商品和要素的价格和数量都有确定的量值,均衡条件是消费者的效用极大化和生产者的利润极大化,所有市场的供需量相等。简单的瓦尔拉斯一般均衡模型由四个方程组来表示:商品需求方程、要素需求方程(要素供求相等方程)、厂商供给方程(商品价格与生产成本相等方程)和要素供给方程。由于模型假定要素收入等于产品销售价值,故此四个方程组中必定有一个方程是不独立的。通过令任一商品为货币商品并以此货币商品定义其他商品和要素的价格,便可使模型的未知数数目与相互独立的方程式数目相一致,从而满足方程组即模型有解的必要条件。

决定多市场一般均衡所用的资料是所有消费者的效用函数,所有生产者的生产函数,以及他们的要素和(或)商品的初始赋有量。其变量是所有要素和所有商品的价格,每个消费者和生产者的购买量和销售量。均衡的行为假设要求效用和利润都达到极大,并加上每个市场都应出清的条件。

## 2. 一般均衡与局部均衡

(1)含义。局部均衡分析针对单个市场,把被研究的市场和其他市场孤立开来,假定某一市场的价格的变化不会影响其他市场的价格,需求量的供给量仅仅是自身价格的函数,考察单个市场的均衡的建立与变动。

一般均衡分析是将所有相互联系的各个市场看作是一个整体来加以研究。在考察一种商品的价格决定时,不仅考虑其本身的供给与需求,而且还要考虑其他商品的价格及供求情况,也就是说,一种商品价格和供求的均衡以所有商品的价格和供求的均衡为前提。

(2)瓦尔拉斯的一般均衡模型。一般均衡的存在问题是指是否存在一系列价格,可以使得所有的市场都处于均衡状态,即所有市场的需求等于供给。具体地说,在给定的价格下:①每个消费者提供自己所拥有的投入要素,并在各自的财富(预算)约束下购买产品以最大化自己的效用;②每个企业在给定价格下决定产品的产量和对投入的需求以最大化各自的利润;③如果存在一套价格,使得每个产品市场和每个投入市场上,总需求都等于总供给,那么该经济存在一个一般均衡,而这套价格便称为一般均衡价格。

瓦尔拉斯认为一旦经济处于非均衡状态时,市场的力量会自动地使经济"摸索前进"到一个新的均衡状态。

## 3. 均衡分析

在经济分析中,均衡指的是这样一种状态,即各个经济决策主体(如消费者、厂商等)所作出的决策正好相容,并且在外界条件不变的情况下,每个人都不会愿意再调整自己的决策,从而不再改变其经济行为。均衡分析包括局部均衡分析和一般均衡分析。局部均衡分析研究的是单个(产品或要素)市场,其方法是把所考虑的某个市场从相互联系的整个经济体系的市场全体中"取出"来单独加以研究。在这种研究中,该市场商品的需求和供给仅仅被看成是其本身价格的函数,其他商品的价格则被假设为不变,而这些不变价格的高低只影响所研究商品的供求曲线的位置,所得到的结论是该市场的需求和供给曲线共同决定了市场的均衡价格和均衡数量。一般均衡分析是将互相联系的各个市场看成一个整体来加以研究的方法。在一般均衡理论中,每一商品的需求和供给不仅取决于该商品本身的价格,而且也取决于所有其他商品(如替代品和补充品)的价格。每一商品的价格都不单独地决定,而必须和其他商品价格共同决定。当整个经济的价格体系恰好使所有的商品都实现供求相等时,市场就达到了一般的均衡。

### 4. 经济效率

(1) 经济效率(帕累托标准)。如果至少一个人认为 A 优于 B,而没有人认为 A 劣于 B,则认为从社会的观点看就有 A 优于 B,这就是帕累托标准。

(2) 如果既定的资源配置状态的改变使得至少有一个人的状况变好,而没有使任何人的状况变坏,则认为这种资源配置状态的变化是"好"的,否则认为是"坏"的。这种以帕累托标准来衡量为"好"的状态变化称为帕累托改进。

(3) 如果对于某种既定的资源配置状态,所有的帕累托改进均不存在,即在该状态上,任意改变都不可能使至少有一个人的状况变好而又不使任何人的状况变坏,则称这种资源配置状态为帕累托最优状态。帕累托最优状态又称为经济效率。

> **要点解析**:帕累托最优和经济效率是判断市场有效性的标准,把其他市场机制与完全竞争的结果进行比较,可以了解效率的损失。

### 5. 资源配置

资源配置是社会上的生产资源在不同用途和不同使用者之间的分配。西方经济学家进行经济研究的根本目的被认为是为了探讨资源最优配置的可能性及指导意见,他们认为资源配置方式可以分为市场配置和计划配置两种。在市场作为配置资源的主要手段的制度下,只要市场达到完全竞争,价格及供求机制的运行就会自发地使资源从获利较少的用途转向获利较多的用途,从不太重要的用途转向比较重要的用途,从低效率的部门(企业)转向高效率的部门(企业),从而实现资源的合理配置。当各种资源在投入任意一种用途时所得到的边际产品都相等时,被认为达到了资源的最优配置。在计划作为配置资源的主要手段的制度下,政府或计划部门是体制的核心,时刻根据社会需要以及资源的状况,通过强制或指令性计划来决定经济资源向各个行业、部门、企业流动。

### 6. 新福利经济学

新福利经济学是在旧福利经济学的基础上发展而来的,其代表人物是意大利经济学家帕累托。新福利经济学是在序数效用论的基础上,以效率作为福利分析的唯一目标,并提出帕累托最优状态是判断社会福利是否最大的标准。帕累托最优状态是指,在一个社会组织中,如果资源在某种配置下,不可能有生产和分配的重新组合来使一个或多个人的福利增加,而不使其他人的福利减少的状态。根据帕累托最优状态的标准,任何社会调整,只要至少能使一个人得益,而不使其他任何人的境况变坏,或者从整个社会的角度来看,福利的增量能补偿福利的损失并且有余,那么,这个调整就是可取的,因为它增进了社会福利。

新旧福利经济学主要区别是:旧福利经济学以马歇尔的基数效用论和局部均衡论为根据,用国民收入总量和收入分配均等分析社会经济福利;而新福利经济学用序数效用论和瓦尔拉斯一般均衡论为根据,从生产和交换两个方面说明实现社会经济福利最大的条件,同时还提出了补偿原理、社会福利函数论、次优理论、外部经济理论、相对福利理论、公平和效率交替理论、宏观福利理论等。

### 7. 经济福利

经济福利是和社会福利相对应的概念,也称为"狭义的福利",指能够涉及财物的生产、分配等内容的可以用货币计量的那部分社会福利。庇古认为,经济福利意味着国民收入的增大、均等和安

# 第九章 一般均衡论和福利经济学

定等含义。它具有三个基本前提：①经济福利和社会福利往往是不一致的，人们获得满足的方式是多种多样的，经济上贫困并不意味着不能从经济之外的方面获得福利，而且经济福利对社会福利有决定性的影响；②个人福利与社会福利的关系并不一定一致，福利应该能比较其大小以观察社会福利；③国民收入是经济福利的内容。庇古还提出了增加福利的三个基本命题：①非强制性地提高生产效率从而提高国民收入的平均量，若不损害他人的分配，也不加大一国消费所得的变动，就是增加了经济福利；②增加穷人收入份额而不导致分配额的缩小，而且不导致不利的变动，也是经济福利的增加；③国民收入的变动减少而国民收入的量不变，而且不损害国民收入的分配，也可增加经济福利。经济福利对于整个社会福利有决定性的影响，能够影响经济福利的因素也能够影响总的社会福利。

## 8. 完全竞争市场与帕累托效率

竞争市场均衡自动满足经济效率的三个条件：

(1) 为了实现效用最大化，每个消费者都会遵循两种商品的边际替代率等于两种商品的价格比率的原则。由于两种商品价格比率对所有消费者都相同，所以两种商品的边际替代率对所有消费者也都相同，即 $MRS_{XY}^A = MRS_{XY}^B = P_X/P_Y$。

(2) 如果市场是完全竞争的，所有厂商都面临着相同的价格的劳动（$\omega$）和资本（$r$）。追求利润最大化的厂商，必须使它的边际技术替代率等于劳动和资本价格的比率，即 $MRTS_{LK}^X = MP_L/MP_K = \omega/r$，$MRTS_{LK}^Y = MP_L/MP_K = \omega/r$，从而 $MRTS_{LK}^X = \omega/r = MRTS_{LK}^Y$。

(3) 一个追求利润最大化的竞争厂商一定会把生产推进到使商品的价格等于商品的边际成本那一点为止，即 $P_X = MC_X$，$P_Y = MC_Y$。由于边际转换率可以表示为两种产品边际成本的比例 $PRY_{XY} = MC_X/MC_Y = P_X/P_Y$，而每个消费者最优选择必定符合两种商品的边际替代率等于它们的价格比率 $MRS = P_X/P_Y$，所以，商品转换率就必定等于商品替代率，即 $MRS_{XY}^A = MRS_{XY}^B = MRT_{XY} = P_X/P_Y$。

## 9. X效率理论

哈维·莱本斯坦在《分配效率与"X效率"》一文中首先提出的一种理论。他指出大多数厂商之所以不能使单位产出的成本最小化，不仅是因为他们所需要的某些投入要素在市场上买不到，而且还因为生产函数并非已知或不能得到完全的说明。"X效率"或"非配置低效率"的存在，是由于"惰性"和市场信息不完善而造成的。运用"X效率"这个概念，莱本斯坦能够说明经济生活中大量常见现象产生的原因，所有这些现象都涉及"松弛"（Slack），即不用费劲就取得好处的可能性，这些现象都难以用"利润最大化"来解释。

莱本斯坦不仅注意到"两权分离"现象给经理人员提供的"斟酌自决"范围，而且注意到组织内其他成员的动机和行为对"组织效率"的影响。X效率理论提出了一整套他认为更为实际的命题：第一，生产活动不仅是借助数量方法描述的一种技术决定关系，还取决于个人生理和心理活动；第二，任何个人都有双重性，即理性倾向和非理性倾向；第三，他提出了表现工作压力与工作绩效之间关系的"二次关系模型"，指出个人只有在适度的压力下，才采取"最大化行动"和最有成效；第四，个人的努力取决于个人精神和外部环境所决定的个人动机；第五，个人在"惰性区域"内，才是令人满意的均衡努力水平；第六，组织效率的提高有赖于企业全体成员的努力；第七，劳动合同是不完善的；第八，企业主与雇员的利益并不总是一致的；第九，市场结构也与"X效率"有关；第十，在减少"X效率"方面，企业家才能发挥重要作用。

## 考研真题与难题详解

## 一、概念题

**1. 瓦尔拉斯定律（华中科技大学 2004 年研）**

**答案：** 瓦尔拉斯定律也称为瓦尔拉斯法则，由经济学家瓦尔拉斯在其完全竞争市场的一般均衡理论体系中提出。其基本内容是：在完全竞争的市场体系中，在任何价格水平下，市场上对所有商品超额需求的总和为零。各商品的超额需求函数之间相互依存，均衡价格为相对价格，而非绝对价格。由瓦尔拉斯定律可以推出，经济体系中存在几个商品市场，若其中 $n-1$ 个商品市场处于均衡状态，那么，第 $n$ 个商品市场也必然是均衡的。瓦尔拉斯定律不仅表明在交换体系中任何价格水平消费者对所有商品的超额需求总和为零，同样可以证明，瓦尔拉斯定律不仅适用于纯经济交换体系，而且适用于生产与交换经济体系，也适用于货币经济体系。需要提出的是在纯经济交换体系和生产与交换经济体系下，瓦尔拉斯定律中的需求函数为价格的零次齐次函数，超额需求函数亦为价格的零次齐次函数。但是在货币经济体系下，由于货币需求量并不是效用函数的变量，这样需求函数和超额需求函数都不再是价格的零次齐次函数，均衡商品价格的任何同比例变动，都会使该货币经济体系脱离其原来的均衡状态。

**2. 效用可能性曲线（华中科技大学 2004 年研）**

**答案：** 效用可能性曲线也可以称为效用可能性边界，是在交易的一般均衡条件下，个人所获得的各种效用水平的组合点的轨迹。将其称为效用可能性曲线是因为，该曲线之外的点都是消费者不能达到的效用组合点，在该曲线之内的点都是消费者在既定约束下效用没有达到最大化的点，在曲线上的点则是消费者达到效用最大化实现交换的一般均衡的点。将产品空间的消费契约曲线转换到效用空间便得到相应的效用可能性曲线。图 9-1 表示的是简单的两人经济中 $A$、$B$ 两个人的效用可能性曲线。其中，横坐标为 $A$ 的效用 $U_A$，纵坐标为 $B$ 的效用 $U_B$。效用可能性曲线表明，要提高 $A$ 的效用只能以降低 $B$ 的效用为代价。在消费契约线上消费中的边际替代率等于生产中的边际转换率的点是效用可能性曲线上生产与消费的帕累托最优点。在生产可能曲线上选择任一点都会得到一条新的消费契约曲线，进而得到一条新的效用可能性曲线。在每一条效用可能性曲线

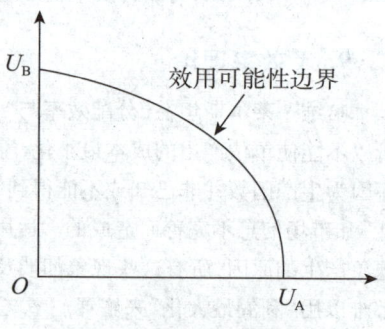

图 9-1 效用可能性边界

上都存在边际替代率与边际转换率相等的点，即效用可能性曲线上生产与消费同时达到帕累托最优点，连接所有这些帕累托最优点可以得一条总效用可能性曲线，这条总效用可能性曲线概括了社会既定资源与消费者偏好下全部消费与生产的最优点。

**3. 契约曲线（北方交大 2003 年研；南京大学 2006 年研；厦门大学 2006 年研）**

**答案：** 契约曲线又称效率线。契约曲线可分为消费者的契约曲线和生产者的契约曲线。消费者契约曲线指的是，在埃奇沃斯盒形图中，不同消费者的无差异曲线切点的轨迹。在此曲线上的任何一点都满足交换的帕累托最优条件 $MRS_{XY}^A = MRS_{XY}^B$，即任意两个消费者对任意两种商品的边际替

代率都相等,两个消费者按此交换都在既定初始条件下获得最大满足。相应地,契约曲线的轨迹是帕累托最优轨迹。生产者契约曲线是指在埃奇沃斯盒形图中,不同生产者的等产量线切点的轨迹。在此曲线上,任何一点都满足生产的帕累托最优条件,即 $MRTS_{XY}^{C}=MRTS_{XY}^{D}$,按此点生产都是最有效率的生产。相应地,契约曲线上的轨迹是帕累托最优轨迹。

**4. 生产可能性边界**(华中科大 2007 年研;深圳大学 2007 年研;厦门大学 2007 年研)

生产可能性边界也称为社会生产可能性边界或生产 A 的数量可能性曲线,是指一个社会用其全部资源和当时最好的技术所能生产的各种产品的最大数量的组合。由于整个社会的经济资源是有限的,当这些经济资源都被充分利用时,增加一定量的一种产品的生产,就必须放弃一定量的另一种产品的生产。整个社会生产的选择过程形成了一系列的产品间的不同产量组合,所有这些不同产量的组合就构成了社会生产的可能性边界。假设一个社会把其全部资源用于 A 和 B 两种产品的生产,生产可能性边界可用图 9-2 表示。

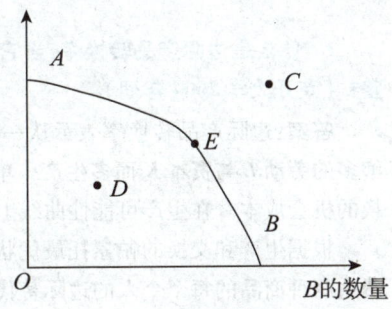

图 9-2　生产可能性边界

图 9-2 中的曲线表示一个社会在资源一定、技术一定的情况下所可能生产的 A 产品和 B 产品的各种不同产量的组合。位于曲线右边的点(如 C 点)是不能成立的,因为没有足够的资源,而曲线左边的点(如 D 点)可以成立,但没有利用或没有有效利用全部可供利用的资源。而位于曲线上的点(如 E 点)则表示全部资源都得到了利用而又可以接受的组合。这条曲线向下倾斜是因为当全部资源都被利用时,要获得更多一些的一种产品,就必须以牺牲其他的产品为代价。一条生产可能性曲线说明:边界以外无法达到的组合意味着资源的有限性;边界线上各种组合的存在意味着选择的必要;边界向下倾斜意味着机会成本。

**5. 帕累托最优状态**(北师大 2001 年研;华中科技大 2005 年研;北航 2006 年研;南航 2006 年研;上海交大 2006 年研;深圳大学 2007 年研)

答案:帕累托最优状态也称为帕累托最优、帕累托最适度、帕累托最佳状态或帕累托最优原则等,指当社会中的一些人的境况变好就必定要使另一些人的境况变坏时,该社会所处的一种理想状态。该理论是由意大利经济学家、社会学家帕累托提出,因此得名。帕累托指出在社会既定的收入分配条件下,如果对收入分配状况的某种改变使每个人的福利同时增加,则这种改变使社会福利状况改善;如果这种改变让每个人的福利都减少了,或者一部分人福利增加而另一部分人福利减少,则这种改变没有使社会福利状况改善。帕累托认为,最优状态应该是这样一种状态:在这种状态下,任何对该状态的改变都不可能使一部分人的福利增加,而又不使另一部分人的福利减少,这种状态就是一个非常有效率的状态。帕累托最优状态包括三个条件:①交换的最优状态。人们持有的既定收入所购买的各种商品的边际替代率,等于这些商品的价格比率;②生产的最优状态。厂商在进行生产时,所有生产要素中任意两种生产要素的边际技术替代率都相等;③生产和交换的一般最优状态。所有产品中任意两种产品的边际替代率等于这两种产品在生产中的边际转换率。如果所有的市场(产品市场和生产要素市场)均是完全竞争的,则市场机制的最终作用将会使生产资源达到最优配置。在帕累托最优这种理想的状态下,有限的生产资源得到最有效率的配置,产量最高,产品的分配也使社会成员的总体福利最大。

**6. 帕累托改进**(对外经贸大学 2008 年研;首都经贸大学 2008 年研)

答案:如果对既定资源配置的状态予以改变,而这种改变使得至少有一个人的境况变好,同时其他任何人的境况没有因此变坏,则认为这种变化增加了社会福利,又称为帕累托改进。利用帕累托标准和帕累托改进,可以定义最优资源配置,即如果对于既定的资源配置状态,所有的帕累托改进都不存在,则这种资源配置状态为帕累托最优状态。

## 二、简答题

**1. 什么是边际产品转换率,当它与消费者对这两种产品和边际替代率不等时,市场将怎样调整?(南开大学 2004 年研)**

答案:边际产品转换率表示从一种产品生产转换为另一种产品生产的难易程度,即为了抽出足够多的劳动 $L$ 与资本 $K$ 而多生产一单位 $X$,社会不得不减少的 $Y$ 产品生产的数量,它反映了产品转换的机会成本。在生产可能性曲线上,边际产品转换率表现为生产可能性曲线的斜率的绝对值。

根据生产和交换的帕累托最优状态的条件,任何一对商品间的生产的边际产品转换率等于消费这两种商品的每个个人的边际替代率,即 $MRS_{XY}^A = MRS_{XY}^B = MRT_{XY}$。当两者不相等时,市场将要进行调整,最终达到两者相等。

**2. 什么叫一般均衡?一般均衡实现的基本条件是什么?一般均衡分析的核心结论是什么?(北航 2005 年研)**

答案:(1)一般均衡是指在一个经济体系中,所有市场的供给和需求同时达到均衡的状态。一般均衡分析从微观经济主体行为的角度出发,考察每一种产品和每一个要素的供给和需求同时达到均衡状态所需具备的条件和相应的均衡价格以及均衡供求量。

(2)一般均衡的实现的基本条件。在完全竞争的条件下,当买卖双方都是价格的接受者时,经济中出现一组价格(包括所有产品和生产要素的价格),能被所有的消费者和生产者接受。这种状况需满足以下条件:①完全竞争的市场;②资源具有稀缺性;③每个消费者在既定收入下达到效用最大化;④每个厂家在其生产函数决定的投入—产出组合下达到利润最大化;⑤所有市场出清,即各自供求相等;⑥每个厂家的经济利润为零。

(3)一般均衡分析的核心结论。一般均衡分析的核心结论即一般均衡的存在性问题。瓦尔拉斯最先认识到一般均衡问题的重要性,并证明了一般均衡的存在。瓦尔拉斯在其完全竞争市场的一般均衡理论体系中提出瓦尔拉斯定律,即在完全竞争的市场体系中,在任何价格水平下,市场上对所有商品超额需求的总和为零。由该定律可以推出,经济体系中存在个商品市场,若其中个商品市场处于均衡状态,那么,第个市场也必然是均衡的。据此,瓦尔拉斯一般均衡理论断言,基于局部均衡分析的一般均衡价格存在。

**3. 简述社会福利函数的基本内容。**

答案:社会福利函数是社会所有人的效用水平的函数,在两个人的社会中,社会福利函数可以表示为 $W = (U_A, U_B)$,其中,$W$ 表示社会福利,$U_A$、$U_B$ 表示两个人的效用水平指标。

上式表明社会福利取决于 $U_A$、$U_B$ 的大小,利用该关系可以得到社会无差异曲线,如图 9-3 所示,横轴和纵轴分别代表 $U_A$、$U_B$,和消费者的无差异曲线一样,社会无差异曲线也具有无限条,表示社会福利水平的高低。

在图 9-3 中有三条社会无差异曲线 $W_1$、$W_2$、$W_3$,这种曲线不计算社会福利的大小,但能比较社会福利的高低,位置越高的社会无差异曲线代表的社会福利越大。$uu'$ 是总效用可能曲线,它类似于

## 第九章 一般均衡论和福利经济学

消费者行为理论中的收入约束线。同样的道理,最大的社会福利只会出现在总效用可能线 $uu'$ 和社会无差异线 $W_2$ 的切点上,这一点叫作"限制条件下的最大满足点"。这是能导致最大社会福利的生产、交换和分配的唯一一点。之所以叫作限制条件下的最大满足点,是因为最大社会福利并不允许为任何可能值,而要受到既定的生产资源、生产技术条件等的限制,$uu'$ 曲线和 $W_1$ 相交于 $A$ 点和 $A'$ 点,这些点所代表的社会福利都低于 $W_2$,而 $uu'$ 和 $W_3$ 没有交点,说明在现有的条件下无法达到 $W_3$ 的社会福利水平。

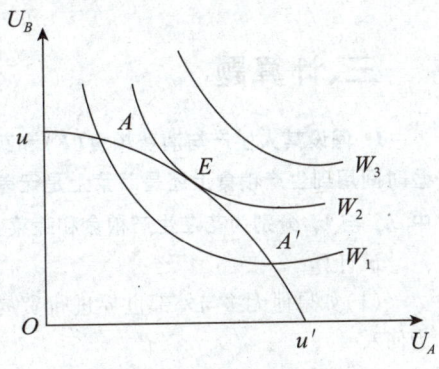

图9-3 社会无差异曲线

社会福利函数由美国经济学家肯尼斯·阿罗提出的。阿罗认为,社会福利函数必须具有人们可以普遍接受的性质,而这样的福利函数在逻辑上根本就不可能存在。他指出,一个能被人们普遍接受的社会福利函数必须具备如下性质:①与个人的偏好一样,社会的偏好必须能够用无差异曲线或直接用偏好来排定其顺序,而且排列的原则是始终一致的;②如果情况 $A$ 是社会偏好的,而 $B$ 不是,或者说社会把对 $A$ 的偏好排在 $B$ 之上,当一个人或更多的人将其个人对 $B$ 的偏好排在比 $A$ 更高的位置时,社会必须仍保持对 $A$ 更高的位置时,社会必须仍保持对 $A$ 的偏好胜于 $B$ 的判断;③假设某一个人对 $A$ 的偏好胜于 $B$,对 $B$ 的偏好胜于 $C$,而且 $A$ 又是社会的最大偏好。如果这个人改变了其偏好排列,认为 $A$ 胜于 $C$、$C$ 胜于 $B$,那么不管社会对 $C$ 和 $B$ 的偏好是否变化,$A$ 仍旧是社会的最大偏好;④对任意两种情况 $A$ 和 $B$,如果所有个人对 $A$ 的偏好都胜于 $B$,那么社会对 $B$ 的偏好就不可能胜于 $A$;⑤社会对 $A$ 的偏好胜于 $B$,不能只是因为有一个人对 $A$ 的偏好胜于 $B$。但阿罗又认为,不可能有任何一个社会在同时满足上述五个性质的情况下排出各种情况的顺序,即这样的社会福利函数是不存在的。

**4. "由于契约曲线上的所有点都是有效率的,因此从社会的观点来看它们都是同样理想的。"你同意这种说法吗?请解释。(厦门大学2011年研)**

**答案:** 不同意这种说法。理由如下:

(1)交换的契约曲线上的所有点表示两种产品在两个消费者之间的所有最优分配(即帕累托最优)状态的集合。生产的契约曲线上的所有点表示两种要素在两个生产者之间的所有最优分配(即帕累托最优)状态的集合。可见,契约曲线上的所有点都是有效率的。

(2)但是对社会来说,契约曲线上的所有点未必都是理想的,因为帕累托最优的三个条件并不是对资源最优配置的完整描述,它们只考虑了社会经济的效率而忽略了公平原则,没有考虑到收入分配问题。例如,在交换契约曲线的两个端点上就是极端不平等状态,至少在这两点上,从社会角度看就不是理想状态。因此,从社会的观点来看,契约线上的所有点不都是同样理想的。

**5. 瓦尔拉斯均衡与纳什均衡有什么区别?**

**答案:** 瓦尔拉斯均衡又称为一般均衡,是指在一种价格体系中,整个经济中所有相关市场上供给和需求同时达到均衡时的状态。而纳什均衡是博弈论中的一组最优策略组合,即在给定的其他参与者的策略的条件下,每一个参与者都采取他所能采取的最优策略。

瓦尔拉斯均衡与纳什均衡的区别是:一般均衡只是纳什均衡多个解中的一个特例。如果一个可自由交换的竞争经济能够实现无限且重复交换的纳什均衡,那么这个纳什均衡解就是一般均衡解。因此,纳什均衡比一般均衡更具有一般性,是现代经济的普通话,一般均衡则是经济系统的最优解。

## 三、计算题

**1.** 假设某人生产与消费粮食($F$)和蔬菜($C$)。在某一时期中,他决定工作 200 小时,至于把这些时间用到生产粮食上还是蔬菜上是无差异的,此人的粮食产量为 $F = L_F^{0.5}$,蔬菜产量为 $C = L_C^{0.5}$,其中,$L_F$ 与 $L_C$ 分别为花在生产粮食和蔬菜上的时间。此人的效用函数为 $U = (FC)^{0.5}$。

试计算:

(1)如果他无法与外部世界进行贸易,他将如何配置他的劳动时间以及他的粮食、蔬菜产量?为何?

(2)假设可以进行贸易且 $\dfrac{P_F}{P_C} = \dfrac{2}{1}$,给定(1)中的产量,他将如何选择他的消费?(北邮 2012 年研)

**答案:** 由题意可知求最大化问题,即:

$\max (FC)^{0.5}$

s.t. $L_F + L_C = 200$

构造拉格朗日函数:

$H = (L_F L_C)^{0.25} - \lambda(L_F + L_C - 200)$

一阶条件:

$$\begin{cases} \dfrac{\partial H}{\partial L_F} = 0.25(L_F L_C)^{-0.75} - \lambda = 0 \\ \dfrac{\partial H}{\partial L_C} = 0.25(L_F L_C)^{-0.75} - \lambda = 0 \\ \dfrac{\partial H}{\partial \lambda} = L_F + L_C - 200 = 0 \end{cases}$$

解得 $L_F = 100, L_C = 100$。

即 $F = 10, C = 10, U = 10$。

即此人花在生产粮食和蔬菜上的时间都为 100 个小时,粮食和蔬菜的产量都为 10,最大化的效用为 10。

(2) $MU_F = 0.5F^{-0.5}C^{0.5}$

$MU_C = 0.5F^{0.5}C^{-0.5}$

由效用最大化条件 $\dfrac{MU_F}{MU_C} = \dfrac{P_F}{P_C}$,可得 $\dfrac{0.5F^{-0.5}C^{0.5}}{0.5F^{0.5}C^{-0.5}} = \dfrac{P_F}{P_C} = 2$。

故 $C = 2F$。

设 $P_C = 1$,则 $P_F = 2$,则 $P_C \times C + P_F \cdot F = 4F$。

解得 $F = 7.5, C = 15$。

**2.** 假定小王(A)和小李(B)的效用函数分别为 $U_A = x_A y_A, U_B = x_B + y_B$。

(1)请针对两人分别写出 $x$ 对 $y$ 的边际替代率公式。

(2)如果交易通过价格体系来实施,请写出均衡时的(可行)价格比率。

(3)假定共有 100 单位的 $x$ 和 200 单位的 $y$。最初,小王有 25 单位的 $x$ 和 75 单位的 $y$,而小李有

75 单位的 $x$ 和 125 单位的 $y$。请说明经过市场交易后,均衡时两人分别拥有的两种商品的数量。

(4)画出这种情形的埃奇沃斯框图,标出初始禀赋配置和所有的帕累托最优配置。(人大 2006 年研)

**答案:**(1)小王(A)的 $x$ 对 $y$ 的边际替代率公式为 $MRS_{xy}^A = \dfrac{MU_x^A}{MU_y^A} = \dfrac{y_A}{x_A}$;

小李(B)的 $x$ 对 $y$ 的边际替代率公式为 $MRS_{xy}^B = \dfrac{MU_x^B}{MU_y^B} = \dfrac{1}{1} = 1$。

(2)如果交易通过价格体系来实施,均衡时的(可行的)价格比率必须满足条件:

$$MRS_{xy}^A = \frac{y_A}{x_A} = MRS_{xy}^B = 1 = \frac{P^x}{P^y},$$

所以均衡时的价格比为 $P^x : P^y = y_A : x_A = 1$。

(3)小王的初始禀赋配置为 $(w_x^A, w_y^A) = (25, 75)$,小李的初始禀赋配置为 $(w_x^B, w_y^B) = (75, 125)$。假设经过市场交易后,均衡时两人拥有的商品的数量组合分别为 $(x_A^*, y_A^*)$、$(x_B^*, y_B^*)$。

均衡时,$(x_A^*, y_A^*) + (x_B^*, y_B^*) = (x_A^* + x_B^*, y_A^* + y_B^*) = (w_x, w_y) = (100, 200)$,

即 $x_A^* + x_B^* = 100, y_A^* + y_B^* = 200$。 (1)

由(1)可得,均衡时,$MRS_{xy}^A = \dfrac{y_A}{x_A} = 1$,所以 $x_A^* = y_A^*$。 (2)

同时,小王和小李必须满足各自的预算约束:

$$P_x x_A^* + P_y y_A^* = P_x w_x^A + P_y w_y^A \quad (3)$$

$$P_x x_B^* + P_y y_B^* = P_x w_x^B + P_y w_y^B \quad (4)$$

由(2)得 $\dfrac{P_x}{P_y} = 1$,所以(3)、(4)两式可化简为:

$$x_A^* + y_A^* = w_x^A + w_y^A = 25 + 75 = 100 \quad (5)$$

$$x_B^* + y_B^* = w_x^B + w_y^B = 75 + 120 = 200 \quad (6)$$

综合(1)、(2)、(5)、(6)四式可得均衡时两人分别拥有的商品数量为 $(x_A^*, y_A^*) = (50, 50), (x_B^*, y_B^*) = (50, 150)$。

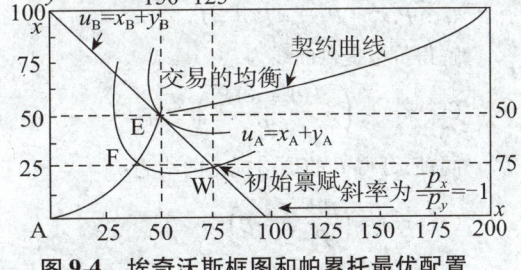

图 9-4 埃奇沃斯框图和帕累托最优配置

(4)这种情形的埃奇沃斯框图如图 9-4 所示。初始禀赋配置为 $W$,所有的帕累托最优配置为契约线上的 $EF$ 段。

**3.** 在两种商品交换的经济体中,两个人 $(a,b)$ 的效用函数为 $U_a(X_a) = \ln X_{1a} + 2\ln X_{2a}, U_b(X_b) = 2\ln X_{1b} + \ln X_{2b}$。假定 $a$ 最初的资源禀赋 $R_a = (9, 3)$,即 $a$ 拥有 9 个 $X_1$ 和 3 个 $X_2$;而 $b$ 最初的资源禀赋为 $R_b = (12, 6)$,即 $b$ 拥有 12 个 $X_1$ 和 6 个 $X_2$。定义两种商品 $X_1$ 和 $X_2$ 的价格之比 $P_1/P_2 = \rho$,并标准化商品 2 的价格 $P_2 = 1$。证明:均衡的价格水平 $\rho^* = 0.5$。(人大 2011 年研)

**答案:**由题意可得:

$$\begin{cases} \dfrac{\dfrac{1}{X_{1a}}}{\dfrac{2}{X_{2a}}} = \dfrac{\dfrac{2}{X_{1b}}}{\dfrac{1}{X_{2b}}} = \dfrac{P_1}{P_2} \\ X_{1b} = 21 - X_{1a} \\ X_{2b} = 9 - X_{2a} \end{cases}$$

可得 $4X_{1a}X_{2b} = X_{2a}X_{1b}$，
$12X_{1a} - 7X_{2a} = X_{1a}X_{2a}$。 (1)

又因为最低点和初始禀赋点的连线斜率就是价格比率，

故 $\dfrac{X_{2a}-3}{9-X_{1a}} = \dfrac{P_1}{P_2} = \dfrac{X_{2a}}{2X_{1a}}$，

即 $2X_{1a} + 3X_{2a} = X_{1a}X_{2a}$。 (2)

联立式(1)和式(2)，可得 $X_{1a} = X_{2a}$，

$\rho^* = \dfrac{P_1}{P_2} = \dfrac{X_{2a}}{2X_{1a}} = 0.5$。

**4.** 假设在一个纯交换经济中有两个消费者($i = A$、$B$)和两种商品($j = 1、2$)。消费者的初始禀赋为 $w^i = (w_1^i, w_2^i)$。消费者 A 的初始禀赋和效用函数分别为 $w^A = (1, 0)$ 和 $U^A(x_1^A, x_2^A) = (x_1^A)^\alpha (x_2^A)^{1-\alpha}$；消费者 B 的初始禀赋和效用函数分别为 $w^B = (0, 1)$ 和 $U^B(x_1^B, x_2^B) = (x_1^B)^\beta (x_2^B)^{1-\beta}$。商品 **1** 和 **2** 的价格分别用 $p_1$ 和 $p_2$ 来表示。

(1)求竞争均衡(提示：在计算竞争均衡时可把商品的价格标准化为1)。

(2)假设 $\alpha = 1/2$，$\beta = 1/2$，使市场出清的价格水平和均衡消费量分别为多少？（上海财大 2007 年研）

**答案：**(1)消费者 A 的效用最大化问题为：

$\max\ U^A(x_1^A, x_2^A) = (x_1^A)^\alpha (x_2^A)^{1-\alpha}$

s.t. $P_1 x_1^A + P_2 x_2^A = Pw^A = P_1$

解得价格提供曲线为：

$(x_1^A, x_2^A) = \left(\alpha, \dfrac{(1-\alpha)P_1}{P_2}\right)$

同理，可得 B 的价格提供曲线为：

$(x_1^B, x_2^B) = \left(\dfrac{\beta P_2}{P_1}, 1-\beta\right)$

故市场出清条件为 $(x_1^A, x_2^A) + (x_1^B, x_2^B) = (1, 1)$。

令 $P_1 = 1$，则 $P_2 = \dfrac{1-\alpha}{\beta}$，有：

$(x_1^A, x_2^A) = (\alpha, \beta)$
$(x_1^B, x_2^B) = (1-\alpha, 1-\beta)$

故竞争均衡为：

$\left\{ (P_1, P_2) = \left(1, \dfrac{1-\alpha}{\beta}\right); (x_1^A, x_2^A) = (\alpha, \beta); (x_1^B, x_2^B) = (1-\alpha, 1-\beta) \right\}$

(2)当 $\alpha = \dfrac{1}{2}$，$\beta = \dfrac{1}{2}$ 时，

市场出清价格为 $(P_1, P_2) = (1, 1)$。

均衡消费量为 $(x_1^A, x_2^A) = (1/2, 1/2)$，$(x_1^B, x_2^B) = (1/2, 1/2)$。

# 第九章　一般均衡论和福利经济学

## 四、论述题

**1. 试证明：在完全竞争的市场经济当中，存在满足生产和交换同时实现帕累托最优的条件。（中央财大 2004 年研）**

**答案：** 生产和交换的帕累托最优条件是 $MRT_{XY} = MRS^B_{XY}$，即产品的边际替代率等于边际转换率。现在证明在完全竞争的市场经济条件下，存在满足生产和交换同时实现帕累托最优的条件。

在完全竞争条件下，对产品 $X$、$Y$ 的消费者来说，效用最大化的条件是两种产品的边际替代率等于其价格比，即 $MRS^A_{XY} = \dfrac{P_X}{P_Y}$。

对消费者 $B$、$C$ 等来说，也有 $MRS^B_{XY} = \dfrac{P_X}{P_Y}$，$MRS^C_{XY} = \dfrac{P_X}{P_Y}$。

因此，产品 $X$、$Y$ 的均衡价格达到了交换的帕累托最优状态，即 $MRS^A_{XY} = MRS^B_{XY} = MRS^C_{XY} = L = \dfrac{P_X}{P_Y}$。

在完全竞争条件下，对产品 $X$、$Y$ 的生产者 $A$ 来说，利润最大化的条件是投入要素 $L$、$K$ 的边际技术替代率等于价格比，即 $MRS^A_{LK} = \dfrac{w}{r}$。

对生产者 $B$、$C$ 也是，$MRS^B_{LK} = \dfrac{w}{r}$，$MRS^C_{LK} = \dfrac{w}{r}$。

因此，要素 $L$、$K$ 的均衡价格达到了生产的帕累托最优状态，即 $MRS^A_{LK} = MRS^B_{LK} = L = \dfrac{w}{r}$，故生产的帕累托最优实现。

生产可能性曲线即产品转换率曲线上任何一点的边际转换率，是曲线在这一点切线的斜率，即 $MRT_{XY} = -\dfrac{dY}{dX}$。

而 $-\dfrac{dY}{dX} = \dfrac{P_X}{P_Y}$，所以 $MRS_{XY} = \dfrac{P_X}{P_Y} = MRT_{XY}$。

因此，产品 $X$、$Y$ 的均衡价格达到了生产和交换的帕累托最优状态。

**2. 推导包含生产的两人两种商品的经济中的帕累托效率的微积分条件（$x_1$ 和 $x_2$ 分别表示生产和消费的商品 1 总量和商品 2 总量，两个人分别为 $A$ 和 $B$）。（厦门大学 2006 年研）**

**答案：** 设社会转化函数为 $T(x_1, x_2) = 0$，社会转化函数说明在既定的资源下，社会从 $x_1$ 商品的生产转化为 $x_2$ 的生产的可能性。

$U^A(x_A^1, x_A^2)$ 表示消费者 $A$ 的效用函数，$U^B(x_B^1, x_B^2)$ 表示消费者 $B$ 的效用函数。

消费者 $A$ 所消费的商品 1 和 2 的数量分别为 $x_A^1$ 和 $x_A^2$；消费者 $B$ 所消费的商品 1 和 2 的数量分别为 $x_B^1$ 和 $x_B^2$。社会生产的商品 1 和 2 的数量分别为 $x_1$ 和 $x_2$。因此，$x_1 = x_A^1 + x_B^1$，$x_2 = x_A^2 + x_B^2$，即 $A$、$B$ 两人所各自消费的商品 1 和 2 的数量加总分别等于这两种商品的总量。

为了简化但不失一般性，可以假设 $B$ 的效用水平设定为 $U^B(x_B^1, x_B^2)$，而 $A$ 追求其效用水平最大化。

最优化问题拉格朗日函数为：

$$L = U^A(x_A^1, x_A^2) - \lambda[U^B(x_B^1, x_B^2) - \bar{U}] - \mu[T(x_1, x_2) - 0] \tag{1}$$

其中，$\lambda$、$\mu$ 为拉格朗日乘数。

对式(1)分别求 $x_A^1$、$x_A^2$、$x_B^1$ 和 $x_B^2$ 的一阶偏导数，并令这些偏导数为零，得到一阶条件为：

$$\frac{\partial L}{\partial x_A^1} = \frac{\partial U^A}{\partial x_A^1} - \mu \frac{\partial T}{\partial x^1} = 0, \tag{2}$$

$$\frac{\partial L}{\partial x_A^2} = \frac{\partial U^A}{\partial x_A^2} - \mu \frac{\partial T}{\partial x^2} = 0, \tag{3}$$

$$\frac{\partial L}{\partial x_B^1} = -\lambda \frac{\partial U^B}{\partial x_B^1} - \mu \frac{\partial T}{\partial x^1} = 0, \tag{4}$$

$$\frac{\partial L}{\partial x_B^2} = -\lambda \frac{\partial U^B}{\partial x_B^2} - \mu \frac{\partial T}{\partial x^2} = 0。 \tag{5}$$

由(2)、(3)、(4)、(5)四式可得包含生产的两人两种商品的经济中的帕累托效率的微积分条件为：

$$\left(\frac{\partial U^A}{\partial x_A^1}\right) \bigg/ \left(\frac{\partial U^A}{\partial x_A^2}\right) = \left(\frac{\partial T}{\partial x^1}\right) \bigg/ \left(\frac{\partial T}{\partial x^2}\right)。$$

因此，从生产最适度与交换最适度相结合的条件来看，任何两种产品生产的边际转换率即为两种商品的边际成本之比，每一消费者对任何两种商品的边际替代率等于其价格比。而在完全竞争条件下，任何产品的价格等于边际成本，因此，对于任何两种产品来说，其生产的边际转换率等于任何消费者对这两种商品的边际替代率。

**3. 证明福利经济学第一定理，叙述福利经济学第二定理，并说明它的含义。（武大 2001 年研）**

答案：(1)福利经济学第一定理是指所有市场均衡都是帕累托有效的。现用反证法证明，假设市场均衡不是帕累托有效，则意味着存在其他可行的配置$(y_A^1, y_A^2, y_B^1, y_B^2)$，因而有：

$$y_A^1 + y_B^1 = w_A^1 + w_B^1, \tag{1}$$

$$y_A^2 + y_B^2 = w_A^2 + w_B^2, \tag{2}$$

并且

$$(y_A^1, y_A^2) > A(x_A^1, x_A^2), \tag{3}$$

$$(y_B^1, y_B^2) > B(x_B^1, x_B^2)。 \tag{4}$$

前两个方程表明 $y$ 分配是可行的，后两个方程式则表明每个交易者选择 $y$ 分配而不是 $x$ 分配。

假定市场均衡，每个交易者按其财富购买最佳的消费束。如果$(y_A^1, y_A^2)$优于 $A$ 所选择的消费束，则其费用必大于 $A$ 的财富。$B$ 的情况同 $A$ 类似。

$$P_1 y_A^1 + P_2 y_A^2 > P_1 w_A^1 + P_2 w_A^2,$$

$$P_1 y_B^1 + P_2 y_B^2 > P_1 w_B^1 + P_2 w_B^2。$$

将上述这两个方程相加得到：

$$P_1(y_A^1 + y_B^1) + P_2(y_A^2 + y_B^2) > P_1(w_A^1 + w_B^1) + P_2(w_A^2 + w_B^2)。$$

用式(1)、式(2)代入便得：

$$P_1(w_A^1 + w_B^1) + P_2(w_A^2 + w_B^2) > P_1(w_A^1 + w_B^1) + P_2(w_A^2 + w_B^2)。$$

此式显然是矛盾的，因为此式在左边同右边是完全相同的。此矛盾是由于假设市场均衡不是帕累托有效配置而导致的，所以这一假设肯定是错误的。进而得知所有市场均衡都是帕累托有效的，这就是所谓的福利经济学第一定理。

# 第九章 一般均衡论和福利经济学

福利经济学第一定理确保竞争市场会使贸易利益达到最大,即一组竞争市场所达到的均衡分配必定是帕累托有效配置。这样的配置不可能有任何其他合意的特征,但一定是有效的。

(2)福利经济学第二定理是指如果所有交易者的偏好呈凸状,则总会有一组这样的价格,在这组价格上每一帕累托有效配置是在适当的配置禀赋条件下的市场均衡。即认为在一定条件下,每一帕累托有效配置均能达到竞争均衡。

福利经济学第二定理意指分配与效率问题可分开来考虑。任何帕累托有效配置都能得到市场机制的支持。市场机制在分配上是中性的,不管商品或财富公平分配标准如何,都可利用竞争市场来获得这种市场机制。

价格在这种市场体制中起着两种作用。一是配置作用,即表明商品的相对稀缺性;一是分配作用,即确定不同的交易者购买各种商品的数量。福利经济学第二定理认为这两种作用可以区分开来,即可重新分配商品的赋有量来确定个人拥有多少财富,然后,再利用价格来表明商品的相对稀缺性。

其政策含义是通过实行不同价格来进行收入再分配的做法实为无效的下策。

## 典型案例分析

### 帕累托最优标准——满意即最优

帕累托是19世纪初的意大利经济学家,他是新福利经济学家代表人物。以他的名字命名的"帕累托最优"是现代经济学中的一个重要概念,也是经济学的一个美好的理想境界。

这一命题是判断福利优劣的新标准,其含义是:在其他条件不变的条件下,如果某一经济变动改善了一些人的状况,同时又不使一些人蒙受损失,这个变动就增进了社会福利,称为帕累托改进;在其他条件不变的条件下,如果不减少一些人的经济福利,就不能改善另一些人的经济福利,就标志着社会经济福利达到了最大化的状态,实现了帕累托最优状态。

这个概念令人非常的费解,让我举一个例子来说明。假如原来甲有一个苹果,乙有一个梨,他们是否就是帕累托最优呢?取决于甲、乙二人对苹果和梨的喜欢程度,如果甲喜欢苹果大于梨;乙喜欢梨大于苹果,这样就已经达到了最满意的结果,也就已经是"帕累托最优"了。如果是甲喜欢梨大于苹果;乙喜欢苹果大于梨,甲乙之间可以进行交换,交换后的甲乙的效用都有所增加,这就是帕累托改进。我国经济学者盛洪在他著的《满意即最佳》里说过一句话:"一个简单的标准就是,看这项交易是否双方同意,双方是否对交易结果感到满意。"而真是谁也不愿意改变的状态,就已经是"帕累托最优"了。

我们通俗地讲"帕累托改进"是在不损害他人福利的前提下进一步改善自己福利,用老百姓的俗话说就是"利己不能损人"。同样,只有在不损害生产者和经营者权利的前提下维护消费者的权益,才能在市场经济的各个主体之间达到"帕累托最优"的均衡状态。

市场经济有两个最本质的特征,其一是提高资源配置效率;其二是实现充分竞争。所谓的帕累托最优,通俗的解释就是在资源配置过程中,经济活动的各个方面,不但没有任何一方受到损害,而且社会福利要尽可能实现最大化,社会发展要达到最佳状态。西方经济学中的帕累托最优,实际上就是要求不断提高资源的配置效率。

### 帕累托最优条件——埃奇渥斯盒形图揭示的原理

埃奇渥斯盒形图有广泛的用途,它表明当可用于两种经济活动的商品或投入要素总量既定时,两种活动之间的相互影响。我们假定有两种商品,食品和药品;两个消费者,甲和乙。如果把埃奇渥斯盒形图用于生产也是一样,两个生产部门甲和乙;两种生产要素,资本和劳动。两个所有者和两个生产者所拥有的食品与药品,资本与劳动的总量是一定的,方框图中的各点表示两种商品(或要素)的总供给量在两个消费者(或生产者)之间的配置状态。埃奇渥斯盒形图可用来分析消费问题、交换问题和生产问题,也可以综合地分析生产和交换问题。

为了进一步说明埃奇渥斯盒形图揭示的原理,我们还假定两个消费者甲和乙,是航海中遇难的水手,他们遇难后登上一个荒岛,甲带着食品,乙带着药品;甲和乙都有药品和食品的需求,如何交换才能使他们二人的境况尽可能的好,使他们得到满足的最大化?用经济学的理论说是两个人的食品与药品的边际替代率相等,在这一点上是两个人的满足程度是一样的。实现资源配置的最佳效率,就实现了帕累托最优。两种生产要素——资本和劳动在两个部门之间的配置原理也是一样的道理。

交易与产生的帕累托最优是指同时达到了生产要素在商品生产之中的最优配置和商品在消费者之间的最优配置。换句话说是两个生产者生产两种商品之间的边际转化率,等于这两种商品之间的边际替代率,以使商品在消费者之间与生产要素之间同时实现了最优的配置。

如果用通俗的话讲就是:社会上有两个人,生产者和消费者。在消费者追求自己效用而生产者追求利润的前提下,一定有一套价格体系能使社会资源达到最有效的状态。从图形上看,这等于是说,在两个彼此相近的气球之间,一定会有一点相切,通过切点的平面刚好把这两个气球割开,而这个平面的倾斜度就反映生产者和消费者之间交易的价格。而且当这个价格出现时,消费者和生产者都是达到了好得不能再好的状态。

## 教材习题参考答案

### 一、简答题

**1. 局部均衡分析与一般均衡分析的关键区别在什么地方?**

答:局部均衡分析研究的是单个(产品或要素)市场,即把所考虑的某个市场从相互联系的整个经济体系的市场全体中"取出"来单独加以研究。在这种研究中,该市场商品的需求和供给仅仅被看成是其本身价格的函数,其他商品的价格则被假定为不变,而这些不变价格的高低只影响所研究商品的供求曲线的位置。市场的需求和供给曲线共同决定了市场的均衡价格和均衡数量。

一般均衡分析是把所有相互联系的各个市场看成一个整体来加以研究的。在一般均衡理论中,每一商品的需求和供给不仅取决于该商品本身的价格,而且也取决于所有其他商品(如替代品和补充品)的价格。每一商品的价格都不能单独地决定,而必须和其他商品价格联合着决定。当整个经济的价格体系恰好使所有的商品都供求相等时,市场就达到了一般均衡。

**2. 试评论瓦尔拉斯的拍卖者假定。**

答:拍卖者假定意味着,在拍卖人最终喊出能使市场供求相等的价格以前,参与交易的人只能报出他们愿意出售和购买的数量,但不能据此而进行实际的交易。只有当拍卖人喊出的价格恰

# 第九章 一般均衡论和福利经济学

好使得供求相等时,交易各方才可以实际成交。

拍卖者假定是瓦尔拉斯均衡和现在的一般均衡论赖以成立的基础。很显然,拍卖者假定完全不符合实际。如果容许参与交易的人在非均衡价格下进行交易,那就不能保证一切市场在同一时间达到均衡状态,从而也就不能保证一般均衡的实现。

**3. 试说明福利经济学在西方微观经济学中的地位。**

答案:福利经济学可以说是西方微观经济学论证"看不见的手"原理的最后一个环节,完全竞争模型可以导致帕累托状态,而这一状态对整个社会来说又是配置资源的最优状态。

西方的微观经济学可以分为两个部分,即实证经济学和规范经济学。实证经济学研究实际经济体系是怎样运行的,它对经济行为作出有关的假设,根据假设分析和陈述经济行为及其后果,并试图对结论进行检验。简言之,实证经济学回答"是什么"的问题。除了"是什么"的问题之外,西方经济学家还试图回答"应当是什么"的问题,即他们试图从一定的社会价值判断标准出发,根据这些标准,对一个经济体系的运行进行评价,并进一步说明一个经济体系应当怎样运行,以及对此提出相应的经济政策。这些便属于所谓规范经济学的内容。

福利经济学就是一种规范经济学。具体来说,福利经济学是在一定的社会价值判断标准条件下,研究整个经济的资源配置与个人福利的关系,特别是市场经济体系的资源配置与福利的关系,以及与此有关的各种政策问题。

**4. 什么是帕累托最优?满足帕累托最优需要具备什么样的条件?**

答案:如果对于某种既定的资源配置状态,任何改变都不可能使至少一个人的状况变好而又不使任何人的状况变坏,则称这种资源配置状态为帕累托最优状态。

它要满足三个条件。①交换的最优条件。对于任意两个消费者来说,任意两种商品的边际替代率相等;②生产的最优条件。对于任意两个生产者来说,任意两种商品的边际技术替代率相等;③交换和生产的最优条件。任意两种产品的边际替代率与边际转换率相等。在完全竞争条件下,帕累托最优的三个条件均能得到满足。

**5. 为什么说交换的最优条件加生产的最优条件不等于交换和生产的最优条件?**

答案:交换的最优只是说明消费者是最有效率的;生产的最优只能说明生产是最有效率的。两者的简单并列只是说明消费和生产分开来看时各自独立地达到了最优,但并不能说明当将交换和生产综合起来看时也达到了最优。

交换和生产的最优是要将交换和生产这两个方面综合起来,讨论交换和生产的帕累托最优条件。

**6. 为什么完全竞争的市场机制可以导致帕累托最优状态?**

答案:在完全竞争经济中,产品的均衡价格可以实现交换的帕累托最优状态。

在完全竞争经济中,要素的均衡价格可以实现生产的帕累托最优状态。

在完全竞争经济中,商品的均衡价格可以实现生产和交换的帕累托最优状态。

**7. 生产可能性曲线为什么向右下方倾斜?为什么向右上方凸出?**

答案:生产可能性曲线向右下方倾斜是因为在最优产出组合中,两种最优产出的变化方向是相反的:一种产出的增加必然伴随另一种产出的减少。

生产可能性曲线向右上方凸出是因为要素的边际报酬递减。

**8. 阿罗的不可能性定理说明了什么问题?**

答案:根据阿罗的不可能性定理,在非独裁的情况下,不可能存在有适用于所有个人偏好类型的社会福利函数。

阿罗的不可能性定理意味着,不能从不同个人的偏好当中合理地形成所谓的社会偏好。换句话说,一般意义上的社会福利函数并不存在。这表明西方经济学没有能彻底地解决资源配置问题。

**9. 如果对于生产者甲来说,以要素 $L$ 替代要素 $K$ 的边际技术替代率等于 3;对于生产者乙来说,以要素 $L$ 替代要素 $K$ 的边际技术替代率等于 2。那么,可能发生什么情况?**

答案:生产者甲和乙之间会发生要素的交换,由于对于甲来说要素 $L$ 替代要素 $K$ 的边际技术替代率等于 3,这意味着甲愿意放弃不多于 3 单位的 $L$ 来交换 1 单位的 $K$;对于乙来说要素 $L$ 替代要素 $K$ 的边际技术替代率等于 2,这意味着乙愿意放弃 2 单位的 $L$ 来交换 1 单位的 $K$;则甲跟乙交换,双方的福利得到增加。

**10. 假定整个经济原来处于一般均衡状态,如果现在由于某种原因,商品 $X$ 的市场供给增加,试考察:**

(1) $X$ 的替代品市场和互补品市场会有什么变化?

(2) 在生产要素市场上会有什么变化?

(3) 收入的分配会有什么变化?

答案:(1)如果 $X$ 商品的供给增加,按局部均衡分析,其价格将下降,供给量将增加,按一般均衡分析,$X$ 商品的价格下降,会提高对其互补品的需求,降低对其替代品的需求。这样互补品的价格和数量将上升,替代品的价格和数量将下降(假定供给曲线向右上方倾斜)。

(2)在商品市场上的上述变化也会影响到生产要素市场,因为它导致了生产 $X$ 商品和其互补品的生产要素的需求增加,因此,又引起了生产商品 $X$ 和其互补品的要素价格和数量的上升。它同时又导致商品 $X$ 的替代品的需求下降,因此,又引起生产商品 $X$ 的替代品的生产要素的价格和数量的下降。

(3)由于(2)中所述的变化,不同生产要素的收入及收入的分配也发生变化。商品 $X$ 及其互补品的投入要素的所有者因对其要素需求的增加,其收入便随要素价格的上升而增加。商品 $X$ 的替代品的投入要素的所有者因对其要素需求的减少,其收入便随要素价格的下降而减少。这些变化转而又或多或少地影响包括商品 $X$ 在内的所有最终商品的需求。

## 二、计算题

**1. 设某经济只有 $a$、$b$ 两个市场。$a$ 市场的需求和供给函数为 $Q_{da} = 13 - 2P_a + P_b$ 和 $Q_{sa} = -4 + 2P_a$,$b$ 市场的需求和供给函数为 $Q_{db} = 20 + P_a - P_b$ 和 $Q_{sb} = -5 + 4P_b$。**

(1) 试求:当 $P_b = 1$ 时,$a$ 市场的局部均衡。

(2) 试求:当 $P_a = 1$ 时,$b$ 市场的局部均衡。

(3) $(P_a = 1, P_b = 1)$ 是否代表一般均衡?

(4) $(P_a = 5, P_b = 3)$ 是不是一般均衡价格?

(5) 一般均衡价格和一般均衡产量为多少?

答案:(1)当 $P_b = 1$ 时,联立 $a$ 市场的需求和供给函数 $Q_{da} = 13 - 2P_a + 1$ 和 $Q_{sa} = -4 + 2P_a$,可得

# 第九章 一般均衡论和福利经济学

$P_a = 4.5, Q_a = 5$。

(2)当 $P_a = 1$ 时,联立 $b$ 市场的需求和供给函数 $Q_{db} = 20 + 1 - P_b$ 和 $Q_{sb} = -5 + 4P_b$,可得 $P_b = 5.2, Q_b = 15.8$。

(3)当 $P_a = 1, P_b = 1$ 时,$Q_{da} = 14, Q_{sa} = 2; Q_{db} = 20, Q_{sb} = -1$,因此不代表一般均衡。

(4)当 $P_a = 5, P_b = 3$ 时,$Q_{da} = 4, Q_{sa} = 6; Q_{db} = 18, Q_{sb} = 7$,因此不代表一般均衡。

(5)一般均衡时,$Q_{da} = Q_{sa}$,同时 $Q_{db} = Q_{sb}$,联立上述方程可得 $P_a = 110/19, P_b = 117/19; Q_a = 144/19, Q_b = 373/19$。

**2.** 设某经济的生产可能性曲线满足如下的资源函数(或成本函数)为 $c = (x^2 + y^2)^{1/2}$。

式中,$c$ 为参数。如果根据生产可能性曲线,当 $x = 3$ 时,$y = 4$,试求生产可能性曲线的方程。

**答案:** 当 $x = 3$ 时,$y = 4, c = 5$,则生产可能性方程为 $x^2 + y^2 = 25, x \geq 0, y \geq 0$。

**3.** 设某经济的生产可能性曲线为 $y = \frac{1}{2}(100 - x^2)^{1/2}$。

试说明:

(1)该经济可能生产的最大数量的 $x$ 和最大数量的 $y$。
(2)生产可能性曲线向右下方倾斜。
(3)生产可能性曲线向右上方凸出。
(4)边际转换率是否递增?
(5)点$(x = 6, y = 3)$的性质。

**答案:**(1)当 $x = 0$ 时,$y_{\max} = 5$;当 $y = 0$ 时,$x_{\max} = 10$。

(2)求 $y$ 对 $x$ 的导数,即 $\frac{dy}{dx} = -\frac{x}{2}(100 - x^2)^{-1/2}$ 为负值,从而生产可能性曲线向右下方倾斜。

(3)由生产可能性曲线的边际转换率 $MRT = \left|\frac{dy}{dx}\right| = \left|\frac{x}{2}(100 - x^2)^{-1/2}\right|$,可知边际转换率递增,即生产可能性曲线向右上方凸出。

(4)对 $\frac{dy}{dx} = -\frac{x}{2}(100 - x^2)^{-1/2}$ 求导数,可知其二阶导数为正值,即生产可能性曲线的边际转换率递增。

(5)生产可能性曲线 $y = \frac{1}{2}(100 - x^2)^{1/2}$ 可转换为 $x^2 + 4y^2 = 100, x \geq 0, y \geq 0$,将点 $(x = 6, y = 3)$ 代入可得 $x^2 + 4y^2 = 72 < 100$,即属于生产无效率区域。

**4.** 设 $a$、$b$ 两个消费者消费 $x$、$y$ 两种产品。两个消费者的效用函数均为 $u = xy$。消费者 $a$ 消费的 $x$ 和 $y$ 的数量分别用 $x_a$ 和 $y_a$ 表示,消费者 $b$ 消费的 $x$ 和 $y$ 的数量分别用 $x_b$ 和 $y_b$ 表示。$e(x_a = 10, y_a = 50, x_b = 90, y_b = 270)$ 是相应的埃奇渥斯盒状图中的一点。

(1)试确定:在点 $e$ 处,消费者 $a$ 的边际替代率。
(2)试确定:在点 $e$ 处,消费者 $b$ 的边际替代率。
(3)点 $e$ 满足交换的帕累托最优吗?
(4)如果不满足,应如何调整才符合帕累托改进的要求?

**答案:**(1)由于边际替代率 $MRS = \left|\frac{dy}{dx}\right|$,而且此时消费者 $a$ 的效用函数为 $xy = 500$,则在点 $e$ 的

边际替代率为 $MRS_{xy}^a = \left|\dfrac{\mathrm{d}y}{\mathrm{d}x}\right| = \dfrac{500}{x^2} = 5$。

(2)同理,消费者 $b$ 在点 $e$ 的边际替代率为 $MRS_{xy}^b = \left|\dfrac{\mathrm{d}y}{\mathrm{d}x}\right| = \dfrac{270 \times 90}{x^2} = 3$。

(3)由于 $MRS_{xy}^a \neq MRS_{xy}^b$,点 $e$ 不满足帕累托最优。

(4)消费者 $a$ 与消费者 $b$ 进行产品的交换:消费者 $a$ 减少 $x$ 的消费量,增加 $y$ 的消费量;消费者 $b$ 增加 $x$ 的消费量,减少 $y$ 的消费量;双方的福利增大。

**5.** 设 $c$、$d$ 两个生产者拥有 $l$、$k$ 两种要素。两个生产者的生产函数分别为:$Q = 2k + 3l + lk$,$Q = 20l^{1/2}k^{1/2}$。

生产者 $c$ 使用的 $l$、$k$ 的数量分别用 $l_c$、$k_c$ 表示,生产者 $d$ 使用的 $l$、$k$ 的数量分别用 $l_d$、$k_d$ 表示。两种要素的总量为 $\bar{l}$ 和 $\bar{k}$,即有 $l_c + l_d = \bar{l}$、$k_c + k_d = \bar{k}$。试确定:

(1)生产者 $c$ 的边际技术替代率。
(2)生产者 $d$ 的边际技术替代率。
(3)用生产者 $c$ 使用的 $l_c$、$k_c$ 来表示的生产契约曲线。
(4)用生产者 $d$ 使用的 $l_d$、$k_d$ 来表示的生产契约曲线。

**答案:**(1)由于边际技术替代率 $MRTS = \left|\dfrac{\mathrm{d}k}{\mathrm{d}l}\right|$,而且此时生产者 $c$ 的产量为 $Q_c = 2k_c + 3l_c + l_ck_c$,则边际技术替代率为 $MRTS_{lk}^c = \left|\dfrac{\mathrm{d}k}{\mathrm{d}l}\right| = \dfrac{3 + k_c}{2 + l_c}$。

(2)同理,生产者 $d$ 的产量为 $Q_d = 20l_d^{1/2}k_d^{1/2}$,则边际技术替代率为 $MRTS_{lk}^d = \left|\dfrac{\mathrm{d}k}{\mathrm{d}l}\right| = \dfrac{k_d}{l_d}$。

(3)在生产契约曲线上,$MRTS_{lk}^c = MRTS_{lk}^d$,此时 $\dfrac{3 + k_c}{2 + l_c} = \dfrac{\bar{k} - k_c}{\bar{l} - l_c}$,则生产契约曲线为 $k_c = \dfrac{2\bar{k} - 3\bar{l}}{2 + \bar{l}} + \dfrac{3 + \bar{k}}{2 + \bar{l}} \cdot l_c$。

(4)同理可得用生产者 $d$ 的产量表示的生产契约曲线 $k_d = \dfrac{3 + \bar{k}}{2 + \bar{l}} \cdot l_d$。

**6.** 设某经济只生产 $x$、$y$ 两种产品,它们的生产函数分别为 $x = C_x^{1/2}$,$y = \dfrac{1}{2}C_y^{1/2}$。

这里的 $C_x$、$C_y$ 分别是用于生产 $x$、$y$ 的资源(或成本)。全部资源的总量为 100。试求该经济的生产可能性曲线。

**答案:**由题设可得约束条件 $C_x + C_y = 100$,

将关于 $x$、$y$ 的生产函数平方后,有 $C_x = x^2$、$C_y = 4y^2$,

代入约束条件,有 $x^2 + 4y^2 = 100$ 或 $y = \dfrac{1}{2}(100 - x^2)^{1/2}$,

即为所要求的生产可能性曲线。

**7.** 设某经济的生产可能性曲线为 $ax + by = c$,

式中,$a$、$b$ 和 $c$ 均大于 0。试回答:

(1)该经济可能生产的最大数量的 $x$ 和最大数量的 $y$ 分别是多少?

(2)该生产可能性曲线是向右下方倾斜的吗?
(3)该生产可能性曲线是向右上方凸出的吗?
(4)边际转换率是递增的吗?
(5)点$(x=b,y=c/b)$位于生产可能性曲线上吗?

**答案:**(1)由题可知:

当$x=0$时,$y=\dfrac{c}{b}$,

当$y=0$时,$x=\dfrac{c}{a}$,

因此,该经济可能生产的最大数量的$x$和$y$分别为$\dfrac{c}{a}$和$\dfrac{c}{b}$。

(2)题中所给的生产可能性曲线的斜率为$\dfrac{\mathrm{d}y}{\mathrm{d}x}=-\dfrac{a}{b}<0$,

因此生产可能性曲线向右下方倾斜。

(3)由于$\dfrac{\mathrm{d}^2y}{\mathrm{d}x^2}=0$,则生产可能性曲线的斜率既不递增也不递减,而是一条向右下方倾斜的直线。

(4)不是。因为生产可能性曲线的斜率是常数,故其绝对值即边际转换率也是常数,既不递增也不递减。

(5)当$x=b$时,$y=\dfrac{c}{b}-c\neq\dfrac{c}{b}$,

故$x=b$和$y=\dfrac{c}{b}$不位于生产可能性曲线上。

**8.** 设某经济的生产可能性曲线为$(x+1)(y+1)=10$。

试说明:
(1)该经济可能生产的最大数量的$x$和最大数量的$y$。
(2)生产可能性曲线的倾斜方向。
(3)生产可能性曲线的凹凸方向。
(4)边际转换率的变化方向。
(5)点$(x=3,y=1.5)$的性质。

**答案:**(1)当$x=0$时,$y=9$;当$y=0$时,$x=9$。

因此,该经济可能生产的最大数量的$x$和$y$分别为9、9。

(2)由题意$\dfrac{\mathrm{d}y}{\mathrm{d}x}=-10(x+1)^{-2}<0$,

因此,生产可能性曲线向右下方倾斜。

(3)$\dfrac{\mathrm{d}^2y}{\mathrm{d}x^2}=20(x+1)^{-3}>0$,

因此,生产可能性曲线呈凹方向。

(4)因为$\dfrac{\mathrm{d}^2y}{\mathrm{d}x^2}>0$,故边际转换率递减。

(5)当$x=3$时,$y=\dfrac{10}{3+1}-1=1.5$。

故$x=3$、$y=1.5$在生产可能性曲线上。

**9.** 设某经济的生产可能性曲线和社会效用函数分别为 $x^2+y^2=100$，$u=xy$。$a(x=6,y=8)$、$b(x=8,y=6)$ 是生产可能性曲线上的两点。试回答：

(1) $a$ 点是不是一般均衡点？

(2) 如果不是，经济将向何方调整？

(3) $b$ 点是不是一般均衡点？

(4) 如果不是，经济将向何方调整？

**答案：**(1) 在点 $a$ 处，生产可能性曲线的斜率的绝对值即边际成本比率为：

$$\frac{MC_x}{MC_y}=\left|\frac{dy}{dx}\right|=x(100-x^2)^{-\frac{1}{2}}=\frac{3}{4}。$$

另一方面，过点 $a$ 的社会无差异曲线为 $xy=48$。

其在点 $a$ 处的斜率的绝对值即边际效用比率为 $\frac{MU_x}{MU_y}=\left|\frac{dy}{dx}\right|=\frac{48}{x^2}=\frac{4}{3}$。

由于边际成本比率不等于边际效用比率，点 $a$ 不是一般均衡点。

(2) 由于点 $a$ 处：

$$\frac{MC_x}{MC_y}=\frac{3}{4}<\frac{4}{3}=\frac{MU_x}{MU_y}$$

生产 $x$ 的边际成本小于消费 $x$ 的边际收益，因此应当增加 $x$ 的生产和成减少 $y$ 的生产，即沿着生产可能性曲线向右下方调整。

(3) 在点 $b$ 处，生产可能性曲线的斜率绝对值即边际成本比率为：

$$\frac{MC_x}{MC_y}=x(100-x^2)^{-\frac{1}{2}}=\frac{4}{3}$$

社会无差异曲线的斜率的绝对值即边际效用比率为：

$$\frac{MU_x}{MU_y}=\frac{48}{x^2}=\frac{3}{4}$$

由于边际成本比率不等于边际效用比率，因此点 $b$ 不是一般均衡点。

(4) 由于在点 $b$ 处有：

$$\frac{MC_x}{MC_y}=\frac{4}{3}>\frac{3}{4}=\frac{MU_x}{MU_y}$$

生产 $x$ 的边际成本大于边际收益，故当减少 $x$ 的生产和增加 $y$ 的生产，即沿着生产可能性曲线向左上方调整。

**10.** 设某经济的生产可能性曲线和社会效用函数分别为 $y=\frac{1}{2}(100-x^2)^{1/2}$，$u=(xy)^{1/2}$。

试回答：

(1) 相对价格 $(P_x=1,P_y=4)$ 是不是一般均衡价格？

(2) 如果不是，相对价格将如何调整？

**答案：**(1) 由生产可能性曲线可知：

$$\frac{MC_x}{MC_y}=\frac{1}{2}x(100-x^2)^{-\frac{1}{2}}$$

生产均衡的条件是边际成本比率等于价格比率，有：

$\frac{1}{2}x(100-x^2)^{-\frac{1}{2}} = \frac{1}{4}$

解得最优生产为 $x=2\sqrt{5}$，$y=2\sqrt{5}$。

再根据最优生产及相对价格，可得社会预算线为 $x+4y=10\sqrt{5}$。

由社会效用函数可知：

$\frac{MU_x}{MU_y} = \frac{y}{x}$

消费均衡的条件是边际效用比率等于价格比率，故有 $\frac{y}{x} = \frac{1}{4}$。

代入社会预算线方程可得 $x=5\sqrt{5}$，$y=\frac{5}{4}\sqrt{5}$，这是最优消费。

由于最优消费不等于最优生产，故相对价格不是一般均衡价格。

（2）由于在最优消费和最优生产组合中，$x$ 的最优消费大于最优生产，故 $x$ 的价格会上升；另一方面，$y$ 的最优消费小于最优生产，故 $y$ 的价格会下降。

### 知识拓展

本章是微观经济学论证"看不见的手"原理的最后一个环节，它包括了两个重要的部分，即一般均衡论和福利经济学。在学习本章过程中，应注意理解以下两点：①一般均衡论企图证明，供求相等的均衡不但可以存在于单个的市场，而且还可以同时存在于所有的市场；②福利经济学的目的再次说明，完全竞争模型可以导致帕累托状态，而这一状态对整个社会来说又是配置资源的最优状态。

# 第十章 博弈论初步

**知识脉络图**

- 基本要素
  - 参与人
  - 参与人的策略
  - 参与人的支付
- 完全信息静态博弈
  - 纯策略均衡
    - 支付矩阵
    - 条件策略
    - 纳什均衡
    - 条件策略下划线法
    - 全部纳什均衡
  - 混合策略均衡
    - 混合策略
    - 期望支付
    - 条件混合策略
    - 混合策略纳什均衡
- 完全信息动态博弈
  - 博弈树
  - 逆向归纳法

**复习提示**

了解：博弈的三个基本要素,完全信息静态博弈,完全信息动态博弈,支付矩阵,混合策略。
理解：条件策略,纳什均衡,纯策略纳什均衡,混合策略纳什均衡。
掌握：条件策略下划线法,逆向归纳法。

# 第十章 博弈论初步

> **重点难点常识理解**

### 1. 纯策略纳什均衡

纯策略纳什均衡是指在一个纯策略组合中,如果给定其他的策略不变,该节点不会单方面改变自己的策略,否则不会使节点访问代价变小。

> **要点解析**:纳什均衡可以从以下两个方面理解:
> (1)单独改变策略是指任何一个参与人在所有其他人都不改变策略的情况下改变自己的策略,其他人也同时改变策略的情况不在考虑之列。
> (2)不会得到好处是指任何一个参与人在单独改变策略之后自己的支付不会增加,这包括两种情况;支付不变或者支付减少。

### 2. 完全信息动态博弈

序贯博弈是指参与者选择策略有时间先后的博弈形式。因此,某些对局者可能率先采取行动,它是一种较为典型的动态博弈,而重复博弈则可视为一种特殊的动态博弈形式。在序贯博弈中,先行者可能占据一定的有利地位,我们把它叫作先行者优势。序贯博弈的一般性特征:一方在决策时,会考虑到另一方的反应行为,并在这种考虑基础上进行自己的当前决策。在序贯博弈中,首先作出策略选择和采取行动的博弈方可以占据有利地位,获得较多利益。首先行动优势的原因在于它造成了一种既成事实,为使利润最大化,另一方必须根据首先行动一方的策略来选择自己的策略,而且该模型表明信息较多的博弈方不一定能获得较多的得益。

> **要点解析**:完全信息动态博弈与完全信息静态博弈的区别:
> 动态博弈有先后顺序,静态博弈是同时作出策略,没有先后顺序;当博弈出现多重博弈时,静态博弈往往无法确定最终实现的是哪一个纳什均衡,但是动态博弈往往能够从中确定一个最终的均衡。因为动态博弈提供了更多的信息——关于参与人决策秩序的信息,故动态博弈可以确定最终的纳什均衡,而静态博弈不能。

### 3. 混合策略纳什均衡

在 $n$ 个参与人的博弈 $G=\{S_1,\cdots,S_n;u_1,\cdots,u_n\}$ 中,混合策略组合 $p^*=(p_1^*,\cdots,p_i^*,\cdots,p_n^*)$ 构成一个纳什均衡,对于所有的 $i=1,2,\cdots,n$,有下式成立:

$$v_i(p_i^*,p_{-i}^*) \geqslant v_i(p_i,p_{-i}^*) \; \forall \, p_i \in \sum_i$$

也就是说,如果一个策略组合使任何一个参与人的策略都是相对于其他参与人的策略的最佳策略,这个策略就构成一个纳什均衡,不管这个策略是混合策略还是纯策略。

混合策略纳什均衡是面对其他博弈者选择的不确定性的一个理性对策,其主要特征是作为混合策略一部分的每一个纯策略有相同的期望值,否则,一个博弈者会选择那个期望值最高的策略而排斥所有其他策略,这意味着原初的状态不是一个均衡。

解混合策略纳什均衡的方法有两种,最大化支付法和支付相等法。最大化支付法即最大化各个参与人的效用函数；支付相等法即每个参与人的混合策略都使其余参与人的任何纯策略的期望支付相等。因此，解混合策略纳什均衡可以令参与人的各个纯策略支付相等，构成方程组求解。

### 考研真题与难题详解

## 一、简答题

**1. 一个博弈的支付矩阵如表 10-1 所示。**

表 10-1　博弈的支付矩阵

|   | X | Y | Z |
|---|---|---|---|
| A | 18,4 | 8,12 | 15,10 |
| B | 4,6 | 6,7 | 14,8 |
| C | 6,8 | 4,2 | 6,11 |

其中，$A$、$B$、$C$ 是游戏者1的决策，$X$、$Y$、$Z$ 是游戏者2的决策。

（1）求纳什均衡，并简要说明理由。

（2）如果该博弈是1先动的序贯博弈，即1作出决策后2根据1的决策进行选择。求纳什均衡，并简要说明理由。

（3）如果1可以在2的决策后再修改自己的选择，求纳什均衡，并简要说明理由。

答案：（1）纳什均衡为游戏者1采取$A$策略，游戏者2采取$Y$策略。理由如下：由该博弈的支付矩阵可知，策略$A$是游戏者1的占优策略；在游戏者1选择策略$A$的情况下，游戏者2必定采取策略$Y$。所以，$(A, Y)$为该策略性博弈的纳什均衡。

（2）由于不管游戏者2在游戏者1作出选择后如何选择，策略$A$都是游戏者1的最优策略，所以，策略$A$必是该序贯博弈的纳什均衡中的游戏者1所采取的唯一最优策略。又由于在游戏者1选择策略$A$的情况下，策略$Y$是游戏者2的最优策略，所以可以推知，均衡结果必是$(A, Y)$；对应支付$(8,12)$。纳什均衡为$(A, \{Y, X, X\})$，$(A, \{Y, X, Y\})$，$(A, \{Y, X, Z\})$，$(A, \{Y, Y, X\})$，$(A, \{Y, Y, Y\})$，$(A, \{Y, Y, Z\})$，$(A, \{Y, Z, X\})$，$(A, \{Y, Z, Y\})$，$(A, \{Y, Z, Z\})$。

（3）如果1可以在2的决策后再修改自己的选择，则该博弈转化为2为先行者的序贯博弈。由于不管游戏者2选择什么，游戏者1都将选择策略$A$，所以$\{A, A, A\}$必是该序贯博弈的纳什均衡中游戏者1的唯一最优策略。又由于在游戏者1选择策略$A$的情况下，策略$Y$是游戏者2的最优策略，所以可以推知，该序贯博弈的纳什均衡必为$(Y, \{A, A, A\})$。

**2. 试论述囚徒困境对于经济学的意义。**

答案："囚徒困境"是博弈论的一个经典案例。它是著名经济学家塔克最早修改而提出来的一个例子。囚徒困境讲述的是这样一个故事：警察抓住两个偷窃的嫌疑犯，并分别把他们隔离在两个审讯室中进行审问。警察知道这两个人除此次人赃俱获的偷窃外，还犯有其他罪行，但缺乏足够的

# 第十章 博弈论初步

证据定罪。于是,警察想就此机会,让嫌疑犯彻底坦白其罪行,其方法是分别私下告诉每一个嫌疑犯如下的出路:如果只有他一人坦白而对方抵赖,那么,坦白者被释放,抵赖者被判9年徒刑;如果两人都坦白,各判5年;如果两人都抵赖,当然就只能以现有证据,各判2年。在这种情况下,每个嫌疑犯都只有"坦白"或"抵赖"两种策略选择,并面临着四种可能的结局,表10-2 刻画了这两个嫌疑犯面对的博弈。

其中,每格前一个数字代表 $A$ 的支付(即被判的刑期),后一个数字代表 $B$ 的支付。这种博弈的结果将是:如果每个嫌疑犯都只是想使自己的利益最大化(即被判的刑期最短),而且无法影响对方的行为,那么,唯一可能的答案就是:两人都坦白交代,各自被判5年徒刑。因为在此案例中,当参与者力图使其损失最小化时,他就只能遵循"最小最大"的决策标准,即"最大损失中求取最小损失"的决策,参与者将选择那种能使可能的最大损失最小化的策略。对于囚犯 $A$ 来说,最大损失中求取最小损失的策略是"坦白",对 $B$ 来说,同等的策略也是"坦白",从而建立起一种策略均衡。在这种均衡中,"坦白"是他们每个人的超优策略。

表10-2 囚徒困境

|  |  | 嫌疑犯 $B$ | |
|---|---|---|---|
|  |  | 坦白 | 抵赖 |
| 嫌疑犯 $A$ | 坦白 | (5,5) | (0,9) |
|  | 抵赖 | (9,0) | (2,2) |

其实在"囚徒困境"中,最好的结局是都"抵赖",各判2年徒刑,但这是不可能的。因为不论是嫌疑犯 $A$ 还是 $B$,只要单独改取"坦白"的策略,就会由2年的徒刑改为释放,因而存在着偷换策略的诱惑,处于不稳定的状态。在右上角如果 $B$ 改取"坦白"的策略,刑期就可以从9年减为5年,因而也存在着偷换策略的诱惑,处于不稳定状态。同样的道理,左下角也处于不稳定状态。简言之,"抵赖"是一种劣策略。理性的参与者当然不会选择这种策略。

如果嫌疑犯在决定是否坦白之前可以交流信息,结果不会有差异。假设他们认识到警察已经发现他们的隐瞒之事,但他们在被抓之前有几分钟时间进行理性的讨论。嫌疑犯 $A$ 一开始就指出,虽然每个人都有一个超优策略,但"坦白"会导致一个帕累托无效率的结果,所以,为什么不一致否认罪行呢?嫌疑犯 $B$ 也有此思想,并同意这样做。但是两个小时后,他们最终会背叛同盟,坦白认罪,形成各判5年的结果。因为虽然有口头协议,但它却不具有约束力。每个囚徒都希望对方抵赖,自己坦白而释放。当他们都这样想并这么做时,就形成(坦白,坦白)的策略组合,(坦白,坦白)的策略组合是一个纳什均衡。

可以从上述讨论中得出一个重要的结论:超优策略均衡虽然是唯一可以预见到的结果,但这种策略组合却不一定是帕累托有效率的策略。在"囚徒困境"中,(坦白,坦白)是帕累托无效率的策略,因为每个人都被判5年徒刑,并不是博弈者共同的最优结果。他们共同的最优结果应该是各判2年,但却是无法实现的。于是,"囚徒困境"常常被经济学家作为一个经典案例来说明:自利的个人理性行为并没有导致一个社会的最佳结果,即个人理性与集体理性之间存在着深刻的冲突。

当然,在重复博弈中,囚徒困境可能会出现非合作性的共谋。尽管每个囚犯冒着被其他囚犯出卖的风险,但如果他选择不合作,就会失去获得长期合作收益的可能性,如果博弈重复的次数足够多,未来收益的损失就会超过短期被出卖的损失,因此,可能会出现参与者彼此合作的情况,采取帕累托有效的策略。

**3. 纳什均衡**(中南财大 2007 年、2009 年、2015 年研;财政部财科所 2008 年研;西安交大 2009 年研;中央财大 2012 年、2015 年研;中南大学 2016 年研)

答案:纳什均衡又称为非合作均衡,纳什均衡是指这样一种策略集,在这一策略集中,每一个博弈者都确信,在给定竞争对手策略的情况下,他选择了最好的策略。纳什均衡是由所有参与人的最优战略所组成的一个战略组合,也就是说,给定其他人的战略,任何个人都没有积极性去选择其他战略,从而没有人有积极性去打破这个均衡。

**4. 混合策略**(北京交大 2004 年研;东北大学 2007 年研;华中科大 2008 年研)

答案:混合策略是指在博弈中,博弈方的决策内容不是确定性的具体的策略,而是在一些策略中随机选择的概率分别的策略。

混合策略情况下的决策原则有以下两个:①博弈参与者互相不让对方知道或猜到自己的选择,因而必须在决策时利用随机性来选择策略,避免任何有规律性的选择。②博弈参与者选择每种策略的概率一定要恰好使对方无机可乘,即让对方无法通过有针对性倾向的某一种策略而在博弈中占上风。

## 二、计算题

**1. 找出如表 10-3 所示博弈中 A、B 两人的纳什均衡(含混合策略的均衡)。**

表 10-3  A、B 两人的纳什均衡

|  |  | B | | |
|---|---|---|---|---|
|  |  | 甲 | 乙 | 丙 |
| A | α | (6,1) | (1,2) | (4,0) |
|  | β | (0,5) | (7,6) | (9,8) |
|  | γ | (3,7) | (10,9) | (8,8) |

答案:这里使用严格剔除劣策略法来求解。

对于 B 来讲,乙严格占优于甲,因此 B 肯定不会选择甲,于是剔除甲策略。在剩余的矩阵中,对于 A 来讲,β 严格占优于 α,所以 A 不会选择 α,于是再剔除 α 策略。

重复严格剔除劣策略后,如表 10-4 所示。

表 10-4  剔除劣策略后

|  | 乙 | 丙 |
|---|---|---|
| β | (7,6) | (9,8) |
| γ | (10,9) | (8,8) |

采用划线法可得出 (γ,乙) 和 (β,丙) 是纯策略均衡。另外,该博弈还有一个混合策略均衡,求解如下:

设 A 以 p 的概率选择策略 β,B 以 q 的概率选择策略乙,则根据同等支付原则有:

# 第十章 博弈论初步

$$7q+9(1-q)=10q+8(1-q)$$
$$6p+9(1-p)=8a+8(1-p)$$

解得 $p=\frac{1}{3}$、$q=\frac{1}{4}$，因此 $(\frac{1}{3},\frac{1}{4})$ 是一个混合策略均衡。

## 典型案例分析

基于经济学中 Rational Agent 的前提假设，两个囚犯符合自己利益的选择是坦白招供，原本对双方都有利的策略不招供从而均被释放就不会出现。这样两人都选择坦白的策略以及因此被判 8 年的结局，"纳什均衡"首先对亚当·斯密的"看不见的手"的原理提出挑战：按照斯密的理论，在市场经济中每一个人都从利己的目的出发，而最终全社会达到利他的效果。但是我们可以从"纳什均衡"中引出"看不见的手"原理的一个悖论：从利己目的出发，结果损人不利己，既不利己也不利他。

## 教材习题参考答案

### 一、简答题

**1. 什么是纳什均衡？纳什均衡一定是最优的吗？**

**答案：** 假设有 $n$ 个局中人参与博弈，给定其他人策略的条件下，每个局中人选择自己的最优策略，从而使自己利益最大化。所有局中人策略构成一个策略组合。纳什均衡指的是这样一种战略组合，这种策略组合由所有参与人最优策略组成。即在给定别人策略的情况下，没有人有足够理由打破这种均衡。纳什均衡，从实质上说，是一种非合作博弈状态。纳什均衡不一定是最优的，例如囚徒困境。

**2. 在只有两个参与人且每个参与人都只有两个策略可供选择的情况下，纯策略的纳什均衡最多可有几个？为什么？**

**答案：** 最多可有四个纳什均衡。此时两个人的两个"纯策略"是无差异的。

**3. 在只有两个参与人且每个参与人都只有两个策略可供选择的情况下，纯策略的纳什均衡可能有三个。试举一例说明。**

**答案：** 如表 10-5 所示。

表 10-5 纯策略的纳什均衡案例

| | | 参与人 $B$ | |
|---|---|---|---|
| | | 策略 1 | 策略 2 |
| 参与人 $A$ | 策略 1 | 3,5 | 3,5 |
| | 策略 2 | 3,7 | 3,3 |

**4. 在只有两个参与人且每个参与人都只有两个策略可供选择的情况下,如何找到所有的纯策略纳什均衡?**

答案:利用条件策略下划线法,分五步,分别在相应的条件策略下划上下划线。

**5. 设有 $A$、$B$ 两个参与人,对于参与人 $A$ 的每一个策略,参与人 $B$ 的条件策略有没有可能不止一个?试举一例说明。**

答案:有,如表 10-6 所示。

表 10-6 举例 1

|  |  | 参与人 $B$ | |
|---|---|---|---|
|  |  | 策略 1 | 策略 2 |
| 参与人 $A$ | 策略 1 | 7,5 | 3,5 |
|  | 策略 2 | 3,5 | 3,5 |

**6. 如果无论其他人选择什么策略,某个参与人都只选择某个策略,则该策略就是该参与人的绝对优势策略(简称优势策略)。试举一例说明某个参与人具有某个优势策略的情况?**

答案:如表 10-7 所示。

表 10-7 举例 2

|  |  | 参与人 $B$ | |
|---|---|---|---|
|  |  | 策略 1 | 策略 2 |
| 参与人 $A$ | 策略 1 | 5,3 | 1,5 |
|  | 策略 2 | 7,1 | 2,3 |

**7. 混合策略博弈与纯策略博弈有什么不同?**

答案:纯策略是指参与人在博弈中可以选择采用的行动方案。混合策略是在纯策略空间上的一种概率分布,表示参与人实际进行决策时根据这种概率分布在纯策略中随机选择加以实施。

**8. 条件混合策略与条件策略有什么不同?**

答案:条件策略是参与人在另一参与人选择某个既定策略时所选择的可以使其支付达到最大的策略。条件混合策略是指参与人在另一参与人选择某个既定的混合策略时所选择的可以使其期望支付达到最大的混合策略。

**9. 混合策略纳什均衡与纯策略纳什均衡有什么不同?**

答案:在博弈 $G = \{S_1, S_2, \cdots, S_n; U_1, U_2, \cdots, U_n\}$ 中,第 $i$ 个博弈方策略空间为 $S_i = \{S_{i1} \cdots S_{ik}\}$,则博弈方以概率分布 $P_i = (P_i \cdots p_{ik})$,随机在 $k$ 个可选策略中选择的策略称为一个混合策略纳什均衡。也就是说,如果一个策略组合使任何一个参与人的策略都是相对于其他参与人的策略的最佳策略,这个策略就构成一个纳什均衡,不管这个策略是混合策略还是纯策略。混合策略纳什均衡是面对其他博弈者选择的不确定性的一个理性对策,其主要特征是作为混合策略一部分的每一个纯策略有相同的期望值,否则,一个博弈者会选择那个期望值最高的策略而排除所有其他策略,这意味着原始的状态不是一个均衡。

# 第十章 博弈论初步

**10.** 设某个纯策略博弈的纳什均衡是有限的。试问:相应的混合策略博弈的纳什均衡会是无限的吗?试举一例说明。

**答案:** 会存在,如表10-8所示。

表10-8 举例3

|   |     |   | 乙 | |
|---|-----|---|-----|-----|
|   |     |   | 0.3 | 0.7 |
|   |     |   | 左 | 右 |
| 甲 | 0.6 | 上 | 4,5 | 9,2 |
|   | 0.4 | 下 | 6,2 | 2,7 |

**11.** 在动态博弈中,纳什均衡与逆向归纳策略有什么不同?

**答案:** 完全信息动态博弈是指参与者选择策略有时间先后的博弈形式。序贯博弈中可能会存在多个纳什均衡,而逆向归纳法从众多的纳什均衡中进一步确定"更好的"纳什均衡。

## 三、论述题

**1.** 设某个纯策略博弈的纳什均衡不存在。试问:相应的混合策略博弈的纳什均衡会存在吗?试举一例说明。

**答案:** 在同时博弈中,纯策略的纳什均衡可能存在,也可能不存在,但相应的混合策略纳什均衡总是存在的。例如表10-9所示,在下面的二人同时博弈中,根据条件策略下划线法可知由于没有一个单元格中两个数字之下均有下划线,故纯策略的纳什均衡不存在,但是相应的混合策略纳什均衡却是存在的。

表10-9 二人的同时博弈

|   |     |   | 乙厂商的策略 | |
|---|-----|---|-----|-----|
|   |     |   | $q_1$ | $q_2$ |
|   |     |   | 左 | 右 |
| 甲厂商的策略 | $p_1$ | 上 | 4,6 | 9,1 |
|   | $p_2$ | 下 | 7,3 | 2,8 |

首先分别计算甲厂商和乙厂商的混合策略:

$E_甲 = 4p_1q_1 + 9p_1(1-q_1) + 7(1-p_1)q_1 + 2(1-p_1)(1-q_1)$

$\quad = p_1(7-10q_1) + 5q_1 + 2$

$E_乙 = 6p_1q_1 + p_1(1-q_1) + 3(1-p_1)q_1 + 8(1-p_1)(1-q_1)$

$\quad = 5q_1(2p_1-1) - 7p_1 + 8$

其次分别计算甲厂商和乙厂商的条件混合策略:

$$p_1 = \begin{cases} 1, q_1 < 0.7 \\ [0,1], q_1 = 0.7 \\ 0, q_1 > 0.7 \end{cases}$$

$$q_1 = \begin{cases} 1, p_1 > 0.5 \\ [0,1], p_1 = 0.5 \\ 0, p_1 < 0.5 \end{cases}$$

最后,混合策略纳什均衡参见图 10-1 中点 $e$,此时混合策略纳什均衡可以表示为:
$((p_1,p_2)(q_1,q_2)) = ((0.5,0.5)(0.7,0.3))$
但不存在纯策略博弈的纳什均衡。

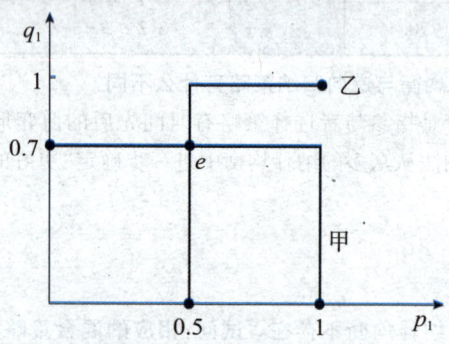

图 10-1　混合策略纳什均衡

**2.** 在下面简化的博弈树模型中(如图 10-2 所示),确定纳什均衡和逆向归纳策略。

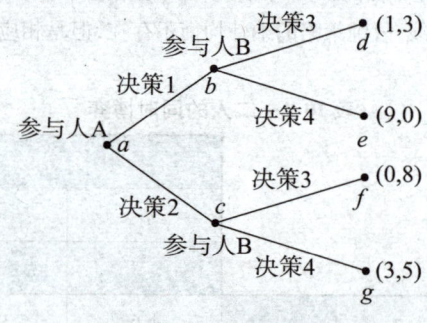

图 10-2　博弈树模型

**答案:** 纳什均衡为(决策 1,决策 3)。

逆向归纳策略为:首先参与人 $B$ 删除决策 4 的终点和支付组合,然后参与人 $A$ 删除决策 2 的终点和支付组合,从而逆向归纳策略为(决策 1,决策 3)。

**3.** 用逆向归纳法确定下面的"蜈蚣博弈"的结果(如图 10-3 所示)。在该博弈中,第 1 步是 $A$ 决策:如果 $A$ 决定结束博弈,则 $A$ 得到支付 1,$B$ 得到支付 0,如果 $A$ 决定继续博弈,则博弈进入到第 2 步,由 $B$ 作决策。此时,如果 $B$ 决定结束博弈,则 $A$ 得到支付 0,$B$ 得到支付 2,如果 $B$ 决定继续博弈,则博弈进入到第 3 步,又由 $A$ 作决策,依次类推直到最后,博弈进入到第 9999 步,由 $A$ 作决策。此时,如果 $A$ 决定结束博弈,则 $A$ 得到支付 9999,$B$ 得到支付 0;如果 $A$ 决定继续博弈,则 $A$ 得到支付 0,$B$ 得到支付 10000。

# 第十章 博弈论初步

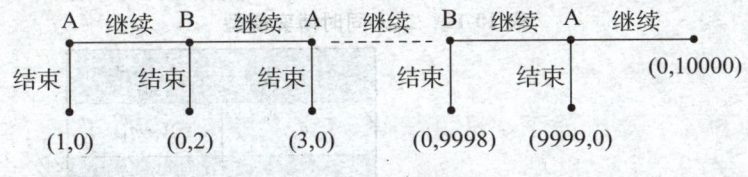

图 10-3 蜈蚣博弈

答案：利用逆向归纳法，最后一步终点处，$A$ 选择结束，从而 $B$ 选择结束，依次类推，在第一步 $A$ 选择结束。

**4.** 在下面的情侣博弈中（如图 10-4 所示），如果将第二个支付向量 $(0,0)$ 改为 $(0,1.5)$，纳什均衡和逆向归纳策略会有什么变化？改为 $(0,1)$ 呢？

答案：如果改成 $(0,1.5)$，则存在一个纳什均衡（芭蕾，芭蕾）；利用逆向归纳法，结果为（芭蕾，芭蕾）。如果改成 $(0,1)$，则存在两个纳什均衡（足球，足球）和（芭蕾，芭蕾）；利用逆向归纳法，结果为（足球，足球）。

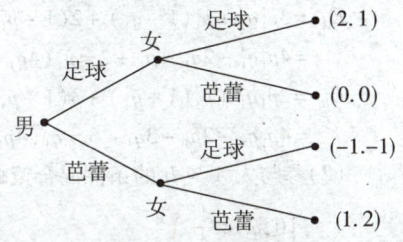

图 10-4 情侣博弈

**5.** 在只有两个参与人且每个参与人都有三个策略可供选择的情况下，纯策略的纳什均衡最多可有几个？

答案：纯策略的纳什均衡最多有 9 个，因为每个人都有三个策略可供选择，故会出现 9 种支付。结果，故最多可有 9 个。

**6.** 设有两个参与人 $x$ 和 $y$，$x$ 有两个纯策略 $x_1$ 和 $x_2$，$y$ 有两个纯策略 $y_1$ 和 $y_2$。当 $y$ 选择 $y_1$ 和 $y_2$ 时，$x$ 选择 $x_1$ 得到的支付分别为 $x_{11}$ 和 $x_{12}$，选择 $x_2$ 得到的支付分别为 $x_{21}$ 和 $x_{22}$；当 $x$ 选择 $x_1$ 和 $x_2$ 时，$y$ 选择 $y_1$ 得到的支付分别为 $y_{11}$ 和 $y_{21}$，选择 $y_2$ 得到的支付分别为 $y_{12}$ 和 $y_{22}$。

(1) 试给出相应的博弈矩阵。
(2) 这种博弈矩阵的表示是唯一的吗？为什么？

答案：(1) 如表 10-10 所示。

表 10-10 博弈矩阵

|  |  | $y$ | |
|---|---|---|---|
|  |  | $y_1$ | $y_2$ |
| $x$ | $x_1$ | $x_{11}, y_{11}$ | $x_{12}, y_{12}$ |
|  | $x_2$ | $x_{21}, y_{21}$ | $x_{22}, y_{22}$ |

(2) 不唯一。例如，将表的行与列互换后得到的就是另外一个博弈矩阵。

**7.** 根据表 10-11 的二人同时博弈模型，求：

(1) 参与人 A 与 B 的期望支付。
(2) 参与人 A 与 B 的条件混合策略。
(3) 纳什均衡。

表 10-11　二人同时博弈模型

| A 的策略 | | B 的策略 | |
|---|---|---|---|
| | | $q_1$ | $1-q_1$ |
| | | 左策略 | 右策略 |
| $p_1$ | 上策略 | 3,2 | 1,1 |
| $1-p_1$ | 下策略 | 0,0 | 2,3 |

答案：(1)由划线法可知参与人 A 与 B 的期望支付为：

$E_A = 3p_1q_1 + p_1(1-q_1) + 2(1-p_1)(1-q_1)$
　　$= 4p_1q_1 - 2q_1 - p_1 + 2 = p_1(4q_1 - 1) - 2q_1 + 2$

$E_B = 2p_1q_1 + p_1(1-q_1) + 3(1-p_1)(1-q_1)$
　　$= 4p_1q_1 - 2p_1 - 3q_1 + 3 = q_1(4p_1 - 3) - 2p_1 + 3$

(2)参与人 A 与 B 的条件混合策略为：

$$p_1 = \begin{cases} 0, q_1 < \dfrac{1}{4} \\ [0,1], q_1 = \dfrac{1}{4} \\ 1, q_1 > \dfrac{1}{4} \end{cases}$$

$$q_1 = \begin{cases} 0, p_1 < \dfrac{3}{4} \\ [0,1], p_1 = \dfrac{3}{4} \\ 1, p_1 > \dfrac{3}{4} \end{cases}$$

(3)纯策略纳什均衡为(3,2)(2,3)，即(上,左)(下,右)，混合策略纳什均衡为$\left(\dfrac{3}{4}上, \dfrac{1}{4}左\right)$，如图 10-5 所示。

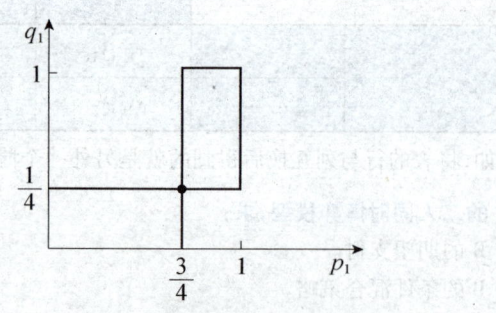

图 10-5　纯策略纳什均衡

**8.** 根据表 10-12 是二人同时博弈模型，求：

(1)参与人 A 与 B 的期望支付。

(2)参与人 A 与 B 的条件混合策略。

(3) 纳什均衡。

表 10-12　二人同时博弈模型

| A 的策略 | | B 的策略 | |
|---|---|---|---|
| | | $q_1$ | $1-q_1$ |
| | | 左策略 | 右策略 |
| $p_1$ | 上策略 | 3,0 | 2,1 |
| $1-p_1$ | 下策略 | 3,2 | 1,1 |

**答案**：(1) 参与人 $A$ 与 $B$ 的期望支付为：
$$E_A = 3p_1q_1 + 2p_1(1-q_1) + 3(1-p_1)q_1 + (1-p_1)(1-q_1)$$
$$= -p_1q_1 + p_1 + 2q_1 + 1$$
$$= p_1(1-q_1) + 2q_1 + 1$$

$$E_B = p_1(1-q_1) + 2(1-p_1)q_1 + (1-p_1)(1-q_1)$$
$$= -2p_1q_1 + q_1 + 1$$
$$= q_1(1-2p_1) + 1$$

(2) 参与人 $A$ 与 $B$ 的条件混合策略：

$$p_1 = \begin{cases} 1, 0 < q_1 < 1 \\ [0,1], q_1 = 1 \end{cases}$$

$$q_1 = \begin{cases} 0, p_1 > \dfrac{1}{2} \\ [0,1], p_1 = \dfrac{1}{2} \\ 1, p_1 < \dfrac{1}{2} \end{cases}$$

(3) 纯策略纳什均衡为 (2,1)(3,2)，即 (上,右)(下,左)，混合策略纳什均衡为 $\left(\dfrac{1}{2}上, \dfrac{1}{2}左\right)$，如图 10-6 所示。

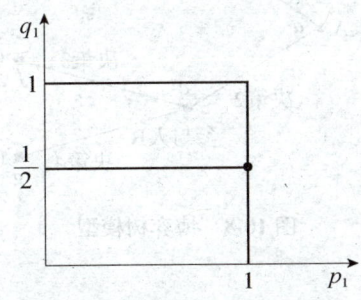

图 10-6　混合策略纳什均衡

**9.** 根据图 10-7 的博弈树模型，求：

(1) 纳什均衡。

(2) 逆向归纳策略。

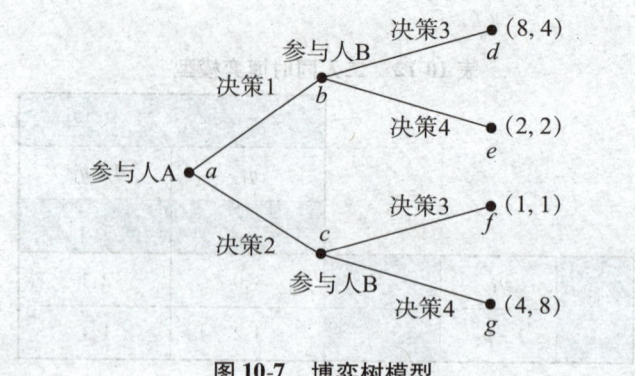

图 10-7 博弈树模型

答案：(1) 如表 10-13 所示。

表 10-13 纳什均衡

|  | | 参与人 $B$ | |
|---|---|---|---|
|  | | 决策 3 | 决策 4 |
| 参与人 $A$ | 决策 1 | 8,4 | 2,2 |
|  | 决策 2 | 1,1 | 4,8 |

纯策略纳什均衡为 (8,4)(4,8) 即 (决策 1, 决策 3), (决策 2, 决策 4)。
(2) 逆向归纳策略纳什均衡为 (8,4), 即 (决策 1, 决策 3)。

**10.** 根据图 10.8 的博弈树模型, 求：
(1) 纳什均衡。
(2) 逆向归纳策略。

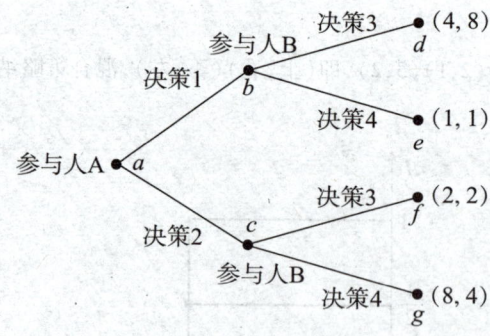

图 10-8 博弈树模型

答案：(1) 如表 10-14 所示。

表 10-14 纳什均衡

| | | 参与人 B | |
| --- | --- | --- | --- |
| | | 决策 3 | 决策 4 |
| 参与人 A | 决策 1 | 4,8 | 1,1 |
| | 决策 2 | 2,2 | 8,4 |

纳什均衡为(4,8)(8,4),即(决策1,决策3),(决策2,决策4)。

(2)逆向归纳策略纳什均衡为(决策2,决策4)。

# 第十一章 市场失灵和微观经济政策

## 知识脉络图

- 市场失灵的含义与成因
- 垄断
  - 产生的原因
  - 政府管制可采取的政策
    - 行业的重新组合
    - 经济、行政处罚
    - 反垄断法
- 外部影响
  - 含义
  - 外部性与经济效率
  - 削减外部性的政策
    - 课税和补给
    - 合并企业
    - 赋予财产权
    - 政府直接管制
  - 产权与科斯定理
- 公共物品与公共资源
  - 公共物品的特征
  - 公共物品的最优数量
  - 公共物品与经济效率
    - 供给不足
    - 利用不足
  - 公共物品的处理方式
- 信息的不完全和不对称

# 第十一章 市场失灵和微观经济政策

> **复习提示**
>
> 概念：市场失灵、外部经济和外部不经济、公共物品、搭便车、纯损、寻租、逆向选择、道德风险、科斯定理、公地悲剧。
> 理解：垄断导致的社会弗雷损失及其对策，外部影响如何导致市场失灵，政府管制可采取的措施、公共物品的处理方式。
> 掌握：科斯定理及其局限性，委托-代理问题，信息不对称和不完全对商品市场、保险市场和劳动市场的影响，解决外部性的方法。
> 画图：画图分析生产和消费的外部性。

## 重点难点常识理解

### 1. 市场失灵

市场失灵指完全竞争的市场机制在很多场合下不能导致资源的有效配置，不能达到帕累托最优状态的情形。导致市场失灵的原因主要有以下五种：①外部性，即一个经济主体的行为造成的另一个经济主体的利益或成本的变化，而另一个经济主体又没有得到补偿或支付的情况；②公共产品，即对整个社会有益，但因不能获得收益或私人成本太高而私人厂商不愿意生产的产品和劳务，如国防、空间研究、气象预报等；③非零交易成本，如搜集信息、讨价还价、达成合同等所需要的成本，往往使得交易难以进行；④市场特权，如垄断的存在或过度的竞争；⑤市场机制不能够解决社会目标问题；⑥非对称信息，如生产者往往具有比消费者更多的关于商品的信息。

### 2. 垄断的低效率

完全竞争行业在价格等于边际成本的点上经营。完全垄断行业在价格高于边际成本的地方经营。因此，与理想的完全竞争相比，垄断厂商的产量小于完全竞争的产量，而价格却高于完全竞争市场。几何表示的福利净损失称为纯损三角形。

### 3. 外部影响

(1) 外部影响。外部影响是指一个经济行为主体的经济活动对社会其他成员造成了直接影响而未将这些事影响计入市场交易的成本与价格中。外部影响有两种类型：消费或生产上的外部经济、消费或生产上的外部不经济。

(2) 外部影响的低效率。外部影响是私人成本和社会成本、私人收益与社会收益之间存在差异的结果。资源的有效配置要求市场的价格等于社会成本。外部经济导致社会收益大于私人收益，外部不经济导致私人成本小于社会成本。在外部经济的情况下，产量小于帕累托最优状态下的产量；在外部不经济的情况下，产量超过了帕累托最优状态下的产量。

(3) 解决外部性的方法。①确定标准，对外部不经济的行为进行收费（征税）或罚款，对外部经济行为予以津贴或奖励。②合并企业，使互相影响生产的企业之间的外部性内部化。③赋予当事人明确的财产权。只要明确界定产权，经济行为主体之间的交易行为就可以有效地解决外部性问题。

### 4. 公共物品

公共物品指既没有排他性又没有竞争性的产品和服务。排他性是指当某个人使用或消费一种产品和服务时，可以排除与阻止其他人使用或消费该种产品和服务。竞争性是指当某个人使用或消费一种产品和服务时，就减少了其他人使用或消费该种产品和服务的机会。国防、海上导航用的灯塔，就是公共物品。一个人享有公共物品的好处时并不能排除其他人也享有它们的好处，一个人享有它们的好处时也不会减少其他人对它们的享有。由于公共产品既没有排他性又没有竞争性，所以能够从公共产品获益的人可以避开为公共产品付出费用，这称为"免费搭便车问题"。在公共产品的提供上，人们总是希望由别人来提供，而自己坐享其成。要使公共物品有效率地提供出来，经常需要政府的行动。

### 5. 逆向选择与道德风险

信息不对称会导致资源配置不当，减弱市场效率，并且还会产生道德风险和逆向选择。在很多情况下市场机制并不能解决非对称信息问题，只能通过其他的一些机制来解决，特别是运用博弈论的相关知识来解决机制设计问题。

（1）逆向选择是指在买卖双方信息非对称的情况下，差的商品总是将好的商品驱逐出市场；或者说拥有信息优势的一方，在交易中总是趋向于做出尽可能地有利于自己而不利于别人的选择。

在二手车市场上，假定有若干辆质量不同的二手车要卖。旧车主知道自己要卖的车的质量，质量好的索价高些，质量差的索价低些。但买主不知道每辆旧车的质量情况。在这种情况下，买主只能按好的旧车和差的旧车索价的加权平均价格来购买。这样由于买主无法掌握旧车的准确信息，从而其出价并不区分旧车质量的好坏，质量好的旧车会退出市场，质量差的旧车留在市场上。一旦发生这样的情况，质量差的旧车比例增加，买主会进一步降低出价，使质量稍好的旧车也退出市场，如此循环下去，旧车市场就会逐渐萎缩。

逆向选择的存在使得市场价格不能真实地反映市场供求关系，导致市场资源配置的低效率。一般在商品市场上卖者关于产品的质量、保险市场上投保人关于自身的情况等都有可能产生逆向选择问题。解决逆向选择问题的方法主要有：政府对市场进行必要的干预和利用市场信号。

（2）道德风险是指在双方信息非对称的情况下，人们享有自己行为的收益，而将成本转嫁给别人，从而造成他人损失的可能性。道德风险的存在不仅使得处于信息劣势的一方受到损失，而且会破坏原有的市场均衡，导致资源配置的低效率。

在信息不对称的情况下，当代理人为委托人工作而其工作成果同时取决于代理人所做的主观努力和不由主观意志决定的各种客观因素，并且主观原因对委托人来说难以区别时，就会产生代理人隐瞒行动而导致对委托人利益损害的"道德风险"，道德风险发生的一个典型领域是保险市场。解决道德风险的主要方法是风险分担。

> **要点解析**：道德风险一般是经济行为人由于不确定性或者不完全责任，不承受其经济行为的全部后果而导致。后果包括损失，也包括收益。信息不对称问题则经常会出现在保险市场、劳动市场以及商品市场。

### 6. 公共产品论

公共产品论是现代财政学的理论核心。系统的公共产品论出现于19世纪80年代，奥意财政学

# 第十一章 市场失灵和微观经济政策

者潘塔莱奥尼、马佐拉、马尔科等在边际效用价值论的基础上,创立了公共产品论。该理论认为,政府之所以要有支出,是为了提供公共产品,政府课税则是为公共产品的供应筹集经费,税收是公共产品的价格。西方财政学界对公共产品论的研究主要有两条线索,一条是对效率问题的分析,另一条是对政治程序问题的探讨。萨缪尔森、马斯格雷夫等人提出了著名的公共产品供应模型,对公共产品论的发展做出了重要贡献。

## 7. 公共选择

公共选择也称公共决策,指政府或公共部门的选择,即公共部门对公共物品如何生产、生产什么和为谁生产的问题进行决策和选择。公共选择或公共决策具有三个特点:①集体性。公共决策不是私人决策者做出的个人决策,而是由政府做出的集体决策。从经济内容上划分,公共决策主要包括资源决策与分配决策。资源决策是关于如何利用现有资源解决集体面临的共同问题,这是一个效率问题。分配决策是关于财富和收入再分配的问题,这是一个社会公平问题。②非市场性。私人物品是通过市场来解决生产和分配的,而公共物品则是通过非市场的政治程序来解决生产和分配问题的。公共物品生产的资源配置问题不能通过经济市场来有效率地解决,只能通过政治市场来解决。在政治市场上,需求者或消费者是选民、纳税人,供给者或生产者是政治家、政府官员。供求双方通过交换相互发生作用。③规则性。市场运行有一定的规则性,公共选择也有一定的规则性。在个人之间存在偏好差异的情况下,必须确定规则以便协调人们的行为,因此政府必须进行决策以选择那些能够反映和满足一般人或多数人偏好的规则。

公共选择是一种政治博弈,参加者是选民和政治家。选民从自身利益出发,倾向于能给他带来最大利益的政治家。在商品市场上,他们用货币选票来表达他们的偏好;而在政治领域,他们是通过实际选票来表达他们的意见。政治家则以选票最大化为目的。公共选择理论假设政治家具有能使他当选机会最大化的行为。

## 8. 寻租

寻租指个人或利益集团寻求垄断特权以获得垄断利润或额外收益的非生产性行为。寻租现象总是与政府行为相联系的。当政治分配介入市场,为市场运行创造出各种人为壁垒,从而人为地创造出各种垄断特权时,寻求额外收益的个人或利益集团便围绕着垄断权力展开寻租活动,或者鼓励政府建立垄断特权,或者取代别人的垄断特权,或者维持已取得的垄断特权。

这一概念由戈登·图洛克于1967年最早阐述,并由克鲁格于1974年正式引入经济学。传统理论认为垄断的形成本身没有成本,而寻租理论则认为形成垄断是由于利用了一部分的实际资源。有关寻租的大部分讨论一般集中在由政府培养或保护的垄断上,这是最普遍也是最强有力的垄断形式。寻租理论说明:存在一个确定的由个人寻租而引起的净社会损失领域。图洛克和克鲁格认为,寻求利润的厂商会努力运用各种资源而达到垄断,其间完全由个人进行或由政府资助,这样投资一美元的结果正好与因获得垄断而增加的盈利相等。于是代表垄断高价造成的超额利润的部分资源就被耗费掉了,而不是由消费者向垄断者转移。这种资源的耗费是用于取得垄断这种非生产性的活动。形成垄断的活动也是一种竞争性产业,因此从社会角度来看,投入寻租活动的所有资源等于所有的垄断利润。由于垄断会产生类似租金的垄断利润,追求利润的动机总会使一些人进行争取垄断地位的活动,这样形成垄断的活动就吸引了许多资源投入,结果导致社会财富再分配和巨大的资源浪费。

实际上，对市场过程的许多干预也会产生寻租问题。简单的最大化或最小化价格就有非常明显的再分配效应，而且受益者为了获得这种益处而可能投入大量的资源。寻租理论研究的另一个领域是简单的直接转让，对 $A$ 征税是为了支付给 $B$，这就会导致游说活动：对 $B$ 方征税而不是对 $A$ 方征税或阻止这种转化的形成。这种游说活动的耗费会正好等于转移的数量或阻止的被转移的数量，尽管一个或其他的游说者会因其游说活动取得成功而获益。如果存在许多这样的利益，且对政府花费时间的人能很快实现利益，那么社会就有一个从事寻租活动的产业。寻租活动和政治腐败有类似之处。寻租理论要求人们进行经验研究和对适合于寻租的生产函数进行测量，从而解决寻租问题，因为寻租活动的社会成本十分高昂。政府干预形成某种垄断并带来租金，就会导致寻租现象。

### 9. 垄断导致的社会福利损失的对策

采取反垄断政策、行业重新组合和处罚手段，制止垄断行为可以借助于行政命令、经济处罚和法律制裁等手段或价格管制的方法。政府也可以采取直接经营的方式来解决由于垄断所造成的市场失灵，由于政府经营的目的不在于最大利润，所以以边际成本或者平均成本决定价格，以便部分地解决由于垄断产生的产量低和价格高的低效率问题。

## 考研真题与难题详解

## 一、概念题

### 1. 柠檬问题（中山大学 2004 年研）

**答案**：柠檬问题指在二手车市场上劣车驱逐好车的现象，是逆向选择的表现。在美国经济学家乔治·阿克洛夫的论文《柠檬（次货）市场》中，他考察了一个次品充斥的旧车市场。假设有一批旧车，每辆车的好坏只有卖主知道，要让交易做成，最合理的办法是按平均质量水平定价。这就意味着其中有些好车的价格被低估了，从而卖方就不愿按照平均定价出售，或者卖方"理性"地抽走好车，让买主在剩下的差车中任意挑选。如果买方明白这一道理，就不会接受卖方的定价，而只愿出较低的价格。接着这将可能导致另一回合的出价和杀价：卖主再从中抽走一些较好的车，买主则再次降低意愿价格。最终的均衡可能使所有好车都卖不出去，显然，这是无效率的，因为最终成交量低于供求双方理想的成交量。

### 2. 信息的不对称性（人大 2002 年研）

**答案**：信息的不对称性指市场上的某些参与者拥有，但另一些参与者不拥有的信息；或者指一方掌握的信息多一些，另一方所掌握的信息少一些。有些市场卖方所掌握的信息多于买方，例如，某些商品与生产要素市场上，卖者掌握的信息多于买者。照相机的卖者一般比买者更了解照相机的性能；药品的卖者比买者更了解药品的功效；劳动力的卖者一般比买者更了解劳动的生产力等。在另一些市场卖方所掌握的信息少于买方，保险与信用市场往往就是这种情况。医疗保险的购买者显然比保险公司更了解自己的健康状况。人们常常用委托人—代理人理论来讨论信息非对称问题。所谓委托人—代理人关系泛指任何一种涉及非对称的交易。交易中拥有信息优势的一方称为"代理人"，另一方则称为"委托人"。简单地讲，知情者是代理人，不知情者是委托人，从这个意义上

# 第十一章 市场失灵和微观经济政策

说,所有非对称信息下的经济理论分析都可概括成"委托-代理理论"模型。

**3. 外部性**(北师大 2004 年研;北航 2004 年研;东南大学 2003 年研;南开大学 2005 年研;四川大学 2006 年研;对外经贸大学 2007 年研)

**答案:** 外部性也称为外溢性、相邻效应,指一个经济活动的主体对它所处的经济环境的影响。外部性的影响会造成私人成本和社会成本之间,或者私人收益和社会收益之间的不一致,这种成本和收益差别虽然会相互影响,却没有得到相应的补偿,因此容易造成市场失灵。外部性的影响方向和作用结果具有两面性,可以分为外部经济和外部不经济。那些能为社会和其他个人带来收益或能使社会和个人降低成本支出的外部性称为外部经济,它是对个人或社会有利的外部性;那些能够引起社会和其他个人成本增加或导致收益减少的外部性称为外部不经济,它是对个人或社会不利的。福利经济学认为,除非社会上的外部经济效果与外部不经济效果正好相互抵消,否则外部性的存在使得帕累托最优状态不可能达到,从而也不能达到个人和社会的最大福利。外部性理论可以为经济政策提供某些建议,它为政府对经济的干预提供了一种强有力的依据,政府可以根据外部性的影响方向与影响程度的不同,制定相应的经济政策,并利用相应的经济手段,以消除外部性对成本和收益差别的影响,实现资源的最优配置和收入分配的公平合理。纠正的办法:①使用税收和津贴;②使用企业合并的方法;③规定财产权。

**4. 公共物品**(厦门大学 2006 年、2015 年研;中国传媒大学 2008 年研;南京财经大学 2008 年研;山东大学 2012 年研;北工商 2013 年研;中央财大 2014 年研;北理工 2016 年研)

**答案:** 公共物品是可以供社会成员共同享用的物品,具有非竞争性和非排他性。所谓非竞争性,是指某人对公共物品的消费并不会影响别人同时消费该产品及其从中获得效用,即在给定的生产水平下,为另一个消费者提供这一物品所带来的边际成本为零。所谓非排他性,是指某人在消费一种公共物品时,不能排除其他人消费这一物品(不论他们是否付费),或者排除的成本很高。公共物品又可分为纯公共物品和准公共物品。

**5. 隐藏行动**(上海理工大学 2006 年研)

**答案:** 隐藏行动指签约时双方都了解有关信息,但签约后有一方可以利用对方不了解的签约后的信息给对方带来损失的行为,如偷懒或不尽力行为。隐藏行动是信息不对称的一种特殊情况,签订合同时双方拥有的信息是对称的,但签订合同后,一方对另一方的行为无法管理、约束,这是内生的,取决于另一方的行为。隐藏行动容易导致"道德风险"。

**6. 逆向选择与道德风险**(对外经贸大学 2009 年研;武汉大学 2009 年、2012 年研;东南大学 2012 年研;山东大学 2012 年研;东南大学 2014 年研)

**答案:**(1)逆向选择是指在买卖双方信息非对称的情况下,差的商品总是将好的商品驱逐出市场;或者说拥有信息优势的一方,在交易中总是趋向于做出尽可能地有利于自己而不利于别人的选择。

(2)道德风险是指在双方信息非对称的情况下,人们享有自己行为的收益,而将成本转嫁给别人,从而造成他人损失的可能性。道德风险的存在不仅使得处于信息劣势的一方受到损失,而且会破坏原有的市场均衡,导致资源配置的低效率。

**7. 科斯定理**(北师大 2006 年研;人大 2006 年研;北理 2006 年研;南开大学 2006 年研;厦门大学 2007 年研;中央财大 2007 年研)

**答案:** 科斯定理指揭示市场经济中产权安排、交易成本和资源配置效率之间关系的原理。其基本思想由美国经济学家、1991年诺贝尔经济学奖获得者科斯在1960年发表的《社会成本问题》中提出,但科斯本人并没有直接将其思想以定理形式写出,而是体现在从解决环境污染的外部性问题出发所进行的案例分析中。科斯定理是由其他经济学家在解释科斯的基本思想时概括出来的,不同的经济学家从不同的侧面对科斯的基本思想进行了解释。科斯定理的内容是:只要财产权是明确的,并且其交易成本为0或很小,则无论在开始时财产权的配置是怎么样的,市场均衡的最终结果都是有效率的。科斯定理进一步扩大了"看不见的手"的作用。按照这个定理,只要那些假设条件成立,则外部影响就不可能导致资源配置不当。或者以另一角度来说,在所给条件下,市场力量足够强大,总能够使外部影响以最经济的办法来解决,从而仍然可以实现帕累托最优状态。但是,科斯定理解决外部影响问题在实际中并不一定真的有效。资产的财产权不一定总是能够明确地加以规定;已经明确的财产权不一定总是能够转让;分派产权会影响收入分配,而收入分配的变动可以造成社会不公平,引起社会动乱。在社会动乱的情况下,就谈不上解决外部效果的问题了。

**8. 市场失灵**(南京财经大学2012年研;中国地大2015年研)

答案:市场失灵是指市场无法有效率地分配商品和劳务的情况。造成市场失灵的原因主要有垄断、外部性、公共物品以及不完全信息;市场失灵的表现主要有收入和财富分配不公平、负外部性、垄断的形成、失业问题、公共产品供给不足以及公共资源使用过度。

## 二、简答题

**1. 试以举例的方式,借助几何图形简要分析网络外部性的正外部性——攀比效应。**(中山大学2004年研)

答案:攀比效应是指一种赶浪头的欲望,即消费者想拥有一件几乎所有人都已拥有的商品,从而改变了市场的需求曲线。现在以时髦商品说明攀比效应。如图11-1所示,横轴表示某种时髦商品的销售量$Q$,纵轴是商品的价格$P$,$D$为需求曲线。假设消费者认为只有20单位的人购买了该商品,消费者缺乏动力购买这种商品以赶时髦,有些消费者出于它的内在价值购买,在这种情况下,需求曲线为$D_{20}$。假设消费者现在认为有40单位人购买此时髦品,他们发现购买该商品更有吸引力,想多买一些,需求曲线为$D_{40}$,同样如果认为有60单位人购买,则需求曲线为$D_{60}$。消费者认为已购买该时髦品的人数越多,需求曲线越向右移动。最终消费者会明确感觉到多少人已经购买了该时髦品。当然这一人数取决于价格。在图11.1中,如果价格为30,将有40人购买,需求曲线为$D_{40}$,如果价格为20,有80人购买,需求曲线为$D_{80}$。于是通过连接对应于数量20、40、60、80、100的$D_{20}$、$D_{40}$、$D_{60}$、$D_{80}$、$D_{100}$曲线就可以确定市场需求曲线。

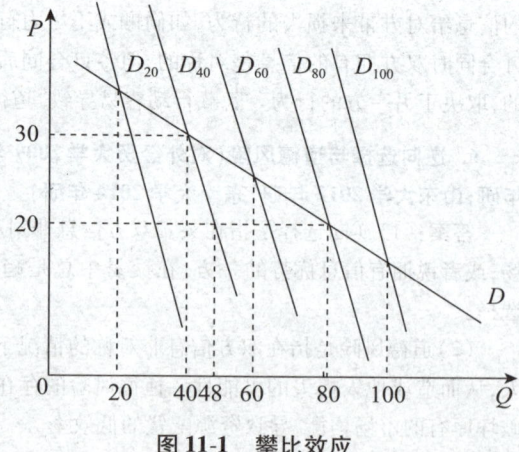

图11-1 攀比效应

从图11-1中可以看出,由于攀比效应,个人对一种商品需求的数量随其他人购买该数量的增加而增加。市场需求曲线相对更具有弹性,如在

# 第十一章 市场失灵和微观经济政策

$D_{40}$时价格从 30 降为 20，在没有攀比效应条件下，需求量只会从 40 上升到 48，攀比效应可能将需求量进一步提升到 80。所以攀比效应强化了需求对于价格变化的反应。

**2. 解释什么是道德风险、纳什均衡、公共产品和自然垄断。（武大 2003 年研）**

**答案：** (1) 道德风险指在双方信息非对称的情况下，人们享有自己行为的收益，而将成本转嫁给别人，从而造成他人损失的可能性。道德风险的存在不仅使得处于信息劣势的一方受到损失，而且会破坏原有的市场均衡，导致资源配置的低效率。道德风险分析的应用领域主要是保险市场。解决道德风险的主要方法是风险分担。

(2) 纳什均衡是给定自己的类型和别人类型的概率分布的情况下，每个参与人的期望效用达到了最大化，也就是说，没有人有积极性去选择其他策略。贝叶斯纳什均衡可以定义为：$n$ 人不完全信息静态博弈 $G=\{A_1,\cdots,A_n;\theta_1,\cdots,\theta_n;p_1,\cdots,p_n\}$ 的纯策略贝叶斯纳什均衡是一类依存策略组合 $(a_i^*\theta_i)_{i=1}^n$，其中每个参与人 $i$ 在给定自己的类型 $\theta_i$ 和其他参与人类型依存策略 $a_{-i}^*(\theta_{-i})$ 的情况下最大化自己的期望效用 $u_i$。换言之，策略组合 $a^*=(a_1^*(\theta_1),\cdots,a_n^*(\theta_n))$ 是一个贝叶斯纳什均衡，如果对于所有的 $i, a_i \in A_i(\theta_i)$，则 $a_i^*(\theta_i) \in \underset{ai}{\mathrm{argmax}} \sum P_i(\theta_{-i}/\theta_i) u_i(a_i, a_{-i}^*(\theta_{-i}); \theta_i, \theta_{-i})$。

(3) 公共产品指在消费上具有非排他性和非竞争性的产品。私人产品指在消费中具有排他性和竞争性的产品。非竞争性指给定的公共产品产出水平，增加一个人消费，不引起该产品成本的增加。非排他性指不排斥该社会中的任何人消费该公共产品。

(4) 在规模经济条件下，随着生产规模的扩大，长期平均成本下降。如果平均成本在整个市场需求上都是下降的，那么在该市场中就只能容得下一个有效率的厂商，这种极端情况叫做自然垄断。它常见于铁路、邮电、市政自来水与排污等行业。有的企业控制了关键的资源或掌握了某一独特的技术而形成了垄断，有的垄断则是政府授权的结果。例如，我国对烟草实行专卖制度便是一种授权垄断。完全垄断市场作为一个理论模式，其假设条件是严格的，极端的垄断市场很难在现实中存在，但对它的分析可以增强人们对实际生活中的市场运行状态的了解和把握。

**3. 讨论市场失灵的原因及对策。**

**答案：** (1) 市场失灵是指完全竞争的市场机制在很多场合下不能导致资源的有效配置，不能达到帕累托最优状态的情形。竞争性市场是有效率的，但如果市场存在垄断、非对称信息、外部性以及公共产品时，市场会出现失灵，这时价格机制不能起作用或不能起有效作用。

1) 垄断。在现实经济中，由于物质技术条件、人为的和法律的因素及地理位置、稀缺资源等自然因素的存在，垄断普遍存在。在垄断市场上，由于企业的边际收益与平均收益分离，所以价格高于边际成本。这时，尽管消费者之间仍可以实现有效率的交换，但社会并不能用最低的成本向消费者提供最需要的商品组合。不完全竞争的市场不仅不能使用最低成本的生产方式，而且增加生产还会进一步提高社会的福利水平，从而生产没有达到最优。此外，垄断还可能造成其他的社会成本。例如，完全垄断厂商缺乏降低成本和进行技术革新的动力，从而社会生产既定的产量要花费较多的成本；垄断厂商为了获得超额利润而采取寻租行为等。

2) 公共物品。公共物品具有非排他性和（或）非竞争性。由于非排他性，公共物品一旦被生产出来，每一个消费者可以不支付就获得消费的权力。这就是说，在消费公共物品时，每一个消费者都可以做一个免费乘车者，造成公共物品市场供给不足。公共物品的非竞争性使得私人供给的社会成本增加，而社会利益得不到发挥。

3) 外在性。外在性是造成社会估价与社会成本出现差异的另一个重要原因。它是指交易双方

### 西方经济学
（微观部分·第七版）同步辅导及习题全解

的经济行为未经交换而强加于其他方的经济影响。从社会的角度来看，施加外部影响的经济当事人的成本不仅包括生产成本，而且包括强加于他人的成本；同样，它的收益不仅包括它收取的出卖产品所获得的收入，而且包括给他人带来的但又无法收取报酬的好处。但是，按照市场的原则，施加外部影响的经济当事人只会考虑他看到的收益和成本。结果，外部经济效果使得社会估价不等于社会成本，并且完全竞争的市场体系也没有提供一种机制，让交易双方考虑对其他人所施加的经济效果。

除了上述三个制约市场机制发挥作用、导致市场失灵的原因以外，市场结构不合理、信息不完全等其他因素也可能引起市场失灵。

（2）解决市场失灵的方法。针对市场失灵的原因，解决方法有：制定反垄断法、政府征税等措施对付垄断，信息不对称问题可通过市场和政府来消除，外部性通过清晰界定产权（或政府收税、补贴）解决。

1）为了消除垄断的影响，政府可以采取反垄断政策。针对不同形式的垄断，政府可以分别或同时采取行业的重新组合和处罚等手段，而这些手段往往是依据反垄断法来执行的。行业重新组合的基本思路是把一个垄断的行业重新组合成包含许多厂商的行业，以便通过竞争把市场价格降下来。对垄断行为进行处罚是为了防止垄断的产生。制止垄断行为可以借助于行政命令、经济处罚或法律制裁等手段。反垄断法则是上述措施的法律形式。

2）解决公共物品的供给是消除公共物品所造成的市场失灵的关键。针对市场决定公共物品供给量的困难，可供选择的对策是利用具有集体性、非市场性和规则性特点的公共选择。与市场运行一样，公共选择也有一定的规则，以协调人们的行为，反映人们的偏好。在现实经济中，公共选择的规则多采用一致同意和多数票规则。就公共物品的供给而言，集体决策即是投票表决，如果一项决策获得一致通过，那么意味着所有的投票人会因此得到好处，从而增进福利。如果一项方案只得到多数票赞成，那么这项方案不是帕累托最优的，但可能是潜在最优的。

3）外部经济效果是造成市场失灵的重要原因，解决这一问题的政策主要包括：税收和补贴、政府直接调节以及明确产权和谈判三种手段。税收和补贴政策是向产生负的外部经济效果的厂商征收恰好等于边际外部成本的税收，而给予产生正的外部经济效果的厂商等于边际外部利益的补贴的一种手段，目的是使得厂商以社会收益和社会成本进行决策。直接调节是政府通过行政或法律的手段强行控制外部经济影响，也可以将施加和接受外部成本或利益的经济单位合并。

以上解决外部影响的方案的关键是外部成本或利益内部化。此外，科斯定理的结论也被用来解决外部影响问题。传统的方案并没有消除外部影响，所以科斯定理建议，政府无须对外部经济影响性进行直接的调节，只要明确施加和接受外部成本或利益的当事人双方的产权，通过市场谈判就可以解决外部影响。

**4. 政府为什么管制产业？**

**答案：** 政府如果放弃管制，对市场完全听之任之，可能引起恶性竞争、通货膨胀等，使竞争者和消费者都蒙受巨大损失，从而导致市场失误。但是也要注意"度"的问题。政府管制过严可能引起生产萎缩，效率低下，从而导致市场消失。比如，关于政府管制过严导致市场消失的例子可举二战后美国的旧房租赁市场为例，政府的限制租价政策极大地制约了房地市场的开发，其对旧房的摧毁力比纳粹的炸弹还厉害。但是在某些行业，如几乎不存在竞争或竞争很弱的产业（主要就是自然垄断性产业）中，政府通过制定和实施一定的管制法规，并借助社会监督力量，建立一种类似于竞争机制的刺激机制，以制约垄断企业的经济决策和市场行为，取得较好的社会经济效益。

# 第十一章 市场失灵和微观经济政策

政府对垄断行业通常采取的是价格管制。价格管制是指政府一般对一些自然垄断企业实施价格上的限制,以维护消费者的利益。这类企业多属于公用事业,独家经营,经济效果好,对社会有利;但是,在价格上必须进行控制。否则,它们就会按照边际收益等于边际成本即 $MR=MC$ 的原则确定其产量和价格,从而以较少的产量索取较高的价格。从社会的福利和资源的有效利用出发,政府一般会对这类垄断企业规定产品最高的限制价格。政府根据形势需要和既定政策,需要运用行政权利直接规定某些产业的产品价格。

(1)最高价格。政府规定某些产品价格的上限,以便把价格压到市场均衡水平以下,抑制上涨。例如,在战争期间,需求扩大,供给不足,发生通货膨胀,政府往往限定最高价格。平时,对房租、利率等也有这种规定。

(2)最低价格。政府规定某些产品的下限,以便把价格保持在市场均衡水平以上,挽救跌势,如工资、农产品等,经济有最低限价的规定。

(3)双面管制。政府对某些产品,既规定上限,又规定下限,只准在这个范围内上下浮动,目的是防止物价暴跌暴涨。

(4)绝对管制。政府对某些产品直接规定一种价格,买卖双方都必须按照这种价格交易,没有任何伸缩余地。如政府希望增加某种产品的供给,就可以直接规定较高的价格。为了保证人们的一般生活必需品,就可以直接规定较低的价格。

**5. 为什么外部性的存在会导致市场失灵?结合我国目前的实际阐述政府应当采取的消除外部性的微观经济政策。(首都经贸大学2004年研)**

答案:(1)外部性的存在导致市场失灵。参见简答题第3题。

(2)为矫正因外部性而导致的市场失灵,通常的措施包括:①课税与补贴,对产生外部成本者课税,对产生外部利益者补贴,其目的在于使外部效果的产生者自行负担其外部成本享有外部利益。②合并企业。合并企业的目的就在于使外在性问题内在化。如果生产 $Y$ 商品的厂商对生产 $X$ 商品的厂商施加了外在性,那么这一现象导致资源配置扭曲的原因是第二家厂商不考虑其行为对第一家厂商所产生的成本或者收益。因而,解决这一问题的思路是将这两家企业合并在一起。合并后的企业会继续以利润最大化为目标,这将导致社会的资源的有效配置。③赋予财产权。对非排他的公共财富或无主物赋予财产权,这样就能对享用者收取费用,对破坏者要求赔偿,使外部性削减,同时提高经济效率。④政府直接管制。主要是指政府对产生外部成本的情况加以管制。例如,对污染的管制。

(3)从我国实际情况看,消除外部性比较有效的手段是政府直接管制和课税、补贴。因为企业合并实际上是微观主体行为,政府不能直接干预企业的行为,企业之间的合并与分拆不仅仅是考虑外部性的问题,而赋予财产权涉及利益分割以及后来的谈判,机制比较复杂且不一定能收到效果。而对于外部不经济行为,可以直接采用政府直接管制或课税手段,这些手段只涉及影响外部不经济行为的企业,效果比较显著;对于外部经济行为,则可以通过减税或者补贴的方式鼓励其生产或研究。事实上,政府管制、课税、补贴、减税是我国目前处理外部性的基本手段。

**6. 在保险市场上,逆向选择和道德风险有什么区别?(南开大学2017年研)**

答案:在保险市场上,道德风险和逆向选择虽然都是由保险市场交易双方信息不对称所引起的,但逆向选择发生在交易合同订立之前,交易一方故意隐瞒一些情况导致交易另一方做出了错误选择进而利益受到了损害的情况;而道德风险则是发生在交易合同订立之后,交易一方由于可推卸责任而损害交易另一方利益的不谨慎、不适当或故意的行为。从上述分析可以看出,两者的区别在于:逆向选择是委托人与代理人在签订合同前的信息不对称引起的;道德风险是签订合同后代理人有意利用信息不对称带来的风险。

**7.** 在存在外部性情况下,垄断时的社会福利是否有可能高于完全竞争下的社会福利?(南开大学 2017 年研)

答案:是有可能的。在无外部性情况下,完全竞争均衡时,消费者剩余和生产者剩余之和最大化,而垄断均衡时存在社会化成本,即福利净损失。垄断和外部性是造成市场失灵的两个原因,在这两个市场失灵作用下,可能存在垄断时的社会福利高于完全竞争时的社会福利。

**8.**(1)与公共物品相关的外部性通常是正的还是负的?自由市场上的公共物品数量通常大于还是小于有效率的数量?

(2)与公共资源相关的外部性通常是正的还是负的?自由市场上的公共资源数量通常大于还是小于有效率的数量?

答案:(1)与公共物品相关的外部性通常是正的,自由市场上的公共物品数量通常小于有效率的数量。例如,国防是一种公共物品,任何人享用它不会减少其他人享用它所得到的收益,国防的社会收益大于个人收益,因为国防具有非排他性。

(2)与公共资源相关的外部性通常是负的,自由市场上的公共资源数量通常小于有效率的数量。因为公共资源具有竞争性但不具有排他性,一个人对公共资源的使用会减少其他人的对该物品的使用数量。由于公共资源的使用是免费的,因此公共资源的使用一般是大于有效率的使用,即自由市场提供的量一般小于有效率的数量。例如,天然牧场是一种公共资源,它是免费的,牧民们就会在天然牧场上过度放牧,最终草场生态平衡遭到破坏,草场退化。

**9** 在一个不具有外部性的寡头市场上,政府对企业进行从量征税或补贴是否能增加社会福利?

答案:不能增加。理由如下:如果寡头市场上不存在任何外部性,此时厂商的边际私人成本等于边际社会成本,企业生产的量是其最优产量。若政府对企业进行从量征税或补贴,会造成市场价格扭曲,社会福利不会增加。

## 三、计算题

**1.** 市政府准备在淮河上建一座大桥,并对过往的汽车征收费用,估计汽车过桥的需求函数为 $P = 25 - 0.5Q$,这里 $P$ 是对通过的每辆汽车征收的费用(元),$Q$ 是每天通过的汽车数。若大桥建成后,分摊折合每天的固定成本是 500 元,而没有变动成本。政府打算让一家公司承包,建设费用和收益都归公司。问:

(1)若没有政府的补贴,有公司愿意承包吗?

(2)如果政府根据每天通过的汽车数给承包公司补贴,每辆车至少要补贴多少?

(3)若政府一年一次给承包公司固定财政补贴,数量与通过的汽车数无关,至少要补贴多少,才有公司愿意承包(一年计 365 天)?(中山大学 2005 年研)

答案:(1)显然任何承包大桥的公司都将作为一个垄断者出现,因此按垄断利润最大化来求解该问题:

公司若承包,则其面临的决策为 $\max \pi = PQ - 500 = (25 - 0.5Q)Q - 500$。

对上式求导 $\dfrac{d\pi}{dQ} = 25 - Q = 0$。

# 第十一章 市场失灵和微观经济政策

从而最优的汽车数为 $Q^* = 25$，最优的过桥费为 $P^* = 12.5$，但此时若有公司承包，其利润为 $\pi = -187.5$，所以没有公司愿意承包。

(2)若政府根据每天通过的汽车数进行补贴，假设每辆汽车补贴 $t$，则承包公司面临的决策为：
$$\max \pi = PQ + tQ - 500$$
$$= (25 - 0.5Q + t)Q - 500。$$

对上式求导 $\dfrac{\mathrm{d}\pi}{\mathrm{d}Q} = 25 + t - Q = 0$。

解得最优的汽车数为 $Q = 25 + t$，最优过桥费为 $P = \dfrac{25-t}{2}$。

最大利润为 $\pi = (p + t)Q - 500 = \dfrac{(25+t)^2}{2} - 500$。

既要使补贴数最小又要公司愿意承包，所以最小的补贴额应该满足 $\dfrac{(25+t)^2}{2} - 500 = 0$，解得 $t^* = 6.62$。

这时，最优汽车数为 $Q^* = 31.62$，最优过桥费为 $P^* = 9.19$。

(3)若政府一年一次给承包公司固定补贴，补贴数与通过车辆无关时，承包公司按照本题第(1)问的方式来决策，因为每天亏损 187.5，所以政府一年补贴的总数额应为 $187.5 \times 365 = 68437.5$。

(注意，通过上述计算，考生可以从政府最小补贴额和社会福利最大化角度来分别考虑两种补贴方式的优劣。)

**2.** 一家垄断的钢铁厂的成本函数为 $C(q) = q^2 + 60q + 100$，该企业面临的需求曲线为 $P = 200 - q$。但是钢铁厂每生产出一单位的钢铁将产生 0.1 单位的污染物 $z$，即 $z = 0.1q$。清理污染的成本函数为污染总成本 $= 100 + 400z$，其中 $z$ 为污染物数量。

(1)如果企业可以自由排放污染物，其产品价格和产出水平为多少？

(2)假定生产者必须内部化其外部性，即它必须支付污染成本，则其产品价格和产出水平为多少？

(3)上述计划能否消除污染？请分别算出(1)(2)两种情形下的污染物数量。

(4)假定政府希望通过税收来减少企业的污染排放。如果政府希望企业减少的污染物排放量与(2)中相同，则应该怎样设计税收？（人大 2006 年研）

**答案：**(1)如果企业可以自由排放污染，则企业的利润为：
$$\pi = Pq - C(q) = (200 - q)q - (q^2 + 60q + 100) = -2q^2 + 140q - 100$$

利润最大化的一阶条件为 $\dfrac{\mathrm{d}\pi}{\mathrm{d}q} = -4q + 140 = 0$，

解得企业的产出水平为 $q = 35$，市场价格为 $P = 200 - q = 165$。

(2)如果生产者必须内部化其外部性，则企业的利润为：
$$\pi = pq - C(q) - (100 + 400z) = -2q^2 + 100q - 200$$

利润最大化的一阶条件为 $\dfrac{\mathrm{d}\pi}{\mathrm{d}q} = -4q + 100 = 0$，

解得企业的产出水平为 $q = 25$，市场价格为 $P = 200 - q = 175$。

(3)上述计划不能消除污染物，即不能使污染量减少为零。①在(1)中的情况下，污染物的数量为 $z = 0.1 \times q = 3.5$；②在(2)中的情况下，污染物的数量为 $z = 0.1 \times q = 2.5$。

比较①和②可见，生产者内部化其外部性只能在一定程度上减轻污染，不能将污染减少为零。

(4)税收设计应该采用从量税,即对每单位产量征收一定的税。因为总量税显然不能改变企业的边际决策,如果不能改变企业的边际决策,就无法影响企业的产量和排放的污染量。

假设对企业每单位产量征税为 $t$,则企业的利润为:

$\pi = pq - C(q) - tq = -2q^2 + (140-t)q - 100$

利润最大化的一阶条件为:

$\dfrac{\mathrm{d}\pi}{\mathrm{d}q} = -4q + 140 - t = 0$

要使污染排放量为(2)中的 $z = 0.1$、$q = 2.5$,则企业的产量为 $q = 25$,则有 $-4q + 140 - t = -4 \times 25 + 140 - t = 0$,所以 $t = 40$,即政府应对企业每单位产量征收 40 的税收。

**3.** 有相邻的一个果园 A 和一个养蜂场 H,单位水果价格为 2,单位蜂蜜价格为 4。果农的成本函数为 $C_A(A,H) = \dfrac{A^3}{100} - 4H$,蜂蜜成本函数为 $C_n(A,H) = \dfrac{H^3}{100} - 6A$。

(1)他们各自决策,那么他们的最优产量各是多少?

(2)如果合并,那么最大利润是多少?合并之和的产量分别是多少?(上海财大 2010 年研)

**答案:**(1)由题意可得蜂农的利润为:

$\pi_H = 4Q_H - \dfrac{Q_H^2}{100} + 6Q_A$

由 $\dfrac{\partial \pi_H}{\partial Q_H} = 0$ 得 $4 - \dfrac{Q_H}{50} = 0$,

得 $Q_H = 200$。

果农的利润为:

$\pi_A = 2Q_A - \dfrac{Q_A^2}{100} + 4Q_H$

由 $\dfrac{\partial \pi_A}{\partial Q_A} = 0$ 得 $2 - \dfrac{Q_A}{50} = 0$,

得 $Q_A = 100$。

(2)合并后,利润为果农利润和蜂农利润之和,即 $\pi = \pi_A + \pi_B$。

代入得 $\pi = 8Q_A - \dfrac{Q_A^2}{100} + 8Q_H - \dfrac{Q_H^2}{100}$。

由 $\begin{cases} \dfrac{\partial \pi}{\partial Q_A} = 0 \\ \dfrac{\partial \pi}{\partial Q_H} = 0 \end{cases}$,得 $\begin{cases} 8 - \dfrac{Q_A}{50} = 0 \\ 8 - \dfrac{Q_H}{50} = 0 \end{cases}$。

故 $Q_A = 400$,$Q_H = 400$,$\pi = 3200$。

# 第十一章 市场失灵和微观经济政策

## 四、论述题

**1. 建立简单的经济模型,证明由于消费者面临产品质量的不完全信息,而只能根据商品的价格来判断商品的"平均"质量时,信息的不完全将导致社会的均衡产量水平低于完全信息条件下的最优均衡产量水平。(人大 2004 年研)**

**答案:**现在通过构造一个简单的模型来解释这个现象。

(1)在信息不完全的情况下消费者的需求曲线的形状。众所周知,在信息完全的情况下,消费者可以将不同质量的商品归为不同的商品,当商品的价格上升的时候,其需求量相应的下降;当价格下降的时候,其需求量相应的上升。但是在信息不完全的情况下,消费者不能准确地确定商品的质量,只能根据商品的"价值"来决定商品的需求量。所谓的价值就是商品的质量与价格的比,随着商品的价格上升,其质量也上升,但是其上升的幅度逐渐下降,所以可以通过图11-2 表示价格与"价值"之间的关系。

在价格尚没有升到 $P^*$ 的时候,价格的上升即意味着价值的增加,这样消费者对该种商品的需求量自然也就上升,但是随着商品价格继续上升,其价值随之也就下降了,此时消费者对商品的需求量也就减少了。此时对应的需求曲线如图 11-3 所示的 $D$ 曲线。

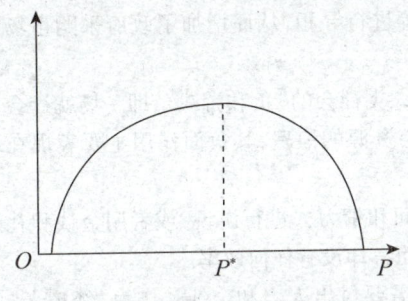

图 11-2 信息不完全下的价值曲线

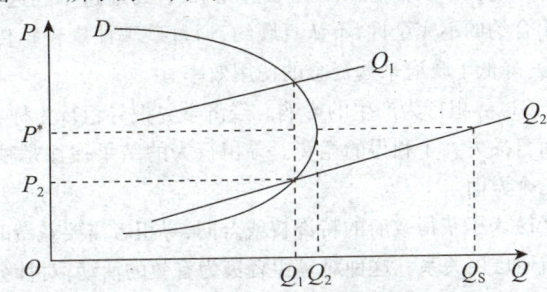

图 11-3 信息不完全下的消费者需求

(2)信息不完全导致产量低于完全信息情况下的最优产量。假定不完全信息只出现在消费者一方,故只有消费者的需求方面出现"异常",生产者的供给方面仍然是与以前一样,不会有任何变化。

供给曲线的位置有两种情况:它或者与需求曲线向右下方倾斜的部分相交,如上图中的 $S_1$ 与 $D$ 曲线相交,或者与需求曲线向右上方倾斜部分相交时,如图 11-3 中的 $S_2$ 与 $D$ 相交。这里需要讨论的正是第二种情况,因为第一种情况正是完全信息情况下的需求曲线的图形。但是当供给曲线为 $S_2$ 与需求曲线的向右上方倾斜的部分相交时,结果将与以前大不相同。此时,尽管供求均衡时的价格为 $P_2$,但它并不是最优的价格。这是因为,如果把价格从 $P_2$ 向上稍微提高一点,则根据需求曲线,就可以增加产量,而在较高的产量上,需求曲线高于供给曲线,即需求价格高于供给价格,消费者和生产者都将获得更大的利益。但是价格也不能提高到超过 $P^*$。如果价格超过了 $P^*$,则根据需求曲线,产量不仅不增加,反而会减少,从而消费者和生产者的利益都将受到损失。因此,最优的价格应当就是 $P^*$。但是当价格为 $P^*$ 时,生产者的供给将大于消费者的需求,出现非均衡状态。这种非均衡状态违背了帕累托最优标准。例如,当价格为 $P^*$ 时,产量为 $Q_d$,但是在 $Q_d$ 上,需求价格超过了供给价格,这意味着消费者愿意为最后一单位产品支付的价格超过了生产者生产最后一单位产品所花费的成本。也可以说,在产量 $Q_d$ 上,社会的边际收益大于社会的边际成本。因此,从社会的观点来看,消费者在产品质量上的信息不完全导致了生产过低的产量。

**2. 简要分析寻租及其对社会经济生活的影响。(华东师大 2004 年研)**

**答案:** 寻租指个人或利益集团寻求垄断特权以获得垄断利润或额外收益的非生产性行为。寻租现象总是与政府行为相联系的。

(1)寻租行为的产生原因。

1)市场发育不成熟。由于市场的不完善,寻租会获得比寻利更大的收益,这样各经济利益主体在寻租与寻利之间作出调整,从而使寻租成为一种更为普遍的经济行为。

2)政府干预经济。根据寻租理论,如果没有政府对经济生活的干预,就不会产生租金,也就不会有寻求直接非生产性利润的活动。政府对经济的干预造成政府"无意"、"被动"、"主动"创租,从我国目前情况来看,往往过多地强调国情的特殊性,对于不完善的市场制度不是设法去完善它,而是以此为依据强调政府对国民经济干预的必要性,从而破坏了市场配置资源的有效性。

3)信息不对称。信息不完全(或不对称)指市场的供求双方对于所交换的商品不具有充分的信息。在现实经济中,信息常常是不完全的,称为不完全信息。这里的信息不完全不仅是指那种绝对意义上的不完全,即由于认识能力的限制,人们不可能知道在任何时候、任何地方发生的或将要发生的任何情况,而且是指"相对"意义上的不完全,即市场经济本身不能够生产出足够的信息并有效地配置它们。在信息不对称的情况下,容易通过不利选择诱使对方签订不利的合约,道德风险行为利用合约的不完全性,不认真履约,通过欺骗性广告宣传等进行寻租,从而增加了政府采购市场的风险,降低了政府采购资金的使用效率。

(2)寻租行为产生的影响。经济学界把寻租行为称为人类社会的"负和游戏",即一场就社会整体而言损失大于利得的竞赛。寻租行为的结果往往是社会资源的浪费,其负面作用主要表现在以下三个方面。

1)为了获得政府的特许权或合同,寻租者需要花费时间和精力去进行游说,或者用金钱和礼品去疏通层层关系。这种对寻租者极为有效的活动,对社会而言却没有任何效率。

2)政府部门工作人员为了对付寻租者的游说和贿赂,需要付出人力和金钱。作为"经济人"的受贿者也要学习和寻找方法,让寻租人支付的贿赂达到使受贿者满意的水平。即使政府的廉政工作做得再好,保证每个政府官员不受贿,但是寻租者出于自身利益,仍然有游说和行贿的企图。为此,政府部门工作人员仍需耗费人力与金钱进行反游说与反贿赂。

3)如果寻租行为得到实现,相关的生产者与消费者水平将由于政府的干预而付出代价,这种代价之和比寻租者得到的额外利得要高得多,因此,社会的总福利水平是下降的,造成社会福利的净损失。

总之,政府采购中的寻租活动对于整个社会来说是交易成本极高的负和博弈,具有巨大的外部负效应,如果不加以控制,必将导致严重的后果。

(3)寻租行为的防范及对策。要消除寻租行为就必须从政府入手,将政府采购政策的制定、施行等全部过程纳入法制轨道,使得政府的有关采购政策公开化、科学化,从而使寻租者难以寻到政府的庇护,寻租的成本加大,寻租行为得不偿失。具体可以从以下三个方面着手:

1)完善政府法律。为了规范政府行为,健全政府运行机制,需要制定一系列有关政府的法律体系,还需要制定大量的配套法规等。

2)根据寻租行为的种类及其特点,采取相关的政策措施。

3)对各项法规、政策的执行情况进行有效的监督。

# 第十一章　市场失灵和微观经济政策

当前,我国寻租行为屡禁不止的关键在于有法不依、执法不严、违法不究。如果对政府执法部门缺乏有效的监督,尽管有完备的法律、政策而没有人去严格执行,这些法律就会形同虚设。因此,应赋予立法机关和新闻等监督部门更大的监督权,使得各项法规、政策、制度的作用真正发挥出来。

事实上,如果政府没有经济资源的控制权,"寻租"就无从谈起。因此,政府要减少对经济资源的控制,即使必要的资源控制,也应该尽量做到资源控制的法制化、市场化、社会化。从公共选择的角度来分析,其关键就是从体制——制约机制上着手,建立科学的制度,使得每一个经济集团(包括政府)都在法律程序内追求自身的合理利益,以形成一种合理的社会制度,来保证决策者在追求自身利益最大化的同时,提高整个社会的福利水平,从而在源头上避免寻租行为,提高政府部门的工作效率。

## 典型案例分析

### 价格为零的组合契约——有场景的知识

2001年上半年,长沙城区的中心地带同时有多条道路进行改扩建施工,从而整个路网无时无处不堵塞。由此产生的一个现象是,湖南人民广播电台交通频道原来收听率很高的节目《路况信息》没人听了。为什么会这样呢?

《路况信息》的信息来自驾车在路的司机。在长沙的士司机中散布着一批电台的耳目,遇到拥挤或堵塞立即告诉电台(耳目报告信息的激励是非货币收益,如电台播出信息时说明信息由谁提供),电台随即插播这类信息,还在《整点路况播报》中集中播报。交通频道的受众也是驾车在路的人,这类即时信息对他们大有裨益,可以逃出堵塞,节约通勤时间。当然获得这一类信息不是没有代价的,得全程锁住这个频道,而且在获得路况信息之前,要耗时听讨厌的广告。电台提供路况信息的激励正是广告收入。

信息如何变现,是新一代的资讯商存活的大问题。因为信息的共享性,像卖衣服一样直接兜售变现是行不通的,因为排斥不付费的人获得信息的成本太高。例如电台的路况信息,如果实行收费收听,为排除不付费的人收听所采取的措施成本之高,何止是让一家电台破产。然而如果付费与不付费可以无差别地获得信息,那就没有人会付费。没有人付费当然也就没有人愿意供应。值得庆幸的是,电台在收费收听的办法之外,找到经营路况信息大有赚头的商业模式。电台的做法是在卖给你路况信息的同时买你听广告,把两份合约组合到一起,构成价格为零的组合契约,从而解决了棘手的收费问题。

不只是电台,价格为零的组合契约几乎是电视、报纸等所有媒体经营资讯通用的商业模式。一个聪明的电视节目制片商懂得内容越精彩越有吸引力,可以插播越多的广告。但是节目无论怎样精彩纷呈,也不能把广告与节目变成菜与味精那样一种比例,受众从你节目中获得的收益,一定要能补偿他的时间代价和广告带给他的厌烦。上面提到的原来收听率很高的路况信息,为什么会没人听?因为两个合约构成的组合契约的价值平衡被破坏了。因道路施工而引起的广泛堵塞,使播报的路况信息成为完全没有价值的噪音,不用收听就可预期到路况是堵塞。因为信息的价值几乎为零,而且还要消耗受众的时间和精力,因此不会有人愿意收听。

插播广告的节目是一个组合契约。播报的资讯带给受众的收益,在扣除接收信息所耗时间机会成本以后还有剩余价值,才可在节目中插播广告。该频道负责人同我讨论时,我明确地告诉他,要想恢复到原来的收听率,必须找到一种替代资讯,它对受众具有同正常情况下播出的路况信息一样的价值。因此,我建议他不像正常情况下播什么地方堵塞,而是反过来播什么地方不堵。在正常情况下,道路的堵塞是正常中的非常现象,为小概率事件,是难以预见的。行车人获得这类他难以预见又具有预警作用的信息,其收益是绕过堵塞,节约通勤时间。道路不堵是正常中的经常现象,都可以预见,因此告诉他不堵只是没有价值的噪声。在施工导致路网非常的情况下,恰好反过来,道路不堵是非常中的非常现象而难以预见,这类信息便于行车人找到通畅的行车线路,从而减少在途时间。这个频道采用了我的主意,收听率比以前还高。这说明,在非常状况下道路不堵的路况资讯比正常情况下道路堵塞的路况资讯,能使行车人节约更多的通勤时间。

案例分析要点:

（1）纯粹的公共产品同时具有非竞争性和非排他性,但这两个特征本身是显著不同的。前者是物品本身所具有特性:生活在同一地区的每一个人都可以享受相同数量的治安保障、路灯照明以及电视节目,而这都源于公共产品本身的性质。排他性有一点不同,因为它至少部分地依赖于法律架构和技术条件。

（2）普通的私人物品具有排他性仅仅只是一种法律的约定,而即使如灯塔这样的经典例子也可以人为地使它具有排他性,科斯曾经描述了英国人如何根据远洋轮船的航行路线收取灯塔的使用费。所以,排他性可以看作是根据交易成本的大小所进行的一种社会选择。在许多情况下,通过技术或法律的手段,让路灯这样的物品成为大众皆可享用的公共物品所需的成本,要小于让这种物品成为排他性商品所需要的成本。

（3）由于信息产品的复制成本微不足道,因而它天生具有非竞争性。然而信息产品是否具有排他性则取决于法律体制和技术手段,大多数国家承认知识产权法,允许信息商品具有排他性。实现信息产品排他性的一种方法,是把信息商品的内容与一种具有排他性的商品捆绑在一起出售。

（选自《价格为零的组合契约——有场景的知识》,朱锡庆）

## 教材习题参考答案

## 一、简答题

**1. 垄断是如何造成市场失灵的?**

答:（1）在垄断情况下,厂商的边际收益小于价格。因此,当垄断厂商按利润最大化原则（边际收益等于边际成本）确定产量时,其价格不是等于而是大于边际成本。这就出现了低效率的情况。

（2）为获得和维持垄断地位从而得到垄断利润的寻租活动是一种纯粹的浪费。这进一步加剧了垄断的低效率情况。

**2. 外部影响的存在是如何干扰市场对资源的配置的?**

答:（1）如果某个人采取某项行动的私人利益小于社会利益,则当这个人采取该行为的私人成本大于私人利益而小于社会利益时,他就不会采取这项行动,尽管从社会的角度看,该行动是有利的。

（2）如果某个人采取某项行为的私人成本小于社会成本,则当这个人采取该行为的私人利益大于私人成本而小于社会成本时,他就会采取这项行动,尽管从社会的角度看,该行动是不利的。

# 第十一章　市场失灵和微观经济政策

(3) 上述两种情况均导致了资源配置失当。前者是生产不足,后者是生产过多。

### 3. 公共物品为什么不能靠市场来提供?

**答案:** 公共物品不具备消费的竞用性。

由于公共物品不具备消费的竞用性,任何一个消费者消费一单位公共物品的机会成本总为 0。这意味着,没有任何消费者要为他所消费的公共物品去与其他任何人竞争。如果消费者认识到他自己消费的机会成本为 0,他就会尽量少支付给生产者以换取消费公共物品的权利。如果所有消费者均这样行事,则消费者们支付的数量就将不足以弥补公共物品的生产成本。结果便是低于最优数量的产出,甚至是 0 产出。

### 4. 什么是公地的悲剧?

**答案:** 1968 年,美国学者哈定在《科学》杂志上发表了一篇题为《公地的悲剧》的文章。英国曾经有这样一种土地制度——封建主在自己的领地中划出一片尚未耕种的土地作为牧场(称为"公地")无偿向牧民开放。这本来是一件造福于民的事,但由于是无偿放牧,每个牧民都养尽可能多的牛羊。随着牛羊数量无节制地增加,公地牧场最终因"超载"而成为不毛之地,牧民的牛羊最终全部饿死。公地悲剧在英国是和"圈地运动"联系在一起的。15～16 世纪的英国,草地、森林、沼泽等都属于公共用地,耕地虽然有主人,但是庄稼收割完以后,也要把栅栏拆除,敞开作为公共牧场。由于英国对外贸易的发展,养羊业飞速发展,于是大量羊群进入公共草场。不久,土地开始退化,"公地悲剧"出现了。于是一些贵族通过暴力手段非法获得土地,开始用围栏将公共用地圈起来,据为己有,这就是我们在历史书中学到的臭名卓著的"圈地运动"。"圈地运动"使大批的农民和牧民失去了维持生计的土地,历史书中称之为血淋淋的"羊吃人"事件。但是书中没有提到:"圈地运动"的阵痛过后,英国人惊奇地发现,草场变好了,英国人作为整体的收益提高了。由于土地产权的确立,土地由公地变为私人领地的同时,拥有者对土地的管理更高效了,为了长远利益,土地所有者会尽力保持草场的质量。同时,土地兼并后以户为单位的生产单元演化为大规模流水线生产,劳动效率大为提高。英国正是从"圈地运动"开始,逐渐发展为日不落帝国。

### 5. 什么是委托-代理问题?

**答案:** 委托-代理理论是制度经济学契约理论的主要内容之一,主要研究的委托-代理关系是指一个或多个行为主体根据一种明示或隐含的契约,指定、雇佣另一些行为主体为其服务,同时授予后者一定的决策权利,并根据后者提供的服务数量和质量对其支付相应的报酬。授权者就是委托人,被授权者就是代理人。委托-代理理论的主要观点认为:委托-代理关系是随着生产力大发展和规模化大生产的出现而产生的。其原因一方面是生产力发展使得分工进一步细化,权利的所有者由于知识、能力和精力的原因不能行使所有的权利了;另一方面专业化分工产生了一大批具有专业知识的代理人,他们有精力、有能力代理行使好被委托的权利。但在委托-代理的关系当中,由于委托人与代理人的效用函数不一样,委托人追求的是自己的财富更大,而代理人追求自己的工资津贴收入、奢侈消费和闲暇时间最大化,这必然导致两者的利益冲突。在没有有效的制度安排下代理人的行为很可能最终损害委托人的利益。而世界——不管是经济领域还是社会领域——都普遍存在委托-代理关系。

### 6. 市场机制能够解决信息不完全和不对称问题吗?

**答案:** 市场机制可以解决一部分的信息不完全和不对称问题。例如,为了利润最大化,生产者必须根据消费者偏好进行生产,否则生产出来的商品就可能卖不出去。生产者显然很难知道每个消费者的偏好的具体情况。不过在市场经济中,这一类信息的不完全并不会影响他们的正确决策——因为他们知道商品的价格。只要知道了商品的价格,就可以计算生产该商品的边际收益,从而就能够确定它的利润最大化产量。

市场的价格机制不能够解决所有的信息不完全和不对称问题。在市场机制不能解决问题时,就需要政府在信息方面进行调控。信息调控的目的主要是保证消费者和生产者能够得到充分的和正确的市场信息,以便他们能够做出正确的选择。

## 二、计算题

**1.** 设一产品的市场需求函数为 $Q = 500 - 5P$,成本函数为 $C = 20Q$。试问:

(1)若该产品为一垄断厂商生产,利润最大时的产量、价格和利润各为多少?

(2)要达到帕累托最优,产量和价格应为多少?

(3)社会纯福利在垄断性生产时损失了多少?

**答案:** (1)由 $Q = 500 - 5P$ 得到边际收益函数为 $MR = 100 - 0.4Q$,由成本函数 $C = 20Q$ 得 $MC = 20 = AC$。利润最大化时有 $MC = MR$,即 $20 = 100 - 0.4Q$,得产量 $Q = 200$,价格 $P = 60$,利润 $\pi = 60 \times 200 - 20 \times 200 = 8000$。

(2)要达到帕累托最优,价格必须等于边际成本,即 $P = 100 - 0.2Q = 20 = MC$,得 $Q = 400$、$P = 20$。

(3)当 $Q = 200$、$P = 60$ 时,消费者剩余为 $CS = \int_0^{200} (100 - 0.2Q) dQ - PQ = 4000$。

当 $Q = 400$、$P = 20$ 时,消费者剩余为 $CS = \int_0^{400} (100 - 0.2Q) dQ - PQ = 16000$。

社会福利的纯损失为 $16000 - 4000 - 8000 = 4000$。这里的 $16000 - 4000 = 12000$ 是垄断造成的消费者剩余的减少量,其中,8000 转化为垄断者利润。因此,社会福利的纯损失为 4000。

**2.** 在一个社区内有三个集团,他们对公共电视节目小时数 $T$ 的需求曲线分别为:

$W_1 = 100 - T, W_2 = 150 - 2T, W_3 = 200 - T$。

假定公共电视是一种纯粹的公共物品,它能以每小时 100 美元的不变边际成本被生产出来。

(1)公共电视有效率的小时数是多少?

(2)一个竞争性的私人市场会提供多少公共电视小时数?

**答案:** (1)公共电视是一种纯粹的公共物品,因此,要决定供给公共物品的有效水平,必须使这些加总的边际收益与生产的边际成本相等,即:

$W_1 = 100 - T$,

$W_2 = 150 - 2T$,

$W_3 = 200 - T$。

从而 $W = W_1 + W_2 + W_3$,即令 $450 - 4T = 100$,得 $T = 87.5$。这就是公共电视的有效小时数。

(2)在一个竞争性的私人市场中,每个集团会提供的电视为:

$100 - T = 100, T_1 = 0, 150 - 2T = 100, T_2 = 25, 200 - T = 100, T_3 = 100$。

将 $T_1$、$T_2$ 和 $T_3$ 相加,得 $T = 0 + 25 + 100 = 125$。这就是竞争性的私人市场会提供的电视总量。

## 第十一章  市场失灵和微观经济政策

**3.** 设一个公共牧场的成本为 $C = 5x^2 + 2000$,其中,$x$ 是牧场上养的牛数。牛的价格为 $P = 800$ 元。

(1) 求牧场净收益最大时的养牛数。

(2) 若该牧场有 5 户牧民,牧场成本由他们平均分担。这时牧场上将会有多少牛?这会引起什么问题?

**答案:**(1) 牧场净收益最大的养牛数将由 $P = MC$,即 $800 = 10x$ 给出,解之即得 $x = 80$。

(2) 每户牧民分摊的成本是 $(5x^2 + 2000) \div 5 = x^2 + 600$。

于是养牛数将是 $800 = 2x$,得 $x = 400$。从中引起的问题是牧场因放牧过度,数年后一片荒芜。这就是"公地的悲剧"。

**4.** 假设有 10 个人住在一条街上,每个人愿意为增加一盏路灯支付 4 美元,而不管已提供的路灯数量。若提供 $x$ 盏路灯的成本函数为 $C(x) = x^2$,试求最优路灯安装盏数。

**答案:** 路灯属于公共物品。每人愿意为增加每一盏路灯支付 4 美元,10 人共 $4 \times 10 = 40$ 美元,这可看成是对路灯边际收益,而装灯的边际成本函数为 $MC = 2x$。令 $MR = MC$,即 $40 = 2x$,得 $x = 20$。

**5.** 假定一个社会由 $A$ 和 $B$ 两个人组成。设生产某公共物品的边际成本为 120,$A$ 和 $B$ 对该物品的需求分别为 $q_A = 100 - p$ 和 $q_B = 200 - p$。

(1) 该公共物品的社会最优产出水平是多少?

(2) 若该公共物品由私人生产,其产出水平是多少?

**答案:**(1) 社会对公共物品的需求曲线由 $A$、$B$ 二人需求曲线垂直相加而成:

$$\begin{aligned} p &= 100 - q_A \\ +p &= 200 - q_B \\ \hline p^* &= 300 - 2q^* \end{aligned}$$

在此,$q_A$ 只是 $A$ 对 $q$ 的需求量,$q_B$ 只是 $B$ 对 $q$ 的需求量,因此可用 $q^*$ 代表 $q_A$ 和 $q_B$。而 $p^*$ 是二人需求曲线垂直相加后的价格。

令 $p^* = 300 - 2q^* = 120$,这里 120 是每单位产品边际成本,也是一条高度为 120 的水平供给曲线。

令 $300 - 2q^* = 120$,实际是让该公共物品的社会需求曲线和供给曲线相交,从中得 $q^* = 90$,这就是社会最优产出量。

(2) 如该物品由私人来生产,则 $A$ 的产量是 $p = MC$,即 $100 - q_A = 120$,得 $q_A = -20$,从而可知 $A$ 不会提供该公共物品。

同理,由 $200 - q_B = 120$,得 $q_B = 80$。

因此,如该公共物品由私人生产,其产出水平为 80。但需注意还是在不考虑搭便车的情况下的结果。如果考虑搭便车,可以看出,一旦 $B$ 提供了 80 单位的公共物品,则 $A$ 可搭便车(不付钱即可享受),那么 $B$ 可能减少甚至不提供该公共物品,因此答案可能是 0。

**6.** 假定某个社会有 $A$、$B$、$C$ 三个厂商。$A$ 的边际成本为 $MC = 4q_A$($q_A$ 为 $A$ 的产出),其产品的市场价格为 $P = 16$ 元。此外,$A$ 每生产一单位产品将使 $B$ 增加 7 元收益,使 $C$ 增加 3 元成本。

(1) 在竞争性市场中,$A$ 的产出应是多少?

(2) 社会最优的产出应是多少?

**答案:**(1) 由利润最大化条件可得 $4q_A = 16$,从而 $q_A = 4$。

(2) 由题意可知,社会最优的边际成本为 $MC = 4q - 7 + 3 = 4q - 4$,从而社会的最优产出为 $q = 5$。

**7.** 一农场主的作物缺水,他须决定是否进行灌溉。若他进行灌溉或天下雨的话,作物带来的利润是 1000 元,但若是缺水,利润只有 500 元。灌溉的成本是 100 元。农场主的目标是预期利润达到最大。

(1) 如果农场主相信下雨的概率是 50%,他会灌溉吗?

(2) 假如天气预报的准确率是 100%,农场主愿意为获得这种准确的天气信息支付多少费用?

**答案:**(1)由题可知,如果农场主相信下雨的概率为 50%,不进行灌溉的话,他的预期利润为 $E(\pi) = 0.5 \times 1000 + 0.5 \times 500 = 750$。如果进行灌溉,则肯定得到的利润 1000 − 100 = 900。因此,它会进行灌溉。

(2) 如上所述,他不买天气预报信息时会灌溉,得到利润 800。如果买天气预报信息并假定支付 $x$ 元费用,他若确知天下雨,就不灌溉,于是可获利润 $\pi_1 = 1000 - x$。

若确知天不下雨就灌溉,于是可获利润 $\pi_2 = 900 - x$。

由于他得到的信息无非是下雨和不下雨,因此,在购买信息情况下的预期利润为:

$E(\pi) = 0.5(\pi_1 + \pi_2) = 950 - x$。

令 $E(x) = 950 - x = 900$(不购买预报信息时的利润),解出 $x = 50$。

**8.** 设某个养蜂场的蜂蜜产量为 $h$,生产成本为 $C_h = h^2/100$,蜂蜜的价格为 2 元。在养蜂场的附近有一个苹果园,其苹果产量为 $a$,生产成本为 $C_a = a^2/100 - h$,苹果的价格为 3 元。试问:

(1) 如果苹果园和养蜂场独立经营,它们的产量将各为多少?

(2) 如果苹果园和养蜂场合并起来,苹果和蜂蜜的产量各为多少?

**答案:**(1)若独立经营,有边际成本等于边际收益决定产量,即 $\frac{a}{50} = 3, \frac{h}{50} = 2$。

解得 $a = 150, h = 100$。

(2) 若合并经营,则根据利润极大化原则决定产量,则 $\pi = \pi_a + \pi_h = 3a - \frac{a^2}{100} + h + 2h - \frac{h^2}{100}$,

其中 $\begin{cases} \frac{\partial \pi}{\partial a} = 3 - \frac{a}{50} = 0 \\ \frac{\partial \pi}{\partial h} = 3 - \frac{h}{50} = 0 \end{cases}$,得 $\begin{cases} a = 150 \\ h = 150 \end{cases}$。

**9.** 某小镇有 2000 个人,第 $i$ 个人的效用函数为 $u_i = x_i + \sqrt{y}$。这里,$x_i$ 和 $y$ 分别是第 $i$ 个人消费的私人物品和公共物品。已知私人物品的价格是 1,公共物品的价格是 10。如果小镇上每个人的效用函数均相同,小镇的总效用等于每个人的效用之和,而且小镇上所有人的总收入为 $m$(假定收入全部用于对私人物品和公共物品的消费),试求小镇的最优公共物品数量。

**答案:**设小镇人们的总收入是常数 $M_r$,帕累托最优问题就是求解如下的数学规划问题。

$\max u = \sum_{i=1}^{2000} u_i = \sum_{i=1}^{2000} x_i + 2000\sqrt{y}$

$s.t. M = \sum_{i=1}^{2000} x_i + 10y$

构建拉格朗日函数:

$L = \sum_{i=1}^{2000} x_i + 2000\sqrt{y} + \lambda(M - \sum_{i=1}^{2000} x_i - 10y)$

最大化的一阶条件为:

## 第十一章 市场失灵和微观经济政策

$$\begin{cases} \dfrac{\partial L}{\partial x_i} = 1 - \lambda = 0 \\ \dfrac{\partial L}{\partial y} = 1000 y^{-\frac{1}{2}} - 10\lambda = 0 \\ \dfrac{\partial L}{\partial \lambda} = M - \sum_{i=1}^{2000} x_i - 10y = 0 \end{cases}$$

解得 $\lambda = 1$,最优公共物品数量 $y = 1000$。

**10.** 设某企业的成本函数为 $C = Q^2 - 40Q$。它每生产一单位产品,自己可多得 12 元,整个社会可再多得 4 元。试问:

(1) 该企业的利润最大化产量是多少?
(2) 整个社会的帕累托最优产量是多少?

**答案:** (1) 构造利润函数:

$\pi = 12Q - (Q^2 - 40Q)$
$\quad = 52Q - Q^2$

$\dfrac{d\pi}{dQ} = 52 - 2Q = 0$,得 $Q = 26$。

故企业利润最大化产量为 26 单位。

(2) 构造利润函数:

$\pi' = 12Q + 4Q - (Q^2 - 40Q)$
$\quad = 56Q - Q^2$

$\dfrac{d\pi'}{dQ} = 56 - 2Q = 0$,得 $Q = 28$。

故整个社会帕累托最优产量为 28 单位。

## 三、论述题

**1.** 图 11-4 是某垄断厂商的利润最大化模型。试说明:

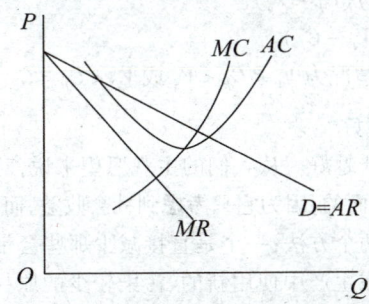

图 11-4 某垄断厂商的利润最大化模型

(1) 垄断厂商的利润最大化产量和价格。
(2) 如果政府进行管制,政府制定的"效率"价格和产量应为多少?
(3) 如果政府进行管制,政府制定的"公平"价格和产量应为多少?

**答案:** (1) 参见图 11-5。

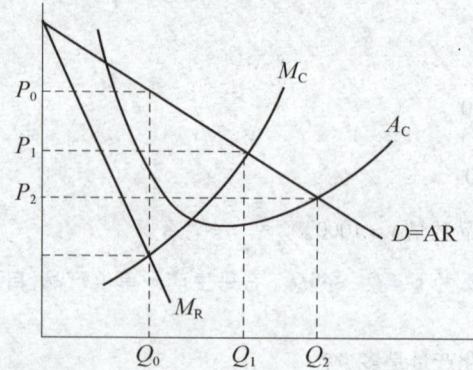

图 11-5 某垄断厂商利润最大化模型分析

(1) 垄断厂商利润最大化产量和价格分别为 $Q_0$、$P_0$。

(2) 如果政府进行管制,则政府制定的效率价格和产量分别为 $P_1$、$Q_1$。

(3) 如果政府进行管制,则政府制定的价格和产量分别为 $P_2$、$Q_2$。

**2. 垄断是否也有可能促进经济效率的提高?**

答案:垄断有可能促进经济效率的提高。原因如下:

(1) 垄断会带来规模经济,降低成本,节省费用支出,一些自然垄断行业更需要垄断。

(2) 范围经济,即垄断企业有条件进行多样化产品组合,把生产技术上相互关联的产品放在一个企业内生产经营,使得投入的生产要素多次使用以生产不同的产品,并共同享用商品、包装和营销渠道,从而降低成本。

(3) 技术创新,即大企业有能力投入大量研究开发费用。

**3. 设某个人采取某项行动的私人利益和私人成本分别为 $V_P$ 和 $C_P$,该行动所产生的社会利益和社会成本分别为 $V_s$ 和 $C_s$。试用这些符号说明:**

(1) 外部经济的情况。

(2) 外部不经济的情况。

(3) 帕累托最优状态不能实现的情况。

答案:(1) $V_P < V_S$ 且 $(V_S - V_P)(C_P - V_P)$。

(2) $C_P < C_S$ 且 $(C_S - C_P) > (V_P - C_P)$。

(3) 帕累托最优不能实现的情况为 $V_P < C_P < V_S$ 或 $V_P < C_P < C_S$。

**4. 对污染的控制是否越严越好?**

答案:对污染的控制不是越严越好。从人们的主观愿望来说,对污染的控制越严越好,最好严到百分之百。然而这种想法是片面的,因为它只考虑到社会收益,而没有考虑到社会成本。

为了减少污染,通常有如下两个方法:一个是直接减少那些会带来严重污染的生产本身;另一个并不直接减少生产本身,而是在生产中使用新的、污染较少的原材料、机器和生产方法来代替旧的、污染较大的原材料、机器和生产方法。然而无论采用哪一个方法,都免不了会损失一部分社会资源。在前一个场合,社会损失的是本来可以得到的产品;而在后一个场合,社会为生产同样多的产品将要支付更多的费用。这些损失掉的资源,就是控制污染的社会成本。

为了制定正确的污染政策,必须根据社会目标,同时权衡控制污染的社会收益和社会成本这两个方面,来确定污染和污染控制的最优水平。从社会效率的观点来看,如果进一步控制污染的社会

# 第十一章 市场失灵和微观经济政策

收益小于相应的社会成本,则这样做就不值得。实际上在这种情况下,正确的政策应当是减少而不是增加对污染的控制。只有进一步控制污染所带来社会收益和相应的社会成本恰好相等时,对污染的控制才不既需要增加也不需要减少。此时,对污染的控制可以说达到了最有效率的水平。

在经济学中,上述进一步控制污染的社会收益和社会成本分别被称为边际社会收益和边际社会成本。因此,用经济学的语言来说,污染控制的最优水平应当在其边际收益等于边际成本时达到。一般而言,当污染程度比较严重时,控制污染的边际社会收益往往较大,而相应的边际成本相对较小,因而在这种情况下,就要求进一步加大对污染的控制力度。但是随着污染控制力度的不断加大,从而污染程度不断减轻,进一步控制污染的边际社会成本将会越来越大,相应的边际社会收益则会越来越小,前者最终会超过后者,使得进一步控制污染变得无利可图。

由此可见,在考虑到了成本方面的因素之后,对污染的控制并不是越严越好,污染水平也不是越低越好。特别是如果要将污染程度降低到零,社会将要为此付出非常大的成本,而得到的边际收益却非常小。

### 知识拓展

学习完本章应能够理解:本章的主旨在于说明,现实生活中的四项事实破坏了完全竞争赖以存在的基础。这四项事实即本章前四节所论述的垄断、外部影响、公共物品和信息的不完全性,由于它们对完全竞争的破坏,所以资本主义的资源配置不能够达到理想的最优状态,即存在着市场失灵的情况。这时为了尽可能地达到最优状态,国家必须执行微观经济政策来对此加以弥补。

学习微观经济学重在理解,将微观经济学和宏观经济学相结合,对比学习,用画图的方式学习,可以达到事半功倍的效果。